I0881817

Wirtschaftsrecht II

Eigentum, Delikt und Vertrag

Von

Professor Dr. jur. Bernhard Nagel

mit einer Einführung in die ökonomische Analyse des Rechts

von

Professor Dr. rer. pol. Thomas Eger

4., völlig überarbeitete Auflage

R. Oldenbourg Verlag München Wien

Die Deutsche Bibliothek - CIP-Einheitsaufnahme

Nagel, Bernhard:
Wirtschaftsrecht / von Bernhard Nagel. – München ; Wien : Oldenbourg

2. Eigentum, Delikt und Vertrag [u.a.]. – 4., völlig überarb. Aufl.. – 2003
ISBN 3-486-27277-2

© 2003 Oldenbourg Wissenschaftsverlag GmbH
Rosenheimer Straße 145, D-81671 München
Telefon: (089) 45051-0
www.oldenbourg-verlag.de

Das Werk einschließlich aller Abbildungen ist urheberrechtlich geschützt. Jede Verwertung außerhalb der Grenzen des Urheberrechtsgesetzes ist ohne Zustimmung des Verlages unzulässig und strafbar. Das gilt insbesondere für Vervielfältigungen, Übersetzungen, Mikroverfilmungen und die Einspeicherung und Bearbeitung in elektronischen Systemen.

Gedruckt auf säure- und chlorfreiem Papier
Gesamtherstellung: Druckhaus „Thomas Müntzer“ GmbH, Bad Langensalza

ISBN 3-486-27277-2

Vorwort

Vorwort zur 4. Auflage

Das Lehrbuch wurde komplett überarbeitet. Anlass war insbesondere das Schuldrechtsmodernisierungsgesetz von 2001, aber auch die Weiterentwicklung im Delikts- und Gefährdungshaftungsrecht. Die Abschnitte „Recht der Leistungsstörungen" sowie „Vertragstypen und Vertragsfreiheit" wurden in vielen Bereichen umgestellt, weil weite, bisher in Sondergesetzen wie z. B. dem AGB-Gesetz geregelte Teile der Darstellung jetzt Teile des allgemeinen Zivilrechts sind. Veränderungen ergaben sich auch deshalb, weil Entwicklungen in der Rechtsprechung, etwa zur positiven Vertragsverletzung und zur Culpa in Contrahendo, in den Gesetzestext des BGB übernommen wurden. Die Fallbeispiele wurden wiederum ausgebaut. Insbesondere wurde auch Wert auf die Bezüge des Zivilrechts zum Handelsrecht gelegt. Auch die Abschnitte zur ökonomischen Analyse des Rechts wurden erweitert. Für die oft mühseligen Korrekturen danken wir Beate Heiser, Alper Köklü (beide Kassel), Sarah Kuhn, Björn Schallock und Christoph Wichardt (Hamburg). Alper Köklü danken wir auch für die Erstellung des Sachverzeichnisses.

Thomas Eger und Bernhard Nagel

Vorwort zur ersten Auflage (1989)

Der Band Wirtschaftsrecht II knüpft an den 1987 erschienenen Band Wirtschaftsrecht I an. Er befasst sich mit Fragen des Eigentums-, Delikts- und Vertragsrechts. Zitate und Literaturhinweise wurden wiederum auf das Notwendigste begrenzt. Die ökonomischen und sozialen Bezüge der Rechtsnormen sollen auch in diesem Band aufgezeigt werden. Hierbei gibt Thomas Eger eine Einführung in die Ökonomische Analyse des Rechts. Diese Einführung geht auf eine gemeinsame, interdisziplinäre Lehrveranstaltung zurück, die wir im Sommersemester 1987 durchführten.
Die Darstellung befasst sich vorwiegend mit dem Schuld- und Sachenrecht des BGB, zeigt jedoch auch die Verbindungen zum Handelsrecht auf. Im Rahmen einer Einführung müssen viele Rechtsgebiete wie z. B. das Hypotheken- und Grundschuldrecht sehr kurz behandelt werden. Andererseits werden aber auch Schwerpunkte, z. B. beim Recht des Eigentums, beim Kaufrecht und bei der Produzentenhaftung gesetzt.
Thomas Eger und ich schulden vielfältigen Dank. Peter Weise hat bei der Diskussion über die ökonomischen Bezüge des Rechts wichtige Hinweise gegeben. Gisela Theis hat bei Auswahl der Fälle und bei der Erstellung des Sachverzeichnisses geholfen. Anita Teichert und Dagmar von Bargen danken wir für die oft mühevollen Schreibarbeiten. Gregor Brüggelambert danken wir für die Anfertigung der Zeichnungen.

Bernard Nagel

Inhaltsverzeichnis

Abkürzungsverzeichnis

Es gelten die in der Neuen Juristischen Wochenschrift verwendeten Abkürzungen, hinzu kommen:

ABlEG	Amtsblatt der EG-Kommission
BB	Betriebs-Berater (Zeitschrift)
DB	Der Betrieb (Zeitschrift)
EGBGB	Einführungsgesetz zum Bürgerlichen Gesetzbuch
TVG	Tarifvertragsgesetz
UN-Übereinkommen	Übereinkommen der Vereinten Nationen über Verträge über den internationalen Warenkauf vom 11. 4. 1980
VOB	Verdingungsordnung für Bauleistungen
WR I	Nagel, Wirtschaftsrecht I, Grundrechte und Einführung in das Bürgerliche Recht, München, 4. Aufl. 2000
WR II	Nagel/Eger, Wirtschaftsrecht II, Eigentum, Delikt und Vertrag, mit einer Einführung in die ökonomische Analyse des Rechts, 4. Aufl. 2002
ZIP	Zeitschrift für Wirtschaftsrecht (früher: Zeitschrift für Insolvenzpraxis)

Literatur (Auswahl)

1. Lehrbücher zum Bürgerlichen Recht

a) leicht verständliche Darstellungen

Brox, H.: Allgemeiner Teil des Bürgerlichen Gesetzbuches, 27. Aufl. Köln 2000 (zit. Brox AT)
Allgemeine Schuldrecht, 27. Aufl., München 2000 (zit. Brox SAT)
Besonderes Schuldrecht, 27. Aufl., München 2000 (zit. Brox SBT)
Däubler, W.: BGB-kompakt, die systematische Darstellung des Zivilrechts, München 2002
Klunzinger, E.: Einführung in das Bürgerliche Recht (nur Allgemeiner Teil, Schuldrecht und Grundzüge des Sachenrechts), 9. Aufl., München 2000
Schwab, D.: Einführung in das Zivilrecht (überwiegend allgemeiner Teil), 13. Aufl., Heidelberg 1997
Wolf, M.: Sachenrecht, 17. Aufl., München 2001

b) zur Vertiefung

Baur, F./Stürner, F./Stürner, R.: Lehrbuch des Sachenrechts, 17. Aufl., München 1999
Canaris, C. W.: Handelsrecht, 23. Aufl., München 2000
Esser, J./Schmidt,E.: Schuldrecht Band I/Allgemeiner Teil, Teilband I, 8. Aufl., Heidelberg 1995, Teilband II, 8. Aufl. Heidelberg 2000
Esser, J./Weyers, H. L.: Schuldrecht, Band II/1, Besonderer Teil 1, 8. Aufl., Heidelberg 1998, Band II/2, Besonderer Teil 2, Heidelberg 2000
Hattenhauer, H.: Grundbegriffe des Bürgerlichen Rechts, München 1982
Köhler, H.: BGB Allgemeiner Teil, 25. Aufl., München 2001
Kötz, H./Wagner, G.: Deliktsrecht, Neuwied, 9. Aufl. 2001
Larenz, K./Wolf, M.: Allgemeiner Teil des Bürgerlichen Rechts, 8. Aufl., München 1997
Larenz, K.: Lehrbuch des Schuldrechts Band 1, Allgemeiner Teil, 14. Aufl., München 1987; Band 2, Besonderer Teil, 1. Halbband, 13. Aufl., München 1986, 2. Halbband, 13. Aufl,. München 1994 von *C. W. Canaris*
Medicus, D.: Allgemeiner Teil des BGB, 7. Aufl., Heidelberg 1997
Medicus, D.: Schuldrecht I Allgemeiner Teil, 12. Aufl., München 2000; Schuldrecht II Besonderer Teil, 10. Aufl., München 2000
Medicus, D.: Bürgerliches Recht, 18. Aufl. Köln u. a. 1999
Medicus, D.: Grundwissen zum Bürgerlichen Recht, 4. Aufl. Köln u. a. 2000
Schmidt, E./Brüggemeier, G.: Zivilrechtlicher Grundkurs, 5. Aufl., Neuwied 1998
Reinicke, D./Tiedtke, K.: Kaufrecht, 6. Aufl., Neuwied 1997
v. Caemmerer/Schlechtriem: Kommentar zum UN-Kaufrecht (CISG), 2. Aufl. München 1995
Westermann, H.P./Eickmann, D./Gursky, K.-H.: Sachenrecht, 7. Aufl. 1998

2. Standardkommentare zum BGB

Dörner, H./Ebert, I./Eckert, J./Hoeren, Th./Kemper, R./Saenger, I./Schulte-Nölke, H./Schulze, R./Staudinger, A.: Bürgerliches Gesetzbuch, Handkommentar, Baden-Baden, 2. Aufl. 2002
Erman, W.: Handkommentar zum Bürgerlichen Gesetzbuch, 10. Aufl., Münster 2000
Münchener Kommentar zum BGB, ab 1978, 3. Aufl. ab 1991, 4. Aufl. ab 2001

Palandt, Bürgerliches Gesetzbuch, 60. Aufl., München 2001
Soergel, Kommentar zum BGB, 13. Aufl., Stuttgart ab 2000
v. Staudinger, Kommentar zum BGB, 12. Aufl. ab 1978, 13. Aufl., Berlin ab 1994

3. Lehrbücher zum Arbeits- und Wirtschaftsrecht

Brox, H.: Handels- und Wertpapierrecht, 12. Aufl., München 1996
Bülow, P.: Recht der Kreditsicherheiten, 5. Aufl. Heidelberg 1999
Bülow, P.: Handelsrecht, 2. Aufl., Heidelberg 1996
Däubler, W.: Das Arbeitsrecht 1 - Ein Leitfaden für Arbeitnehmer, 15. Aufl., Reinbek 1998, Das Arbeitsrecht 2 - 11. Aufl., Reinbek 1998
Hanau, P./Adomeit, K.: Arbeitsrecht, 11. Aufl., Frankfurt/Main 1994
Hopt, K.J./Mössle, K.: Handelsrecht, Juristischer Studienkurs, München 1986
Hopt, K. J./Hehl, G.: Gesellschaftsrecht, Juristischer Studienkurs, 4. Aufl., München 1996
Hüffer, U.: Gesellschaftsrecht, 4. Aufl., München 1996
Klunzinger, E.: Grundzüge des Handelsrechts, 9. Aufl., München 1996
Klunzinger, E.: Grundzüge des Gesellschaftsrechts, 9. Aufl., München 1996
Kübler, F.: Gesellschaftsrecht, 4. Aufl., Heidelberg 1994
Roth, G. H.: Handels- und Gesellschaftsrecht, 4. Aufl., München 1994
Schmidt, K.: Handelsrecht, 4. Aufl., Köln 1994
Schmidt, K.: Gesellschaftsrecht, 2. Aufl., Köln 1991

4. Kommentare zum Arbeits- und Wirtschaftsrecht (Kurzkommentare)

Baumbach, A./Hopt, K. J.: Kommentar zum Handelsgesetzbuch, 29. Aufl., München 1995
Baumbach, A./Hueck, A.: Kommentar zum GmbH-Gesetz, 16. Aufl., München 1996
Hüffer, U.: Aktiengesetz, 2. Aufl., München 1995
Kittner, M./Däubler, W./Zwanziger, B.: Kündigungsschutzrecht, 3. Aufl., Köln 2000
Lutter, M./Hommelhoff, P.: GmbH-Gesetz, Kommentar, 14. Aufl., Köln 1995
Die Kommentierungen des Arbeitsvertragsrechts sind in den BGB-Kommentaren (§§ 611ff.) zu finden.

5. Grundlegende Literatur zur Ökonomischen Analyse des Rechts

Adams, M.: Ökonomische Analyse der Gefährdungs- und Verschuldenshaftung, Heidelberg 1985
Assmann, H.-D./Kirchner, Ch./Schanze, E. (Hg.): Ökonomische Analyse des Rechts, 2. Auflage, Tübingen 1993
Cooter, R.: Unity in Tort, Contract, and Property: The Model of Precaution, in: California Law Review, vol. 73, no. 1, 1985, S. 1 – 51.
Cooter, R./Ulen, T.: Law and Economics, 3. ed., Glenview/London 1999
Eger, T.: Eine ökonomische Analyse von Langzeitverträgen, Marburg 1995
Endres, H.: Ökonomische Grundlagen des Haftungsrechts, Heidelberg 1991
Lehmann, M.: Bürgerliches Recht und Handelsrecht - eine juristische und ökonomische Analyse, Stuttgart 1983
Neumann, M. (Hg.): Ansprüche, Eigentums- und Verfügungsrechte, Berlin 1983

Posner, R. A.: Economic Analysis of Law, 5. ed., Boston 1998
Schäfer, H.-B./Ott, C.: Lehrbuch der ökonomischen Analyse des Zivilrechts, 3. Aufl., Berlin/Heidelberg 2000
Schüller, A. (Hg.): Property Rights und ökonomische Theorie, München 1983
Weise, P./Brandes, W./Eger, T./Kraft, M.: Neue Mikroökonomie, 4. Aufl., Heidelberg 2002

I. Einführung

Das Bürgerliche Gesetzbuch[1] behandelt Ansprüche des Eigentümers gegen solche, die sein Eigentum durch Entzug oder Beeinträchtigung stören, im Sachenrecht (drittes Buch), während die Verletzung des Eigentümers aus unerlaubter Handlung im Recht der Schuldverhältnisse (zweites Buch) behandelt wird. Der Eigentümer einer Sache kann Ansprüche gegen andere auch auf vertraglicher Grundlage haben, z.B. wenn er eine Sache vermietet oder verliehen hat. Die Normen zur Regelung dieser Beziehungen sind ebenfalls im Recht der Schuldverhältnisse verankert. Nach der Technik des „vor die Klammer Ziehens" (vgl. Wirtschaftsrecht I, S. 142) befasst sich das zweite Buch, d.h. das Schuldrecht, zuerst mit dem Inhalt der Schuldverhältnisse allgemein (1. Abschnitt, §§ 241-304), sodann seit der Schuldrechtsmodernisierung von 2001 mit der Gestaltung rechtsgeschäftlicher Schuldverhältnisse durch Allgemeine Geschäftsbedingungen (2. Abschnitt, §§ 305-310),dann mit Schuldverhältnissen aus Verträgen (3. Abschnitt, §§ 305-359), schließlich mit dem Erlöschen der Schuldverhältnisse durch Erfüllung, Hinterlegung, Aufrechnung oder Erlass (4. Abschnitt, §§ 362-397), mit der Übertragung von Forderungen und Rechten (5. Abschnitt, §§ 398-413), mit der Schuldübernahme (6. Abschnitt, §§ 414-418), mit der Mehrheit von Schuldnern und Gläubigern (7. Abschnitt, §§ 420-432) und erst zum Schluss mit einzelnen Schuldverhältnissen (7. Abschnitt, §§ 433-853), wobei hier vertragliche und gesetzliche Schuldverhältnisse in unregelmäßiger Reihenfolge abgehandelt werden. Neben den einzelnen Vertragstypen wie Kauf, Schenkung, Miete, Pacht oder Leihe sind die gesetzlichen Schuldverhältnisse der Geschäftsführung ohne Auftrag (13. Titel, §§ 677-687), der ungerechtfertigten Bereicherung (26. Titel, §§ 812-822) und der unerlaubten Handlung (27. Titel, §§ 823-853) abgehandelt.

Im Sachenrecht sind zuerst der Besitz, d.h. die tatsächliche Sachherrschaft (1. Abschnitt, §§ 854-872), sodann allgemeine Vorschriften über Rechte an Grundstücken (2. Abschnitt, §§ 873-902), das Eigentum (3. Abschnitt, §§ 903-1011), die Dienstbarkeiten (4. Abschnitt, §§ 1018-1093), das Vorkaufsrecht (5. Abschnitt, §§ 1094-1104), die Reallasten (6. Abschnitt, §§ 1105-1112), die Hypotheken, Grund- und Rentenschulden (7. Abschnitt, §§ 1113-1203) und schließlich die Pfandrechte an beweglichen Sachen und an Rechten (8. Abschnitt, §§ 1204-1296) verankert. Das Eigentum ist das umfassende und absolute Recht zur Herrschaft über eine Sache. Die anderen im Sachenrecht geregelten sogenannten beschränkt dinglichen Rechte sind im Wirtschaftsleben von geringerer Bedeutung. Dasselbe gilt für die Regelungen zum Besitzschutz.

Die Darstellung hält demnach folgende Reihenfolge ein: Zuerst werden die Rechtsbeziehungen des Eigentümers zu anderen abgehandelt, die eine wirksame vertragliche Beziehung nicht voraussetzen. Sodann folgen die gesetzlichen Schuldverhältnisse aus ungerechtfertigter Bereicherung und unerlaubter Handlung. Schließlich werden die vertraglichen Rechtsbeziehungen abgehandelt, wobei das gesetzliche Schuldverhältnis der Geschäftsführung ohne Auftrag wegen seiner sachlichen Nähe zum Auftrag (vertragliche Beziehung) dort abgehandelt wird.

Soweit sich Vorschriften des Handelsgesetzbuchs als Spezialvorschriften zu eigentums-, delikts- und vertragsrechtlichen Bestimmungen des BGB darstellen, werden sie im Zusammenhang mit den Normen abgehandelt, mit denen sie im sachlichen Zusammenhang stehen.

Am Schluss werden die Probleme der Kreditsicherung zusammen abgehandelt, wobei die unterschiedlichen Sicherungsformen wegen ihrer wirtschaftlichen Gemeinsamkeiten aus der juristischen Systematik herausgelöst werden.

Verzichtet wird hier auf eine eingehende Darstellung des Gesellschaftsrechts. Dies gilt sowohl für die Gesellschaft des bürgerlichen Rechts (§§ 705-740 BGB), als auch für die im HGB geregelten Handelsgesellschaften und die stille Gesellschaft. Diese Rechtsmaterie wird in einem eigenen Lehrbuch des deutschen und europäischen Gesellschaftsrechts[1] abgehandelt.

Das Lehrbuch geht nicht deduktiv sondern induktiv vor, d.h. die Probleme werden anhand von Fällen dargestellt. Außerdem wird im Anschluss an die jeweiligen eigentumsrechtlichen, deliktsrechtlichen und vertragsrechtlichen Kapitel eine Einführung in die ökonomische Analyse des Rechts gegeben. Die Rechtsnormen sollen hierbei auf ihre Effizienz hinterfragt werden. Es handelt sich hier um einen neuen Wissenschaftsbereich, der die Schnittstelle zwischen Recht und Ökonomie abdecken soll. Er ist der Rechtssoziologie vergleichbar, die zwischen Soziologie und Recht anzusiedeln ist.

Die ökonomische Analyse des Rechts oder Rechtsökonomie fragt nach den Anreizen, die von Rechtsnormen ausgehen. Da Rechtsnormen immer interpretationsbedürftig sind, geht es bei der Frage nach den Anreizen auch um die unterschiedlichen Anreize, die von unterschiedlichen Interpretationen ausgehen können. Während der Jurist die Norm interpretiert, um entstandene Rechtsfälle zu lösen, betrachtet der Ökonom die Wirkungen der Interpretation auf vergleichbare, zukünftige Rechtsfälle. Der Jurist entscheidet ex post, der Ökonom fragt ex ante nach den Anreizen für zukünftige Entwicklungen. Es kann durchaus sein, dass eine Interpretation, die eine gerechte Lösung für einen Einzelfall bereitstellt, zu gesamtwirtschaftlich unerwünschten Folgen führt, wenn man sie verallgemeinert. Die Rechtsökonomie fragt also nicht, was Gerechtigkeit ist, sondern „was die Gerechtigkeit kostet", d. h., welche Folgerungen aus bestimmten Interpretationen des Rechts zu ziehen sind. Durch diese Analyse werden für den Juristen nützliche Informationen bereitgestellt. Seine an der gerechten Entscheidung bereits entstandener Rechtsfälle orientierte Betrachtung wird durch die Effizienzbetrachtung des Ökonomen in Frage gestellt und kritisiert. Der Jurist muss sich überlegen, ob er nicht in Zukunft eine Interpretation wählen will, die von ihren Anreizwirkungen her günstiger einzuschätzen ist. Ein Problem, das der Ökonom bei seiner Rechtskritik beachten muss, ist jedoch, dass die Systematik des Rechts ziemlich kompliziert ist und von der Ökonomie nicht modellhaft verkürzt übernommen werden darf. Das Lehrbuch versucht, die Standpunkte der traditionellen Rechtsdogmatik und der Rechtsökonomie nicht nur gegenüberzustellen, sondern auch Verknüpfungen zwischen den beiden Seiten herzustellen.

---

[1] Nagel, Deutsches und europäisches Gesellschaftsrecht, München 2000

II. Eigentum

1. Verfassungsrechtlicher Eigentumsbegriff

a) Begriff und Reichweite des geschützten Rechts

Artikel 14 des Grundgesetzes schützt das Eigentum. Der Entzug des Eigentums durch den Staat führt zu einer Entschädigungspflicht, deren Umfang in Art. 14 Abs. 3 GG geregelt ist. Allerdings ist das Eigentum nicht absolut gewährleistet. In Art. 14 Abs. 2 heißt es nämlich: „Eigentum verpflichtet. Sein Gebrauch soll zugleich dem Wohle der Allgemeinheit dienen." Der Gesetzgeber selbst kann die Schranken und den Inhalt des Eigentums bestimmen. Insofern ist der Eigentumsschutz relativiert, andererseits wird der Begriff „Eigentum" durch die Rechtsprechung sehr weit gefasst. Geschützt ist „jedes subjektive, private, vermögenswerte Recht".[2]

Im Band Wirtschaftsrecht I ist die Abgrenzung zwischen subjektiven vermögenswerten Rechten und bloßen Erwerbschancen herausgearbeitet, die durch Art. 14 nicht geschützt sind (S. 46 ff.). So können die Krabbenfischer, deren Zugang zu den Fischgründen durch einen Leitdamm erschwert wird, nicht auf den Fortbestand ihrer ursprünglichen Erwerbschance vertrauen und deshalb keine Enteignungsentschädigung verlangen.[3] Ein Fährmann, in dessen Nähe eine Autobrücke in Betrieb genommen wird, kann nicht auf den Fortbestand eines Mindestverkehrsaufkommens vertrauen. Der Verkehr beruht auf einem bloß faktischen Lagevorteil, der nicht durch Art. 14 geschützt ist.[4] Andererseits kann ein Arbeitnehmer, der bereits die Anwartschaftszeit für das Arbeitslosengeld durchlaufen hat, darauf vertrauen, dass ihm diese Rechtsposition nicht später durch eine gesetzliche Verlängerung der Anwartschaftszeit entzogen wird. Wird er arbeitslos, so erhält er Arbeitslosengeld nach der ursprünglichen Regelung.[5]

b) Inhaltsbestimmung des Eigentums und Enteignung

Art. 14 GG lässt die Inhalts- und Schrankenbestimmung des Eigentums zu, ohne dass eine Entschädigung gezahlt werden müsste. Hiervon ist die entschädigungspflichtige Enteignung abzugrenzen. Im Band Wirtschaftsrecht I sind hierzu vor allem die Straßen- und U-Bahnfälle sowie der Fall Nassauskiesung herausgearbeitet. Im Fall „Buschkrugbrücke" entschied der BGH,[6] dass ein Anspruch auf Entschädigung wegen enteignungsgleichen Eingriffs aus Art. 14 GG bestehe, wenn Straßenbauarbeiten durch behördliche Schlamperei in erheblichem Maße verzögert werden und ein Anlieger vermeidbare und unzumutbare Verzögerungen in Kauf nehmen muss. Die Besonderheit dieses Falles lag darin, dass die Sperrung der Straße zum Bau der U-Bahn an sich rechtmäßig war, für den Gewerbetreibenden, für den die Verbindung zur Straße lebensnotwendig war, aber dennoch wegen ihrer Dauer als rechtswidrig betrachtet werden musste. Ähnlich entschied der BGH im Fall des Frankfurter U-Bahnbaus,[7] weil der Zugang zu einer stark von der Laufkundschaft abhängigen Drogerie für mehrere Jahre so stark behindert wurde, dass der Gewinn aus der Drogerie nicht mehr zur Bestreitung des Existenzminimums ausreichte.

---

2 Vgl. Nagel, Wirtschaftsrecht I, 4. Aufl. 2000 = WR I S. 45 ff.
3 BGHZ 45, 150
4 BGHZ 94, 373 - Rheinfähre -
5 BVerfG NJW 1986, 1159
6 BGH NJW 1965, 1907
7 BGHZ 57, 359

Im Fall Nassauskiesung[8] entschied das Bundesverfassungsgericht, dass der Inhalt des Eigentums nicht allein durch das Bürgerliche Recht, sondern gleichrangig auch durch öffentlich-rechtliche Gesetze bestimmt werde. Es sei eine bloße Frage der Gesetzgebungstechnik, ob die Rechtsstellung des Eigentümers in einem Gesetz umfassend definiert werde, um dann in einer anderen Norm eingeschränkt zu werden, oder ob Definition und Einschränkung miteinander in einem Gesetz verbunden werden. Es entschied, dass der Eigentümer einer Kiesgrube nicht von vornherein zur wasserrechtlichen Nutzung seines Eigentums berechtigt sei, sondern eine Erlaubnis oder Bewilligung beantragen müsse. Eine derartige Inhaltsbestimmung des Eigentums sei zumutbar, eine Enteignungsentschädigung sei nicht zu bezahlen.

In seinem Mitbestimmungsurteil von 1979 erklärte das Bundesverfassungsgericht[9] die Beeinträchtigung der Anteils- und Vermögensrechte von Aktionären bzw. GmbH-Gesellschaftern durch die Unternehmensmitbestimmung in den Aufsichtsräten nach dem Mitbestimmungsgesetz von 1976 für verfassungskonform. Es sei zulässig, diese Rechte im Rahmen der Bestimmung von Inhalt und Schranken des Eigentums einzuschränken, weil das Eigentum an Produktionsmitteln in einem sozialen Bezug stehe. Eine Enteignungsentschädigung sei nicht zu bezahlen.

Im Fall eines durch den Gesetzgeber beseitigten gesetzlichen Vorkaufsrechts nach dem Bundesberggesetz führte das Bundesverfassungsgericht[10] eine klare Trennung von Enteignung einerseits sowie Inhalts- und Schrankenbestimmung andererseits ein. Enteignung bedeutet Entzug des Eigentums; hier ist nach Art. 14 Abs. 3 GG stets eine Entschädigung zu gewähren. Die Inhalts- und Schrankenbestimmung erfolgt nach Art. 14 Abs. 1 S. 2 GG in der Regel ohne Entschädigung. Ist der Eingriff in das Eigentum aber unverhältnismäßig, dann muss der Staat mit Härtefallregelungen, Übergangsvorschriften oder einer Entschädigung in Geld die Zumutbarkeit herstellen. Im Zuge der generellen Neuregelung eines Rechtsgebietes kann der Staat alte Rechte wie das gesetzliche Vorkaufsrecht im Wege der Inhalts- und Schrankenbestimmung des Eigentums entziehen. Solange von diesem Recht noch nicht Gebrauch gemacht wurde, handelt es sich nur um eine Inhalts- und Schrankenbestimmung. Der Staat muss verhindern, dass dieser Rechtsentzug unverhältnismäßig ist, und zwar durch Härtefallregelungen, Übergangsvorschriften oder eine Entschädigung in Geld.

2. Zivilrechtliches Eigentum

a) Begriff und Reichweite des geschützten Rechts, Eigentum und Besitz

A will sich eine Eigentumswohnung kaufen. Er fragt, was ihm dann gehört.

Das Eigentum des Zivilrechts ist in § 903 BGB definiert:

„Der Eigentümer einer Sache kann, soweit nicht das Gesetz oder Rechte Dritter entgegenstehen, mit der Sache nach Belieben verfahren und andere von jeder Einwirkung ausschließen."

Es handelt sich also um ein umfassendes Herrschaftsrecht. Der Eigentümer kann die Sache nutzen und über sie verfügen, er kann sie also gebrauchen und zerstören, veräußern, verwerten und

---

8 BVerfG 58, 300
9 BVerfGE 50, 290
10 BVerfGE 83, 201

belasten. Das Eigentum beinhaltet ein unbeschränktes dingliches Herrschaftsrecht. Das Recht verleiht dem Begünstigten Befugnisse gegenüber jedermann; man nennt es auch ein absolutes Recht (vgl. WR, I S. 146).

Das zivilrechtliche Eigentum bezieht sich nur auf Sachen, nicht auf Rechte, wenn man von Ausnahmen absieht, die später zu erörtern sind. Damit ist die Reichweite dieses Rechts erheblich geringer als die des Eigentums nach Art. 14 GG. Andererseits schützt das Zivilrecht, wenn auch in geringerem Umfang, auch den Inhaber einer Forderung und eines sonstigen Rechts (vgl. unten).

Die Rechtsordnung schützt den Eigentümer nicht in Bezug auf die Sache, welche Objekt seines Herrschaftsrechts ist, sondern in Bezug auf andere Personen, welche die Sache entziehen, verletzen oder beeinträchtigen könnten. Schon aus der Textanalyse des § 903 folgt jedoch, dass im deutschen Zivilrecht lange Zeit die Sachherrschaft des Eigentümers in den Vordergrund gerückt wurde, demgegenüber wurde der Tatsache, dass der Rechtsschutz immer nur gegenüber anderen Personen bestehen kann, weniger Bedeutung beigemessen. Die angelsächsischen Rechtsordnungen haben sich hingegen frühzeitig mit dem Phänomen befasst, dass das Eigentum Verfügungsrechte (property rights) vermittelt, die gegenüber anderen Personen geschützt sind (vgl. unten die Ökonomische Analyse des Eigentumsrechts).

Eine Sache kann einer Person gehören, sie steht dann in deren **Alleineigentum**. Sind mehrere Personen Eigentümer einer Sache, so steht sie in deren **Miteigentum**. Hierbei unterscheidet man zwischen Miteigentum nach Bruchteilen und Gesamthandseigentum. Beim **Miteigentum nach Bruchteilen** steht jedem Miteigentümer ein bestimmter ideeller Bruchteil an der Sache als selbständiges dingliches Recht zu (§§ 1008 ff.). Jeder Miteigentümer kann über seinen Anteil frei verfügen. Beim **Gesamthandseigentum** sind die ideellen Anteile der Miteigentümer zugunsten der Gesamtheit gebunden. Der einzelne Miteigentümer kann sein Teileigentum nicht unabhängig nutzen, er kann nicht gesondert über seinen Anteil an den einzelnen Gegenständen verfügen. Diese gesamthänderische Verfügungsbeschränkung gibt es im Gesellschaftsrecht (§ 719 Abs. 1), bei Verheirateten im ehelichen Güterrecht (§ 1419 Abs. 1 für die Gütergemeinschaft) und zwischen den Miterben (§ 2033 Abs. 2: keine Verfügung über den Anteil an einzelnen Nachlassgegenständen).

Der Eigentümer kann auch durch schuldrechtliche Beziehungen in der Weise gebunden sein, dass er nach außen als Volleigentümer auftritt, im Innenverhältnis jedoch über die Sache nicht frei verfügen darf. Lässt sich z.B. eine Bank eine Sache zur Sicherung übereignen, so wird sie zwar formell Eigentümer, wirtschaftlich gesehen benimmt sich jedoch der Kreditnehmer weiterhin wie ein Eigentümer, insbesondere ermächtigt ihn die Bank, die Sache wirtschaftlich zu nutzen und möglicherweise weiter zu veräußern. In derartigen Fällen spricht man von **Sicherungseigentum** oder Treuhandeigentum. Hierauf ist im Zusammenhang mit der Kreditsicherung am Ende dieses Bandes einzugehen.

Das Eigentum an Grundstücken umfasst nicht nur den Grund und Boden, sondern auch dessen **wesentliche Bestandteile**. Nach § 93 können wesentliche Bestandteile voneinander nicht getrennt werden, ohne dass der eine oder der andere zerstört oder in seinem Wesen verändert wird. So ist ein Haus wesentlicher Bestandteil des Grundstücks, auf dem es steht. Wesentliche Bestandteile sind auch die zur Herstellung des Hauses eingefügten Sachen (§ 94 Abs. 2), wie z.B. Fenster, Heizkörper und Rollläden.

Nicht zu den wesentlichen Bestandteilen eines Grundstücks gehören dagegen solche Sachen, die nur vorübergehend mit dem Grund und Boden verbunden sind. Man spricht hier von **Scheinbestandteilen** (§ 95). Hierzu gehört z.B. der Verkaufsstand des fliegenden Händlers oder eine Baubude während der Bauzeit. Der Grundstückseigentümer erwirbt an diesen Scheinbestandteilen kein Eigentum. Nicht Bestandteil einer Sache ist nach § 97 das Zubehör, d. h. eine bewegliche Sache (oder mehrere Sachen), die dem wirtschaftlichen Zweck der Hauptsache zu dienen bestimmt ist und zu ihr in einem dieser Bestimmung entsprechenden Verhältnis steht.

Eine Ausnahme von diesem Grundsatz legt das sogenannte **Erbbaurecht** fest, das in der Erbbaurechtsverordnung von 1919 verankert ist. In dieser Verordnung wird das Erbbaurecht wie ein Grundstück behandelt. Das Haus auf diesem Grundstück ist dann wesentlicher Bestandteil nicht des Grundstücks, sondern des Erbbaurechts, das auf dem Grundstück liegt (§ 12 Erbbaurechtsverordnung). Das Erbbaurecht ist für den Bauherrn insofern vorteilhaft, als er statt des relativ hohen Grundstückspreises nur den Erbbauzins zu zahlen hat, in der Regel für die Dauer von 99 Jahren. Das Erbbaurecht wird wie das Grundstückseigentum behandelt, es kann veräußert, vererbt und beliehen werden.

Die Wohnungsnot nach dem Zweiten Weltkrieg führte dazu, dass als Sondereigentum an einer Wohnung das sogenannte **Wohnungseigentum** eingeführt wurde. Es durchbricht den Grundsatz, wonach eine Sache entweder nur im Alleineigentum oder im Miteigentum stehen kann. Der Wohnungseigentümer hat Alleineigentum an seinen vier Wänden und einen ideellen Miteigentumsanteil an den gemeinschaftlichen Einrichtungen, wie z.B. Keller, Dachboden, Hauseingang, Treppenhaus und Garten. Das Sondereigentum an der Wohnung ist also mit dem Miteigentumsanteil an den gemeinschaftlichen Einrichtungen gekoppelt.

Wohnungseigentum wird durch Vertrag zwischen den Miteigentümern des Grundstücks oder durch Teilung eines schon bebauten Grundstücks begründet, wenn der bisherige Eigentümer damit einverstanden ist. Der Wohnungseigentümer ist als Mitglied der Eigentümergemeinschaft von deren Beschlüssen und Regelungen abhängig. Zuständiges Gremium ist die Eigentümerversammlung. Die Gemeinschaft der Eigentümer muss einen Verwalter bestellen, dessen Befugnisse im Wohnungseigentumsgesetz ausgeführt sind.

Ist auch der Inhaber eines Patents Eigentümer?

Wer etwas erfunden hat, kann an der Erfindung ein Patent erwerben. Als Patentinhaber steht ihm dann das vererbliche und frei übertragbare, ausschließliche Recht zu, die Erfindung zu benutzen. Ohne seine Zustimmung ist jedem Dritten, auch der öffentlichen Hand, vorbehaltlich eines Vorbenutzungsrechts jede Benutzung der Erfindung verboten. Neben dem Patent oder anstelle des Patents kann der Erfinder auch Schutz für ein Gebrauchsmuster beanspruchen, wenn dessen Gegenstand eine neue Gestaltung, Anordnung, Vorrichtung oder Schaltung von Arbeitsgerätschaften oder Gebrauchsgegenständen aufweist und auf einem „erfinderischen Schritt" beruht. Die Grundlagen dieses Rechtsschutzes sind im Patentgesetz und im Gebrauchsmustergesetz geregelt. Eine derartige Rechtsstellung ist zwar kein zivilrechtliches Eigentum, da sie nicht als Sachherrschaft im engeren Sinne gekennzeichnet werden kann, die Stellung des Rechtsinhabers ist jedoch der eines Eigentümers vergleichbar. Dies zeigt sich insbesondere, wenn es um eine Beeinträchtigung der Rechte oder um Schadensersatz wegen Entzugs der Rechte geht (vgl. unten). In Bezug auf den Rechtsschutz kann man also von eigentumsähnlichen absoluten Rechten sprechen; im Gegensatz hierzu sind z.B. die Ansprüche eines Verkäufers auf Bezahlung der Kaufsache nur relative Rechte, welche diese Eigentumsähnlichkeit nicht aufweisen.

Was ist der Unterschied zwischen Eigentum und Besitz?

Das BGB unterscheidet zwischen der rechtlichen Sachherrschaft (Eigentum) und der tatsächlichen Herrschaft einer Person über eine Sache (Besitz). Nach § 854 Abs. 1 wird der **Besitz** einer Sache durch die Erlangung der tatsächlichen Gewalt über sie erworben. Es ist unerheblich, ob dem Besitzer ein Recht zum Besitz zusteht. Auch der Dieb ist Besitzer. Eine Ausnahme gilt für den Besitzdiener: Nach § 855 übt dieser die tatsächliche Gewalt über eine Sache für einen Anderen aus. Nur der Andere ist Besitzer. Typische Besitzdiener sind Hausgehilfinnen und Arbeitnehmer. Entscheidend ist nach § 855, dass sie den sich auf die Sache beziehenden Weisungen des Anderen, d.h. des Besitzers, Folge leisten müssen.

Das Gesetz unterscheidet zwischen den Begriffspaaren Alleinbesitz und Mitbesitz, Eigenbesitz und Fremdbesitz, unmittelbarem Besitz (tatsächliche, unmittelbare Gewalt über die Sache) und mittelbarem Besitz. Mittelbarer Besitzer ist z.B. der Vermieter, der dem Mieter den unmittelbaren Fremdbesitz auf Zeit überlassen hat (vgl. unten).

Das Gesetz schützt den Besitzer gegen die Entziehung oder Störung der Sachherrschaft, also gegen verbotene Eigenmacht (§ 858 Abs. 1). Der berechtigte Eigentümer kann dem nichtberechtigten Besitzer die Sache nicht einfach wegnehmen, sondern muss im Konfliktfall vor Gericht die Herausgabe verlangen.

Als typisches dingliches Recht oder Sachenrecht ist das Eigentum an die Grundprinzipien des Sachenrechts gebunden. Zum einen können dingliche Rechte nur an bestimmten einzelnen Sachen, nicht hingegen an Sachgesamtheiten begründet werden. Man spricht hier vom Bestimmtheitsgrundsatz oder vom Spezialitätsprinzip. Zum anderen wirken dingliche Rechte gegenüber jedermann, also **absolut**. Schließlich müssen dingliche Rechte nach außen erkennbar sein. Publizitätsmittel bei beweglichen Sachen ist der Besitz, bei Grundstücken das Grundbuch. Schließlich können dingliche Rechte gutgläubig vom Nichtberechtigten erworben werden (gutgläubiger Erwerb, vgl. unten).

b) Schutz des Eigentums (Überblick)

Das zivilrechtliche Eigentum ist durch Ansprüche gegen Entzug, Verletzungen und Beeinträchtigungen geschützt. Grundlage des Schutzes gegen Eigentumsentzug ist § 985: Der Eigentümer kann vom Besitzer die Herausgabe der Sache verlangen. Hat der Besitzer ein Recht zum Besitz (z.B. aufgrund eines Mietvertrages), so kann er diesem Anspruch sein Besitzrecht nach § 986 mit Erfolg entgegenhalten. Kann der Besitzer die Sache nicht mehr herausgeben, obwohl er zum Besitz nicht oder nicht mehr berechtigt ist, hat er aus ihr Nutzungen gezogen oder auf sie Aufwendungen getätigt, so entstehen rechtliche Abwicklungsprobleme im Eigentümer-Besitzer-Verhältnis, die in den §§ 987-1003 geregelt sind (vgl. unten).

Beeinträchtigungen seines Eigentums muss jeder hinnehmen, soweit die Beeinträchtigung vom Gesetzgeber nicht als wesentlich betrachtet wird. Auch im Zivilrecht ist das Eigentum also nicht absolut geschützt. Insbesondere muss der Eigentümer Immissionen im Rahmen der Wesentlichkeitsgrenze nach § 906 hinnehmen, d.h. er kann die Zuführung von Gasen, Dämpfen, Geräuschen usw. auf seinem Grundstück nicht verbieten, soweit durch die Einwirkung die Benutzung seines Grundstücks nicht oder nur unwesentlich beeinträchtigt wird. Inwieweit ein Nachbar das Grundstückseigentum beeinträchtigen kann, ist in den nachbarrechtlichen Vorschriften der §§ 906-924 geregelt. Ist eine Anlage, z.B. eine Fabrik, nach dem Bundesimmissionsschutzgesetz genehmigt, so kann der Betroffene auch bei wesentlichen Beeinträchtigungen keine Beseitigung, sondern nur Schutzvorrichtungen an der Anlage oder Schadensersatz verlangen (§ 14 Bundesimmissionsschutzgesetz). Sind Schutzvorrichtungen nach dem Stand der Technik nicht durchführbar oder wirtschaftlich nicht vertretbar, so entfällt der Beseitigungsanspruch, übrig bleibt nur der Schadensersatzanspruch.

Wer den Besitz der Sache dem Eigentümer entzieht oder vorenthält, beeinträchtigt das Eigentum in unzulässiger Weise. Der Eigentümer kann nach § 1004 die Beseitigung der Beeinträchtigung verlangen. Sind weitere Entziehung oder Vorenthaltungen des Besitzes zu befürchten, kann der Eigentümer auch Unterlassung verlangen. Ist der Eigentümer jedoch zur Duldung verpflichtet, scheitert sowohl der Beseitigungs- als auch der Unterlassungsanspruch (§ 1004 Abs. 2).

Das Eigentum kann durch Handlungen oder durch einen Zustand beeinträchtigt werden. So stört jemand den Eigentümer durch Handlungen, wenn er z.B. mit seinem Auto über dessen Grundstück fährt, ohne hierzu berechtigt zu sein. Eine Störung des Eigentümers ist aber auch auf eine Art und Weise möglich, die man nicht als Entziehung oder Vorenthaltung des Besitzes bezeichnen kann, z. B. durch die Zuführung von schlechten Gerüchen oder giftigen Dämpfen (§ 906 BGB). Hier kann man durch Handlung oder durch Zustand stören. Durch Zustand stört, wer eine Anlage unterhält, deren Gerüche, Abgase oder Geräusche (Emissionen) das Grundstück des Nachbarn beeinträchtigen. Die Störung muss jedoch widerrechtlich sein, d.h. sie muss in ihrem Umfang über das Maß hinausgehen, das für die Duldungspflicht nach § 906 gilt.

Der Beseitigungs- und Unterlassungsanspruch nach § 1004 ist deshalb besonders wichtig, weil er analog auf den Schutz sonstiger Rechte angewendet wird, die als „absolute Rechte" nach § 823 Abs. 1 (vgl. unten) geschützt sind.

Wer in seinem Eigentum rechtswidrig und schuldhaft verletzt wird, kann nach § 823 Abs. 1 vom Schädiger Ersatz aus dem Rechtsgrund der unerlaubten Handlung verlangen. Das gleiche gilt, wenn der Schädiger ein Schutzgesetz des § 823 Abs. 2 verletzt, also z.B. den Eigentümer durch Betrug nach § 263 des Strafgesetzbuchs geschädigt hat.

c) Änderungen der Eigentumszuordnung

A hat sein Stereogerät für 500 Euro an B verkauft. Das Eigentum soll am 2. 11. übertragen werden. Wie geschieht das?

Das Eigentum kann durch Rechtsgeschäft, insbesondere durch Vertrag, auf Andere übertragen werden. Es handelt sich um einen abstrakten, dinglichen Vertrag. Dieser ist nach dem Abstraktionsprinzip ohne Rücksicht auf die Wirksamkeit des zugrundeliegenden Verpflichtungsgeschäfts (hier des Kaufvertrages) gültig. Das Eigentum an beweglichen Sachen wird nach § 929 S. 1 durch Einigung und Übergabe übertragen. Ist der Erwerber bereits im Besitz der Sache, so genügt die Einigung über den Eigentumsübergang (§ 929 Satz 2).

Übergabe in § 929 S. 1 heißt Verschaffung des unmittelbaren Besitzes, das heißt der unmittelbaren Sachherrschaft. Daneben gibt es auch mittelbaren Besitz, wenn der unmittelbare Besitz aufgrund eines Besitzmittlungsverhältnisses, wie z.B. Miete oder Pacht, zeitlich befristet auf einen unmittelbaren Besitzer übertragen wurde (§ 868). Eigentumsübertragung ist nach § 930 auch dadurch möglich, dass der bisherige Eigentümer dem Erwerber die Sache nicht übergibt, sondern mit ihm ein Besitzmittlungsverhältnis vereinbart, durch das der Erwerber den mittelbaren Besitz erlangt. Die Übergabe der Sache ist dann nicht erforderlich.

Ist ein Dritter im Besitze der Sache, so kann die Übergabe dadurch ersetzt werden, dass der Eigentümer dem Erwerber den Anspruch auf die Herausgabe der Sache abtritt (Vindikationszession, § 931).

Das Eigentum an Grundstücken wird nach §§ 873 und 925 durch Auflassung, das heißt durch abstrakt-dinglichen Übereignungsvertrag bei gleichzeitiger Anwesenheit beider Teile vor dem Notar, und Eintragung in das Grundbuch übertragen. Eine Übergabe des Grundstücks ist nicht erforderlich.

Das Eigentum kann auch **kraft Gesetzes** auf einen Andern übergehen, so z.B. bei Verbindung, Vermischung und Verarbeitung nach den §§ 946-950. Hinzu kommen die Ersitzung (§§ 900, 937), die Fruchtziehung (§§ 953 ff.), die Aneignung (§ 958), der Fund (§§ 973, 984) und der Eigentumserwerb durch Hoheitsakt.

d) Gutgläubiger Erwerb des Eigentums vom Nichtberechtigten

A leiht dem B sein Stereogerät bis 2.11. Dieser verkauft und übereignet es an den C am 31. 10. C glaubt, das Gerät gehöre dem B.

Nach § 932 erwirbt der C hier gutgläubig Eigentum, obwohl die Sache dem Veräußerer nicht gehört. Anders wäre es, wenn C nach § 932 Abs. 2 bösgläubig wäre, d.h. wenn ihm bekannt oder infolge grober Fahrlässigkeit unbekannt wäre, dass das Gerät nicht dem B gehört.

B stiehlt das Stereogerät bei A. Er verkauft und übergibt es an C.

Hier ist ein gutgläubiger Eigentumserwerb des C nicht möglich, da das Gerät dem A gestohlen wurde, also abhanden gekommen war (§ 935, Abs. 1).

Bei der Abgrenzung zwischen § 932 (gutgläubiger Erwerb) und § 935 (Ausschluss des gutgläubigen Erwerbs) fragt der Gesetzgeber danach, ob der Eigentümer und unmittelbare Besitzer seinen Besitz freiwillig aufgegeben hat. Bei unfreiwilligem Besitzverlust (Abhandenkommen) ist der gutgläubige Erwerb ausgeschlossen. Es geht hier um eine Abwägung zwischen dem Schutz des gutgläubigen Rechtsverkehrs und dem Schutz des Eigentümers.

Im Handelsverkehr erweitert der Gesetzgeber den Verkehrsschutz. Waren, die ein Kaufmann im Betrieb seines Handelsgewerbes veräußert, kann der Kunde auch dann gutgläubig erwerben, wenn sich sein guter Glaube nicht auf das Eigentum, sondern nur auf die Befugnis des Veräußerers erstreckt, über die Sache für den Eigentümer verfügen zu können. Im Geschäftsverkehr tritt der veräußernde Kaufmann vielfach nicht als Eigentümer, sondern als Mittelsmann des Eigentümers auf. So handelt z.B. bei der Verkaufskommission der Kommissionär für den Eigentümer. Der Erwerber glaubt deshalb nicht an das Eigentum, wohl aber an die Verfügungsmacht des Kommissionärs. Ist der verkaufende Kaufmann in Wirklichkeit nicht zur Verfügung berechtigt, etwa weil die Kommission unwirksam war oder der Kommissionsauftrag widerrufen wurde, so erwirbt der Kunde nach § 366 Abs. 1 HGB dennoch Eigentum am vorgeblichen Kommissionsgut. Voraussetzung ist jedoch, dass er hinsichtlich der Verfügungsbefugnis ebenso gutgläubig ist, wie das Bürgerliche Gesetzbuch dies nach § 932 Abs. 1 vom gutgläubigen Erwerber verlangt, der an das Eigentum des Veräußerers glaubt. Auch nach § 366 HGB ist kein gutgläubiger Erwerb möglich, wenn die Sache dem Eigentümer abhanden gekommen war. § 935 Abs. 1 schließt also auch hier den Gutglaubensschutz aus.

In Ausnahmebereichen lässt das Gesetz auch den gutgläubigen Erwerb des Eigentums an abhanden gekommenen Sachen zu, und zwar bei Geld, Inhaberpapieren und Sachen, die im Wege öffentlicher Versteigerung veräußert werden (§ 935 Abs. 2). Inhaberpapiere sind Inhaberschuldverschreibungen (§§ 793 ff. BGB), Inhaberaktien (§ 10 Abs. 1 Aktiengesetz), Investmentanteilsscheine (§ 18 Abs. 1 Satz 2 des Gesetzes über Kapitalanlagegesellschaften) und auf den Inhaber gestellte Karten (§ 807 BGB). Der gutgläubige Erwerb abhanden gekommener Wechsel oder Schecks ist nach Art. 16 Abs. 2 des Wechselgesetzes und Art. 21 des Scheckgesetzes ebenfalls möglich. Schecks sind in der Praxis ebenso wie die Aktien Inhaberpapiere, d.h. sie werden wie bewegliche Sachen nach § 929 BGB übereignet. Das Recht aus dem Papier (die Berechtigung des Aktionärs und des Scheckinhabers) folgt dem Recht am Papier. Wechsel sind Orderpapiere, d.h. das Eigentum wird durch Einigung und Indossament übertragen, auf der Rückseite muss die Übertragung vom bisherigen auf den neuen Inhaber quergeschrieben werden. Hier ist gutgläubiger Erwerb nur dann möglich, wenn auch die Kette der Indossamente äußerlich in Ordnung ist.

Wird das Eigentum an einer beweglichen Sache dadurch übertragen, dass der Erwerber nur mittelbarer Besitzer wird (§ 930), so ist gutgläubiger Erwerb vom Nichtberechtigten erst dann möglich, wenn die Sache dem Erwerber übergeben wird (§ 933). Wird eine bewegliche Sache nach § 931 durch Abtretung des Herausgabeanspruchs übereignet, so ist gutgläubiger Erwerb vom nichtberechtigten Veräußerer, wenn er mittelbarer Besitzer der Sache ist, mit der Abtretung des Anspruchs möglich. Ist er dies nicht, wird der Erwerber erst dann Eigentümer, wenn er den Besitz der Sache von dem Dritten erlangt (§ 934). Nach §§ 933 und 934 ist Gutgläubigkeit des Erwerbers Voraussetzung, außerdem darf die Sache nicht abhanden gekommen sein (§ 935 Abs. 1).

Auch bei der Veräußerung des Grundstücks wird das Vertrauen des Erwerbers geschützt. Nach § 892 gilt der Inhalt des Grundbuchs zugunsten des Erwerbers als richtig, auch wenn der Veräußerer nicht Eigentümer war. Man spricht hier vom öffentlichen Glauben des Grundbuchs.

e) Exkurs: Übertragung von Rechten

Um seine Schuldenlast bei B zu verringern, will A einen Kaufpreisanspruch an B abtreten. Wie bewerkstelligt er dies?

Der Kaufpreisanspruch ist eine Forderung. Forderungen werden nach § 398 durch abstrakt dinglichen Abtretungsvertrag übertragen. Erforderlich ist die Einigung darüber, dass die Forderung auf den Erwerber übergehen soll. Nach § 413 werden die Vorschriften über die Forderungsübertragung entsprechend auf andere Rechte angewendet. Liegt der Übertragung des Rechts kein wirksames Verpflichtungsgeschäft (z.B. Rechtskauf, d.h. Kaufvertrag über das Recht) zugrunde, so kann die Rückübertragung des Rechts nach den Vorschriften der ungerechtfertigten Bereicherung (§§ 812 ff.) verlangt werden (vgl. unten). Der gutgläubige Erwerb eines Rechts ist grundsätzlich nicht möglich.

Andere Vorschriften gelten für Rechte, die in Wertpapieren verbrieft sind. Bei Inhaberschecks und Inhaberaktien wird das Recht wie eine Sache nach § 929 S. 1 durch Einigung und Übergabe übertragen, das Recht aus dem Papier folgt dem Recht am Papier. Beim Wechsel kommt hinzu, dass ein Indossament des vorigen Eigentümers bzw. der vorigen Eigentümer vorliegen muss (vgl. oben). Gutgläubiger Erwerb einer Wechsel- oder Scheckforderung ist möglich.

3. Eigentümer-Besitzer-Verhältnis

a) Begriffe

Der Eigentümer kann vom Besitzer die Herausgabe der Sache nach § 985 verlangen. Hat der Eigentümer die Sache jedoch vermietet, so kann der Besitzer ihm nach § 986 sein Recht aus dem Mietverhältnis zum Besitz der Sache entgegenhalten; der Eigentümer kann die Herausgabe der Sache demnach bis zum Ablauf der Mietzeit nicht verlangen. Wird die Sache während der Mietzeit beim Mieter verschlechtert, so kann der Eigentümer vertraglich Ersatzansprüche aus dem Mietvertrag geltend machen. Je nach Ausgestaltung des Mietvertrages kann der Mieter auch Ersatz der notwendigen oder nützlichen Aufwendungen (Verwendungen) auf die Mietsache verlangen.

Erheblich schwieriger wird das Verhältnis zwischen Eigentümer und Besitzer, wenn der Besitzer kein Recht zum Besitz hat. Wird die Sache bei diesem unrechtmäßigen Besitzer verschlechtert, zieht der Besitzer aus ihr Nutzungen oder macht er auf sie Verwendungen, so entstehen Ansprüche aus dem **Eigentümer-Besitzer-Verhältnis** der §§ 987 ff. Es spielt hierbei keine Rolle, ob früher ein Recht zum Besitz bestanden hat, ausschlaggebend ist, dass zum Zeitpunkt der Auseinandersetzung zwischen Eigentümer und Besitzer ein vertragsloser Zustand besteht.

Das Eigentümer-Besitzer-Verhältnis regelt die sogenannte Vindikationslage, d.h. an sich besteht der Eigentumsherausgabeanspruch nach § 985 BGB. Seine Durchsetzung kann jedoch durch Verschlechterung oder Untergang der herauszugebenden Sache erschwert oder vereitelt sein. Das Eigentümer-Besitzer-Verhältnis gilt unabhängig davon, ob der Besitzer Eigenbesitz oder Fremdbesitz innehat, ob er beim Erhalt des Besitzes oder später redlich oder unredlich war. Die Rechtsfolgen können jedoch verschieden sein, je nachdem, welche Art von Besitz vorliegt.

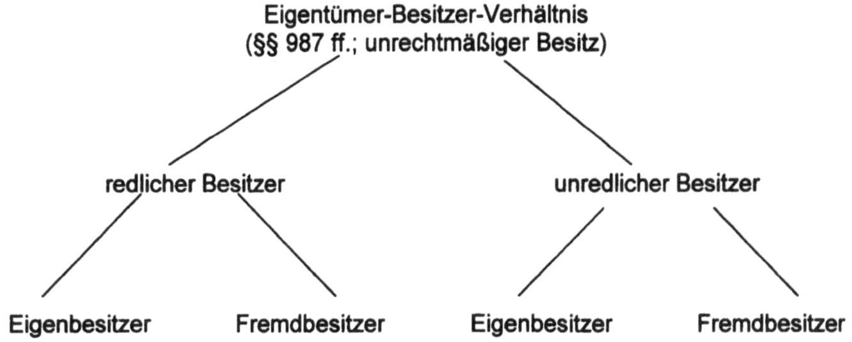

b) Haftung des redlichen Besitzers

Gedanklicher Ausgangspunkt der Regelungen zum Eigentümer-Besitzer-Verhältnis ist § 993 Abs. 1. Der nicht bösgläubige, d.h. redliche Besitzer ist weder zur Herausgabe von Nutzungen noch zum Schadensersatz bei Verschlechterung oder beim Untergang der Sache verpflichtet. Eine Ausnahme gilt nur, wenn der Besitzer sogenannte Übermaßfrüchte aus der Sache zieht. Diese muss er nach den Vorschriften über die Herausgabe einer ungerechtfertigten Bereicherung dem Eigentümer herausgeben. Nach § 994 Abs. 1 kann er für die auf die Sache gemachten notwendigen Verwendungen vom Eigentümer Ersatz verlangen. Die gewöhnlichen Erhaltungskosten sind ihm jedoch für die Zeit, für welche ihm die Nutzungen verbleiben, nicht zu ersetzen. Für darüber hinausgehende nützliche Verwendungen kann der redliche Besitzer Ersatz nur verlangen, soweit der Wert der Sache durch sie noch erhöht ist, wenn er sie dem Eigentümer zurückgibt (§ 996).

Verkauft also der geschäftsunfähige A sein Fahrrad an B und übereignet es ihm, so kann er an sich von B die Herausgabe des Fahrrads nach § 985 verlangen. Umgekehrt kann B nach § 985 die Herausgabe des Geldes verlangen. Ist jedoch das Fahrrad inzwischen bei B durch einen Verkehrsunfall zerstört worden und war B in Bezug auf die Wirksamkeit des Kaufvertrages und der Übereignung gutgläubig, so kann A nach § 993 Abs. 1 von B keinen Schadensersatz verlangen, auch wenn B bei dem Verkehrsunfall fahrlässig gehandelt hat. Der Gesetzgeber will den B so stellen, wie wenn er wirksam Eigentümer der Sache geworden wäre. Der redliche, unrechtmäßige Besitzer soll ebenso wie der rechtmäßige Besitzer gestellt werden.

Anders ist jedoch folgender Fall zu beurteilen:

Der geschäftsunfähige A vermietet an B sein Fahrrad bis 1. 12. Am 15. 11. verursacht B, der nichts vom Mangel seines Rechts zum Besitz weiß, schuldhaft einen Verkehrsunfall. Das Fahrrad wird zerstört.

Wäre hier der Mietvertrag wirksam gewesen, so wäre B dem A zum Schadensersatz verpflichtet, wenn er die Sache nicht nach Ablauf der Mietzeit (§ 556 Abs. 1) zurückgeben kann. Der unrechtmäßige, aber redliche Besitzer soll nicht besser als der rechtmäßige Besitzer gestellt werden. Da eine vertragliche Haftung bei ihm jedoch nicht in Frage kommt, kann er allenfalls aus unerlaubter Handlung (§§ 823 ff.) schadensersatzpflichtig sein. An sich ist jedoch die Anwendung des Deliktrechts (§§ 823 ff.) ausgeschlossen, wenn die Regeln des Eigentümer-Besitzer-Verhältnisses (§§ 987 ff.) anwendbar sind. Dies folgt aus Vorschriften, auf die weiter unten einzugehen sein wird (§ 992). In diesem Fall haben sich Lehre und Rechtsprechung jedoch einhellig dafür entschieden, den redlichen, aber unrechtmäßigen Fremdbesitzer nicht besser als den rechtmäßigen Fremdbesitzer zu stellen. Wird die Sache bei ihm verschlechtert oder geht sie unter, so sind die §§ 823 ff. auf diesen *Fremdbesitzerexzess* anwendbar. B haftet demnach dem A aus unerlaubter Handlung nach § 823 Abs. 1, weil er das Fahrrad (Eigentum) des A tatbestandsmäßig, rechtswidrig und schuldhaft (fahrlässig) verletzt hat.

c) Haftung des unredlichen Besitzers

Die Grundregelung für die Haftung des unredlichen Besitzers trifft § 989. Wird der Besitzer vom Eigentümer auf die Herausgabe der Sache verklagt, ist also der Streit zwischen beiden rechtshängig geworden, so ist er dem Eigentümer für den Schaden verantwortlich, der dadurch entsteht, dass durch sein Verschulden die Sache verschlechtert wird, untergeht oder aus einem anderen Grund von ihm nicht herausgegeben werden kann. Wurde also B von A bereits auf Herausgabe des Fahrrads verklagt, so haftet er, auch wenn er Eigenbesitzer des Fahrrads war, für die nachträgliche Zerstörung des Fahrrads durch einen Verkehrsunfall nach § 989, wenn er den Unfall schuldhaft herbeigeführt hat.

Nach § 987 Abs. 1 muss der Besitzer dem Eigentümer auch die Nutzungen herausgeben, die er nach dem Eintritt der Rechtshängigkeit zieht. A könnte also von B eine Nutzungsentschädigung für die Zeit verlangen, in der er nach Klageerhebung noch Fahrrad gefahren ist.

War der Besitzer bei dem Erwerb des Besitzes nicht im guten Glauben oder erfährt er später, dass er zum Besitz nicht berechtigt ist, so stellt das Gesetz ihn in § 990 Abs. 1 dem verklagten Besitzer gleich. Der bösgläubige Besitzer haftet also ebenfalls auf Schadensersatz nach § 989 und muss die gezogenen Nutzungen nach § 987 Abs. 1 an den Eigentümer herausgeben. Macht der unredliche (bösgläubige oder verklagte) Besitzer Verwendungen auf die Sache, so kann er vom Eigentümer Ersatz nur nach den Vorschriften über die Geschäftsführung ohne Auftrag (§§ 677 ff.) verlangen (vgl. unten). Zu fragen ist, ob die Verwendung dem Interesse und dem wirklichen oder dem mutmaßlichen Willen des Geschäftsherrn entsprochen hat (§ 683).

B hat dem A das Fahrrad gestohlen und anschließend einen Verkehrsunfall mit verursacht, an dem er allerdings schuldlos war. Das Fahrrad wurde bei dem Unfall zerstört.

Hier würde die Haftung des bei Erlangung des Besitzes bösgläubigen B nach § 990 Abs. 1, § 989 scheitern, weil B bei der Zerstörung der Sache nicht schuldhaft gehandelt hat (§ 989). Diese Lösung wäre jedoch nicht sachgerecht, da der B als Dieb verpflichtet bleiben soll, die Sache dem Bestohlenen unversehrt zurückzugeben. Deshalb hat der Gesetzgeber in § 992 bestimmt, dass ein Besitzer, der sich durch verbotene Eigenmacht oder durch eine Straftat den Besitz verschafft hat, dem Eigentümer nach den Vorschriften über den Schadensersatz wegen unerlaubter Handlung (§§ 823 ff.) haftet. Dort findet sich auch die Vorschrift des § 848. Wer zur Rückgabe einer Sache verpflichtet ist, die er dem Anderen durch eine unerlaubte Handlung entzogen hat, ist auch für den zufälligen Untergang, die zufällige Verschlechterung oder die zufällige Unmöglichkeit der Herausgabe verantwortlich. Die Haftung entfällt nur, wenn die Entziehung der Sache nicht ursächlich für die Verschlechterung, den Untergang oder die Unmöglichkeit der Herausgabe war. B ist dem A also zum Ersatz des Schadens verpflichtet, der durch die Zerstörung des Fahrrads entstanden ist. An sich müsste B nach § 249 das Fahrrad wieder in den ursprünglichen Zustand zurückversetzen; dies ist jedoch nicht möglich. Daher kann A von ihm nach § 251 Abs. 1 eine Entschädigung in Geld verlangen. B hat ihm den Wert des Fahrrads zum Zeitpunkt des Diebstahls zu ersetzen.

4. Beseitigungs- und Unterlassungsanspruch

a) Die Anspruchsgrundlage in § 1004 BGB

A lädt Abfall auf dem Grundstück des B ab. B fragt, ob er verlangen kann, dass A den Abfall wieder wegschafft.

In diesem Fall wird das Eigentum des B in anderer Weise als durch Entziehung oder Vorenthaltung des Besitzes beeinträchtigt. Der Eigentümer kann nach § 1004 BGB vom Störer die Beseitigung der Beeinträchtigung verlangen. Wenn weitere Beeinträchtigungen zu befürchten sind, kann der Eigentümer auch verlangen, dass der Störer weitere Beeinträchtigungen unterlässt (Unterlassungsklage).

Fraglich ist, in welchen Fällen das Eigentum im Sinne von § 1004 beeinträchtigt ist. Eine solche Beeinträchtigung scheidet aus, wenn der Eigentümer nach § 1004 Abs. 2 zur Duldung verpflichtet ist. Der Störer muss nicht schuldhaft (vorsätzlich oder fahrlässig) handeln; es genügt, dass sein Handeln widerrechtlich ist. Im Regelfall wird die Widerrechtlichkeit der Störung indiziert; ist der Eigentümer aber zur Duldung verpflichtet, so entfällt die Widerrechtlichkeit.

Wenn man danach fragt, ob eine rechtswidrige Störung vorliegt, muss man zwischen Handlungsstörung und Zustandsstörung unterscheiden. Handlungsstörer ist z.B. A, der seinen Abfall auf dem Grundstück des B ablädt. Andere Fälle von Handlungsstörungen sind zu bejahen, wenn eine Hauswand mit Graffiti besprüht wird oder eine Gartenmauer mit Plakaten beklebt wird. Eine Handlungsstörung kann auch mittelbar begangen werden, wenn jemand störende Einwirkungen Dritter verursacht hat, diese verhindern könnte, die Verhinderung aber unterlässt. Lädt jemand Partygäste ein, die laut schreiend die Nachbarn stören, so ist er mittelbarer Handlungsstörer. Ebenso ist zu entscheiden, wenn eine Flughafen-AG unangemessen starken Lärm durch startende und landende Flugzeuge verursacht.

Der Zustandsstörer unterhält eine störende Anlage; die Beseitigung der Störung hängt von seinem Willen ab. Typisches Beispiel ist ein Fabrikeigentümer, der Rauch und Abgase auf Nachbargrundstücke emittiert. Zustandsstörungen können auch durch Feuchtigkeit (Grundwasser), Gerüche (z.B. Schweinemästereien), Licht (z.B. Flutlicht) und Schatten (z.B. von Hochhäusern) veranlasst werden.

Die Rechtswidrigkeit der Störung und damit die Erfüllung des Tatbestandes von § 1004 entfällt, wenn der Eigentümer die Störung dulden muss. Dies kann sich aus privat- und öffentlichrechtlichen Gesichtspunkten ergeben.

b) Duldungspflicht und Entschädigung in Geld nach § 906

Nach § 906 muss der Eigentümer unwesentliche und ortsübliche Immissionen hinnehmen. Für Industriebetriebe gelten die Grenzwerte der jeweiligen Verordnungen nach dem Bundesimmissionsschutzgesetz. Auch was die Ortsüblichkeit von Verhaltensweisen zwischen Privatleuten anbelangt, gibt es eine Reihe von Verordnungen. Bekannt geworden ist die Verordnung über den Gebrauch von Rasenmähern, die bei allerlei nachbarrechtlichen Streitigkeiten eine Rolle spielt. Falls der Eigentümer eine ortsübliche Immission dulden muss, kann er bei einer wesentlichen Beeinträchtigung eine Entschädigung in Geld verlangen (§ 906 Abs. 1 S. 2), wenn die Einwirkung die ortsübliche Benutzung seines Grundsstücks oder dessen Ertrag über das zumutbare Maß hinaus beeinträchtigt.

5. Ungerechtfertigte Bereicherung

a) Leistungs- und Eingriffskondiktion

A verkauft B seine Stereoanlage zum Preis von 1000 Euro. Die beiden wollten sich über die Frage einigen, ob die Boxen mit verkauft werden sollten. Eine Einigung über diesen Vertragspunkt unterbleibt jedoch. Dennoch übereignet A dem B die Anlage, B bezahlt den Kaufpreis.

Der Kaufvertrag ist nach § 155 BGB unwirksam, weil keine Einigung über die Frage der Boxen erzielt wurde, über die die beiden sich einigen wollten. Die Übereignung der Anlage und des Geldes ist jedoch nach dem Abstraktionsprinzip wirksam, da die beiden Verträge nach § 929 unabhängig von dem zugrundeliegenden Verpflichtungsgeschäft zu betrachten sind. Anspruchsgrundlage für die Rückübereignung der Stereoanlage ist § 812 Abs. 1 Satz 1 erste Alternative. B hat durch ein fehlgeschlagenes Leistungsgeschäft auf Kosten des A und durch dessen Leistung das Eigentum an der Anlage ohne Rechtsgrund erlangt. Er ist zur Herausgabe, d.h. zur Rückübereignung verpflichtet. Entsprechend muss A dem B den Kaufpreis zurückbezahlen (Leistungskondiktion).

Die Kühe des A fressen die Weide des B leer. B verlangt von A die Herausgabe des Vorteils, den er darin erblickt, dass A die Kosten für die Fütterung erspart hat und die Tiere danach dennoch melken kann.

Hier hat B nicht an A geleistet, die Bereicherung des A ist vielmehr in sonstiger Weise erfolgt. A ist dem B nach § 812 Abs. 1 Satz 1 zweite Alternative zur Herausgabe des Erlangten verpflichtet (Eingriffskondiktion). Da A nicht das Futter herausgeben kann (818 Abs. 1), ist er nach § 818 Abs. 2 zum Wertersatz verpflichtet.

b) Verfügungen des Nichtberechtigten

A leiht dem B ein Fahrrad bis zum 1. 12. B verkauft und übereignet das Fahrrad an X zum Preis von 500 Euro.

A kann von X nicht die Herausgabe der Sache nach § 985 verlangen, da X durch die Übereignung nach §§ 929, 932 Abs. 1 gutgläubig Eigentum erworben hat. Da hier B als Nichtberechtigter über das Fahrrad verfügt hat, gilt die Regel des § 816 Abs. 1. Ist die Verfügung gegenüber dem Berechtigten wirksam – was wegen § 932 der Fall ist – so ist er ihm zur Herausgabe des durch die Verfügung Erlangten verpflichtet. Damit kann A von B die Herausgabe der erhaltenen 500 Euro verlangen.

Anders ist der Fall zu beurteilen, wenn B das Fahrrad bei A stiehlt. Veräußert er es an X zum Preis von 500 Euro weiter, so kann A dennoch nach § 985 von X die Herausgabe des Fahrrads verlangen. X ist nach § 935 Abs. 1 nicht Eigentümer geworden, da ein gutgläubiger Erwerb an gestohlenen oder sonst abhanden gekommenen Sachen nicht möglich ist. Wenn der von X an B bezahlte Kaufpreis über dem Wert des Fahrrads liegt, hat A möglicherweise ein Interesse daran, statt der Rückgabe des Fahrrads das von B erhaltene Geld zu verlangen. Dies ist dadurch möglich, dass er die an sich unwirksame Verfügung des nicht berechtigten B nachträglich genehmigt (§ 185 Abs. 2). Die Verfügung wird wirksam, wenn der Berechtigte A sie genehmigt. Damit hat

X Eigentum an dem Fahrrad erworben. A kann von B nach § 816 Abs. 1 die Herausgabe des Erlangten, also des erhaltenen Kaufpreises von 500 Euro, verlangen.

c) Umfang des Herausgabeanspruchs

A veräußert an B eine wertvolle Vase zum Preis von 1.500 Euro. Beide gehen davon aus, dass es sich hier um eine Vase aus den Wiener Werkstätten aus der Zeit um 1900 handelt. Hinterher stellt sich heraus, dass es sich um ein Einzelstück handelt, das von Kolo Moser als Modell gefertigt wurde. Die Vase ist 10.000 Euro wert. A ficht seine Willenserklärung wegen Eigenschaftsirrtums nach § 119 Abs. 2 an.

A hat sich über die Tatsache geirrt, dass es sich hier um ein einzelnes Modellstück handelt. Diese Eigenschaft wird vom Verkehr als wesentlich angesehen, da sie den Wert erheblich beeinflusst (vgl. WR I, S. 186). Nach § 142 Abs. 1 wird durch die Anfechtung die Willenserklärung des A rückwirkend beseitigt, der Kaufvertrag ist unwirksam. Die Vertragsparteien können ihre jeweiligen, rechtsgrundlos erbrachten Leistungen nach § 812 Abs. 1 Satz 2 erste Alternative zurückverlangen (Leistungskondiktion).

Inzwischen ist die Vase jedoch bei B zerbrochen. Er kann sie nicht mehr zurückgeben. B verlangt seinerseits 1.500 Euro zurück, die er rechtsgrundlos an A bezahlt hat. A verlangt von B Ersatz des Wertes der Vase in Höhe von 10.000 Euro. Wie ist die Rechtslage?

An sich hat der Bereicherte das „Erlangte" herauszugeben. Da dies bei der zerbrochenen Vase nicht mehr möglich ist, hat er nach § 818 Abs. 2 den Wert zu ersetzen. Die Verpflichtung zur Herausgabe oder zum Wertersatz ist jedoch nach § 818 Abs. 3 ausgeschlossen, soweit der Empfänger nicht mehr bereichert ist. Da die Vase bei B zerbrochen ist, ist er nicht mehr bereichert. Andererseits könnte er aber die 1.500 Euro, die er für die Vase bezahlt hat, nach § 812 Abs. 1 Satz 2 erste Alternative von A zurückverlangen.

Rechtsprechung und Lehre empfinden diese Lösung seit langem als ungerecht. B soll nicht besser stehen, als er gestanden wäre, wenn der zugrundeliegende Kaufvertrag wirksam wäre. Dann hätte er den Schaden für den Bruch der Vase zu tragen. Um dieser Überlegung Rechnung zu tragen, ist man davon abgekommen, zwei gegenseitige Bereicherungsansprüche zu konstruieren. Vielmehr steht, wenn die Sache nicht mehr zurückgegeben werden kann, nach der sogenannten **Saldotheorie** nur dem Vertragspartner ein Bereicherungsanspruch (Leistungskondiktion) zu, zu dessen Gunsten bei einem wertmäßigen Vergleich der erbrachten Leistungen ein Saldo entstanden ist. In unserem Fall ist dies der A. Der Wert der Vase übersteigt den bezahlten Kaufpreis um 8.500 Euro. Hinsichtlich dieses Saldos kann B dem A jedoch entgegenhalten, dass er nach § 818 Abs. 3 nicht mehr bereichert ist, da die Vase zerbrochen ist. B muss dem A demnach keinen Wertersatz leisten, kann aber die bezahlten 1.500 Euro von A nicht zurückverlangen.

Das Problem kann sich auch umgekehrt stellen: Der Wert der gelieferten Kaufsache kann erheblich niedriger sein als der bezahlte Kaufpreis. Hat also A dem B die Vase als einzelnes Modellstück von Kolo Moser zum Preis von 10.000 Euro verkauft und stellt sich hinterher heraus, dass es sich statt des von B gewünschten Modellstücks nur um ein gut erhaltenes anderes Stück aus der Produktion der Wiener Werkstätten mit einem Wert von 1.500 Euro handelt, so kann B seine Willenserklärung nach § 119 Abs. 1 wegen Irrtums über die Erklärungsbedeutung anfechten. Da die Willenserklärung nach § 142 Abs. 1 rückwirkend vernichtet wird, ist der Kaufvertrag unwirksam. Nach der Saldotheorie werden nun die einander gegenüberstehenden Rückübereignungsansprüche wertmäßig saldiert. B hat 10.000 Euro bezahlt, die inzwischen zerbrochene Vase war jedoch nur 1.500 Euro wert. Zugunsten des B entsteht ein Saldo in Höhe von 8.500 Euro. In dieser Höhe kann B von A teilweise Rückzahlung des bezahlten Kaufpreises nach § 812 Abs. 1 Satz 2 erste Alternative verlangen.

Wurde die Vase für 1.500 Euro verkauft und war sie diesen Preis auch wert, so entsteht bei der Nichtigkeit des Kaufvertrags und Zerstörung der Vase in den Händen von B kein Saldo, also kann auch keine der beiden Vertragsparteien einen Bereicherungsanspruch gegen die andere geltend machen.

Wenn A die Vase an B zu dem ihrem Wert angemessenen Preis von 1.500 Euro verkauft und übereignet, der Kaufvertrag zwischen A und B jedoch wegen Dissenses nichtig ist und B die Vase inzwischen an C verschenkt hat, so kann A seinen Bereicherungsanspruch aus § 812 Abs. 1 Satz 1 erste Alternative ausnahmsweise gegenüber dem beschenkten Dritten, dem C, geltend machen. Diese Rechtsfolge ordnet § 822 an. C ist dem A zur Herausgabe verpflichtet, wie wenn er die Zuwendung von A ohne Rechtsgrund erhalten hätte. Das Gesetz unterstellt hier, dass B die Vase nicht an C verschenkt hätte, wenn er gewusst hätte, dass sie ihm ohne Rechtsgrund übereignet wurde. Die Schenkung wird im Ergebnis rückgängig gemacht.

A veräußert an B die Vase für 1.500 Euro, die in Wirklichkeit 10.000 Euro wert ist. Er ficht seine Willenserklärung wegen Eigenschaftsirrtums nach § 119 Abs. 2 wirksam an. Da der Kaufvertrag rückwirkend beseitigt ist, verlangt er die Vase von B zurück. B weigert sich jedoch, dem Verlangen des A nachzukommen, obwohl er von ihm zutreffend über die wirksame Anfechtung des zugrundeliegenden Kaufvertrages informiert wurde. Danach zerbricht die Vase bei B. A verlangt jetzt von B Schadensersatz in Höhe von 8.500 Euro. Die von B rechtsgrundlos bezahlten 1.500 Euro will A auf die an sich bestehende Ersatzforderung in Höhe von 10.000 Euro verrechnen.

Im Unterschied zum Ausgangsfall wusste B hier, dass er ungerechtfertigt bereichert war, weil der Rechtsgrund für die Übereignung der Vase weggefallen war. Nach § 819 Abs. 1 ist er von dem Zeitpunkt an dem A zur Herausgabe verpflichtet, in dem er von dem Mangel des rechtlichen Grundes bei dem Empfang der Vase erfahren hat. Er wird behandelt, wie wenn der Anspruch auf Herausgabe der Vase zu dieser Zeit rechtshängig geworden wäre, d.h. wie wenn er verklagt worden wäre. Nach § 818 Abs. 4 haftet der Empfänger von dem Eintritt der Rechtshängigkeit an nach den allgemeinen Vorschriften. Nach § 292 hat der Schuldner, der einen bestimmten Gegenstand herausgeben muss, vom Eintritt der Rechtshängigkeit an dem Gläubiger Ersatz für den wegen Verschlechterung, Untergang oder aus einem anderen Grund eintretenden Unmöglichkeit der Herausgabe entstehenden Schaden nach den Vorschriften über das Eigentümer-Besitzer-Verhältnis (§§ 987 ff.) zu leisten. Nach § 989 haftet er dem Gläubiger dafür, dass infolge seines Verschuldens die Sache verschlechtert wird, untergeht oder aus einem anderen Grund nicht herausgegeben werden kann. In der Regel wird dem B beim Zerbrechen der Vase Fahrlässigkeit zur Last fallen. Damit hat er schuldhaft gehandelt und ist dem A nach §§ 819 Abs. 1, 818 Abs. 4, 292, 989 zum Schadensersatz verpflichtet. Für den Umfang des Schadensersatzes gilt an sich § 249, der Grundsatz der Naturalrestitution. Da die Vase aber nicht mehr hergestellt werden kann, hat er den A nach § 251 Abs. 1 in Geld zu entschädigen. Maßgeblich für die Höhe der Entschädigung ist der Wert der Vase, der 10.000 Euro beträgt. Nach § 387 kann A den Bereicherungsanspruch des B aus § 812 Abs. 1 Satz 2 erste Alternative in Höhe von 1.500 Euro auf Rückzahlung des Kaufpreises mit seinem Schadensersatzanspruch in Höhe von 10.000 Euro aufrechnen, so dass ihm eine Restgeldforderung in Höhe von 8.500 Euro verbleibt. Die verschärfte

Haftung des bösgläubigen Bereicherten führt dazu, dass er sich nicht nach § 818 Abs. 3 auf den Wegfall der Bereicherung berufen kann, sondern im Ergebnis nach den Vorschriften des Eigentümer-Besitzer-Verhältnisses wie ein bösgläubiger Besitzer haftet.

d) Einzelprobleme des Bereicherungsrechts

S will seine Schuldenlast bei seinem Gläubiger G verringern. Er weist die B-Bank an, an G 1.000 Euro zu zahlen. Er übersieht jedoch, dass seine Schulden bei G bereits bezahlt sind. G ist durch die Bezahlung der 1.000 Euro ungerechtfertigt bereichert. Wem steht der Bereicherungsanspruch aus § 812 Abs. 1 erste Alternative zu, der B-Bank oder dem S?

Dem äußeren Anschein nach hat die Bank an G geleistet. Fragt man jedoch nach dem Leistungszweck, so hat sie durch die Auszahlung der Geldsumme eine Verpflichtung aus der Anweisung des S erfüllt. Aus ihrer Sicht hat sie demnach an S geleistet. Aus der Sicht des G stellt sich die Überweisung der Bank als Leistung des S dar. Im Leistungsverhältnis zwischen S und der B-Bank besteht ein gültiger Rechtsgrund (der Girovertrag), im Leistungsverhältnis zwischen S und G ist hingegen ohne Rechtsgrund geleistet worden. Also kann S von G nach § 812 Abs. 1 Satz 1 erste Alternative die Rückzahlung des rechtsgrundlos empfangenen Geldes verlangen.

A mäht die Wiese auf dem Grundstück des B und meint, damit dem B einen Gefallen zu tun. B hat jedoch eben das Grundstück an C veräußert. Er hat also kein Interesse mehr daran, die Wiese zu mähen. Ist B gegenüber A bereichert?

Zwar hat das von B „Erlangte" einen Vermögenswert, nur ist dieser objektive Wert für ihn im konkreten Fall nutzlos, da er das Grundstück bereits weiterveräußert hat. Lehre und Rechtsprechung gehen in derartigen Fällen der **aufgedrängten Bereicherung** davon aus, dass die objektiven Vorteile der Tätigkeit des Entreicherten für den Bereicherten aufgrund dessen konkreter Situation und dessen konkreter Vermögensdisposition in der Tat wertlos waren.[11] B ist also nicht bereichert.

B hat von A ein Bordellgrundstück zum besonders hohen Preis von 200 000 Euro gekauft. B wird als Eigentümer im Grundbuch eingetragen, bevor er den Kaufpreis an A bezahlt hat. Kann A von ihm den Kaufpreis verlangen?

Angebot und Annahme des Kaufvertrages sind, wenn man den überkommenen Moralvorstellungen folgt, nach § 138 Abs. 1 sittenwidrig und nichtig. Die Nichtigkeit des Verpflichtungsgeschäfts ergreift aber nicht die Verfügungsgeschäfte, also auch nicht die Eigentumsübertragung am Grundstück. B muss den Kaufpreis nicht bezahlen, da kein wirksamer Kaufvertrag vorliegt. Liest man die Grundnorm des § 812 Abs. 1 Satz 1 erste Alternative, so könnte A von B die Rückübereignung des Grundstücks verlangen. Dem steht jedoch § 817 Satz 2 entgegen. Nicht nur der Empfänger der Leistung hat gegen die guten Sitten verstoßen, sondern auch der Veräußerer. Ihm ist die Rückforderung des aufgrund eines sittenwidrigen Verpflichtungsgeschäfts Geleisteten verwehrt. Seit der Verabschiedung des Gesetzes zur Regelung der Rechtsverhältnisse von Prostituierten im Jahre 2001 kann diese Rechtsauffassung nicht mehr aufrecht erhalten werden. Prostitution wird in der Gesetzesbegründung nicht mehr als sittenwidrig bezeichnet.[12] Der Bordellkauf ist wirksam.

---

[11] Vgl. Münchener Kommentar - Lieb, § 812 Rz. 269

[12] Vgl. BT-Drs. 14/5958 S. 4

e) Kollision von Bereicherungsrecht und Eigentümer-Besitzer-Verhältnis

A verkauft sein Auto an B für 10 000 Euro. Der Kaufvertrag ist wegen versteckten Dissenses nach § 155 nichtig, weil beide sich nicht über einen wichtigen Vertragspunkt einigten, über den sie eine Einigung herbeiführen wollten. B nutzt das Auto ein halbes Jahr. A verlangt nach § 812 Abs. 1 Satz 1 erste Alternative Rückgabe des Autos und nach § 818 Abs. 1 Herausgabe der gezogenen Nutzungen. Da dies in Natur nicht möglich ist, verlangt er nach § 818 Abs. 2 Wertersatz.

A kann die Rückgabe des Autos nach § 812 Abs. 1 erste Alternative verlangen. A kann den Anspruch auf Nutzungsentschädigung mit dem bezahlten Kaufpreis saldieren. Werden die Nutzungen mit einem Wert von 2 000 Euro angesetzt, so verbleibt dem B eine Restforderung auf Rückzahlung des rechtsgrundlos bezahlten Kaufpreises aus § 812 Abs. 1 Satz 1 erste Alternative in Höhe von 8 000 Euro.

A veräußert sein Auto an B zum Preis von 10 000 Euro. A ist geschäftsunfähig (§ 105).

Da alle seine Willenserklärungen nichtig sind, sind auch die Übereignungsverträge unwirksam. A kann von B nach § 985 die Herausgabe des Autos verlangen. Da B jedoch von der Geschäftsunfähigkeit des A nichts wusste, war er redlicher Besitzer. Nach § 993 Abs. 1 ist er zur Herausgabe der Nutzungen nicht verpflichtet.

Damit würde sich A, wenn sowohl das Verpflichtungsgeschäft als auch die Verfügungsgeschäfte unwirksam sind, schlechter stellen, als wenn nur das Verpflichtungsgeschäft unwirksam wäre. Dies kann von der Rechtsordnung nicht gewollt sein. Die Rechtsprechung behandelt daher den rechtsgrundlosen genauso wie den unentgeltlichen Besitzer und wendet § 988 auf diesen Fall analog an. Demnach ist B dem A zur Herausgabe der Nutzungen nach den Vorschriften über die ungerechtfertigte Bereicherung, also nach § 818 Abs. 1, verpflichtet.

Die Frage ist, ob man in diesem Fall das Bereicherungsrecht nicht direkt anwenden sollte, da es sich um die Rückabwicklung eines fehlgeschlagenen Leistungsgeschäfts handelt. An sich schließen die §§ 987 ff. (Eigentümer-Besitzer-Verhältnis) die §§ 812 ff. (Bereicherungsrecht) aus. Es ist aber nicht einzusehen, warum aufgrund des Abstraktionsprinzips ein einheitlicher Lebenssachverhalt auseinander dividiert und bei Nichtigkeit aller Leistungsgeschäfte die Anwendung des Bereicherungsrechts ausgeschlossen sein soll. Daher spricht man sich in der Literatur überwiegend für die direkte Anwendung der §§ 812 ff. und damit auch des § 818 Abs. 1 aus.[13]

f) Kollision von gesetzlichem Eigentumserwerb und ungerechtfertigter Bereicherung

Der Dieb D stiehlt E zwei Jungbullen und veräußert sie an F. F verarbeitet sie in seiner Fleischfabrik. Der Eigentümer E verlangt von F eine Vergütung nach § 951 Abs. 1 Satz 1. Er argumentiert, F habe durch das Geschäft mit D kein Eigentum an dem Jungbullen erworben, da nach § 935 Abs. 1 bei abhanden gekommenen Sachen gutgläubiger Erwerb ausgeschlossen sei. Da F später jedoch durch Verarbeitung nach § 950 kraft Gesetzes Eigentum erworben habe, sei er dem E auch zum Ausgleich des ungerechtfertigten Rechtsverlustes und damit zu einer Vergütung in Geld nach den Vorschriften über die Herausgabe einer ungerechtfertigten Bereicherung verpflichtet (§ 951 Abs. 1 Satz 1). F wendet ein, er habe den Kaufpreis in Höhe von 3 000 Euro

13 Vgl. Münchener Kommentar - Medicus, § 988, Rz. 6-9

an den D bezahlt. Er will diesen Kaufpreis auf die nach § 951 Abs. 1 Satz 1 zu zahlenden Vergütung in Geld anrechnen. Zu Recht?

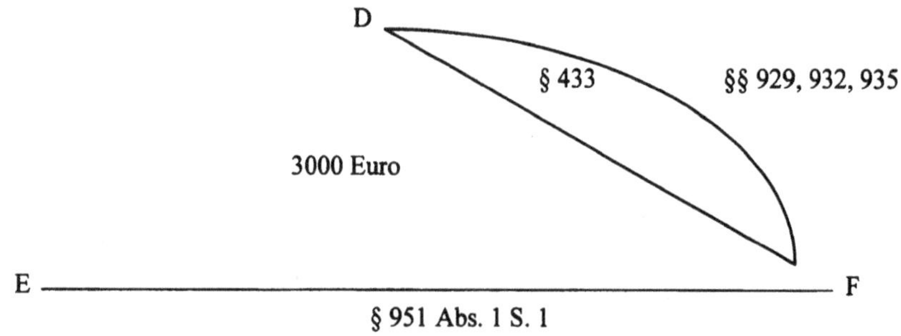

Der BGH[14] lässt die Anrechnung dieses an den Dieb bezahlten Kaufpreises auf die gegenüber E zu zahlende Entschädigung nicht zu. F hat zwar den Kaufpreis an D bezahlt, obwohl ihm dieser wegen § 935 kein Eigentum verschaffen konnte. F muss sich mit Schadensersatzansprüchen aus diesem Vertrag jedoch an D halten. Er kann sie nicht dem E entgegenhalten, der durch § 935 gerade geschützt werden soll. Da E sein Eigentum erst mit der Verarbeitung (§ 950) verliert, kann er im Verhältnis zu dem verarbeitenden F auch die Entschädigung nach § 951 Abs. 1 Satz 1 verlangen, ohne sich dessen an D bezahlten Kaufpreis anrechnen lassen zu müssen.

6. Wiederholung

a) *K kauft von V auf dem Frankfurter Hauptbahnhof ein tragbares Fernsehgerät für 100 Euro. K weiß nicht, dass V das Gerät dem E gestohlen hat. E sieht das Gerät zufällig bei K. Kann E das Gerät von K herausverlangen? Kann er, wenn V ausfindig gemacht wird, von diesem die 200 Euro herausverlangen?*

Er kann von K nach § 985 die Herausgabe des Fernsehgeräts verlangen. K ist nicht Eigentümer geworden, da die Sache dem E abhanden gekommen war (§ 935). Wenn E von V die 200 Euro herausverlangen will, muss er zuvor die Übereignung des Fernsehgeräts von V auf K genehmigen (§ 185 II). Dann ist die Verfügung des nichtberechtigten V gegen E wirksam geworden. E kann von V nach § 816 Abs. 1 Satz 1 die Herausgabe des Erlangten verlangen.

b) *A schleicht sich in ein Flugzeug der Lufthansa ein und fliegt als blinder Passagier von Frankfurt nach Madrid. Beim Ausstieg wird er von Flugbegleitern der Lufthansa angehalten. Welche Ansprüche hat die Lufthansa AG gegen den A?*

Vertragliche Ansprüche der Lufthansa gegen A scheiden aus, da er als blinder Passagier mitgeflogen ist, ohne einen Beförderungsvertrag abzuschließen. Durch den Mitflug des A sind der Lufthansa keine Schäden entstanden. A ist jedoch bereichert worden, und zwar in sonstiger Weise auf Kosten der Lufthansa. Sie kann nach § 812 Abs. 1 Satz 1 zweite Alternative von ihm die Herausgabe des Erlangten verlangen.

14 BGHZ 55, 176

c) *A stiehlt eine Seite des Grundbuches der Stadt M und trägt sich selbst als Eigentümer des Grundstücks Parkstraße 10 ein. Er verkauft und übereignet das Grundstück „ordnungsgemäß" an B. B wird als neuer Eigentümer im Grundbuch eingetragen. Kann der ursprüngliche Eigentümer E von B die Herausgabe des Grundstücks verlangen?*

Anspruchsgrundlage könnte § 985 sein. B hat jedoch wirksam Eigentum durch Auflassung und Eintragung erworben. Die Übereignung ist nach den §§ 873 und 925 erfolgt. Der Inhalt des Grundbuchs war zwar unrichtig, jedoch gilt nach § 892 der Inhalt als richtig. Es ist weder ein Widerspruch gegen die Richtigkeit eingetragen, noch ist die Unrichtigkeit dem Erwerber B bekannt. Also dringt E mit seinem Herausgabeanspruch nach § 985 gegen B nicht durch.

Möglicherweise wurde die Entwendung des Grundbuchs durch eine Nachlässigkeit von Beamten ermöglicht. Dann kommt eine Amtshaftung in Frage (vgl. unten).

7. Systematische Übersicht

Die Ausführungen zum verfassungsrechtlichen Eigentumsbegriff beziehen sich auf das Grundgesetz, während die zivilrechtliche Eigentumsproblematik im 3. Buch des BGB (Sachenrecht) ausgeführt ist. Der Exkurs zur Übertragung von Rechten bezieht sich auf das allgemeine Schuldrecht im 2. Buch des BGB. Das Eigentümer-Besitzer-Verhältnis sowie der Beseitigungs- und Unterlassungsanspruch gehören wiederum dem Sachenrecht an, da sie mit dem zivilrechtlichen Eigentum zusammenhängen. Die ungerechtfertigte Bereicherung befindet sich im besonderen Teil des Schuldrechts im 2. Buch des BGB. Es lässt sich erkennen, dass ökonomisch zusammenhängende Fragen in völlig unterschiedlichen Rechtsgebieten (Grundgesetz und BGB) oder in verschiedenen Büchern des BGB (z. B. Schuld- und Sachenrecht) behandelt sein können.

8. Ökonomische Analyse des Eigentumsrechts

(T. Eger)

a) Zum Begriff des Eigentums

In § 903 BGB heißt es:

„Der Eigentümer einer Sache kann, soweit nicht das Gesetz oder Rechte Dritter entgegenstehen, mit der Sache nach Belieben verfahren und andere von jeder Einwirkung ausschließen."

Diesem Paragraphen liegt - zumindest vordergründig - ein Eigentumsbegriff zugrunde, der die *Beziehungen zwischen Personen und Sachen* im Sinne einer „absoluten Beherrschung" in den Mittelpunkt rückte.[15] Für den Ökonomen, der sich mit individuellen Wahlhandlungen und der Konkurrenz zwischen Individuen um knappe Ressourcen beschäftigt, ist eine solche Eigentumsauffassung aus zwei Gründen wenig befriedigend: Zum einen wird die Beziehung zwischen einer

[15] Vgl hierzu im einzelnen etwa Baur, Sachenrecht, 17. Auflage, München 1999, S. 268 ff. Vgl. hierzu auch die frühen kritischen Anmerkungen von Rittstieg, Zur Entwicklung des Grundeigentums, JZ 1983, S. 164.

Person und einer Sache nicht durch die Eigentumsverhältnisse bestimmt, sondern durch die physischen und geistigen Fähigkeiten sowie die Bedürfnisse der entsprechenden Person. Es gibt keinen Sinn, eine Handlung, die eine isolierte Person kann und will, noch zusätzlich mit einem Eigentumstitel, einer „Berechtigung", einem „subjektiven Recht" o. Ä. zu versehen. In der Welt des Robinson Crusoe spielen Rechtsnormen im Allgemeinen und Eigentum im Besonderen somit keine Rolle. Erst wenn mehrere Menschen um „Sachen", oder genauer: um knappe Ressourcen (Güter, Arbeit, Boden, Kapital), konkurrieren, wird die Frage nach dem Eigentum relevant. Dann beschreibt Eigentum aber nicht die Beziehungen zwischen Personen und „Sachen", sondern vielmehr die Beziehungen zwischen Personen bezüglich dieser „Sachen". Dieser Aspekt wird in § 903 BGB zwar explizit durch die Hinweise auf „Rechte Dritter" und den „Ausschluss anderer" berücksichtigt, aber nur als Einschränkung bzw. als zusätzliche Qualifizierung, nicht als konstitutiver Bestandteil des Eigentumsbegriffs.

Zum anderen gibt die Charakterisierung von Eigentum als „absolute Sachherrschaft" aus folgendem Grund wenig Sinn: Je höher die regionale Bevölkerungsdichte und die Intensität der Produktion sind, desto stärker muss die Verfügungsgewalt aller oder zumindest einiger Eigentümer über die entsprechenden Ressourcen rechtlich eingeschränkt werden, um zu vermeiden, dass miteinander unvereinbare Handlungen rechtlich geschützt sind. Machen wir uns diesen Sachverhalt einmal am Beispiel des Grundeigentums klar. Nach § 905 BGB gilt das Konzept des sog. Säuleneigentums:

„Das Recht des Eigentümers eines Grundstücks erstreckt sich auf den Raum über der Oberfläche und auf den Erdkörper unter der Oberfläche. Der Eigentümer kann jedoch Einwirkungen nicht verbieten, die in solcher Höhe oder Tiefe vorgenommen werden, dass er an der Ausschließung kein Interesse hat."

Was würde in diesem Zusammenhang „absolute Sachherrschaft" bedeuten? Der Grundeigentümer könnte „nach Belieben" mit dem Grundstück (inkl. „Säule") verfahren, d. h. er könnte auf seinem Grundstück einen Hotelkomplex errichten, nach Öl bohren, Giftmüll lagern, einen Flughafen betreiben, eine Atombombe zünden etc. Derartige Nutzungen sind aber nicht möglich, ohne das „Säuleneigentum" der Nachbargrundstücke zu beeinträchtigen. Es ist also nicht möglich, dass jeder Grundeigentümer auf seinem Grundstück tun und lassen kann, was er will, und dass gleichzeitig jeder Grundeigentümer gegen jede denkbare Belästigung durch Andere geschützt ist. Deshalb ist zu klären, was ein Grundeigentümer im Einzelnen tun darf bzw. zu unterlassen hat und was er an Belästigungen durch Andere zu dulden hat. So werden etwa durch Wasserrecht, Bergrecht, Immissionsrecht etc. den Grundeigentümern (bzw. den Nutzern der Grundstücke) zahlreiche Handlungen untersagt. Gleichzeitig werden durch derartige Vorschriften die Grundeigentümer vor entsprechenden Handlungen ihrer jeweiligen Nachbarn und alle Gesellschaftsmitglieder vor entsprechenden Handlungen der einzelnen Grundeigentümer geschützt. Dieser Aspekt der Beschränkung der „absoluten Sachherrschaft" wird in § 903 BGB zwar durch die Hinweise auf „das Gesetz" und „Rechte Dritter" berücksichtigt, aber wiederum nur als Einschränkung, nicht als Begründung des Eigentums.

Unter Berücksichtigung dieser Gesichtspunkte lässt sich Eigentum als Bündel von Rechtsnormen definieren, das die *Beziehungen zwischen Menschen bezüglich knapper Ressourcen* auf spezifische Weise regelt: Dem Eigentümer einer Ressource sind alle Handlungen bezüglich dieser Ressource erlaubt, die ihm nicht ausdrücklich verboten sind; den Nichteigentümern sind alle Handlungen verboten, die ihnen nicht ausdrücklich erlaubt sind (und die der Eigentümer somit dulden muss).[16] Durch privates Eigentum werden insofern zwischen den Individuen Bereiche der Privatautonomie abgegrenzt.

Aus ökonomischer Sicht lässt sich jeder einzelne Eigentümer einer Ressource als der Inhaber eines Bündels folgender Rechte beschreiben:[17]

- Das Recht, eine Ressource zu *gebrauchen* und den Rest der Welt vom Gebrauch der Ressource *auszuschließen.*
- Das exklusive Recht, *Erträge* aus dieser Ressource zu ziehen (das beinhaltet auch das Risiko, unvorhergesehene Wertänderungen der Ressource zu tragen).
- Das exklusive Recht, Form und Substanz der Ressource zu verändern.
- Das Recht, diese Rechte zu wechselseitig vereinbarten Konditionen ganz oder teilweise an Andere zu *übertragen,* (z. B. durch Verkauf, Vermietung, Verpachtung, Vererbung, Schenkung).

Wie bereits erwähnt, sind diese Rechte notwendig in der einen oder anderen Weise eingeschränkt, um bestimmte Rechte der jeweils anderen Individuen zu schützen. Es ist logisch ausgeschlossen, dass alle alles dürfen und gleichzeitig alles verhindern dürfen.

b) Privateigentum und Allokationseffizienz in einer „vollkommenen" Welt

aa) Ökonomische und juristische Betrachtungsweise

Eine ökonomische Analyse von Rechtsnormen im Allgemeinen und Eigentum im Besonderen unterscheidet sich von der juristischen Sichtweise in zwei Punkten.[18] Der Jurist geht von Fallbeispielen aus und versucht, den entsprechenden Einzelfall aufgrund einer umfassenden Interessenabwägung gerecht zu entscheiden. Allgemeine rechtliche Lösungen werden durch Verallgemeinerung von Einzelfällen gesucht. Der Ökonom dagegen betont den Gesichtspunkt, dass Rechtsnormen individuelle Handlungen mit Kosten belegen und dass die Individuen einen Anreiz haben, von kostspieligeren auf weniger kostspielige Handlungen überzugehen. Aus ökonomischer Sicht stellt sich somit die Frage, welche Anreize von bestimmten Rechtsnormen auf die individuellen Handlungen der Gesellschaftsmitglieder ausgehen, welche individuellen Handlungen gefördert bzw. behindert werden. Dabei wird im Rahmen von Allgemeinen Gleichgewichtsmodellen untersucht, welche Auswirkungen bestimmte Rechtsnormen auf die Versorgung der Bevölkerung mit Gütern und Dienstleistungen haben, wenn sich alle Gesellschaftsmitglieder gemäß ihren Präferenzen und ihren Handlungsmöglichkeiten an diese Rechtsnormen angepasst haben.

---

16 Hart definiert somit den Eigentümer einer knappen Ressource als Träger der residualen Kontrollrechte bezüglich dieser Ressource: „...the owner of an asset has *residual control rights* over that asset: the right to decide all usages of the asset in any way not inconsistent with a priori contract, custom or law." Siehe Hart, Firms, Contracts, and Financial Structure, Oxford 1995, S.30.

17 Ähnlich Furubotn/Pejovich, Property Rights and Economic Theory: A Survey of Recent Literature, in: Journal of Economic Literature, 10 (1972), 4, S. 1139 f.

18 Vgl. hierzu Adams, Ist die Ökonomie eine imperialistische Wissenschaft? - Über Nutz und Frommen der ökonomischen Analyse des Rechts -, Jura 1984, S. 337-349.

Juristen betreiben somit in der Regel eine *Ex post-Analyse* (Würdigung bereits durchgeführter Handlungen unter Gerechtigkeitsgesichtspunkten) und eine *Partialanalyse* (Konzentration auf typische Einzelfälle). Ökonomen dagegen bevorzugen beim Studium von Rechtsnormen in der Regel eine *Ex ante-Analyse* (Auswirkungen von Rechtsnormen auf die Wahrscheinlichkeit bzw. Häufigkeit, mit der bestimmte Handlungen durchgeführt werden) und eine *Totalanalyse* (Allgemeine Gleichgewichtsmodelle).[19]

bb) Die Exklusivität von Eigentumsrechten und die „Tragedy of the Commons"

Bei einer Ex post-Betrachtung erscheint es zunächst einmal äußerst ungerecht, dass einer Person, dem Eigentümer, das Recht gegeben werden soll, den Rest der Welt von der Nutzung einer Ressource auszuschließen (Exklusivität). So gesehen scheint Proudhons Diktum „Eigentum ist Diebstahl" verständlich, zumal die Entstehung exklusiver und übertragbarer Eigentumsrechte an Grund und Boden mit einer erheblichen Umverteilung von Rechten verbunden war.[20]

Aus ökonomischer Sicht sollte man die Frage einer *gerechten Verteilung der Rechte* von der Analyse der *Anreizwirkungen bei einer gegebenen Verteilung der Rechte* trennen. Bei einer Ex-ante-Betrachtung sind zwei Aspekte der Exklusivität des Eigentums von Interesse. Einerseits übt der Eigentümer im Rahmen der gesetzlichen Beschränkungen die alleinige Kontrolle über die Ressourcennutzung aus; andererseits trägt allein der Eigentümer die positiven und negativen Konsequenzen seiner Handlungen für den Wert der entsprechenden Ressourcen. Der Eigentümer hat somit einen Anreiz, ökonomisch gerechtfertigte Handlungen durchzuführen, die den Wert seiner Ressourcen steigern, und Handlungen zu unterlassen, die den Wert seiner Ressourcen mindern. Er wird sorgfältig mit seinen Werkzeugen und Maschinen umgehen, den guten Ruf seiner Firma fördern, sein Auto pfleglich behandeln, sein Haus nicht verfallen lassen, die Qualität seiner Äcker und Weiden verbessern etc. Die Exklusivität des Eigentums gibt dem Eigentümer die Sicherheit, dass seine Investitionen nicht durch die Handlungen Anderer wieder zunichte gemacht werden (indem z. B. kultiviertes Ackerland durch Rinder- oder Schafherden zertrampelt wird) oder dass die Erträge seiner Investitionen nicht teilweise durch Andere angeeignet werden.

Die Anreizprobleme bei fehlender Exklusivität des Eigentums werden in der Literatur unter dem Stichwort *„Tragedy of the Commons"* („Tragödie des Gemeineigentums") diskutiert.[21] Die „Tragödie" entsteht dadurch, dass ein unbeschränkter Zugang zu knappen Ressourcen tendenziell zu einer Übernutzung dieser Ressourcen führt, d. h. zu Überweiden, Überfischen, Überjagen, Raubbau an Wäldern etc.[22] Der Anreiz zur Übernutzung ist darauf zurückzuführen, dass die Erträge

---

[19] Allerdings arbeiten auch Ökonomen häufig mit Partialmodellen, ohne das immer explizit zu machen. Das betrifft in diesem Zusammenhang vor allem die sog. „Theorie der Property Rights" und die Chicago-Schule der „Ökonomischen Analyse des Rechts", die vor allem durch Posner repräsentiert wird. Vgl. Posner, Economic Analysis of Law, Fifth Edition, New York 1998. Zur Theorie der Property Rights vgl. Furubotn/Pejovich (eds.), The Economics of Property Rights, Cambridge/Mass. 1974, und Schüller (Hg.), Property Rights und ökonomische Theorie, München 1983 sowie Budäus/Gerum/Zimmermann (Hg.), Betriebswirtschaftslehre und Theorie der Verfügungsrechte, Wiesbaden 1988. Die partialanalytische Sichtweise der Property Rights-Schule wird unter anderem kritisiert von Nutzinger, Die Ökonomische Theorie der Eigentumsrechte - Ein neues Paradigma in den Sozialwissenschaften?, in: Backhaus/Nutzinger (Hg.), Eigentumsrechte und Partizipation, Frankfurt/Main 1982, S. 43-72.

[20] Man denke etwa an die Einhegungen („enclosures") in England seit dem 15. Jahrhundert. Vgl. auch Alchian/Allen, University Economics, 3. Auflage, London 1974, S. 243.

[21] Der Begriff stammt von Hardin, The Tragedy of the Commons, Science 1968, S. 1243-1248.

[22] Die Bezeichnung „Tragödie des Gemeineigentums" ist insofern irreführend, als die Anreize zur Übernutzung nicht dadurch entstehen, dass kollektive Eigentumsrechte bezüglich der entsprechenden Ressource definiert sind,

einer intensiveren Nutzung von den entsprechenden Nutzern privatisiert werden können, während sich die Kosten auf alle potentiellen Nutzer verteilen. Man kann sich das Anreizproblem anhand eines einfachen n-Personen Gefangenendilemma-Spiels verdeutlichen. Nehmen wir an, ein großer See dient 101 Fischern als Nahrungsmittelreservoir. Nehmen wir weiterhin an, alle Fischer seien bezüglich ihrer Präferenzen und bezüglich ihrer Ausgangsausstattung mit Ressourcen identisch und verfügten jeweils über zwei Handlungsmöglichkeiten: Eine kooperative Strategie C (schonende Fischfangmethode durch Einsatz kleiner Boote, Verwendung breitmaschiger Netze etc.) und eine defekte Strategie D (intensive Fischfangmethode durch größere Boote, engmaschigere Netze, Einsatz von Dynamit etc.). Der Bruttoertrag jedes Fischers entspreche bei der schonenden Methode einem Wert von 50 €, bei der intensiven Methode einem Wert von 120 €. Darüber hinaus entstehen aber jedem Fischer Kosten aus reduzierten zukünftigen Erträgen, die umso höher sind, je mehr Fischer sich heute für die intensive Fangmethode entscheiden. Der Gegenwartswert dieser Kosten sei für jeden Fischer durch die Funktion K(n) = 100 - n beschrieben, wobei n die Anzahl der jeweils anderen Fischer bezeichnet, die sich der schonenden Fangmethode bedienen.

Der Nettoertrag jedes Fischers beträgt somit

- bei kooperativer Strategie C: $NE^C = 50 - 100 + n$,
- bei defekter Strategie D: $NE^D = 120 - 100 + n$.

Die Nettoerträge der beiden Strategien lassen sich für jeden beliebigen Fischer als Funktion der Anzahl der jeweils anderen Fischer, die kooperativ spielen, graphisch darstellen:[23]

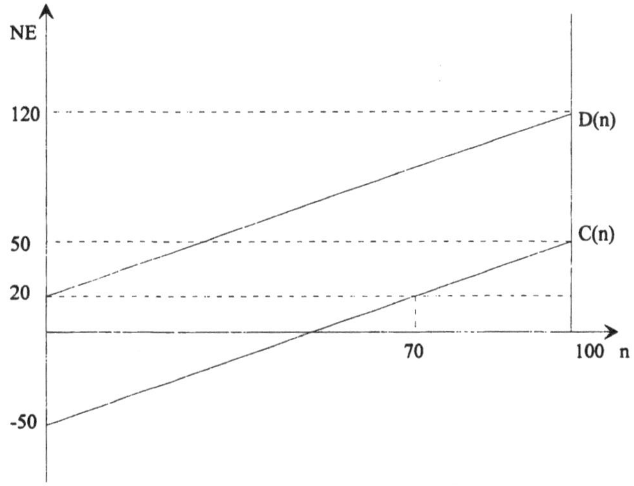

sondern dadurch, dass überhaupt keine Eigentumsrechte spezifiziert sind („open access"). Vgl. hierzu auch Lerch, Die Tragödie des Gemeineigentums - Zur Fragwürdigkeit eines berühmten Paradigmas, Hamburger Jahrbuch für Wirtschafts- und Gesellschaftspolitik 1996, S. 255-270.

23 Zu dieser Form der Darstellung siehe Schelling, Micromotives and Macrobehavior, New York/London 1978, S. 216 ff.

Aus dieser Graphik lässt sich nun das Anreizproblem bei mangelnder Exklusivität des Eigentums an den Fischgründen unmittelbar ablesen. Für jeden einzelnen Fischer ist es in jedem Fall am günstigsten, intensiv zu fischen - unabhängig davon, wie sich die jeweils Anderen verhalten. D ist für jeden Fischer die dominante Strategie, die D-Funktion liegt bei jedem n oberhalb der C-Funktion. Wählen aber *alle* die D-Strategie (d. h. n = 0), dann ist die Auszahlung für jeden einzelnen geringer, als wenn alle (bzw. mindestens 70) C wählen würden. Der See wird „überfischt", d. h. er wird aufgrund falscher Anreize stärker genutzt, als es den Präferenzen der beteiligten Fischer entspricht.

cc) Die Übertragbarkeit von Eigentumsrechten und das Coase-Theorem

Bei Übertragbarkeit des Eigentums entstehen Anreize, durch freiwillige Vereinbarungen die Rechte (ganz oder teilweise) demjenigen zu übertragen, der sie am höchsten bewertet. Der Eigentümer kalkuliert unter diesen Bedingungen nicht nur die Kosten und Erträge alternativer eigener Nutzungsmöglichkeiten seines Eigentums, sondern auch die entgangenen Einnahmen, die ihm dadurch entstehen, dass er sein Eigentum nicht verkauft, vermietet oder verpachtet, sondern selber nutzt. Exklusivität und Übertragbarkeit des Eigentums schaffen somit Anreize, die Vorteile von Arbeitsteilung und Spezialisierung auf bestimmte Ressourcen (bzw. auf bestimmte Eigentumsfunktionen wie Risikotragen und Kontrolle) zu nutzen und dadurch die Versorgung der Bevölkerung mit Gütern und Dienstleistungen zu verbessern.

Der amerikanische Wirtschaftswissenschaftler Ronald H. *Coase* hat 1960 in einer bahnbrechenden Arbeit[24] gezeigt, dass jede beliebige Spezifikation exklusiver und übertragbarer Eigentumsrechte zu effizienten Handlungsanreizen führt, sofern es keine Kosten verursacht, Vertragspartner zu finden und Verträge zu formulieren, abzuschließen und durchzusetzen (Transaktionskosten von Null). „Effiziente Handlungsanreize" bedeutet, dass aus den individuellen Wahlhandlungen eigennütziger Individuen ein Zustand resultiert, der dadurch gekennzeichnet ist, dass durch eine Veränderung der Handlungen der Nutzen keines Individuums gesteigert werden kann, ohne dass der Nutzen irgendeines anderen Individuums verringert wird (*Pareto Effizienz*).

Verdeutlichen wir uns die Argumentation von Coase an einem einfachen Beispiel: Angenommen, einem Raucher sei der Genuß des Rauchens 100 € wert, d. h. er erleide eine Nutzeneinbuße von 100 €, wenn er nicht rauchen darf. Für einen Nichtraucher betrage der Wert rauchfreier Luft 80 €, d. h. er erleide eine Nutzeneinbuße von 80 €, wenn geraucht wird. Es lassen sich nun zwei Möglichkeiten unterscheiden, exklusive und übertragbare Rechte bezüglich der Nutzung eines Büroraumes, in dem ein Raucher und ein Nichtraucher sitzen, zu definieren. Entweder ist mit der Nutzung des Büroraumes ein Abwehrrecht des Nichtrauchers verbunden, das diesem gestattet, jegliches Rauchen im Büro zu untersagen. Oder mit der Nutzung des Büroraumes ist ein Schädigerrecht des Rauchers verbunden, das diesem gestattet, ohne Rücksicht auf die beim Nichtraucher verursachten Schäden zu rauchen.

Nehmen wir zunächst einmal an, es bestünde ein (übertragbares) *Abwehrrecht* des Nichtrauchers. Dann wird dieser bereit sein, dem Kollegen das Rauchen zu gestatten, sofern der Raucher ihm zumindest den dadurch entstandenen Schaden (d. h. die Nutzeneinbuße aus verräucherter Luft) ersetzt. Der Raucher wird höchstens bereit sein, einen Preis für die Raucherlaubnis zu zahlen, der dem Wert des Rauchgenusses entspricht. Beide Parteien können also gewinnen, wenn der Nichtraucher dem Raucher sein Abwehrrecht für einen Preis verkauft, der zwischen 80 und 100 € liegt.

---

[24] Coase, The Problem of Social Costs, in: Journal of Law and Economics, 3 (1960), S. 1 ff.

Nehmen wir nun an, es besteht ein (übertragbares) *Schädigerrecht* des Rauchers. Dann wird dieser bereit sein, zugunsten seines Kollegen auf das Rauchen zu verzichten, wenn ihm der Nichtraucher mindestens den dadurch entstandenen Schaden (Verzicht auf Rauchgenuss) ersetzt. Der Nichtraucher wird höchstens bereit sein, einen Preis für den Verzicht auf Zigarettenkonsum zu zahlen, der der Nutzeneinbuße aus verräucherter Luft entspricht. In diesem Fall ist ein wechselseitig vorteilhafter Verkauf des Rechts also nicht möglich.

Wir sehen also: Unabhängig davon, wie die Eigentumsrechte ursprünglich zugeordnet sind, resultiert dieselbe Aktivität: Es wird geraucht. In beiden Fällen resultiert aber eine unterschiedliche Verteilung. Gilt die Rechtsnorm, dass geraucht werden darf (Schädigerrecht), ergibt sich folgende Auszahlung:

Raucher:	100 €	(Wert des Rauchens)
Nichtraucher:	-80 €	(Nutzeneinbuße aus verräucherter Luft)

Die in Geldeinheiten ausgedrückte Nutzendifferenz zwischen Raucher und Nichtraucher beträgt 180 €.

Gilt demgegenüber die Rechtsnorm, dass gegen den Willen des Nichtrauchers nicht geraucht werden darf (Abwehrrecht), und verkauft der Nichtraucher seinen Unterlassungsanspruch für 90 € an den Raucher, ergibt sich folgende Auszahlung:

Raucher:	100 €	(Wert des Rauchens)
	- 90 €	(Preis der Raucherlaubnis)
	= 10 €	(Nettovorteil des Rauchers)
Nichtraucher:	90 €	(Preis der Raucherlaubnis)
	- 80 €	(Nutzeneinbuße aus verräucherter Luft)
	= 10 €	(Nettovorteil des Nichtrauchers)

Die in Geldeinheiten ausgedrückte Nutzendifferenz zwischen Raucher und Nichtraucher beträgt in diesem Fall 0 €.

Es konnte also gezeigt werden:

- Eigentumsrechte bezüglich knapper Ressourcen haben einen Wert.
- Bei Transaktionskosten von Null werden exklusive und übertragbare Eigentumsrechte dorthin wandern, wo sie am höchsten bewertet werden.
- Bei Transaktionskosten von Null ist die Allokation der Ressourcen unabhängig von der Ausgangsausstattung der Individuen mit (übertragbaren) Eigentumsrechten.
- Die Ausgestaltung der Eigentumsrechte beeinflusst lediglich die Vermögensverteilung in der Gesellschaft.

Das hier hergeleitete Ergebnis ist allerdings nur unter der zusätzlichen Voraussetzung gültig, dass sich die Veränderung der Vermögensverteilung nicht auf die relativen Preise auswirkt. Es handelt sich somit um eine Illustration der starken Version des Coase-Theorems von der Allokations*neutralität* der Zuordnung übertragbarer Eigentumsrechte. Die schwächere, allgemeinere Version des Coase-Theorems postuliert lediglich die Allokations*effizienz* unterschiedlicher Eigentumsrechtearrangements. Danach werden Veränderungen der Eigentumsrechte über Vermögenseffekte die Zusammensetzung des Sozialprodukts verändern, das Ergebnis wird aber jeweils effizient sein.[25]

dd) Privateigentum und liberale Utopie

Durch Arrow, Debreu, Hahn und andere ist im Rahmen eines Allgemeinen Gleichgewichtsmodells gezeigt worden, dass das Privateigentum tatsächlich Anreize zu einer effizienten Versorgung der Gesellschaftsmitglieder mit Gütern und Dienstleistungen schafft und auch zu den sonstigen, von liberalen Denkern postulierten positiven Konsequenzen führt, sofern für alle knappen Ressourcen kompetitive Märkte bestehen.[26]

Das bedeutet im Einzelnen:

a) Das *Privateigentum* ist *universell*, d. h. es bestehen bezüglich *aller* knappen Ressourcen wohldefinierte exklusive und übertragbare Eigentumsrechte.

b) Anbieter und Nachfrager sind *vollständig informiert* darüber, wer, wo, was, wann, zu welchen Konditionen nachfragt bzw. anbietet.

c) Es besteht eine *große Zahl* von aktuellen und potentiellen Anbietern und Nachfragern auf allen Märkten.

d) Die relevanten Konsum- und Produktionsmengen sind *konvex*, d. h. insbesondere, dass keine steigenden Skalenerträge der Produktion über einen relativ zur Gesamtwirtschaft großen Bereich bestehen und dass alle Individuen alle denkbaren Zustände der Gesellschaft unabhängig voneinander und konsistent bewerten.

Unter diesen Bedingungen wird eine stabile soziale Ordnung durch das Miteinander autonomer Individuen selbstorganisatorisch erzeugt, was man sich etwa folgendermaßen vorstellen kann:[27] Eine sehr große Anzahl Individuen, von denen jedes über eine bestimmte Ausgangsausstattung an Ressourcen (bzw. an Rechten bezüglich dieser Ressourcen) verfügt, die getauscht oder in Produktionsprozessen umgewandelt werden können, stehen sich zunächst unverbunden gegenüber. Jedes Individuum vermag alle Ressourcen ordinal, d. h. nach ihrer relativen Wichtigkeit, zu bewerten und ist bestrebt, eine möglichst nutzenmaximale Güterkombination zu realisieren. Exklusive und übertragbare Eigentumsrechte seien garantiert. Bei jeweils gegebenen Preisen bestimmt jedes Individuum seine nutzenmaximalen Pläne und Handlungen. Sind diese Pläne nicht miteinander kompatibel, verändern sich die Preise gemäß den Überschussnachfragen; bei den veränderten Preisen passen sich alle Individuen wieder an usw., bis alle Pläne kompatibel sind und keine Preisveränderung mehr stattfindet: Die Handlungen der Individuen befinden sich in einem Gleichgewicht, da kein Individuum einen Anreiz hat, sein Verhalten zu ändern, sofern die jeweils anderen Individuen ihr Verhalten beibehalten.

---

[25] Vgl. zu derartigen Fragestellungen auch Eger/Nagel/Weise, Effizienz und Menschenwürde - ein Gegensatz? Anmerkungen zu einer Kontroverse zwischen Ott/Schäfer und Fezer, in: Ott/Schäfer (Hg.), Ökonomische Probleme des Zivilrechts. Beiträge zum 2. Travemünder Symposium zur ökonomischen Analyse des Zivilrechts, Berlin/Heidelberg 1991, S. 18 ff.

[26] Vgl. Debreu, Theory of Value, New York 1959 und Arrow/Hahn, General Competitive Analysis, San Francisco/ Edinburgh 1971.

[27] Vgl Eger/Weise, Liberalismus und gesellschaftliche Selbstorganisation, in: Nutzinger (Hg.), Liberalismus im Kreuzfeuer, Frankfurt/Main 1986, S. 63 ff.

Interessanterweise erfüllt die auf diese Weise erzeugte soziale Ordnung simultan eine ganze Reihe von Eigenschaften, die von vielen liberalen Sozialwissenschaftlern und Philosophen als positive Konsequenzen des Privateigentums angeführt werden:

1) Es handelt sich um eine *freiheitliche* soziale Ordnung, weil jedem Individuum ein maximaler Schutz gegen Verletzungen des Körpers, der Menschenwürde und der sonstigen in seinem Eigentum befindlichen Ressourcen gewährt wird und weil ein Maximum an individueller Entscheidungsfreiheit (Wahl zwischen Alternativen) sowie ein Minimum an staatlicher Bevormundung des Einzelnen besteht. Die Funktion des Staates beschränkt sich lediglich darauf, Privateigentum und Vertragsfreiheit zu garantieren.

2) Es handelt sich um eine *leistungsfähige* soziale Ordnung, weil sie effiziente Handlungsanreize in dem Sinne schafft, dass sowohl die Bedürfnisbefriedigung der Gesamtheit aller Individuen maximal unter der Nebenbedingung einer gegebenen Natur als auch die Bedürfnisbefriedigung jedes einzelnen Individuums maximal unter der Nebenbedingung aller anderen Individuen ist (Pareto-Effizienz). Durch die Annahme eines vollständigen Systems kompetitiver Märkte wird sichergestellt, dass alle potentiellen Kooperationsmöglichkeiten zwischen zwei oder mehreren Individuen auch tatsächlich genutzt werden und dass kein Vertrag zustande kommt, durch den sich nicht wenigstens eine Partei verbessern kann, ohne dass sich irgendeine Partei schlechter stellt als ohne den Vertragsabschluss.

3) Es handelt sich um eine *moralische* soziale Ordnung, da jedes Individuum gezwungen wird, die Konsequenzen seiner Handlungen für Andere vollständig zu internalisieren. Durch die Annahme eines vollständigen Systems kompetitiver Märkte wird nämlich auch sichergestellt, dass nur Wertäquivalente getauscht werden (d. h. der Marktpreis entspricht dem Wert der Ressource in der am höchsten bewerteten alternativen Verwendung). Auf ihr eigenes Wohl bedachte Individuen sind somit gezwungen, sich „sittlich gut" zu verhalten, wenn sie den eigenen Nutzen maximieren wollen - indem sie sich nach der Maxime verhalten: „Handle nie so, dass du nicht auch in deine Handlungsweise einwilligen könntest, wenn die Interessen der von ihr Betroffenen auch deine eigenen wären."[28]

4) Es handelt sich insofern auch um eine *gerechte* soziale Ordnung, als alle anderen Kriterien mit jeder beliebigen Ressourcenverteilung vereinbar sind. Nach dem Zweiten Fundamentaltheorem der Wohlfahrtsökonomik kann unter den oben angegebenen Bedingungen jeder Pareto-effiziente Zustand durch eine geeignete Verteilung der Ausgangsausstattung als kompetitives Gleichgewicht erreicht werden. Die Aufgabe des Staates bestünde dann darin, die Spezifizierung und Zuordnung der exklusiven und übertragbaren Eigentumsrechte ausschließlich unter distributiven Gesichtspunkten vorzunehmen (Coase-Theorem).

Unter diesen Bedingungen hat jede Einschränkung der Exklusivität oder der Übertragbarkeit der Eigentumsrechte unter anderem zur Folge, dass ineffiziente Handlungsanreize entstehen und somit die Versorgung der Bevölkerung mit Gütern und Dienstleistungen schlechter ist, als sie bei vollständig spezifizierten und übertragbaren Eigentumsrechten sein könnte. Legt beispielsweise der Staat Höchstmieten fest, so stellt das eine Beschränkung des Rechts des Wohnungseigentümers dar, einen Teil seiner Rechte durch freiwillige Vereinbarung auf Andere zu übertragen. Die Folge wird sein, dass der Wert des Wohnungseigentums sinkt, dass sich der Anreiz der Wohnungseigentümer zu Erhaltungsinvestitionen verringert, dass viele Wohnungen verfallen, dass

[28] Nelson, Über das Sittengesetz, in: Leonard Nelson, Ausgewählte Schriften, hrsg. von H. J. Heydorn, Frankfurt/Köln 1974, S. 79.

weniger neue Wohnungen gebaut werden, dass letztlich knappe Ressourcen aus dem Wohnungsbau in andere Verwendungen gelenkt werden, die von den Gesellschaftsmitgliedern nicht so hoch bewertet werden. In der wirklichen Welt sind allerdings die Bedingungen der liberalen Utopie nicht gegeben. Es stellt sich somit die Frage, wie unter realistischen Bedingungen die Durchsetzung bzw. Einschränkung exklusiver und übertragbarer Eigentumsrechte aus ökonomischer Sicht zu bewerten ist. Im folgenden Abschnitt sollen einige fundamentale Zusammenhänge diskutiert werden.

c) Privateigentum und Allokationseffizienz in der realen, unvollkommenen Welt

aa) Das Kaldor-Hicks-Kriterium

Die ökonomische Analyse des Privateigentums vergleicht die sozialen Kosten des Eigentumsschutzes mit den Kosten, die der Gesellschaft entstehen, wenn das Eigentum weniger stark geschützt ist. Es ist somit ein Allokationsproblem angesprochen: Ist es für die Gesellschaft vorteilhaft, mehr oder weniger Ressourcen für die Durchsetzung exklusiver, übertragbarer Eigentumsrechte einzusetzen? Welche Anreizwirkungen gehen von mehr oder weniger stark geschützten privaten Eigentumsrechten aus? Um diesen Vergleich anzustellen, benötigt man ein Kriterium, das festlegt, welche Zustände für die Gesellschaft gegenüber dem Status quo eine Verbesserung bzw. eine Verschlechterung darstellen. Nach dem *Pareto-Kriterium* stellt eine Veränderung des Status quo dann eine Verbesserung dar, wenn wenigstens ein Gesellschaftsmitglied den neuen Zustand höher und kein Gesellschaftsmitglied den neuen Zustand niedriger bewertet als den alten Zustand. Dieses Kriterium ist allerdings für die ökonomische Rechtsanalyse wenig brauchbar, da praktisch jede Veränderung der Spezifizierung und Durchsetzung von Rechtsnormen zu Gewinnern und Verlierern führt. In diesem Fall sind aber nach dem Pareto-Kriterium alte und neue Zustände nicht vergleichbar. Aus diesem Grunde greifen die Ökonomen bei der Bewertung der Wirkungen unterschiedlicher Rechtsnormen in der Regel auf das *Kaldor-Hicks-Kriterium* zurück. Danach stellt eine Veränderung des Status quo dann eine Verbesserung dar, wenn die Gewinner dieser Veränderung ihre Gewinne höher bewerten als die Verlierer ihre Verluste, - d. h. wenn der Geldbetrag, den der Gewinner maximal für die Herbeiführung der Veränderung zu zahlen bereit ist (Zahlungsbereitschaft oder „willingness to pay"), größer ist als der Betrag, den der Verlierer maximal für die Verhinderung dieser Veränderung zu zahlen bereit sind.[29] Eine solche Veränderung wird nach dem Kaldor-Hicks-Kriterium als positiv für die Gesellschaft bewertet, weil dadurch potentiell alle Gesellschaftsmitglieder bessergestellt werden - unabhängig davon, ob diese Besserstellung (d. h. die Entschädigung der Verlierer) tatsächlich stattfindet.[30] Eine Verbesserung nach dem Kaldor-Hicks-Kriterium kann also extrem ungerecht sein. Um die Wirkungen einer Veränderung der Spezifizierung und Durchsetzung von Eigentumsrechten endgültig bewerten zu können, sind somit die Verteilungswirkungen explizit zu berücksichtigen.

---

[29] Scitovsky machte auf die Möglichkeit eines logischen Widerspruchs des Kaldor-Hicks-Kriteriums aufmerksam. Ein Vergleich zweier sozialer Zustände A und B kann nämlich zu dem Ergebnis führen, dass sowohl eine Bewegung von A nach B als auch eine Bewegung von B nach A zu einer Verbesserung im Sinne des Kaldor-Hicks-Kriteriums führen. Eine solche Möglichkeit besteht dann, wenn sich die Einkommensverteilung beim Übergang von einem Zustand zum anderen spürbar verändert und wenn die Konsumpräferenzen der Begünstigten von denen der Benachteiligten relativ stark abweichen. Dieser Fall wird im Folgenden ausgeklammert.

[30] Das Kaldor-Hicks-Kriterium erscheint häufig auch unter dem Etikett der „Reichtumsmaximierung" (wealth maximization). Vgl. beispielsweise Posner, Utilitarianism, Economics and Legal Theory, in: Journal of Legal Studies, 8 (1979) S. 103 ff.

bb) Probleme der Durchsetzung und Verifizierung privater Eigentumsrechte

1. In der realen, unvollkommenen Welt kann der Schutz des Eigentums, d. h. die Durchsetzung der durch Gesetzgebung und Rechtsprechung definierten Eigentumsrechte bezüglich knapper Ressourcen, niemals vollkommen sein. Solange nicht alle Gesellschaftsmitglieder freiwillig, aus innerer Überzeugung, alle Rechtsnormen einhalten, hängt es auch von Art und Umfang der staatlichen Zwangsmittel ab, in welchem Umfang welche Eigentumsrechte durch Straftaten wie Tötungsdelikte, Körperverletzung, Sachbeschädigung und Diebstahl verletzt werden.[31]

Unter ökonomischen Gesichtspunkten sind staatliche Zwangsmaßnahmen zur Verhinderung von Straftaten danach zu bewerten, in welchem Maße sie die gesamten sozialen Kosten von Straftaten reduzieren und somit die Versorgung der Bevölkerung mit Gütern und Dienstleistungen im Sinne des Kaldor-Hicks-Kriteriums verbessern. Es lassen sich zwei Arten sozialer Kosten von Straftaten unterscheiden: Schadenskosten und Schadensvermeidungskosten.

Wenden wir uns zunächst den *Schadenskosten* zu. Aus zwei Gründen sind Straftaten für die Gesellschaft mit Schäden verbunden: Zum einen entstehen der Gesellschaft Kosten in dem Maße, in dem Straftaten zur Beschädigung und Zerstörung von Gütern oder zur Verletzung und Tötung von Menschen führen. Es mag auf den ersten Blick vermessen erscheinen, den Wert der menschlichen Gesundheit und des menschlichen Lebens mit dem Wert irgendwelcher zerstörten Autos oder gesprengten Safes zu vergleichen. Bevor man den Ökonomen, der derartige Kalkulationen anstellt, der Unmoral bezichtigt, sollte man sich allerdings vergegenwärtigen, dass menschliches Leben und menschliche Gesundheit ständig implizit bewertet werden - etwa indem über den weiteren Ausbau des Gesundheitswesens entschieden wird, indem über das Ausmaß der Investitionen in sichere Straßen und sichere Autos entschieden wird, indem über die zulässige Belastung von Luft, Boden und Wasser mit Schadstoffen sowie über die Intensität der Verfolgung und die Höhe der Strafen bei Umweltdelikten entschieden wird etc. Diebstahl verursacht in dem Maße soziale Schadenskosten, in dem der Dieb das gestohlene Gut geringer bewertet als der Bestohlene.[32] Schäden aus Straftaten entstehen der Gesellschaft auch dadurch, dass knappe Ressourcen für die Herstellung von Werkzeugen und die Ausbildung spezifischer Fachkenntnisse eingesetzt werden, die bei einem offenen und ehrlichen Tauschgeschäft nicht erforderlich wären. Zum anderen entstehen der Gesellschaft dadurch Schäden aus begangenen Straftaten, dass die Unsicherheit bei den Eigentümern steigt und dass deshalb bestimmte nützliche Aktivitäten unterlassen werden, die bei Abwesenheit von Straftaten durchgeführt werden würden. Diese letzteren Schäden sind allerdings schwer zu quantifizieren und werden deshalb gerne vernachlässigt.

Die zweite Art von Kosten, die der Gesellschaft durch die Existenz von Straftaten entstehen, sind die *Schadensvermeidungskosten*.[33] Der Staat kann durch eine Erhöhung der Aufklärungsquote oder durch eine Verschärfung der Strafen versuchen, die Kriminalität zu senken und damit den Eigentumsschutz zu erhöhen. Die Aufklärung von Straftaten verursacht soziale Kosten, weil knappe Ressourcen für den Einsatz von Polizeibeamten und deren Ausstattung sowie für das

---

31 Vgl. zum Folgenden Bowles, Law and the Economy, Oxford 1982, S. 61 ff.

32 Der Vorschlag von Bowles, den Wert gestohlener Güter vollständig aus den Schadenskosten auszuschließen, ist somit nur dann korrekt, wenn der Dieb das Gut nicht geringer bewertet als der Bestohlene. Vgl. Bowles, a.a.O., S. 61.

33 Diese Kosten hängen auch davon ab, in welchem Umfang die bestehende Spezifizierung und Verteilung der Eigentumsrechte sowie Art und Umfang der Strafen bei verschiedenen Eigentumsverletzungen von der Bevölkerung als gerecht empfunden werden. Je stärker sich die Bevölkerung mit der geltenden Rechts- und Eigentumsordnung identifiziert, desto weniger staatliche Zwangsmittel müssen eingesetzt werden, um einen gegebenen Grad an Eigentumsschutz durchzusetzen.

Gerichtswesen erforderlich sind. Aus ökonomischer Sicht besteht der Nutzen einer hohen Aufklärungsquote nicht darin, dass bereits begangene Straftaten aufgedeckt werden, sondern darin, dass potentielle Straftäter *abgeschreckt* werden (Ex ante-Analyse). Es lohnt sich somit, die Aufklärungsquote zu erhöhen, solange die dadurch verursachten Kosten geringer sind als die dadurch vermiedenen Schäden aus zusätzlich verhinderten Straftaten. Ebenso wie der ökonomische Nutzen der Überführung von Straftätern liegt auch der ökonomische Nutzen der Strafe in der *Abschreckung* zukünftiger Straftaten (und nicht in der Vergeltung für bereits begangene Straftaten). Die sozialen Kosten der Strafe und die spezifischen Abschreckungswirkungen hängen von der Art der Strafe ab. Freiheitsstrafen haben zwar eine hohe Abschreckungswirkung, verursachen aber auch hohe soziale Kosten (Bau und Betrieb von Gefängnissen, entgangene Arbeitsstunden und Nutzenentgang der Inhaftierten). Geldstrafen dagegen verursachen praktisch keine sozialen Kosten, haben aber häufig nur eine begrenzte Abschreckungswirkung, da viele überführte Kriminelle nur über ein begrenztes Vermögen verfügen.

Sofern es dem Staat nicht gelingt, Straftaten zu verhindern, entsteht ein Anreiz bei privaten Eigentümern, ihr Eigentum durch zusätzliche Kontrollaktivitäten und Sicherungsvorkehrungen wie gepanzerte Geldtransporte, Einsatz von Wach- und Schließpersonal, Installation von Alarmanlagen in Häusern und Autos etc. zu schützen. Dadurch werden knappe Ressourcen aufgrund der Existenz von Straftaten für die Eigentumssicherung verwendet, die bei Abwesenheit von Kriminalität für andere Zwecke zur Verfügung stünden.

Dieser sehr kurze Überblick über die sozialen Kosten und Nutzen der Bekämpfung von Straftaten konnte viele Aspekte nicht berücksichtigen. So wurden beispielsweise die Kosten von Justizirrtümern und die Kosten ihrer Reduzierung nicht berücksichtigt. Weiterhin wurde vernachlässigt, dass ein gut ausgerüsteter Polizeiapparat auch für andere Ziele als die Verfolgung von Straftaten eingesetzt werden kann und auch ein Symbol für mehr Unfreiheit in der Gesellschaft sein kann. Schließlich ist es in der Praxis häufig mit nahezu unlösbaren Problemen verbunden, die Schäden aus Straftaten zuverlässig zu erfassen und zu bewerten und die Abschreckungswirkung unterschiedlicher Aufklärungsquoten und Strafen exakt zu berechnen. Trotz dieser Einschränkungen und Probleme bleibt aber festzuhalten, dass Art und Umfang der Durchsetzung von Eigentumsrechten durch staatliche Zwangsmittel auch einen Einfluss auf die Allokation der Ressourcen haben, - was für den Ökonomen von besonderem Interesse ist und von Nicht-Ökonomen gern vernachlässigt wird.

2. Bei hinreichend wertvollen Ressourcen lohnt es sich, die Kosten der Durchsetzung durch spezifische Maßnahmen der Registrierung und Kennzeichnung von Eigentumsrechten zu senken (z. B. Grundbuch und Beurkundungszwang bei Immobilien, Kfz-Brief bei Automobilen, Brandzeichen bei Vieh usw.). Da die Registrierung und Kennzeichnung von Eigentumsrechten kostspielig und somit unvollständig ist, bleibt aber eine gewisse Restunsicherheit über die tatsächlichen Eigentumsrechte bestehen. Es ist somit für den potentiellen Käufer eines Gutes nicht ohne weiteres möglich zu verifizieren, ob der Verkäufer auch tatsächlich der Eigentümer ist. Nach deutschem Recht (§ 932 BGB) kann der gutgläubige Käufer auch Eigentumsrechte erwerben, wenn der Verkäufer gar nicht Eigentümer war. Dies erhöht die Verkehrssicherheit und schwächt den Eigentumsschutz. Bei gestohlenen Gütern ist ein gutgläubiger Erwerb allerdings nicht möglich. Aus ökonomischer Sicht wird durch derartige Regelungen ein Trade-off gelöst zwischen den Kosten des ursprünglichen Eigentümers, sich gegen Diebstahl zu sichern, und den Kosten des Käufers zu verifizieren, dass der Verkäufer auch Eigentümer ist.

cc) Probleme der Reichweite des Eigentumsschutzes

Der Inhalt des Eigentums wird letztlich dadurch bestimmt,

- welche den Wert der Ressource beeinträchtigenden Handlungen Anderer der Eigentümer dulden muss (z. B. Konkurrenz),
- welche den Wert der Ressource erhöhenden Handlungen ihm untersagt sind (z. B. Baurecht),
- welche Rechtsmittel dem Eigentümer zur Verfügung stehen, sich gegen Beeinträchtigungen seines Eigentums durch Private oder durch den Staat zu wehren (z. B. Unterlassungsansprüche, Schadensersatzansprüche).

Geschützt ist nicht der Marktwert einer Ressource; der Eigentumsschutz bezieht sich nur auf bestimmte Handlungen, die den Marktwert der Ressource beeinflussen. Dabei wird die Reichweite des Eigentumsschutzes durch Gesetzgebung und Rechtsprechung ständig präzisiert bzw. an sich verändernde Bedingungen angepasst

Gegenüber Handlungen von *Privaten*, die der Eigentümer nicht dulden muss, ist er durch diverse Herausgabe-, Beseitigungs-, Unterlassungs- und Schadensersatzansprüche geschützt. Aus ökonomischer Sicht besonders interessant ist der Unterschied zwischen Unterlassungs- und Schadensersatzansprüchen, da durch diese zwei Instrumente unterschiedliche Mechanismen der Ressourcenallokation unterstützt werden. Sind die Transaktionskosten der Kooperation zwischen Privaten gering, so ist ein Unterlassungsanspruch vorzuziehen. Dadurch wird der Abschluss wechselseitig vorteilhafter Verträge begünstigt (Nachbarrecht). Sind die Transaktionskosten der Kooperation zwischen Privaten hoch, so ist ein Schadensersatzanspruch vorzuziehen; d. h. die Kosten der Ressourcennutzung werden nicht durch einen vertraglich vereinbarten Preis, sondern durch einen gerichtlich festgelegten Schadensersatz bestimmt (Umwelthaftungsrecht).

Gegenüber dem *Staat* ist der Eigentumsschutz in Deutschland einerseits sehr weit gefasst, indem jedes „subjektive, private, vermögenswerte Recht" geschützt ist. Andererseits kann der Staat Privateigentum gegen Entschädigung enteignen, und der Gesetzgeber selbst kann Schranken und Inhalt des Eigentums bestimmen.

Wie stark sind nun Privateigentümer gegen Schäden aus staatlichen Handlungen geschützt und wie stark sollten sie aus ökonomischer Sicht geschützt sein? In dem Maße, in dem Steuern festgelegt (bzw. Steuersätze erhöht) werden können, ohne dass der Steuerpflichtige ein Vetorecht hat, ist der Eigentumsschutz gegenüber dem Staat bereits eingeschränkt. Besitzt der Staat das Recht, zur Erfüllung seiner Aufgaben private Eigentümer zu enteignen oder den Inhalt ihres Eigentums neu zu bestimmen (Art. 14 GG), ist der Eigentumsschutz gegenüber dem Staat ebenfalls eingeschränkt.

Aus ökonomischer Sicht sind derartige Einschränkungen des Eigentumsschutzes danach zu beurteilen, ob sie effiziente Handlungsanreize schaffen oder nicht. Wir wollen uns im Folgenden die sozialen Kosten und Nutzen, die mit einer Einschränkung des privaten Eigentumsschutzes gegenüber dem Staat verbunden sind, verdeutlichen.

Dem Staat stehen grundsätzlich drei Möglichkeiten zur Verfügung, knappe Ressourcen Privater zur Erfüllung öffentlicher Aufgaben einzusetzen:

- Der Staat tritt als *gewöhnlicher Marktteilnehmer* auf und kauft den entsprechenden Privateigentümern die benötigten Ressourcen ab. In diesem Fall sind die Privateigentümer am stärksten geschützt (die einzige mittelbare Einschränkung liegt in der Aufbringung der Steuermittel, die der Staat für den Kauf benötigt). Hier handelt der Staat als Fiskus und unterwirft sich den Regeln des Privatrechts.

- Der Staat tritt als *besonderer Marktteilnehmer* auf, indem er die privaten Eigentümer enteignet und eine gerichtlich festgelegte, „faire" Entschädigung leistet (vgl. Art. 14 Abs. 3 GG). Bei dieser Möglichkeit ist der Eigentumsschutz gegenüber dem Staat eingeschränkt, da eine Zustimmung des Eigentümers zu dem Geschäft nicht erforderlich ist.
- Der Staat spezifiziert bzw. verändert den Inhalt des Eigentums und leistet *keinen Ersatz* für die dadurch entstandenen Schäden bei privaten Eigentümern. Dies ist im Rahmen der Bestimmung von Inhalt und Schranken des Eigentums nach Art. 14 Abs. 1 GG zulässig.[34]

Im Rahmen einer Ex-ante-Analyse lassen sich nun einige Anreizprobleme dieser drei Möglichkeiten diskutieren.[35]

Tritt der Staat als *gewöhnlicher Marktteilnehmer* auf und muss er alle Rechte den privaten Eigentümern abkaufen, so entsteht bei den Privatpersonen häufig ein Anreiz zu strategischem Verhalten. Benötigt beispielsweise der Staat Grundstücke für den Straßen- und Eisenbahntrassenbau, so hat jeder private Grundstückseigentümer ein Interesse daran, die Verhandlungen zu verzögern und den Preis seines Grundstücks in die Höhe zu treiben. Das kann dazu führen, dass eine Reallokation von Ressourcen aus privaten in öffentliche Verwendungen auch dann nicht stattfindet, wenn die öffentliche Ressourcennutzung von den Gesellschaftsmitgliedern höher bewertet wird als die alternative private Nutzung.

Tritt der Staat als *besonderer Marktteilnehmer* auf, indem er die entsprechenden Privatpersonen gegen eine „faire Entschädigung" enteignet, dann haben die Eigentümer einen Anreiz, Rechtsanwälte in Anspruch zu nehmen und volkswirtschaftlich überflüssige Investitionen vorzunehmen, um die Entschädigung in die Höhe zu treiben, oder Lobbyisten einzusetzen, um die Enteignung abzuwehren. Knappe Ressourcen werden für reine Umverteilungszwecke verwendet. Nützliche (effizienzsteigernde) Aktivitäten des Staates werden zum Teil verhindert.

Zahlt der Staat *keine Entschädigung* für die entstandenen Schäden, so verringert sich der Anreiz der Privateigentümer, Investitionen durchzuführen, die den Wert ihrer Ressourcen steigern, deren Erträge sie sich aber unter Umständen aufgrund einer veränderten Inhaltsbestimmung des Eigentums nicht vollständig aneignen können. Möglicherweise steigt der Anreiz des Staates, auch dann zu diesem Instrument zu greifen, wenn die verbesserte Erfüllung öffentlicher Aufgaben von den davon Begünstigten geringer bewertet wird als die dadurch verursachten Schäden von den Opfern (d.h. den potentiellen Nutznießern der unterlassenen privaten Aktivitäten) bewertet werden.

Ein Effizienzvergleich dieser drei Möglichkeiten, die Beziehungen zwischen Staat und privaten Eigentümern zu regeln, muss nun für jeweils spezifische Konflikte zwischen Staat und Privatpersonen die entsprechenden Effizienzverluste aus falschen Anreizen gegeneinander abwägen. Der Ökonom hat somit ein Instrumentarium, um zu beurteilen, ob beispielsweise die von den Gerichten getroffene Abgrenzung zwischen „subjektiven, privaten, vermögenswerten Rechten", die dem Eigentumsschutz unterliegen, und „bloßen Erwerbschancen", die nicht dem Eigentumsschutz unterliegen, unter Effizienzgesichtspunkten korrekt ist.

---

[34] Vgl. WR I, S. 16 ff.

[35] Vgl. hierzu in einem etwas anderen Zusammenhang auch Mackaay, Angestammte Rechte - ein Paradoxon des Wohlfahrtsstaates, unveröffentlichtes Manuskript, 1985.

dd) Die ökonomischen Grenzen der Privatautonomie

Durch die Institutionen des Privateigentums und der Vertragsfreiheit werden Bereiche der Privatautonomie definiert, innerhalb derer die jeweiligen Eigentümer frei nach ihren eigenen Wünschen und Fähigkeiten handeln können, ohne dass ihnen irgendjemand (Individuen, Gruppen, „der Staat") hereinreden dürfte. Diese Bereiche der Privatautonomie können auf unterschiedliche Weise zwischen den Gesellschaftsmitgliedern abgegrenzt sein - etwa durch Schädigerrechte für Umweltverschmutzer oder Abwehrrechte für deren Opfer, durch unterschiedlich spezifizierte Wegerechte, Wasserrechte, Überflugrechte etc. Die Institution der Privatautonomie als solche bleibt bei derartigen unterschiedlichen Abgrenzungen der jeweiligen Bereiche unangetastet, solange die Rechte ohne weitere Beschränkungen übertragbar sind. In der Realität ist allerdings die Privatautonomie mehr oder weniger stark eingeschränkt. Dies äußert sich zum einen darin, dass eine bestimmte Kriminalitätsrate zugelassen wird, d. h. dass man gewisse Eingriffe in die Privatautonomie aus ökonomischen oder sonstigen Gründen zulässt. (siehe Abschnitt bb)). Zum anderen äußert sich die Einschränkung der Privatautonomie in einer Rechtsprechung und Gesetzgebung, die eine Überführung knapper Ressourcen in öffentliches Eigentum zulässt, die bestimmte Handlungen direkt normiert (Umweltschutzauflagen, Hygiene- und Sicherheitsvorschriften, Bauvorschriften etc.), die die freie Übertragbarkeit in vielerlei Hinsicht einschränkt (Verbot von Kartellverträgen, Einschränkung von Waffen- und Drogenhandel, Jugendschutz, Ladenschlusszeiten, Lizenzen für Börsenmakler, Fuhrunternehmer und Taxifahrer, Lebensmittelkontrolle, Arzneimittelzulassung etc.), die die Exklusivität der Eigentumsrechte zeitlich befristet (Patentrecht, Urheberrecht), die die zivilrechtlichen Ansprüche bei Verletzungen von Eigentumsrechten mehr oder weniger stark einschränkt und die den Schutz der Eigentümer vor Schäden aus staatlichen Handlungen vielfach durchlöchert (Möglichkeit der entschädigungspflichtigen Enteignung und der entschädigungslosen Inhaltsbestimmung des Eigentums).

In der vollkommenen Welt der liberalen Utopie geben derartige Einschränkungen der Privatautonomie keinen Sinn: Sie schränken die Freiheit der Gesellschaftsmitglieder ein und führen zu Effizienzverlusten; Verteilungsziele lassen sich zu geringeren sozialen Kosten durch direkte Vermögenstransfers realisieren. In der realen, unvollkommenen Welt, in der die Durchsetzung von exklusiven und übertragbaren Eigentumsrechten mit (zum Teil prohibitiven) sozialen Kosten verbunden ist und die durch Informationsasymmetrien der Marktteilnehmer, durch Märkte mit einer kleinen Zahl von Anbietern oder Nachfragern und bedeutenden Bereichen steigender Skalenerträge der Produktion gekennzeichnet ist, dienen derartige Beschränkungen der Exklusivität und Übertragbarkeit der Eigentumsrechte zwar häufig dazu, Partialinteressen zu Lasten der gesamtwirtschaftlichen Effizienz zu fördern; sie können aber auch erforderlich sein, um Effizienzsteigerungen im Sinne des Kaldor-Hicks-Kriteriums zu erreichen. Denn in der realen, unvollkommenen Welt wird durch eine möglichst weitgehende Sicherung der Privatautonomie nicht mehr gewährleistet, dass die Eigentümer alle positiven und negativen Konsequenzen ihrer Handlungen für Andere vollständig internalisieren. Privatautonomie führt dann zu ineffizienten Handlungsanreizen in dem Sinne, dass Handlungen mit positiven Konsequenzen für Andere auch dann nicht durchgeführt werden, wenn der Nutzen der Begünstigten höher bewertet wird als der Schaden des jeweiligen Akteurs, und dass Handlungen mit negativen Konsequenzen für Andere auch dann durchgeführt werden, wenn die Verluste der Opfer größer sind als die Gewinne der Begünstigten. Die Ökonomische Analyse des Rechts kann einen Beitrag dazu leisten, unterschiedliche Rechtsnormen anhand ihrer Auswirkungen auf die gesamtwirtschaftliche Effizienz miteinander zu vergleichen. Dabei ist die ökonomische Fragestellung keineswegs so eng, wie es dem Nicht-Ökonomen vielleicht erscheinen mag. Das Konzept der gesamtwirtschaftlichen Effizienz bezieht sich grundsätzlich auf *alle* Konsequenzen individueller Handlungen, die von den

Gesellschaftsmitgliedern positiv oder negativ bewertet werden. Effizienz im Sinne des Kaldor-Hicks-Kriteriums beschränkt sich nicht nur auf Güter wie Autos, Häuser, Kleidung und Lebensmittel, die über Märkte gehandelt und bewertet werden, sondern schließt auch den Wert (im Sinne der Zahlungsbereitschaft der Konsumenten) einer intakten Landschaft, eines ansprechenden Stadtbildes, einer sauberen Umwelt und ähnlicher Dinge mit ein.

Es ist allerdings in der Praxis mit großen Problemen verbunden, derartige wünschenswerte Zustände „korrekt", d. h. entsprechend der Zahlungsbereitschaft der Bevölkerung, zu bewerten. Ein weiteres Bewertungsproblem besteht darin, dass viele heute begangene Handlungen zu weitgehend unbekannten Schäden bei einer unbekannten Anzahl zukünftiger Generationen führen - wie etwa der Verbrauch nicht-regenerierbarer Ressourcen, die Vernichtung von Arten, die Belastung von Luft, Boden und Wasser mit Giftstoffen aller Art etc. Welche Handlungen als effizient und welche als ineffizient gelten, wird dann zu einem beträchtlichen Teil dadurch bestimmt, wie hoch man „Nicht-Markt-Güter" bewertet, wie man weitgehend unerforschte Risiken behandelt und wie stark man die Bedürfnisse zukünftiger Generationen gewichtet. Diese Probleme sind aber nicht Ausdruck der Unzulänglichkeit des ökonomischen Effizienzbegriffs, sondern Folge des unvollkommenen Wissens der Menschen in einer unsicheren Welt. Jeder Gesetzgeber nimmt notwendigerweise ständig entsprechende Bewertungen und Gewichtungen vor. Eine Aufgabe des Ökonomen besteht darin, sie explizit zu machen.

Es gibt aber auch einen grundsätzlicheren Einwand gegen das Kaldor-Hicks-Kriterium als Maßstab für vernünftige Gesetze. Es ist als alleiniger Bewertungsmaßstab für alle Rechtsbereiche *nicht konsensfähig.* In keiner Gesellschaft wird auf Dauer eine Rechtsprechung und Gesetzgebung akzeptiert werden, die nicht allen Individuen ein Mindestmaß an Schutz gegen Vermögensverluste bietet und die eine dauerhafte Vermögensumverteilung von den Armen zu den Reichen zulässt.[36]

Unter Berücksichtigung dieser Probleme und Einschränkungen kann die Ökonomische Analyse des Rechts einige für eine rationale Rechtsprechung und Gesetzgebung wichtige Informationen bereitstellen, indem sie Rechtsnormen identifiziert, die eine Verschwendung knapper Ressourcen begünstigen, und indem sie auf Zielkonflikte zwischen dem Effizienzziel einerseits und dem Freiheits- und Gerechtigkeitsziel andererseits hinweist. Der Ökonom ist zwar nicht in der Lage, ein allgemein akzeptiertes Kriterium zur Lösung derartiger Zielkonflikte bereitzustellen. Er kann aber auf den „Preis" der Freiheit (bzw. unterschiedlicher Formen der Freiheitssicherung) und den „Preis" der Gerechtigkeit (bzw. unterschiedlicher verteilungspolitischer Eingriffe) im Sinne gesamtwirtschaftlicher Effizienzverluste hinweisen, auch wenn er diese „Preise" nicht immer auf Heller und Pfennig beziffern kann.

---

[36] Mit der Konsensfähigkeit sozialer Institutionen haben sich seit Anfang der siebziger Jahre die *Neokontraktarier* auseinanderqesetzt, indem sie die Frage stellten, welche Institutionen vernünftige Individuen in einem fiktiven institutionslosen Zustand („state of nature") vereinbaren würden. Vgl. hierzu etwa die unterschiedlichen Positionen von Rawls, Eine Theorie der Gerechtigkeit, Frankfurt/Main 1975 (englische Originalausgabe 1971); Nozick, Anarchie, Staat, Utopia, München 1976 (englische Originalausgabe 1974) und Buchanan, Die Grenzen der Freiheit, Tübingen 1984 (englische Orginalausgabe 1975). Eine kritische Würdigung des Kaldor-Hicks-Kriteriums findet sich bei Eger/Nagel/Weise, Effizienz und Menschenwürde, a.a.O. (Anm. 21), sowie bei Eidenmüller, Effizienz als Rechtsprinzip, Tübingen 1995.

III. Delikt (unerlaubte Handlung)

1. Begriff und Reichweite der Vorschriften

Die §§ 823 ff. BGB regeln Schadensersatzansprüche als Antwort auf Delikte (unerlaubte Handlungen). Der Ersatzanspruch setzt eine tatbestandsmäßige, rechtswidrige und schuldhafte Handlung voraus, mit der in ein Recht des Verletzten eingegriffen wird. Der Inhalt des Schadensersatzanspruchs wird in den §§ 249-255 näher erläutert. Nach § 249 Satz 1 ist grundsätzlich der Zustand herzustellen, der bestehen würde, wenn der zum Ersatz verpflichtende Umstand nicht eingetreten wäre, also die unerlaubte Handlung nicht begangen worden wäre (Naturalrestitution). Kann dieser Zustand nicht hergestellt werden, so ist der Gläubiger in Geld zu entschädigen (§ 251 Abs. 1). Durch eine Geldentschädigung wird der Schadensfall relativ einfach gelöst. Der Geschädigte kann die Summe beliebig verwenden. Wurde eine ihm gehörige Sache beschädigt, so braucht er sie z.B. nicht reparieren zu lassen. Im Gegensatz zum US-amerikanischen Recht sieht das deutsche Schadensersatzrecht keinen Strafschadensersatz (punitive damages) oder Mehrfachschadensersatz vor, wenn der Schädiger besonders verwerflich gehandelt hat oder der Staat ihn vor ähnlichen Handlungen in der Zukunft besonders abschrecken will. Dies würde gegen die öffentliche Ordnung in Deutschland verstoßen[37]; für Strafen ist allein das Strafrecht zuständig.

Die Voraussetzungen, unter denen ein Schadensersatzanspruch aus unerlaubter Handlung (Delikt) entstehen kann, sind in den verschiedenen Anspruchsgrundlagen der §§ 823 ff. geregelt. Wer einen Anderen nach § 826 vorsätzlich und sittenwidrig schädigt, ist unabhängig von der Art des verletzten Rechtsguts zum Ersatz des Schadens verpflichtet. Wer nach § 823 Abs. 1 bestimmte Rechte (Leben, Körper, Gesundheit, Freiheit, Eigentum oder ein sonstiges Recht) eines Anderen verletzt, ist ihm ersatzpflichtig, wenn er vorsätzlich oder fahrlässig gehandelt hat. Andere Anspruchsgrundlagen sind in den §§ 823 Abs. 2 (Verletzung eines Schutzgesetzes), 824 (Kreditgefährdung), 825 (Verletzung der sexuellen Selbstbestimmung), 831 (Haftung für Verrichtungsgehilfen), 832 (Haftung des Aufsichtspflichtigen), 839 (Beamtenhaftung) und in Vorschriften außerhalb des BGB geregelt. Eine unerlaubte Handlung kann gleichzeitig mehrere Anspruchsgrundlagen erfüllen. Ist eine Anspruchsgrundlage erfüllt, so greift der Schadensersatzanspruch des Verletzten voll durch. Für das BGB gilt demnach das „Alles-oder-nichts-Prinzip". Fällt jedoch dem Verletzten ein Mitverschulden zur Last, so kann die Schadenssumme entsprechend zwischen dem Schädiger und dem Verletzten geteilt werden (§ 254).

Zu beachten ist bei deliktischen Schadensersatzansprüchen, dass vielfach Versicherungen den Schaden ausgleichen. Das Deliktsrecht ist dann nur noch für den Rückgriff der Versicherung auf den Schädiger bedeutsam. Dies gilt insbesondere für Schäden im Straßenverkehr. Bei Personenschäden ist das Opferentschädigungsgesetz von 1976 zu beachten; es gewährt den Opfern von Gewalttaten Ansprüche entsprechend dem Bundesversorgungsgesetz, das primär für Kriegsopfer gedacht ist.[38] Das Gewaltschutzgesetz von 2001 will die Prävention verbessern, wenn ein Bürger

---

[37] Vgl. BGHZ 118, 312 ff.; punitive damages aus einem US-amerikanischen Urteil können in Deutschland nicht vollstreckt werden, da dies nach § 328 Abs. 1 Nr. 4 ZPO gegen den deutschen „ordre public" verstößt.

[38] Vgl. Däubler, BGB-kompakt, 2002, S. 966 f.

durch einen Dritten bedroht oder belästigt wird. Es ermöglicht die gerichtliche Anordnung von Vorbeugungsmaßnahmen.[39]

2. Die deliktische Grundnorm des § 823 Abs. 1

a) Verletzung eines absoluten Rechts

A schlägt B. Dieser trägt eine Platzwunde am Kopf davon. Er verlangt von A den Ersatz seiner Krankenhauskosten in Höhe von 2 000 Euro und ein Schmerzensgeld von 1000 Euro.

Anspruchsgrundlage kann für B § 823 Abs. 1 sein. Danach muss A den B durch den Schlag an einem der in der Vorschrift genannten Rechte geschädigt haben. Ein solches Recht ist der Körper und die Gesundheit des B. A ist ersatzpflichtig, wenn nicht die Tat (z.B. durch Notwehr) gerechtfertigt ist. Weiter muss A schuldhaft, d.h. vorsätzlich oder fahrlässig, gehandelt haben. Hier hat A ohne Rechtfertigungsgrund vorsätzlich den Körper und die Gesundheit des B verletzt, weil er ihm die Platzwunde zugefügt hat. Also ist er nach § 823 Abs. 1 ersatzpflichtig. Nach § 249 S. 1 hat er den Zustand wieder herzustellen, der bei B bestehen würde, wenn das schadensbringende Ereignis nicht eingetreten wäre (Naturalrestitution). Da B die Wunde im Krankenhaus nähen lassen muss, d.h. A den von § 249 verlangten Zustand nicht selbst herstellen kann, muss A nach § 249 S. 1 Satz 2 den hierfür erforderlichen Geldbetrag in Höhe von 2000 Euro bezahlen.

Nach § 823 Abs. 2 hat A auch ein Gesetz verletzt, das den B schützt, nämlich § 223 des Strafgesetzbuchs (vorsätzliche Körperverletzung). Die Ersatzpflicht aus dieser Vorschrift besteht neben der aus § 823 Abs. 1.

B kann von A auch einen Ersatz des Schadens verlangen, der nicht Vermögensschaden ist (immaterieller Schaden) und Schmerzensgeld genannt wird. Früher war dieser Anspruch in § 847 geregelt und auf die Fälle der Körper- oder Gesundheitsverletzung und der Freiheitsentziehung begrenzt. Durch die Einfügung von § 847 Abs. 2 wurde auch die Freiheit der sexuellen Selbstbestimmung geschützt. Durch die Novelle vom Frühjahr 2002 wird die Schmerzensgeldregelung völlig neu gefasst. Jetzt wird in § 253 ein allgemeiner Schmerzensgeldanspruch eingeführt, der nicht nur (wie bisher § 847) im Deliktsrecht der §§ 823 ff., sondern auch im Recht der Gefährdungshaftung und im Vertragsrecht gilt. Nach § 852 Abs. 2 erhält B Schadensersatz, wenn sein Körper, seine Gesundheit, seine Freiheit oder seine sexuelle Selbstbestimmung verletzt wurden. Der Schaden darf nach Art und Dauer nicht unerheblich sein. Bei vorsätzlichen Schädigungen fällt diese Bagatellgrenze weg. In unserem Fall hat A vorsätzlich gehandelt, B erhält also in jedem Fall Schmerzensgeld.

A stellt eine Warentestzeitschrift her. Er testet u.a. Waschmaschinen, darunter auch die von B hergestellten. Bei dem Test schneiden die Maschinen des B mit „gut" ab. Dies wird auch in der Zeitschrift ausgeführt. Bei der Zusammenfassung der Testergebnisse am Ende der Untersuchung wird jedoch das Testergebnis des B versehentlich mit einem anderen vertauscht, so dass für die Maschine des B die Note „mangelhaft" erscheint. B verlangt von A den Ersatz des ihm durch Umsatzrückgänge entstandenen Schadens in Höhe von 50 000 Euro. Zu Recht?

[39] Vgl. im Einzelnen Däubler, BGB kompakt, 2002, S. 991 f.

Ein Anspruch des B gegen A aus § 824 (Kreditgefährdung) scheidet aus, da A bei der eigentlichen Wiedergabe des Tests die Tatsache richtig berichtet und bewertet hat. Es ist ihm lediglich bei der Zusammenfassung ein (versehentlich) falsches Werturteil unterlaufen. § 824 Abs. 1 umfasst aber nur **vorsätzliche** Behauptungen oder Verbreitungen von Tatsachen.

A hat keines der in § 823 Abs. 1 genannten Rechte des B verletzt, auch nicht sein Eigentum. Die Fabrik des B ist noch intakt, keine seiner Maschinen ist beschädigt. Das Unternehmen des B hat jedoch erheblich an good will eingebüßt, die Geschäftsbeziehungen sind durch die Veröffentlichung des vermeintlich schlechten Testergebnisses beeinträchtigt. B argumentiert, er habe ein **Recht an seinem Unternehmen**, das als „sonstiges Recht" nach § 823 Abs. 1 gegen unerlaubte Handlungen geschützt sei.

Die Rechtsprechung hat seit langem ein absolutes Recht des Gewerbetreibenden an seinem Betrieb als „sonstiges Recht" nach § 823 Abs. 1 anerkannt.[40] Das Reichsgericht schützte den Betrieb nur gegen solche Handlungen, welche unmittelbar gegen seinen Bestand gerichtet waren, es weitete den Anwendungsbereich des Rechts aber immer weiter aus. Der Bundesgerichtshof ging schließlich so weit, den Schutzbereich auch auf Eingriffe in „die dem Unternehmen eigenen Erscheinungsformen wirtschaftlicher Tätigkeit"[41] auszudehnen. Geschützt war also nicht mehr das Objekt „Betrieb"", sondern die wirtschaftliche Tätigkeit des Unternehmens. Um eine uferlose Ausdehnung der Ersatzpflicht zu vermeiden, schränkte er die Voraussetzungen für die Bejahung einer Rechtsgutverletzung jedoch wieder ein. Der Bundesgerichtshof verlangt, dass der Eingriff **unmittelbar** in den gewerblichen Tätigkeitskreis, also betriebsbezogen, erfolgt ist.[42] Eine Ersatzpflicht scheidet aus, wenn der Handelnde **berechtigte Interessen** wahrgenommen hat.[43] Damit ist der Anwendungsbereich des Rechts am Unternehmen zwar nicht mehr uferlos, aber reichlich unbestimmt. Er hängt im Einzelfall von der Auslegung der unbestimmten Begriffe „Betriebsbezogenheit gleich Unmittelbarkeit" und „berechtigte Interessen des Schädigers" ab. Ob und in welchem Umfang ein **Recht am Unternehmen** im Rahmen von § 823 Abs. 1 anerkannt werden kann, ist in der Literatur heftig umstritten. Zum einen wird argumentiert, dass im Unternehmen nicht nur die Kapitalseite geschützt werden könne. Es müsse dann entsprechend auch ein Recht des Arbeitnehmers an seinem Arbeitsplatz geben. Zum andern wird der Schutz des § 823 Abs. 1 auf solche Rechtsgüter beschränkt, die ebenso wie das Eigentum als absolute Rechte gegenüber Dritten geschützt sind und in ihren Konturen ähnlich klar umrissen wie das Eigentum sind. Ob diese Einwände durchgreifen, soll weiter unten geklärt werden. Hier ist lediglich festzuhalten, dass auch bei einer Anerkennung des Rechts am Unternehmen der Gefahr begegnet werden muss, dieses Recht unbegrenzt auszuweiten. Im vorliegenden Fall spricht m. E. alles dafür, den Schadensersatzanspruch durchgreifen zu lassen.

Der Politiker A wird von dem Karikaturisten B als kopulierendes Schwein dargestellt. Er verlangt Schmerzensgeld nach § 847 BGB in Höhe von 5 000 Euro. B wendet ein, er habe in Wahrnehmung berechtigter Interessen gehandelt, da er von seinen Grundrechten der Kunstfreiheit (Art. 5 Abs. 3 GG) und der Meinungsfreiheit (Art. 5 Abs. 1 GG) Gebrauch gemacht habe. A fühlt sich in seiner Ehre verletzt. Er meint, die Kunstfreiheit des B dürfe nicht so weit gehen, dass er ihn, den A, in den Schmutz ziehen dürfe.

---

40 Vgl. RGZ 58, 24
41 BGH NJW 1963, 484
42 BGHZ 29, 65
43 BGHZ 91, 117

Der Rechtfertigungsgrund der Wahrnehmung berechtigter Interessen ist in § 193 des Strafgesetzbuches geregelt. Tadelnde Urteile über wissenschaftliche, künstlerische oder gewerbliche Leistungen sowie Äußerungen, die anlässlich der Ausführung oder Verteidigung von Rechten oder zur Wahrnehmung berechtigter Interessen gemacht werden, sollen nur insofern strafbar sein, als das Vorhandensein einer Beleidigung aus der Form der Äußerung oder aus den Umständen, unter welchen sie geschah, hervorgeht. Die Schutzgrenze der persönlichen Ehre ist also unbestimmt, insbesondere auch deshalb, weil dem Ehrverletzer möglicherweise die Grundrechte der Meinungs-, Presse- und Kunstfreiheit zugute kommen. Die Ehre wird heute als Ausprägung des *„allgemeinen Persönlichkeitsrechts"* betrachtet, das von der Rechtsprechung seit langem als sonstiges Recht im Sinne von § 823 Abs. 1 anerkannt ist.[44] Die Anerkennung dieses Rechts geht u.a. auf folgende spektakuläre Entscheidung zurück:

In den fünfziger Jahren fand ein Unternehmer sein Bild als „Herrenreiter" in einer Zeitschrift als Reklame für ein sexuelles Stärkungsmittel wieder. Der BGH erkannte an, dass sein Recht am eigenen Bild nach §§ 23 und 24 des Kunst- und Urheberrechtsgesetzes verletzt sei. Der Herrenreiter wollte jedoch von seinem Schädiger nach § 847 ein angemessenes Schmerzensgeld erhalten. An sich war keine der Voraussetzungen des § 847 Abs. 1 erfüllt, so war insbesondere weder der Körper noch die Freiheit des Herrenreiters verletzt. Der BGH setzte sich aber unter Berufung auf die grundgesetzliche Fundierung eines allgemeinen Persönlichkeitsrechts über diese Einschränkung hinweg und erkannte den Schmerzensgeldanspruch an.[45] Das Bundesverfassungsgericht erklärte diese Haftungsausweitung für mit dem Grundgesetz vereinbar.[46]

Heute wird das Recht eines jeden auf Achtung seiner individuellen Persönlichkeit und auf Wahrung seiner Privatsphäre anerkannt. Der BGH leitet es aus dem Schutzauftrag der Grundrechte aus Art. 1 (Menschenwürde) und 2 Abs. 1 (Allgemeine Handlungsfreiheit) ab.[47] Einige Ausstrahlungen dieses Rechts sind das Recht am eigenen Bild (§ 22 Kunsturhebergesetz) und das Namensrecht (§ 12 BGB). Auch bei Politikern, die sich freiwillig in den öffentlichen Schlagabtausch begeben haben, wird das allgemeine Persönlichkeitsrecht nicht unbegrenzt zurückgedrängt. Überschreiten gewisse Angriffe auch von Karikaturisten die - allerdings großzügig bemessenen - Grenzen, welche die Rechtsprechung für den öffentlichen, politischen Meinungskampf setzt, so entstehen wegen der Verletzung des allgemeinen Persönlichkeitsrechts des Politikers Ersatzansprüche aus § 823 Abs. 1 und 2 sowie Schmerzensgeldansprüche aus § 847. Im vorliegenden Fall spricht m. E. alles dafür, dass ein derartiger Ersatzanspruch durchgreift.[48]

Als „sonstiges Recht" sind nach § 823 Abs. 1 nicht alle Rechte, sondern nur die sogenannten absoluten Rechte geschützt. Das Vermögen als solches ist kein sonstiges Recht.[49] Vertragliche Ansprüche sind nur relative Rechte, auch sie werden nicht als sonstige Rechte geschützt. Alle dinglichen Rechte sind hingegen sonstige Rechte. Dazu zählen Hypotheken, Grund- und Rentenschulden, Reallasten, Erbbaurechte, dingliche Vorkaufsrechte, Dienstbarkeiten an Grundstücken, Pfandrechte an beweglichen Sachen und Rechten. Hinzu kommen die sogenannten Anwartschaftsrechte der Vorbehaltskäufer (vgl. unten), da sie als dingliche Rechte ebenso wie das Eigentum unmittelbar gegen jedermann wirken. Auch der Besitz wird nach - allerdings nicht unbestrittener - herrschender Meinung als sonstiges, absolutes Recht im Sinne von § 823 Abs. 1 anerkannt.[50] Der Besitz als tatsächliche Sachherrschaft muss aber bereits bestehen. Es genügt nicht,

---

[44] Vgl. BVerfG NJW 1985, 787
[45] BGHZ 26, 349
[46] BVerfGE 34, 269
[47] Vgl. BGHZ 128, 1, 15; vgl. auch BGHZ 35, 363, 367 und 39, 124, 130
[48] Vgl. BVerfGE 75, 369, 380
[49] BGHZ 41, 123
[50] Vgl. BGH NJW 1984, 2569

wenn z.B. aufgrund eines Mietvertrages lediglich ein Anspruch auf Einräumung des Besitzes gewährt wurde. Hat also der Mieter oder Pächter den Besitz an der Sache erlangt, erhält auch er eine als „absolut" anerkannte Rechtsposition, nämlich den *berechtigten Besitz*, der den Schutz des § 823 Abs. 1 genießt.

Immaterialgüterrechte und gewerbliche Schutzrechte wie Patent-, Urheber-, Marken-, Geschmacksmuster- und Gebrauchsmusterrechte sind nach § 823 Abs. 1 ebenfalls als sonstige Rechte geschützt. Da auch die Firma (der Name) des Kaufmanns nach § 17 HGB gegenüber jedermann geschützt ist,[51] ist sie ein sonstiges Recht nach § 823 Abs. 1.

Bei der Verletzung und Beeinträchtigung absoluter Rechte entstehen nicht nur Schadensersatz-, sondern auch Beseitigungs- und Unterlassungsansprüche. Nach § 1004 kann der Eigentümer, wenn sein Eigentum in anderer Weise als durch Entziehung oder Vorenthaltung des Besitzes beeinträchtigt wird, vom Störer die Beseitigung der Beeinträchtigung verlangen. Sind weitere Beeinträchtigungen zu besorgen, so kann er ihn auf Unterlassung verklagen (vgl. oben). Diese Vorschrift wird in ständiger Rechtsprechung auf alle absoluten Rechte analog angewendet, also auch auf das allgemeine Persönlichkeitsrecht und die anderen sonstigen Rechte des § 823 Abs. 1. In vielen Fällen ist es für den Verletzten am wichtigsten, den Widerruf einer ehrverletzenden Äußerung (Beseitigung) durchzusetzen oder zumindest zu erreichen, dass die Äußerung nicht mehr aufrecht erhalten wird. Besteht Wiederholungsgefahr, so kann auch auf Unterlassung weiterer ehrverletzender Äußerungen geklagt werden.

b) Kausalität

A schlägt B. Dieser sinkt bewusstlos zu Boden. In der allgemeinen Verwirrung stiehlt C die Brieftasche des B. Muss A auch Ersatz für die gestohlene Brieftasche an B bezahlen?

Die Körperverletzung durch den A kann nicht hinweggedacht werden, ohne dass der „Erfolg", die Wegnahme der Brieftasche des B durch den C entfiele. Also ist die Verletzungshandlung kausal für den Schaden geworden (conditio sine qua non). A hat vorsätzlich, also schuldhaft, gehandelt (§ 276). Bei der Verletzungshandlung spricht man auch von haftungsbegründender Kausalität, bei den Verletzungsfolgen von der haftungsausfüllenden Kausalität. Der Schuldvorwurf an den A muss sich nur auf die Verletzungshandlung beziehen, hinsichtlich der Verletzungsfolgen muss die Handlung lediglich kausal geworden sein. Die Rechtsprechung verlangt aber zusätzlich, dass die Folge vorhersehbar war. Für A war es vorhersehbar, dass bei einem so heftigen Schlag, der zur Bewusstlosigkeit des B führte, sich ein Dritter die Situation zunutze machen und die Brieftasche des B stehlen könnte. Also ist A dem B auch zum Ersatz des Schadens verpflichtet, der durch den Verlust der Brieftasche entstanden ist. Allerdings ist zu bedenken, dass dieser zusätzliche Schaden erst durch das vorsätzliche Dazwischentreten eines Dritten entstehen konnte. Da es sich aber um einen vorhersehbaren Folgeschaden aus der Verletzungshandlung des A handelt, ist dieser zu ersetzen.

Wie ist der Fall zu beurteilen, wenn der von A geschlagene B im Krankenhaus unsachgemäß behandelt wird und einen Dauerschaden davonträgt? Muss A auch diesen Dauerschaden bezahlen?

---

[51] Vgl. § 17 HGB

Auch hier ist die Verletzungshandlung des A kausal für den „Erfolg", den gesundheitlichen Dauerschaden des B, geworden. Hier ist aber ein neues Handeln Dritter, nämlich das der behandelnden Ärzte, dazwischengetreten. Man spricht oft unzutreffend von einer Unterbrechung des Kausalzusammenhangs, während in Wirklichkeit zu der alten Kausalkette nur eine neue, in diesem Fall von den Ärzten bewusst gesetzte, hinzutritt. Problematisch ist hier nicht, ob der behandelnde Arzt oder das Krankenhaus haftet, sondern ob daneben als Gesamtschuldner (vgl. § 830 entsprechend) auch A haftet. Die eigentliche Ursache dafür, dass der Krankenhausaufenthalt notwendig wurde, hat A selbst gesetzt, indem er durch seine Verletzungshandlung ein zusätzliches Risiko schuf. Nach dem Schutzzweck der Norm, die den B gegen Körperverletzungen schützen soll, muss der A auch das Risiko für unsachgemäße Behandlungen im Krankenhaus tragen. Es soll ihm nicht zugute kommen, dass hierfür in erster Linie die Ärzte verantwortlich sind. Er ist B auch zum Ersatz des Dauerschadens verpflichtet, der durch die unsachgemäße Behandlung entstand.

A schlägt B. B wird im Krankenhaus wegen der Körperverletzung behandelt. Hierbei wird zufällig ein Tumor entdeckt, der sofort operiert werden muss. B trägt einen Dauerschaden davon. Muss A auch diesen bezahlen?

Hier ist die Handlung des A ebenfalls kausal für die Beseitigung des Tumors und damit für den Dauerschaden des B geworden. Hätte A den B nicht geschlagen, wäre er nicht in das Krankenhaus gegangen und der Tumor nicht entdeckt worden. Dass dieser Tumor erkannt wurde, ist für B jedoch ein aus der Verletzung resultierender Vorteil, nicht ein aus der Verletzung resultierendes zusätzliches Risiko. Die Behandlung des Tumors hat mit der Beseitigung der Folgen der ursprünglichen Verletzungshandlung nichts zu tun. Es ist durch den Schutzzweck des § 823 Abs. 1 nicht gedeckt, dass der Schädiger A auch für solche Schäden haftbar gemacht wird, die der Verletzte B durch zusätzliche Eingriffe erleidet, welche nur anlässlich der Behandlung der Verletzung, nicht aber zum Zwecke dieser Behandlung vorgenommen wurden.[52]

A verkauft dem B ein Speiseeis, in dem ein Glassplitter steckt. B verletzt sich leicht an der Oberlippe. Er erschrickt, fällt vom Stuhl und bricht seinen Arm.

A muss B den durch die Verletzung der Oberlippe entstandenen Schaden ersetzen. Zwar ist seine Handlung, die Vermengung des Glassplitters mit dem Speiseeis, auch kausal für den Armbruch des B geworden. Sie kann nämlich nicht hinweggedacht werden, ohne dass dieser Armbruch entfiele. Dass der durch einen Glassplitter Verletzte erschrickt, vom Stuhl fällt und den Arm bricht, ist jedoch ganz unwahrscheinlich. Die Rechtsprechung hat die Kausalität von Verletzungshandlungen für ganz unwahrscheinliche Folgen verneint. Sie bejaht die Kausalität nur für *adäquat kausal* verursachte Folgen.[53] Nach dieser *Adäquanztheorie* hat A den Armbruch des B nicht verursacht. Er ist ihm für diesen Teil des Schadens nicht zum Ersatz verpflichtet. Heute lässt sich diese Theorie nur noch aufrechterhalten, wenn man sie mit der vom Schutzzweck der Norm kombiniert.[54] Für den Richter entsteht hier die Gefahr des hermeneutischen Zirkels: Er legt erst in den Begriff das hinein, was er nachher aus ihm herausholen will. Andererseits erscheint es richtig, den Schutzzweck der Schadensersatznorm dadurch zu begrenzen, dass man unwahrscheinliche Verletzungsfolgen von der Ersatzpflicht ausklammert. Nur sollte die Wahrscheinlichkeit der Folgen nicht das einzige Entscheidungskriterium sein.

---

[52] BGHZ 25, 86

[53] Vgl. schon RGZ 133, 126 und BGHZ 18, 286

[54] Vgl. BGH NJW 1968, 2287 - Adäquanz eines von mehreren Zurechnungskriterien

A schlägt B freundschaftlich auf die Schulter. Nach vier Wochen erhält er eine Krankenhausrechnung von 25 000 Euro. B ist, was A nicht wusste, Bluter. Er erlitt durch den freundschaftlichen Schlag des A schwere innere Blutungen und musste Krankenhauskosten in dieser Höhe bezahlen.

Auch in diesem Fall wird nach der Adäquanztheorie die ganz unwahrscheinliche Folge der inneren Blutungen des B aus der Kausalität ausgeblendet. Das Handeln des A ist nicht adäquat kausal für die Verletzung des B geworden. A muss an ihn keinen Schadensersatz bezahlen.

Anders ist der Fall zu entscheiden, wenn A wusste, dass B Bluter ist. Hier ist die Verletzungsfolge aus der Sicht des wissenden A nicht unwahrscheinlich, sondern sogar sehr wahrscheinlich. A hat den B dann vorsätzlich verletzt und ist ihm zum Ersatz des vollen, aus der Verletzungshandlung entstandenen Schadens in Höhe von 25 000 Euro verpflichtet.

A fährt mit seinem Auto auf das Auto des B auf, der sich verkehrsrichtig verhalten hat. Das Auto des B wird durch den Aufprall gegen das Auto des C geschleudert. C verlangt von A Schadensersatz wegen Beschädigung seines Wagens. A hat gegenüber B fahrlässig gehandelt. Muss er auch den Schaden des C ersetzen?

A hat die Beschädigung am Auto des C adäquat kausal verursacht. Diese Beschädigung ist keine ganz unwahrscheinliche Folge der Beschädigung des Wagens von B. Also hat A, der ohne Rechtfertigungsgrund und fahrlässig gehandelt hat, auch den Schaden des C nach § 823 Abs. 1 wegen Verletzung dessen Eigentums zu tragen.

A verursacht durch den Unfall einen Stau. Im Stau steht D. D will mit seinen Salatköpfen zum Wochenmarkt in der nahegelegenen Stadt fahren, um sie zu verkaufen. Der Stau dauert so lange, dass D nicht mehr rechtzeitig zum Wochenmarkt kommt. Ist A auch zum Ersatz des Schadens verpflichtet, der durch die Unverkäuflichkeit der Salatköpfe entsteht?

Hier ist die Ersatzpflicht des A abzulehnen. Die mittelbaren Schadensfolgen, die mit der Schädigungshandlung nicht im unmittelbaren zeitlichen und räumlichen Zusammenhang stehen, sollen nicht ersetzt werden. Das Eigentum des D bleibt ja unberührt; es kann nur nicht mehr Gewinn bringend am Markt abgesetzt werden, weil D durch den Unfall zeitlich aufgehalten wird. Diese allgemeinen Vermögensschäden, die durch § 823 Abs. 1 nicht erfasst sind, braucht A nicht zu ersetzen. Dieser Fall liegt anders als der Fall der unsachgemäßen Krankenhausbehandlung, deren Risiken der Schädiger tragen soll (vgl. oben).

Wie ist der Fall zu beurteilen, dass die im Stau stehenden Autos über die Wiese des E fahren, um aus dem Stau herauszukommen? Kann E hier von A Ersatz für die Beschädigung seiner Wiese verlangen?

Der BGH hat in diesem Fall eine Ersatzpflicht des A abgelehnt.[55] Grund ist hier das rechtswidrige und vorsätzliche Dazwischentreten Dritter, das A nicht voraussehen musste, als er den Unfall verursachte. Der Geschädigte E muss sich an die Schädiger halten, die mit ihren Autos über seine Wiese gefahren sind. Der Fall unterscheidet sich von dem der unsachgemäßen Krankenhausbehandlung dadurch, dass die Ärzte, die bei der Behandlung des Verletzten einen Kunstfehler begingen, nicht vorsätzlich das geschützte Recht verletzt haben.

---

[55] BGHZ 58, 162, 168

In allen drei Fällen geht es um die Zurechnung von Verletzungsfolgen, also um die Vorhersehbarkeit im Rahmen der haftungsausfüllenden Kausalität und letztlich um eine Begrenzung des Risikos auf der Seite des Schädigers. Bei ökonomischer Betrachtungsweise ist hier insbesondere auf die Vorsorgemaßnahmen des Schädigers, sein Aktivitätsniveau und den Sicherheitsstandard für das Auto, das er fährt, abzustellen. Bei einer Verschärfung der Sorgfaltspflichten fährt er im Zweifel vorsichtiger, seltener und benutzt einen höheren Sicherheitsstandard. Dieses wiederum verursacht zusätzliche Kosten, die mit den gewonnenen Vorteilen der geringeren Unfallhäufigkeit abzuwägen sind. Heute gibt es für die Unfälle, die von Kraftfahrzeugen verursacht werden, eine Gefährdungshaftung (vgl. unten). Den Vorteilen der geringeren Unfallhäufigkeit wird also Vorrang eingeräumt. Damit die Geschädigten auch tatsächlich entschädigt werden, wird eine Pflichtversicherung für alle Halter von Kraftfahrzeugen verlangt (vgl. ebenfalls unten). Schließlich geht der Gesetzgeber so weit, dass er für den Halter eines Kraftfahrzeugs eine Gefährdungshaftung ohne Verschulden einführt; die Frage der Fahrlässigkeit oder des Vorsatzes bei der Pflichtverletzung spielt also für die Haftung des Halters keine Rolle mehr (vgl. unten). Dennoch wird jedes Jahr die Einwohnerzahl einer Kleinstadt (ca. 7 000) durch Unfälle im Straßenverkehr getötet.

Bauunternehmer B beschädigt bei Arbeiten mit seinem Bagger ein Kabel. Deshalb erhält Fabrikant F einen Tag lang keinen Strom und kann nicht produzieren. Ihm entsteht infolge des Produktionsausfalls ein Schaden in Höhe von 800 000 Euro. F verlangt von B Schadensersatz in dieser Höhe. Zu Recht?

Die Rechtsprechung lehnt in derartigen Fällen eine Haftung des B ab, da der Schaden bei F nicht unmittelbar und betriebsbezogen verursacht sei.[56] Geschütztes absolutes Recht im Sinne des § 823 Abs. 1 ist das Recht am eingerichteten und ausgeübten Gewerbebetrieb (Unternehmen) des F. Gerade daran, dass hier ein Recht des F an seinem Unternehmen verabsolutiert wird, hat sich erhebliche Kritik entzündet. Umgekehrt wird ja kein entsprechendes Recht des Arbeitnehmers an seinem Arbeitsplatz anerkannt. Es ist auch nicht überzeugend, dass der BGH den Schutzbereich dieses Rechts dann durch die Kriterien der Unmittelbarkeit und der Betriebsbezogenheit eingrenzt. Man könnte genauso argumentieren, dass B den Schaden zwar unmittelbar durch die Unterbrechung der Stromzufuhr, aber nicht adäquat kausal verursacht hat, weil er damit rechnen konnte, dass ein Fabrikant normalerweise durch ein Notstromaggregat Vorsorge gegen Stromausfälle dieser Art trifft.

Man sollte einen neuen Lösungsansatz entwickeln und mit dem Schutzbereich des § 823 Abs. 1 argumentieren. Die Vorschrift soll den Schädiger nicht die Risiken weit entfernter Verletzungsfolgen aufbürden, die er dann im Einzelfall nach dem Alles-oder-nichts -Prinzip des BGB voll bezahlen müsste. Das Risiko soll vielmehr der Fabrikant F tragen, der mit relativ geringen Kosten auch Vorsorge gegen den Eintritt des Schadensfalls treffen kann, indem er das Notstromaggregat einrichtet. Der neue Lösungsansatz rechtfertigt sich aus einer ökonomischen Analyse des Geschehensablaufs (vgl. unten).

c) Rechtswidrigkeit

A geht mit dem Messer auf B los. Kurz bevor A zustechen kann, zieht B eine Pistole heraus und schießt A nieder. Muss B die Krankenhauskosten des A in Höhe von 20 000 Euro ersetzen?

[56] BGHZ 41, 123, 127.

Der Schadensersatzanspruch setzt voraus, dass die Schadenszufügung widerrechtlich ist (§ 823 Abs. 1). Im Normalfall braucht die Widerrechtlichkeit nicht besonders geprüft zu werden, sie ist bei Erfüllung des objektiven Tatbestandes (z.B. Eigentumsverletzung) indiziert. Eine besondere Prüfung der Rechtswidrigkeit ist aber notwendig, wenn Anhaltspunkte für einen Rechtfertigungsgrund gegeben sind. Nach § 227 handelt nicht widerrechtlich, wer sich auf Notwehr berufen kann. Nach § 227 Abs. 2 muss er sich verteidigen, um einen gegenwärtigen rechtswidrigen Angriff von sich oder einem Anderen abzuwenden. Einen solchen Angriff begeht A, wenn er mit gezücktem Messer auf B zugeht. Da B durch Notwehr gerechtfertigt ist, muss er den Schaden des A nicht ersetzen.

Wenn B dem liegenden A noch einen Fußtritt versetzt, so ist diese Handlung nicht mehr durch Notwehr gerechtfertigt, da der Angriff des A bereits abgeschlagen ist, also die Gegenwärtigkeit nach § 227 Abs. 2 fehlt. B muss aber dann nur die Schäden ersetzen, die durch den Fußtritt verursacht sind. Andere Rechtfertigungsgründe sind der sogenannte Verteidigungsnotstand nach § 228 und die Selbsthilfe nach § 229. Bereits genannt wurde der Rechtfertigungsgrund der Wahrnehmung berechtigter Interessen (vgl. § 193 StGB).

Schwierig sind die Fälle der Sportverletzungen. Die Teilnehmer an einem Spiel willigen in Verletzungen ein, die bei Regelbeachtung nicht zu vermeiden sind. Dann entfällt die Rechtswidrigkeit. Aber auch bei einem geringfügigen Regelverstoß kann ein Schadensersatzanspruch ausgeschlossen sein, weil der Täter nicht verantwortlich ist. Es handelt sich hier um eine Frage des Verschuldens.

Beim sogenannten Angriffsnotstand (§ 904) geht es um die Einwirkung auf fremde, nicht störende Sachen, um eine gegenwärtige Gefahr abzuwehren. Der drohende Schaden muss gegenüber dem aus der Verletzung resultierenden Schaden unverhältnismäßig sein. Der Gefährdete ist dem Eigentümer zum Schadensersatz verpflichtet.

d) Verschulden (Vorsatz und Fahrlässigkeit)

Das Verschulden umfasst nach § 276 Abs. 1 Vorsatz und Fahrlässigkeit. Vorsatz ist Wissen und Wollen der Tatbestandsverwirklichung. Es reicht aus, dass der Vorsatz bedingt ist, d. h., dass der Schädiger den Erfolg für den Fall seines Eintritts will. Fahrlässig handelt nach § 276 Abs. 2, wer im Verkehr erforderliche Sorgfalt außer Acht lässt. Die Fahrlässigkeit kann bewusst („es wird schon gut gehen") oder unbewusst („das habe ich ganz übersehen") sein.

Nicht jeder Mensch kann schuldhaft handeln. Kinder sind nach § 828 Abs. 1 bis zur Vollendung des siebenten Lebensjahrs schuldunfähig. Sie können für eine Verletzungshandlung nicht haftbar gemacht werden. Wer sieben, aber noch nicht achtzehn Jahre alt ist, kann nach § 828 Abs. 3 (früher Abs. 2) für Handlungen haftbar gemacht werden, wenn er die zur Erkenntnis der Verantwortlichkeit erforderliche Einsicht hat. Durch die Novelle von 2002 wurde zur Privilegierung von Kindern, die sich im Straßenverkehr unvorsichtig verhalten, folgender neuer Absatz 2 in § 828 eingefügt:

> Wer das siebente, aber nicht das zehnte Lebensjahr vollendet hat, ist für den Schaden, den er bei einem Unfall mit einem Kraftfahrzeug, einer Schienenbahn oder einer Schwebebahn einem Anderen zufügt, nicht verantwortlich. Dies gilt nicht, wenn er die Verletzung vorsätzlich herbeigeführt hat.

Damit haften Kinder zwischen 7 und 10 Jahren nicht mehr für von ihnen fahrlässig herbeigeführte Verkehrsunfälle, wohl aber dafür, dass sie vorsätzlich z. B. Steine auf die Autobahn werfen. Hintergrund der Änderung ist die Erkenntnis, dass Kinder zwischen 7 und 10 Jahren die Risiken im Straßenverkehr noch nicht richtig einschätzen können. Der Schienenverkehr wurde mit hinzugenommen. Nicht erfasst sind aber Schlepplifte; sie sind keine Schwebebahnen.

A vergisst im Winter, den vor seinem Hausgrundstück liegenden Gehweg zu streuen. B rutscht auf dem vereisten Gehweg aus, bricht ein Bein und verlangt Ersatz seiner Krankenhauskosten in Höhe von 5 000 Euro sowie Schmerzensgeld in Höhe von 500 Euro.

A hat nichts aktiv getan, um B das Bein zu brechen. Vorgeworfen wird ihm allerdings, dass er es unterlassen hat, den Gehweg zu streuen und damit die Gefahr des Ausrutschens von B abzuwenden. Die Rechtsprechung hat hier seit langem eine *Verkehrssicherungspflicht* des Hauseigentümers bzw. des verantwortlichen Mieters bejaht. Diese Pflicht hat A durch Unterlassen verletzt. Die Folge dieser Pflichtverletzung durch Unterlassen war die Verletzung des Körpers und der Gesundheit des B. A hat die Pflicht zwar nicht vorsätzlich, aber fahrlässig verletzt, weil er die im Verkehr erforderliche Sorgfalt (§ 276 Abs. 2) außer Acht gelassen hat. Das Eigentümliche an der Konstatierung von Verkehrssicherungspflichten ist, dass bereits die Ausprägung der Rechtspflicht darüber entscheidet, wann der Fahrlässigkeitsvorwurf einsetzt. Man legt also in den Begriff zuerst das hinein, was man später aus ihm herausholen will. Die Verkehrssicherungspflichten führen zu einer Risikoverlagerung vom Passanten, der im Normalfall für sich selbst verantwortlich ist, zum Hauseigentümer, der im Sonderfall der winterlichen Glättebildung dazu gebracht werden soll, seinen Gehweg zu streuen. Die Streupflichten des Hauseigentümers sind in den letzten Jahren immer mehr verstärkt worden. Wer erst nach 8 Uhr morgens streut, riskiert bereits, für zuvor eingetretene Unfälle von Passanten haftbar gemacht zu werden. Mit dieser Rechtsprechung wurde erreicht, dass Passanten auch bei Eis und Schnee einigermaßen sicher über die Gehwege innerhalb der Orte schreiten können.

Im Baggerfall würde es sicherlich zu weit führen, wenn man dem B eine Verkehrssicherungspflicht auferlegen würde, Vorsorge gegen Schäden durch Stromausfall zu treffen. Es führt kein Weg daran vorbei, die Risikoverlagerung bei F ökonomisch zu begründen. Bei ihm sind die Kosten der Schadensvorsorge sehr gering, während es für den Bauunternehmer praktisch unmöglich wäre, die Gefahr der Beschädigung von Stromkabeln völlig auszuschalten und damit die Vorsorge sicher zu treffen.

Die Rechtsprechung hat diese Pflichten in den letzten Jahren zu *Verkehrspflichten* ausgeweitet, die allgemein denjenigen treffen, der eine Gefahrenquelle schafft oder unterhält.[57] Er muss die notwendigen und zumutbaren Vorkehrungen treffen, um zu verhindern, dass Andere geschädigt werden. Die Rechtsprechung zu diesen Verkehrspflichten wurde immer mehr ausgeweitet. Ausgehend von der Streupflicht auf Gehwegen vor Grundstücken wurden Verkehrspflichten entwickelt, wonach das Innere von Gebäuden, insbesondere das Treppenhaus und der Fahrstuhl, in sicherem Zustand gehalten werden muss, muss z. B. ein Tierarzt, der ein vom Milzbrand befallenes Tier behandelt hat, den herbeigerufenen Metzger auf Infektionsgefahren hinweisen.[58]

Frau F bewahrt in ihrer Speisekammer eine mit Natronlauge gefüllte Bierflasche auf. Ein Handwerker greift nach der nicht besonders gekennzeichneten Flasche und zieht sich erhebliche innere Verletzungen zu. Hat Frau F eine Verkehrspflicht verletzt ?

---

57 Vgl. BGH NJW 1990, 1236

58 Vgl. RGZ 102, 372, 375

Der BGH[59] hat die Verletzung einer Verkehrspflicht aus vorangegangenem Tun bejaht. Frau F hätte die gefährliche Flasche unzugänglich aufbewahren oder zumindest kennzeichnen müssen. Da sie dies unterlassen hat, haftet sie wegen fahrlässiger Verletzung der Gesundheit des Handwerkers nach § 823 Abs. 1 auf Schadensersatz.

Je nach den Umständen des Einzelfalls wird heute eine Verkehrspflicht zur Instandhaltung, zur Reinigung, zur Beleuchtung oder eine sonstige Schutzpflicht anerkannt. In gleicher Weise muss derjenige, welcher Anlagen, Fahrzeuge, Maschinen und ähnliches betreibt, Andere vor Gefahren bewahren. Wer z.B. Industriemüll entsorgt, muss nicht nur eine gefahrlose Verwertung sichern, sondern auch während des Transports die notwendigen und zumutbaren Vorkehrungen treffen, um Schäden Anderer zu verhindern. Mangelnde finanzielle Leistungsfähigkeit schließt nicht aus, dass eine Vorkehrung zumutbar ist.

Ausgehend von den Verkehrspflichten wurden für bestimmte Berufsgruppen sogenannte Sachwalterpflichten entwickelt. Die Verkehrspflicht ergibt sich hier aus dem Beruf oder dem Gewerbebetrieb, in dem sich der Verkehrspflichtige betätigt.

e) Verjährung

Die Ersatzansprüche nach allgemeinem Deliktsrecht unterliegen der allgemeinen Verjährung nach § 195, verjähren also innerhalb von 3 Jahren. Maßgeblich für den Beginn der Verjährungsfrist ist nicht das Schadensereignis, sondern der Zeitpunkt, in dem der Verletzte von dem Schaden und der Person des Ersatzpflichtigen zuverlässig Kenntnis erlangt. Die Höchstfrist der Verjährung ist in § 199 festgelegt (30 oder 10 Jahre). Die Kenntnis des Gläubigers spielt hier keine Rolle.

3. Umfang des Schadensersatzes und mitwirkendes Verschulden

a) Naturalrestitution und Geldersatz

Nach § 249 Satz 1 ist der Zustand herzustellen, der bestehen würde, wenn der zum Ersatz verpflichtende Umstand nicht eingetreten wäre. Es geht um den Zustand aus heutiger Sicht, nicht um die Wiederherstellung des damaligen Zustandes. Bei Personenschädigungen oder Sachbeschädigungen kann der Anspruchsberechtigte statt der Herstellung den dazu erforderlichen Geldbetrag verlangen (§ 249 Satz 2). Vielfach ist die Herstellung nicht möglich oder führt nicht zur vollständigen Wiederherstellung der Gebrauchsfähigkeit der Sache. Dann kann der Anspruchsberechtigte nach § 251 Abs. 1 Geldersatz verlangen. Der Ersatzpflichtige kann von sich aus auf Geldersatz ausweichen, wenn die Wiederherstellung nur mit unverhältnismäßigen Aufwendungen möglich ist (§ 251 Abs. 2). Der zu ersetzende Schaden umfasst auch den entgangenen Gewinn (§ 252). Er umfasst seit der Novelle von 2002 nach § 253 Abs. 2 auch den immateriellen Schaden (Schmerzensgeld), wenn wegen der Verletzung des Körpers, der Gesundheit, der Freiheit oder der sexuellen Selbstbestimmung (vgl. § 825) Schadensersatz zu leisten ist. Ist die Verletzung nicht vorsätzlich herbeigeführt worden, dann gilt die Ersatzpflicht nur, wenn der Schaden unter Berücksichtigung seiner Art und Dauer nicht unerheblich ist.

59 Vgl. BGH NJW 1968, 1182 f.

Es kann im Einzelfall schwierig sein, den Umfang des Schadensersatzes zu berechnen. Eine Vermögensmehrung, die durch das schadensbringende Ereignis beim Geschädigten verursacht wurde, ist zu berücksichtigen. Diese Anrechnung des Vorteils muss aber für den Geschädigten zumutbar sein.[60] Muss er z. B. einen neuen Auspuff an seinem Auto anschaffen, weil der alte irreparabel beschädigt wurde, so ist zwar nach dem Grundsatz „neu für alt" ein Abzug durchzuführen, aber u. U. zu seinen Gunsten zu berücksichtigen, dass der alte noch eine gewisse Zeit gehalten hätte. Wurde das ganze Auto zerstört, ist der Wiederbeschaffungswert zu ersetzen. Nach § 251 wird nicht nur der Zeitwert des zerstörten Autos ersetzt, sondern auch ein Aufschlag von ca. 20%, um die Händlerspanne und die Nebenkosten der Wiederbeschaffung zu berücksichtigen.

A tötet B. Wie hoch ist seine Schadensersatzpflicht?

Er muss nach § 844 Abs. 1 die Beerdigungskosten tragen. War der Getötete B einem Dritten gegenüber unterhaltspflichtig, so muss A nach § 844 Abs. 2 dem Unterhaltsberechtigten eine Geldrente bezahlen. Hinzu kommen möglicherweise Ersatzansprüche wegen entgangener Dienste nach § 845. Eine sonstige Geldzahlungspflicht des A besteht nicht. Totschlag ist demnach billiger als Körperverletzung. Für diese kann unter Umständen neben dem Ersatz der Krankenhauskosten und dem Schmerzensgeld eine lebenslange Geldrente an den Verletzten zu zahlen sein. Man muss allerdings mit überlegen, dass die strafrechtliche Verantwortung für Totschlag (vorsätzliche Tötung) und Mord (vorsätzliche Tötung unter besonderen Voraussetzungen) höher als die für Körperverletzung ist.

Trotzdem fragt es sich, ob man den Verwandten oder Erben des Getöteten zusätzliche Schadensersatzansprüche zubilligen sollte, um die Privilegierung des Totschlägers gegenüber dem Körperverletzer aufzuheben. Hier entsteht jedoch ein moralisches Risiko. Möglicherweise wären dann die Verwandten am Tod ihres „Geldbringers" interessiert. Daher ist nach anderen Lösungen zu suchen. Das moralische Risiko kann man z.B. vermeiden, wenn man den Tötenden eine zusätzliche Geldleistungspflicht an den Staat (Geldbuße oder Abgabe) auferlegt. Die strafrechtliche Verantwortung wegen Totschlags, Mord oder fahrlässiger Tötung sollte davon unberührt bleiben.

A verletzt bei einem Verkehrsunfall den Hund des B. Der Tierarzt veranschlagt die Kosten für die Heilung mit 800 Euro. Der Hund ist nur 400 Euro wert. Was kann B von A verlangen?

A ist B, dem Eigentümer des Hundes, nach § 823 Abs. 1 zum Schadensersatz verpflichtet. An sich könnte er den B nach § 251 Abs. 2 S. 1 mit Geld in Höhe von 400 Euro entschädigen, da die Heilung des Hundes nur mit einem unverhältnismäßigen Aufwand von 800 Euro möglich ist. Nach § 251 Abs. 2 S. 2 sind die aus der Heilbehandlung eines verletzten Tieres entstandenen Aufwendungen nicht bereits dann unverhältnismäßig, wenn sie dessen Wert erheblich übersteigen. Hierbei sind auch emotionale Bindungen des Geschädigten zu berücksichtigen. Aufwendungen in Höhe von 800 Euro für die Heilung des Hundes, der 400 Euro wert ist, erscheinen in diesem Zusammenhang nicht unverhältnismäßig. B kann von A Geldersatz in Höhe von 800 Euro verlangen.

b) Materieller oder immaterieller Schaden?

A hat durch Abgraben einer Böschung Schäden am Wohnhaus des B verursacht, so dass diesem der Aufenthalt in seinem Haus von der zuständigen Behörde bis zur Errichtung einer Stützmauer

[60] Vgl. BGHZ 30, 34

untersagt werden musste. Einen Monat lang hielt sich B in seinem Campingwagen auf dem eigenen Grundstück auf. B verlangt vom „Abgräber" A neben den Kosten für die Errichtung der Stützmauer auch einen Ausgleich für die entgangene Gebrauchsmöglichkeit des Hauses in Höhe von 2000 Euro.

Der Große Senat des Bundesgerichtshofs hatte 1986 zu diesem Streitfall die Rechtsfrage zu entscheiden, ob für den Ausfall der Nutzung eines Wohnhauses Ersatz zu leisten ist oder ob es sich hier um immaterielle Schäden handelt, für die nach § 253 kein Ersatz geleistet werden muss. Der BGH hält es für einen ersatzfähigen Vermögensschaden, wenn der Eigentümer ein von ihm selbst bewohntes Haus infolge eines deliktischen Eingriffs in sein Eigentum vorübergehend nicht benutzen kann; ihm müssen hierdurch keine zusätzlichen Kosten entstehen oder Einnahmen entgehen.[61] Jedenfalls bei Sachen, auf deren ständige Verfügbarkeit der Eigentümer zur eigenwirtschaftlichen Lebenshaltung angewiesen ist, handelt es sich um die materielle Vermögenssphäre. Der BGH passt den vergleichbaren eigenwirtschaftlichen Einsatz der Sache seiner erwerbswirtschaftlichen Verwendungsplanung an. Schäden in diesem Bereich sind keine immateriellen Schäden. Bei der Frage nach der Höhe des zu ersetzenden Schadens ist, so der BGH, nach dem Geldwert des Eigengebrauchs, nicht nach dem Marktpreis zu fragen. Es geht dem BGH um Reparation, nicht um Kompensation. Bei der Schadensbemessung können jedoch Marktmaßstäbe angelegt werden, auch wenn es nicht um entgangenen Gewinn, sondern (nur) um den Geldwert des Eigengebrauchs geht.

Die Entscheidung des Großen Senats erscheint auch aus ökonomischer Sicht richtig. Jedenfalls im Ergebnis wird der entgangene Gebrauchsnutzen als Schaden anerkannt. Für Häuser gibt es Wertansätze, die relativ geringe Kosten der Schadensfeststellung verursachen. Für entgangene Gebrauchsvorteile bei der Benutzung eines beschädigten Autos gewährt die Rechtsprechung schon seit langem Schadensersatz, und zwar unabhängig davon, ob tatsächlich ein Mietwagen benutzt wurde.[62] Ersetzt wird der wirtschaftliche Wert des Eigengebrauchs, nicht der (um ca. ein Drittel höhere) Preis für die Beschaffung eines entsprechenden Mietwagens. Anders entscheidet die Rechtsprechung bisher die Frage nach dem Ersatz von Gebrauchsvorteilen, wenn ein Wohnwagen, ein Motorsportboot, ein Pelzmantel, eine Schwimmhalle oder ein Surfbrett nicht genutzt werden konnte.[63] Dass die Schäden in diesen Fällen als nicht ersetzbare immaterielle Schäden (§ 253) betrachtet werden sollen, wäre nur verständlich, wenn es sich um ungebräuchliche Güter handeln oder die Bewertung der Güter zwischen den einzelnen Personen stark differieren würde. Bei allen diesen Gütern wäre eine Bewertung jedoch nicht schwierig, da sie feste Marktpreise haben. Ihr wirtschaftlicher Gebrauchswert ist eindeutig; der Gebrauchsvorteil als abdiskontierter Wert des noch vorhandenen Gesamtnutzenvorrats ist also leicht in Geld bewertbar. Wenn sich diese Sichtweise durchsetzt, werden in Zukunft als immateriell nur solche Schäden bezeichnet, die nicht oder nur schlecht objektiv in Geld bewertbar sind.[64] Jedenfalls ist diese Auslegung nach traditionellen juristischen Regeln möglich; die Lösung erscheint gleichzeitig ökonomisch effizient, da sie den potentiellen Schädiger zur Vermeidung des Nutzungsentzuges anreizt und da das Kriterium der Bewertbarkeit in Geld für das „Ob" und das „Wie" der Lösung verwendet werden kann.

---

61 BGHZ 98, 212

62 Vgl. BGHZ 40, 345; BGH JZ 1986 387

63 Vgl. BGHZ 60, 214; 89, 60; 63, 393; 76, 179, 184

64 Vgl. zum ganzen Ott/Schäfer, Begründung und Bemessung des Schadensersatzes wegen entgangener Sachnutzung, ZIP 1986, S. 613-624

c) Schadensverlagerung und Schadensvorsorge

A beschädigt den Straßenbahnwagen der B-AG. Die Gesellschaft verlangt von ihm Ersatz der Reparaturkosten und der Kosten für den Betrieb eines Ersatzwagens während der Reparaturzeit. Sie berechnet die Kosten für diesen Ersatzwagen mit Abschreibung, Verzinsung und Unterhalt und kommt auf eine Summe von 300 Euro. Um für Unfälle Vorsorge zu treffen, hat die B-AG Reservewagen bereitgestellt. A hält ihr entgegen, die Kosten für einen solchen Reservewagen seien keine Unfallfolge, sondern stellten Schutzmaßnahmen zur Schadensverhütung vor dem Unfall dar. Der Einsatz des Reservewagens infolge des Unfalls habe zu keiner höheren Abnutzung des Fahrzeugparks geführt. Ohne den Unfall wäre der beschädigte Straßenbahnwagen abgenutzt worden. Im Übrigen setze die Gesellschaft ihre Reservewagen auch im eigenen Interesse ein, um z.B. Höchstbelastungen im Spitzenverkehr aufzufangen.

Der Anspruch der B-AG dringt durch.[65] Es spielt - so der BGH - keine Rolle, ob sie beim Ausfall eines beschädigten Wagens einen Ersatzwagen mietet oder einen Wagen einsetzt, den sie für derartige Fälle in Reserve gehalten hat. Dass die Gesellschaft auch für eigenverschuldete Unfälle Vorsorge trifft und Reservewagen bereithält, spielt ebenfalls keine Rolle. Jedenfalls muss sie aus Vorsorge für fremdverschuldete Unfälle zusätzliche Wagen in Reserve halten. Hierfür entstehen ihr zusätzliche Kosten. Die vorsorglich getroffenen Aufwendungen sind bis zur Höhe des Schadens zu ersetzen, der ohne Vorsorgemaßnahmen entstanden wäre.[66]

d) Mitverschulden

Es kann sein, dass der Geschädigte zur Entstehung des Schadens beigetragen hat. Dann wäre es nicht gerecht, den Schädiger allein auf dem Schaden sitzen zu lassen. Deshalb sieht § 254 Abs. 1 vor, dass der Schaden je nach den Umständen vorwiegend beim Geschädigten bleibt oder vorwiegend auf den Schädiger verlagert wird. Voraussetzung ist, dass der Geschädigte schuldhaft bei der Entstehung des Schadens mitgewirkt hat. Nach § 254 Abs. 2 S. 1 wird dem der Fall gleichgestellt, dass der Geschädigte es unterlassen hat, den Schädiger auf die Gefahr eines ungewöhnlich großen Schadens aufmerksam zu machen. Fährt also der Inline-Skater unvorsichtig auf der Fahrbahn statt auf dem Gehweg, so wird der Schaden zwischen ihm und dem Schädiger, der ihn fahrlässig mit seinem Auto angefahren hat, geteilt Hat sich nur der Skater fahrlässig verhalten, bleibt er auf seinem Schaden sitzen.

Wenn der Skater im Anschluss an den Unfall, bei dem er eine Gehirnerschütterung erleidet, statt zum Arzt zum Fußballspielen geht, kann es sein, dass er Spätfolgen der Gehirnerschütterung ertragen muss, ohne dass ihm diese speziellen Schäden vom Schädiger zu ersetzen wären. § 254 Abs. 2 hält nämlich fest, dass es auch als Mitverschulden gewertet wird, wenn er es unterlassen hat, den Schaden abzuwenden oder zu mindern. Wäre der Skater rechtzeitig zum Arzt gegangen, wären die Spätfolgen der Gehirnerschütterung vermieden worden.

Korrekt gesprochen handelt es sich in beiden Fällen nicht um ein Verschulden – man ist ja nur unvorsichtig gegen sich selbst -, sondern die Missachtung von objektiven Anforderungen der Rechtsordnung, ohne deren Einhaltung ein Schadensersatzanspruch nicht oder nur eingeschränkt anerkannt wird. Diese objektiven Anforderungen sind bei Erwachsenen höher als bei Jugendlichen. Kinder unter sieben Jahren sind ohnehin nach § 828 Abs. 1 schuldunfähig, also auch mitverschuldensunfähig. Die Neufassung von § 828 Abs. 2 durch die Novelle von 2002 berücksichtigt die Tatsache, dass Jugendlichen im Alter von sieben bis unter zehn Jahren die nötige Reife

[65] Vgl. BGHZ 32, 280 ff.; 70, 199 ff.
[66] Vgl. BGHZ 32, 284; 70, 199

fehlt, um den objektiven Anforderungen im Straßenverkehr für Erwachsene gerecht zu werden. Auch das Mitverschulden bei einem eigenen Unfallschaden mit einem Kraftfahrzeug, mit Schienen- oder Schwebebahnen ist bei ihnen daher ausgeschlossen (vgl. oben).

e) Providerhaftung

Ein Sonderfall ist die Providerhaftung, die den Anbieter von Diensten im Internet privilegiert.[67] Wegen der extrem großzügigen Interpretation der Meinungsfreiheit durch die US-amerikanischen Gerichte ist das Internet voll von Angeboten mit strafbarem Inhalt. Teilweise wird geradezu zu strafbaren Handlungen aufgefordert. Der Täter sitzt im Ausland und ist nicht zu fassen. Der Telediensteanbieter (Provider) im Inland wird nur eingeschränkt zur Verantwortung gezogen. Nach der Neufassung des Teledienstegesetzes (TDG) von 2001 ist nur der Content-Provider, der eigene Informationen, Angebote oder sonstige Dienste ins Netz stellt, für deren Inhalt voll verantwortlich (§ 8 Abs. 1 TDG). Der Service-Provider, der nur fremde Inhalte speichert, ist nach § 11 S. 1 TDG für deren Inhalt grundsätzlich nicht verantwortlich. Anders ist es nur, wenn ihm Tatsachen oder Umstände bekannt werden, wonach die vorgehaltenen Informationen offensichtlich rechtswidrig oder sogar strafbar sind. Es kommt auf die Rechtswidrigkeit der Handlungen, nicht nur der Inhalte an.[68] Man kann dies als Haftung für grobe Fahrlässigkeit interpretieren.[69] Nicht für die Inhalte verantwortlich ist der Access-Provider, der nur den Zugang zu fremden Informationen vermittelt (§ 9 Abs. 1 TDG). Noch nicht geklärt ist, wie das Betreiben von Suchmaschinen und das Bereithalten von sogenannten Links auf die Seiten anderer Anbieter zu bewerten sind. Meines Erachtens liegt die Parallele zum Service-Provider nahe: Der Provider bietet ja die Links an. Anders dürfte nur zu entscheiden sein, wenn er für den Benutzer erkennbar nur den Weg zu einem allgemein bekannten Dienst abkürzen will. Festzuhalten ist: Der Gesetzgeber lässt durch die Privilegierung der Dienste im Internet erkennen, dass er die Aktivitäten fördern will; dies gilt aber nicht unbegrenzt.

4. Haftung für Dritte?

a) Haftung der Eltern

Der neunjährige A schießt beim Fußballspielen im Hof die Fensterscheibe des B ein. B verlangt Schadensersatz von den Eltern des A, da sie nicht genügend aufgepasst hätten.

Nach § 823 Abs. 1 hat A rechtswidrig das Eigentum des B verletzt. Das Verschulden des A hängt nach § 828 Abs. 3 davon ab, ob er als Minderjähriger bei der Begehung der schädigenden Handlung die zur Erkenntnis der Verantwortlichkeit erforderliche Einsicht gehabt hat. Wäre er weniger als 7 Jahre alt, so wäre er in jedem Falle schuldunfähig und damit schuldlos (§ 828 Abs. 1). In der Regel wird man bei einem Neunjährigen die Einsicht bejahen können, dass er seine Verantwortlichkeit für derartige Schäden erkennt. Die Privilegierung für Minderjährige unter zehn

---

67 Vgl. im Einzelnen Hoeren/Sieber (Hg.), Handbuch Multimedia-Recht, Rechtsfragen des elektronischen Geschäftsverkehrs, 3. Aufl. München 2002

68 Vgl. Däubler, BGB kompakt, 2002, S. 1152

69 Vgl. Spindler, CR 2001, S. 324 ff.

Jahren im Straßenverkehr nach § 828 Abs. 2 (neu) scheidet hier aus. A hat nicht auf der Straße gespielt.

Unabhängig von der Beantwortung der Schuldfrage beim Schädiger A können die Eltern nach § 832 Abs. 1 ersatzpflichtig sein. Sie sind familienrechtlich zur Aufsicht über den Minderjährigen verpflichtet. Ihre Ersatzpflicht hängt nicht davon ab, ob der Minderjährige schuldhaft gehandelt hat; § 832 Abs. 1 Satz 1 verlangt nur, dass seine Handlung widerrechtlich war. Sie haften nicht für fremdes Verschulden, sondern für vermutetes eigenes Verschulden bei der Verletzung ihrer Aufsichtspflicht. Ihr Verschulden wird nach § 832 Abs. 1 nur vermutet. Ihnen steht ein *Exkulpationsbeweis* offen: Ihre Ersatzpflicht tritt nicht ein, wenn sie ihrer Aufsichtspflicht genügt haben oder wenn der Schaden auch bei gehöriger Aufsichtsführung entstanden wäre (§ 832 Abs. 1 Satz 2). Die Eltern müssen dem A verbieten, vor dem Fenster des B Fußball zu spielen. Tun sie dies nicht, so verletzen sie ihre Aufsichtspflicht. Sie können sich dann nicht nach § 832 exkulpieren.

b) Haftung für Verrichtungsgehilfen

Malermeister M beauftragt seinen Gesellen G, bei einem Kunden Malerarbeiten auszuführen. Auf dem Weg zu diesem Kunden schlägt G mit der Leiter die Scheibe des X ein. X verlangt von G und M Schadensersatz.

G ist dem X nach § 823 Abs. 1 und 2 für die Eigentumsverletzung, die er rechtswidrig und schuldhaft (fahrlässig) begangen hat, ersatzpflichtig. Für X ist es vorteilhaft, wenn neben G auch der in der Regel zahlungskräftigere M haftet. Nach § 831 Abs. 1 Satz 1 haftet M für die Schäden, die sein Verrichtungsgehilfe G Anderen in Ausführung der Verrichtungen widerrechtlich zufügt. Auch diese Haftung setzt nicht an fremdem Verschulden (des G), sondern an vermutetem eigenen Verschulden des Geschäftsherrn (M) an. Der Geschäftsherr kann sich nach § 831 Abs. 1 Satz 2 exkulpieren, wenn er nachweist, dass er bei der Auswahl des G, bei der Beschaffung der Materialien oder bei der Leitung des G die im Verkehr erforderliche Sorgfalt beachtet hat. Daneben kann sich M mit dem Nachweis entlasten, dass der Schaden auch bei Anwendung dieser Sorgfalt entstanden wäre (§ 831 Abs. 1 Satz 2).

Die Rechtsprechung hat die Haftung nach § 831 insofern marginalisiert, als sie zugunsten des Geschäftsherrn den sogenannten *dezentralisierten Entlastungsbeweis* zugelassen hat. Ein Unternehmer haftet schon dann nicht mehr, wenn er nach § 831 Abs. 1 S. 2 nachweisen kann, dass er sein Leitungspersonal korrekt ausgesucht und überwacht hat und dass sich der Fehler auf einer nachgelagerten Ebene ergab.[70] Die Möglichkeit des Exkulpationsbeweises bei der deliktischen Haftung für Verrichtungsgehilfen hat dazu geführt, dass die Geschädigten in derartigen Fällen mehr und mehr versuchen, vertragliche Ersatzansprüche gegen den Geschäftsherrn durchzusetzen. Im Vertragsrecht gilt § 278. Danach haftet der Geschäftsherr für das Verschulden seines Erfüllungsgehilfen, also für fremdes Verschulden. Auf die Ausweitung der Vertragshaftung in derartigen Fällen wird weiter unten zurückzukommen sein. Ein anderer Weg, der von der Rechtsprechung auch begangen wurde, führt zu einer Ausweitung der Haftung von juristischen Personen wie Vereinen, Kapitalgesellschaften und anderen für Hilfspersonen nach § 31. Diese sogenannte Organhaftung wird auf Offene Handelsgesellschaften und Kommanditgesellschaften als

[70] Vgl. BGHZ 4, 1 ff.

quasi-juristische Personen ausgedehnt.[71] Der Personenkreis wurde vom BGH in jüngster Zeit auf die sogenannten Haftungsvertreter ausgeweitet. Die juristische Person muss für ihre Repräsentanten wie Filialleiter[72], Chefärzte[73] und leitende Angestellte[74] einstehen, wenn diesen durch allgemeine Betriebsregelung und Handhabung bedeutsame Funktionen zur selbständigen, eigenverantwortlichen Erfüllung zugewiesen wurden. Schließlich nimmt der BGH Organisationsmängel an, wenn der Vorstand wichtige Tätigkeitsgebiete nicht selbst wahrnimmt, aber auch keinen verfassungsmäßig berufenen Vertreter bestellt.[75] Die juristische Person, OHG oder KG kann sich dann nicht nach § 831 exkulpieren, sondern haftet wegen des Organisationsmangels aus §§ 823 Abs. 1, 31. Darüber hinaus entwickelte die Rechtsprechung das besondere Rechtsgebiet der Produzenten- oder Produkthaftung (vgl. unten).

c) Haftung bei Gebäudeeinsturz

Entsteht durch den Einsturz eines Gebäudes oder durch das Ablösen von Gebäudeteilen ein Schaden, so ist der Besitzer des Gebäudes nach § 836 ff. für den Schaden verantwortlich, wenn dieser auf eine fehlerhafte Konstruktion oder mangelhafte Unterhaltung des Gebäudes zurückzuführen ist. Maßgeblich ist der Besitz, also die tatsächliche Sachherrschaft, nicht das Eigentum. Entsteht der Schaden durch Naturkatastrophen oder sonst durch höhere Gewalt, bestehen keine Ersatzansprüche. Aber auch wenn der Schaden auf Konstruktionsfehler oder mangelhafte Unterhaltung zurückzuführen ist, kann der Besitzer sich exkulpieren. Er muss nachweisen, dass er bisher stets die für die Abwendung von Gefahren durch das Haus erforderliche Sorgfalt beachtet hat (§ 836 Abs. 1 Satz 2). Auch hier handelt es sich demnach um eine Haftung für vermutetes eigenes Verschulden.

d) Staatshaftung, Beamtenhaftung

Wenn Schäden durch fehlerhaftes Handeln von Behörden oder einzelnen Amtsinhabern, die hoheitliche Befugnisse ausüben, verursacht werden, gelten die Grundsätze der Staatshaftung nach Art. 34 des Grundgesetzes. Sie sind Bestandteile des öffentlichen Rechts. Die Grundnorm ist jedoch in § 839 BGB enthalten. Danach haftet ein Beamter, wenn er vorsätzlich oder fahrlässig die ihm einem Dritten gegenüber obliegende Amtspflicht verletzt. Bei Fahrlässigkeit ist nach § 839 Abs. 1 Satz 2 seine Haftung nur subsidiär. Ein Richter haftet nach § 839 Abs. 2 nur dann, wenn seine Pflichtverletzung in einer Straftat besteht. Darüber hinaus ist in Art. 34 des Grundgesetzes eine Haftungsgarantie des Staates festgelegt. An die Stelle der persönlichen Beamtenhaftung tritt die Staatshaftung. Im Interesse des Geschädigten wird damit die Leistungsfähigkeit des Schuldners garantiert. Im Interesse des Beamten begrenzt der Staat dessen persönliches Haftungsrisiko. Er nimmt den Beamten nur in Regress, wenn dieser vorsätzlich oder grob fahrlässig gehandelt hat. Während die Beamtenhaftung des § 839 nur für Beamte gilt, greift die Staatshaftung nach Art. 34 GG auch für Angestellte ein.

---

[71] Vgl. RGZ 117, 64; 134, 375; 157, 233, st. Rspr.; vgl. auch Nagel, Deutsches und europäisches Gesellschaftsrecht, 2000, S. 36

[72] Vgl. schon BGHZ 49, 21

[73] Vgl. BGHZ 101, 218

[74] Vgl. BGH NJW 1998, 1855 ff.

[75] Vgl. BGH NJW 1998, 1855, 1857

Die Neuordnung des Staatshaftungsrechts durch das Gesetz vom 26. 6. 1981 ist vom Bundesverfassungsgericht für nichtig erklärt worden.[76] Dem Bund fehlt die Kompetenz für den Erlass eines solchen Gesetzes.[77]

5. Gefährdungshaftung

a) Tierhalterhaftung

Der Wachhund des Hausmeisters A beißt den Passanten B. B verlangt von A Schadensersatz.

Nach § 833 Satz 1 haftet der Tierhalter ohne Rücksicht auf eigenes Verschulden, wenn durch das Tier ein Mensch getötet oder der Körper oder die Gesundheit eines Menschen verletzt bzw. eine Sache beschädigt wird. Dient das Tier jedoch als Haustier dem Beruf, der Erwerbstätigkeit oder dem Unterhalt des Tierhalters, so haftet dieser nur für vermutetes eigenes Verschulden. Da es sich bei dem Wachhund des A um ein derartiges Haustier handelt, gilt § 833 Satz 2. Der Tierhalter kann sich dadurch exkulpieren, dass er nachweist, bei der Beaufsichtigung des Haustiers die im Verkehr erforderliche Sorgfalt beachtet zu haben. Das Gleiche gilt, wenn der Schaden auch bei Anwendung dieser Sorgfalt entstanden wäre.

Nicht exkulpieren kann sich der Tierhalter für Schäden, die durch Reitpferde entstanden sind, da diese keine Haustiere sind. Das Gleiche gilt, wenn Schäden durch Katzen verursacht werden, da diese zwar Haustiere sind, aber nicht dem Beruf, der Erwerbstätigkeit oder dem Unterhalt des Tierhalters dienen. Man nennt dies auch die Gefährdungshaftung für Luxustiere. Nur dieser Fall der Gefährdungshaftung ist im BGB geregelt. Für andere Fälle wurden Spezialgesetze verabschiedet (vgl. unten).

b) Haftung im Straßenverkehr

Im Zivilrecht gilt das Verschuldensprinzip, das nur dann durchbrochen wird, wenn spezielle Gesetze etwas anderes, z. B. eine Gefährdungshaftung ohne Verschulden, vorsehen. Die Gefährdungshaftung beruht auf der Überlegung, dass derjenige, welcher erlaubter Weise eine gefährliche Betätigung ausübt oder eine gefährliche Anlage betreibt und daraus Nutzen zieht, auch die Schäden zu tragen hat, die Dritte durch den Eintritt der Gefahr erleiden. Das praktisch am häufigsten herangezogene Spezialgesetz ist das Straßenverkehrsgesetz (StVG).

A ist Halter eines Kraftfahrzeugs. B verschafft sich unbefugt den Schlüssel, den A in seinem verschlossenen Schreibtisch aufbewahrt. B fährt mit dem Wagen des A und verschuldet einen Verkehrsunfall, bei dem C verletzt wird. C verlangt von A und B Ersatz seiner Krankenhauskosten in Höhe von 25 000 Euro.

A ist als Halter des Kraftfahrzeugs nach § 7 Abs. 1 StVG verpflichtet, die aus dem Betrieb des Fahrzeugs entstehenden Personen- oder Sachschäden zu ersetzen. Er muss auch dann Ersatz leisten, wenn zur Zeit des Unfalls ein Anderer das Fahrzeug gefahren hat. Die Haftung des Kraftfahrzeughalters war bis 2002 ausgeschlossen, wenn der Unfall durch ein unabwendbares Ereignis

[76] BVerfGE 61, 149

[77] In den neuen Bundesländern gilt das Staatshaftungsrecht der ehemaligen DDR als Landesrecht fort, soweit nicht - wie in Sachsen-Anhalt und Brandenburg- neuere Gesetze verabschiedet wurden. In Berlin gilt „Westrecht“.

verursacht wird, das weder auf einen Fehler in der Beschaffenheit des Fahrzeugs noch auf einem Versagen seiner Vorrichtung beruht. Als unabwendbar galt ein Ereignis insbesondere dann, wenn es auf das Verhalten des Verletzten oder eines nicht bei dem Betrieb beschäftigten Dritten oder eines Tieres zurückzuführen war und Halter und Führer des Fahrzeugs jede nach den Umständen gebotene Sorgfalt beachtet hatten (§ 7 Abs. 2 StVG - alt). Durch die Novelle von 2002 wurde § 7 Abs. 2 StVG geändert; statt des unabwendbaren Ereignisses führt jetzt höhere Gewalt zum Haftungsausschluss. „Höhere Gewalt" ist ein Ereignis dann, wenn es betriebsfremd ist und von außen kommt; es muss ganz ungewöhnlich sein, darf nicht vorhersehbar sein und kann auch mit äußerster Sorgfalt nicht verhindert werden. Der Gesetzgeber übernimmt damit einen Begriff, der in § 1 Abs. 2 S. 1 des Haftpflichtgesetzes enthalten ist. Er verschärft die Haftung des Kfz-Halters. In unserem Fall ist keine höhere Gewalt erkennbar. der Halter A haftet.

Die Haftung des Halters ist jedoch ferner ausgeschlossen, wenn eine betriebsfremde Person das Fahrzeug ohne Zustimmung des Halters zu einer Schwarzfahrt verwendet hat, es sei denn, der Halter hat die Schwarzfahrt durch eigene Nachlässigkeit ermöglicht (§ 7 Abs. 3 StVG). Hier hat B eine solche Schwarzfahrt unternommen. A hat der Fahrt nicht zugestimmt. A hat die Schwarzfahrt auch nicht durch eigene Nachlässigkeit ermöglicht, da er den Schreibtisch verschlossen hielt. Demnach ist seine Haftung ausgeschlossen. Der Schwarzfahrer ist nach § 7 Abs. 3 S. 1 StVG wie ein Halter zum Ersatz verpflichtet, wenn er nicht für den Betrieb des Kraftfahrzeugs angestellt war oder ihm das Fahrzeug vom Halter überlassen wurde (§ 7 Abs. 3 StVG).

Hat der Verletzte bei der Entstehung oder Vergrößerung des Schadens schuldhaft mitgewirkt, so ist § 254 anwendbar (§ 9 StVG). Die Grundsätze des mitwirkenden Verschuldens gelten jedoch nur dann, wenn der Halter (§ 7 Abs. 1 StVG) oder der Fahrer (§§ 18 Abs. 1, 7 Abs. 1 StVG) ersatzpflichtig sind. Das Verhalten des Verletzten darf für sie keine höhere Gewalt darstellen. Wenn der Verletzte selbst Kraftfahrzeughalter ist, so muss er sich nach § 17 Abs. 1 Satz 2 StVG nicht nur sein eigenes Mitverschulden oder das Verschulden seines Fahrers, sondern auch die Betriebsgefahr seines Fahrzeugs anrechnen lassen. Sein Schadensersatzanspruch ermäßigt sich entsprechend nach § 254. Die Anrechnung und damit die Ermäßigung entfällt jedoch, wenn für den geschädigten Halter der Unfall auf höhere Gewalt zurückzuführen war.

B als Führer des Kraftfahrzeugs haftet neben dem Halter nach § 18 Abs. 1 StVG. Er kann sich aber exkulpieren, wenn er die Schuldvermutung im Prozess widerlegen kann. Die Ansprüche bestehen nebeneinander. Neben den Ansprüchen aus dem Straßenverkehrsgesetz bestehen Ersatzansprüche aus § 823 Abs. 1, wenn der Führer den Unfall vorsätzlich oder fahrlässig (schuldhaft) verursacht hat.

Die Gefährdungshaftung des Halters besteht nicht, wenn der Fahrer oder eine andere beim Betrieb des Fahrzeugs beschäftigte Person selbst durch den Unfall geschädigt wurden. (§ 8 StVG). Dazu gehören der Fahrer, der Chauffeur oder der Mieter des Kfz. Nur wenn der Schaden bei Personen oder Sachen eintrat, die mit dem Fahrzeug entgeltlich und geschäftsmäßig befördert wurden, haftete der Halter bis 2002 nach § 8 a Abs. 1 S. 1 StVG. Wurde also jemand aus Gefälligkeit oder als Arbeitskollege im Auto mitgenommen, so haftete nur der Fahrer nach § 823 Abs. 1, nicht jedoch der Halter nach § 7 Abs. 1 StVG. Durch die Novelle von 2002 wurde diese Haftungsbeschränkung beseitigt. Die Haftung bei entgeltlicher und geschäftsmäßiger Beförderung kann auch nicht durch Vertrag wieder eingeführt werden.

Die Haftung des Kraftfahrzeughalters ist nach § 12 StVG summenmäßig beschränkt. Die Beträge wurde durch die Novelle von 2002 erhöht. Wird ein Mensch getötet oder verletzt, liegt die

Höchstsumme bei einem Kapitalbetrag von 600 000 Euro und bei einem Rentenbetrag von jährlich 36 000 Euro. Sind mehrere Menschen betroffen, liegt der Gesamtbetrag bei 3 000 000 Euro bzw. bei einer jährlichen Rente von 180 000 Euro. Für die Gefahrgutbeförderung gelten nach § 12 a StVG höhere Grenzen. Ab 2002 wird auch ein Anspruch auf Schmerzensgeld eingeführt (§ 11 S. 2 StVG). Der Ersatzberechtigte muss den Schaden innerhalb von zwei Monaten nach Erlangung der Kenntnis vom Schaden und der Person des Ersatzpflichtigen anzeigen, andernfalls verwirkt er den Ersatzanspruch (§ 15 StVG).

Um den Ersatz für Schäden, die aus dem Betrieb des Kraftfahrzeugs entstanden sind, unabhängig von der jeweiligen Vermögenslage des Halters oder Fahrers sicherzustellen, gibt es eine Zwangshaftpflichtversicherung nach dem Pflichtversicherungsgesetz. Der Geschädigte braucht sich nicht an den möglicherweise vermögenslosen Schädiger oder Halter zu wenden, er kann nach § 3 Nr. 1 PflVG direkt auf die Versicherung des Halters zugehen. Die Haftung deckt auch das Fehlverhalten des Schwarzfahrers ab. Nach § 12 PflVG gibt es einen Entschädigungsfonds für die Fälle, in denen der Halter des schadensverursachenden Fahrzeugs nicht zu ermitteln ist oder die Haftpflichtversicherung ausnahmsweise nicht eintritt und der Schaden nicht anderweitig abgedeckt ist (z. B. durch die Sozialversicherung). Bei Sachschäden und beim Schmerzensgeld sieht § 12 Abs. 2 PflVG Einschränkungen vor.

c) Produzentenhaftung (Produkthaftung)

Eine ähnliche Gefährdungshaftung wie für Kraftfahrzeuge ist für Eisenbahnen und Energieträger im Haftpflichtgesetz, für Luftfahrzeuge im Luftverkehrsgesetz, für Atomkraftwerke in dem 2002 novellierten (und verschärften) Atomgesetz, für fehlerhafte Arzneimittel im Arzneimittelgesetz von 1976 (novelliert und verschärft 2002), für nachteilige Veränderungen des Wassers im Wasserhaushaltsgesetz von 1984, für fehlerhafte Produkte im Produkthaftungsgesetz von 1989, für Umweltschädigungen durch Anlagen im Umwelthaftungsgesetz von 1990, für gentechnisch veränderte Organismen im Gentechnikgesetz von 1990 (novelliert 1993) und für ähnliche gefährliche Gegenstände in Spezialgesetzen normiert. Das jüngste dieser Gesetze ist das Bundesdatenschutzgesetz in seiner Fassung von 2001, das in § 7 eine Haftung des Datenverarbeiters und in § 8 eine Gefährdungshaftung für die von der öffentlichen Hand vorgenommene Datenverarbeitung vorsieht. Fehlt eine spezielle Vorschrift, so ist es nach den Grundsätzen des allgemeinen Zivilrechts nicht möglich, eine Gefährdungshaftung zu konstruieren.

Die Produzentenhaftung (Produkthaftung), die Umwelthaftung und die Haftung nach dem Wasserhaushaltsgesetz sollen im Folgenden abgehandelt werden.

aa) Produkthaftungsgesetz

Ausgehend von einer Entscheidung im US-amerikanischen Staat Kalifornien aus dem Jahre 1962[78] hat sich in den Rechtsordnungen der westlichen Industrienationen eine Gefährdungshaftung für die Hersteller von Industrieprodukten entwickelt. Die Risiken dieser Produkte sollen auf die verteilt werden, welche den Produktionsprozess steuern und überwachen können. Dies geschieht dadurch, dass man den Produzenten Pflichten der Verkehrssicherung und Schadensabwendung und Haftungsrisiken auferlegt, wenn die Produkte fehlerhaft sind.

---

[78] Greenman v. Yuba Power Products, Supreme Court of California, 1962, 27 Cal. Rptr 697, 377 P. 2nd 897

Am 25. 7. 1985 wurde vom Rat der Europäischen Gemeinschaften eine Richtlinie zur Haftung für fehlerhafte Produkte (Produkthaftungsrichtlinie) verabschiedet.[79] In Deutschland wurde sie durch das Produkthaftungsgesetz vom 15. 12. 1989 (BGBl. I, 2198) umgesetzt. Durch dieses Gesetz wird eine verschuldensunabhängige Haftung des Herstellers für Produktschäden eingeführt. Es handelt sich um eine Gefährdungshaftung. Diese Haftung darf im Voraus weder ausgeschlossen noch beschränkt werden (§ 14 Produkthaftungsgesetz, PHG). Dazu folgender Grundfall:

A verunglückt mit seinem fabrikneuen Auto, weil die Bremsanlage defekt ist. Bei dem Unfall werden A und der entgegenkommende B verletzt. Die Autos von A und B sind schrottreif.

Ersatzansprüche des A gegen seinen Händler H aus dem Kaufvertrag scheiden nach dem alten Recht aus, da sich der Händler im Allgemeinen von der Haftung für Mängel des fabrikneuen Fahrzeugs frei zeichnet und seine Käufer auf einen Nachbesserungs- oder Ersatzlieferungsanspruch beschränkt. Es gibt eine Fülle von nicht erkennbaren Mängeln am Fahrzeug und seinem Zubehör. Ohne eine derartige Freizeichnung könnte kein Händler mehr das Risiko übernehmen, einen fabrikneuen Wagen zu verkaufen.

Die Haftung trifft den Hersteller eines fehlerhaften Produktes (§ 1 PHG). Produkte sind bewegliche Sachen (§ 2 S. 2). Eine Ausnahme für die Erzeuger von landwirtschaftlichen und anderen Naturprodukten wurde Ende 2000 in Umsetzung einer Änderung der EG-Produkthaftungsrichtlinie[80] aufgehoben. Anlass der Rechtsänderung war der BSE-Skandal. Auf eine besondere Gefährlichkeit des Produkts kommt es nicht an, ebenso wenig auf die Herstellungsart (z.B. Industrieprodukt) oder den Verwendungszweck.

Fehlerhaft ist das Produkt, wenn es nicht die Sicherheit bietet, die unter Berücksichtigung aller Umstände berechtigterweise erwartet werden kann (§ 3 Abs. 1). Diese berechtigte Erwartung wird vom Gesetz beispielhaft ausgeführt: Es kommt auf die Darbietung des Produkts, die Werbung oder Gebrauchsanweisung sowie den Gebrauch, mit dem billigerweise gerechnet werden kann, an. Zu rechnen ist auch mit einem vorhersehbaren oder üblichen Fehlgebrauch. Der Hersteller muss in der Gebrauchsanweisung davor warnen. Schließlich kommt es auch auf den Zeitpunkt an, in dem das Produkt in den Verkehr gebracht wird. Faustregel ist: Je jünger das Produkt, desto höher ist der erforderliche Sicherheitsgrad. Allerdings wird das frühere Produkt nicht nachträglich fehlerhaft, wenn später ein verbessertes Produkt in den Verkehr gebracht wurde (§ 3 Abs. 2). Insofern ist es unklar, ob der Hersteller auch nach dem Inverkehrbringen beobachten muss, wie sich das Produkt in der Praxis „behauptet" und ob irgendwelche Fehler auftreten (vgl. unten Produktbeobachtungspflicht).

Haftbar ist nicht nur der tatsächliche Hersteller, sondern jeder, der sich durch das Anbringen seines Namens, seines Warenzeichens oder eines anderen unterscheidungskräftigen Kennzeichens als Hersteller ausgibt (§ 4 Abs. 1 Satz 2). Entscheidend ist, dass der Eindruck erweckt wird, man sei Hersteller. Hinzu kommt, dass der Importeur haftet, der das Produkt zum Zweck des Vertriebs in den Bereich der EG einführt (§ 4 Abs. 2). Dadurch soll dem Geschädigten die Verfolgung seiner Rechte erleichtert werden. Kann der Hersteller nicht festgestellt werden, gilt sogar der Lieferant als Hersteller (§ 4 Abs. 3). Dadurch soll der Verbraucher geschützt werden, wenn der Hersteller unbekannt ist.

---

79 ABlEG vom 7. 8. 1985, Nr. L 210/29

80 EG-Richtlinie 99/34 vom 10. 5. 1999, ABlEG L 141/20

Die verschuldensunabhängige Produkthaftung greift ein, wenn durch den Produktfehler ein Mensch getötet, an Körper oder Gesundheit verletzt oder eine Sache beschädigt wurde (§ 1 Abs. 1 Satz 1). Bei Sachbeschädigung gibt es Haftungsbeschränkungen (§ 1 Abs. 1 Satz 2): Es muss erstens eine andere Sache als das fehlerhafte Produkt beschädigt worden sein. Die Ersatzpflicht nach dem Produkthaftungsgesetz gilt also nicht für solche Schäden, die an dem Produkt selbst auftreten. Der Geschädigte kann hier aber vertragliche Ansprüche haben. Die andere Sache muss zweitens für den privaten Gebrauch oder Verbrauch bestimmt sein und hierzu auch von dem Geschädigten hauptsächlich verwendet werden. Damit soll der Schutz auf den Privatbereich des Verbrauchers beschränkt werden. Schließlich ist eine Selbstbeteiligung des Geschädigten in Höhe von bisher € 1125, in Zukunft 500 Euro (§ 11) vorgesehen. Dadurch soll die Haftung für Bagatellschäden ausgeschlossen werden.

Der Ersatzanspruch kann aus einer Reihe von Gründen ausgeschlossen sein:

- Der Hersteller hat das Produkt nicht in den Verkehr gebracht (§ 1 Abs. 2 Nr. 1).
- Der Hersteller hat das Produkt zwar in den Verkehr gebracht, es hatte aber zu diesem Zeitpunkt noch nicht den Fehler, der den Schaden verursacht hat (§ 1 Abs. 2 Nr. 2). Der Hersteller muss aber beweisen, dass der Fehler nach dem Inverkehrbringen (etwa durch unsachgemäße Behandlung) verursacht wurde.
- Der Hersteller hat das Produkt weder für einen Vertrieb mit wirtschaftlichem Zweck noch im Rahmen seiner beruflichen Tätigkeit hergestellt oder vertrieben (§ 1 Abs. 2 Nr. 3).
- Der Produktfehler beruht auf einer zwingenden Rechtsvorschrift (§ 1 Abs. 2 Nr. 4).
- Der Fehler konnte nach dem Stand der Wissenschaft und Technik nicht erkannt werden, als das Produkt vom Hersteller in den Verkehr gebracht wurde (§ 1 Abs. 2 Nr. 5). Demnach soll das Entwicklungsrisiko nicht der Hersteller, sondern der Konsument tragen, soweit der Fehler nicht erkennbar war.[81]
- Der Hersteller eines Teilprodukts haftet nicht, wenn der Fehler durch die Konstruktion des Produkts bedingt ist, in welches das Teilprodukt eingearbeitet wurde, oder durch die Anleitungen des Endherstellers verursacht wurde (§ 1 Abs. 3 Satz 1). In beiden Fällen haftet aber der Hersteller des Endprodukts.

Der Anspruch erlischt 10 Jahre, nachdem der Hersteller das Produkt in den Verkehr gebracht hat (§ 13 Abs. 1 Satz 1). Der Anspruch verjährt 3 Jahre nach Kenntnis von dem Schaden, dem Fehler und der Person des Ersatzpflichtigen bzw. nach fahrlässiger Unkenntnis des Schadens (§ 12 Abs. 1). Trifft den Geschädigten ein Mitverschulden an der Entstehung des Schadens, so ist der Rechtsgedanke § 254 BGB anwendbar (§ 6 Abs. 1).

Fragt man nach dem Umfang des Schadensersatzes, so muss man zwischen Personen- und Sachschäden unterscheiden: Personenschäden (Tötung eines Menschen, Verletzung des Körpers oder der Gesundheit) beinhalten Krankenhauskosten, Kosten für Heilverfahren, Minderung der Erwerbsfähigkeit und Vermehrung der Bedürfnisse während der Krankheit (§ 7 Abs. 1). Ansprüche des Getöteten gehen kraft Erbrechts auf die Erben über (§ 1922). Hinzu kommen Ersatzansprüche derer, die die Beerdigungskosten zu tragen haben (§ 7 Abs. 1 Satz 2) sowie der Personen,

[81] Im Gegensatz zum Produkthaftungsgesetz sehen das Gentechnikgesetz und das Arzneimittelgesetz keine Haftungsausnahme für Entwicklungsrisiken vor.

denen der Getötete kraft Gesetzes unterhaltspflichtig war (§ 7 Abs. 2) Schmerzensgeldansprüche sieht das Gesetz seit der Novelle von 2002 ebenfalls vor. Die Haftung für Personenschäden ist auf einen Höchstbetrag von 85 Mio. Euro (bisher 160 Mio. DM) begrenzt (§ 10 Abs. 1). Für Sachschäden gilt die Höchstbetragsregelung des § 10 nicht, zu beachten ist aber die Selbstbeteiligung von 500 Euro (§ 11).

Demnach könnte A von dem Hersteller seines Autos den Ersatz der Krankenhauskosten und B neben dem Ersatz der Krankenhauskosten auch den Ersatz des Sachschadens an seinem Auto verlangen. Was die Schäden an seinem eigenen Auto anbelangt, so werden sie A nach dem Produkthaftungsgesetz nicht ersetzt. In Betracht kommen vertragliche Ansprüche gegen den Händler H, der sich in der Regel aber nach altem Recht von Ersatzansprüchen frei zeichnet, was die Qualität eines Neuwagens anbelangt.

Mehrere schadensersatzpflichtige Hersteller haften dem Geschädigten als Gesamtschuldner (§ 5 Abs. 1). Im Verhältnis der Hersteller untereinander hängt der Ausgleich und die Höhe des Ausgleichanspruchs von den Umständen, insbesondere davon ab, inwieweit der Schaden vorwiegend von dem einen oder anderen Teil verursacht wurde (§ 5 Abs. 2). Wurden also die Bremsen des Autos von einem Zulieferer hergestellt, so haftet sowohl der Zulieferer als auch der Hersteller. Hat der Endhersteller den Schaden ersetzt, so wird er beim Zulieferer Rückgriff nehmen (§ 5 Abs. 2), da der Fehler des Autos auf dem Fehler der Bremsanlage beruht.

Ursprünglich war im Produkthaftungsgesetz kein Schmerzensgeldanspruch des Geschädigten enthalten. Mit der Novelle von 2002 beseitigte der Gesetzgeber diese Haftungslücke, wozu er nach der EG-Richtlinie befugt ist. § 253 Abs. 2 (neu) gilt auch für das Produkthaftungsgesetz.

bb) Produzentenhaftung nach § 823 Abs. 1

Deliktische Schadensersatzansprüche nach § 823 Abs. 1 werden durch das Produkthaftungsgesetz nicht ausgeschlossen (§ 15 Abs. 2). Dazu der erweiterte Grundfall:

A verunglückt mit seinem fabrikneuen Auto, weil die Bremsen versagen. Bei dem Unfall werden A und der entgegenkommende B verletzt. Die Wagen der beiden sind schrottreif. A nimmt den Händler H in Anspruch. Dieser hat jedoch nach altem Recht seine Haftung aus dem Kaufvertrag auf ein Nachbesserungsrecht des Käufers bei Sachmängeln beschränkt. Insbesondere haftet er nicht für weitere Schäden, die aus technischen Mängeln des Autos herrühren. H meint, die Haftung für derartige Fehler müsse allein den Hersteller, den Fabrikanten F, treffen. Nur dieser sei in der Lage, den Produktionsprozess so zu organisieren, dass derartige gravierende Mängel verhindert werden könnten.

A könnte von F Ersatz seines Schadens nach § 823 Abs. 1 verlangen. Der Fabrikant selbst hat das Auto jedoch nicht hergestellt. In Frage kommt nach den Grundsätzen der deliktischen Haftung § 831. Die Haftung für die Verrichtungsgehilfen des F lässt jedoch einen Exkulpationsbeweis offen, von dem F in aller Regel Gebrauch machen wird. Er kann beweisen, dass er bei der Auswahl und Überwachung der mit der Autoherstellung beauftragten Arbeitnehmer die erforderliche Sorgfalt beachtet hat. Diese Lösung ist grob unbillig. Der verletzte A hat keinen Einblick in die Produktionsvorgänge bei F. Er kann nur die Kausalität des Fehlers für seinen Schaden feststellen. Andererseits erscheint es sinnvoll, den F auch dazu zu verpflichten, die von ihm hergestellten Autos in einem verkehrstüchtigen, ordnungsgemäßen Zustand auszuliefern. Entstehen

Fehler in seinem Organisations- und Produktionsbereich, so sollte ihm nicht der Exkulpationsbeweis nach § 831 offen stehen (vgl. oben). Man wird ihm aber ein Organisationsverschulden kaum nachweisen können. Die Rechtsprechung muss daher einen neuen Weg suchen. Es geht um eine praktikable Haftung wegen Verletzung eigener Verkehrssicherungspflichten des Produzenten.

In der Bundesrepublik Deutschland haben die Gerichte nach langem Zögern eine direkte Haftung des Produzenten im Rahmen der deliktischen Haftung aus § 823 Abs. 1 anerkannt. Wichtig war die Entscheidung des Bundesgerichtshofs im sogenannten Hühnerpestfall[82] aus dem Jahre 1968.

Fabrikant F hatte ein Serum zur Impfung von Hühnern gegen die Hühnerpest hergestellt. Tierarzt Dr. T hatte das Serum geimpft. Die Hühner des A starben jedoch, anstatt immun zu werden, an der Hühnerpest. Festgestellt wurde, dass eine bestimmte Menge des Impfstoffes von F Hühnerpestviren enthielt, die noch virulent waren. Eine Schuld des F konnte jedoch nicht nachgewiesen werden.

Der BGH hält an der Verschuldenshaftung fest, ändert jedoch die Regeln über die Beweislast um. Der Geschädigte muss beweisen, dass sein Schaden im Organisations- und Gefahrenbereich des Herstellers, und zwar durch einen objektiven Mangel oder Zustand der Verkehrswidrigkeit, ausgelöst wurde. Der Hersteller muss beweisen, dass ihn hinsichtlich des Fehlers, der bei bestimmungsgemäßer Verwendung des Industrieerzeugnisses zu einem Schaden geführt hat, kein Verschulden trifft. Sein Verschulden wird also vermutet. Der BGH sieht den Grund dieser Umkehr der Beweislast darin, dass der Hersteller die Vorgänge, die sich bei der Herstellung des Produkts abgespielt haben, aufklären kann. Er kann auch die Möglichkeiten überprüfen, wie der Fehler an dem Produkt entstanden sein kann, ohne dass dem Hersteller ein Verschulden zur Last gelegt werden könnte. Der Geschädigte kann die Vorgänge im Einflussbereich des Herstellers jedoch nicht aufklären, also wäre es unbillig, ihm die Pflicht zum Nachweis der Schuld des Herstellers aufzuerlegen.

Implizit gibt der BGH die Beschränkung auf § 831 auf, wonach der Hersteller sich mit dem Argument entlasten kann, er habe alle seine Arbeitnehmer sorgfältig ausgewählt und überwacht. Aus den mittelbaren Sicherungspflichten in Gestalt der Auswahl- und Überwachungspflichten aus § 831 werden **unmittelbare Verkehrssicherungspflichten** des Herstellers nach § 823. Er muss die Konsumenten und die Allgemeinheit vor Gefahren schützen, die von fehlerhaften Produkten ausgehen. Seine Sorgfaltspflichtverletzung wird unterstellt; er muss konkrete Umstände darlegen und beweisen, die die Vermutung der Pflichtverletzung ausräumen.

Inzwischen wurde die Haftung bei fehlerhaften Produkten ausdifferenziert. Man unterscheidet heute vier Arten von Produktfehlern, d.h. Pflichtverletzungen in Bezug auf die Verkehrssicherheit des Produkts:

1. **Konstruktionsfehler**; sie haften allen Produkten der betreffenden Serie an.

2. **Fabrikationsfehler** oder Fertigungs- und Kontrollfehler; sie betreffen die Fabrikation einer ordentlich geplanten Serie.

3. **Instruktionsfehler**; das Produkt ist in Ordnung, der Verbraucher wurde jedoch nicht hinreichend vor falscher Anwendung oder vor unvermeidlichen Nebenfolgen gewarnt.

---

[82] BGHZ 51, 91

4. Andere Fehler bei der Entwicklung des Produkts, die nach dem bei der Herstellung erreichten Stand von Wissenschaft und Technik unvermeidbar sind (**unvermeidliche Entwicklungsfehler**).

Den Produzenten treffen Pflichten, den Rechtsverkehr gegen Konstruktions-, Fabrikations- und Instruktionsfehler (Nr. 1-3) zu schützen, nicht jedoch gegen unvermeidliche Entwicklungsfehler (Nr. 4).

In unserem Fall kann die defekte Bremsanlage des gelieferten fabrikneuen Wagens auf einem Konstruktions- oder Fabrikationsfehler beruhen. Je nach Lage des Falles hat ein derartiger Fehler zu Schäden geführt, die außerhalb der fehlerhaften Sache selbst zu einem weiteren Schaden des Autokäufers geführt haben. Man spricht hier von der Verletzung seines **Integritätsinteresses** im Gegensatz zum **Äquivalenzinteresse**, das sich ausschließlich auf den gekauften Gegenstand bezieht.

A muss demnach nur nachweisen, dass der Verkehrsunfall durch die defekten Bremsen des fabrikneuen Wagens, also durch einen objektiven Mangel, ausgelöst wurde. F muss nun beweisen, dass ihn hinsichtlich dieses Fehlers kein Verschulden trifft. Er kann sich nicht nach § 831 damit entlasten, dass er seine Arbeiter sorgfältig ausgewählt und angeleitet habe. Vielmehr muss er konkrete Umstände anführen, die den ersten Anschein widerlegen, dass der Defekt der Bremsanlage in seinem Organisationsbereich bei der Produktion entstanden ist. Dies wird ihm in aller Regel misslingen. Demnach kann A von F Ersatz der ihm entstandenen Gesundheits-, Körper- und Sachschäden verlangen.

Problematisch wird es, wenn der Hersteller nachweisen kann, dass er alle Sicherheitsvorkehrungen beachtet hat, das Produkt aber dennoch fehlerhaft ist. Man spricht hier von **sogenannten Ausreißern** in der Produktion. Der BGH[83] hat festgehalten, dass der Hersteller nicht haftet, wenn der Fehler sich auch bei Anwendung äußerster Sorgfalt weder durch Organisation noch durch Kontrollen vermeiden ließ. Die Ausnahme von der Haftung wird also eng gefasst.

Im sogenannten **Sprudelflaschenfall**[84] hielt der BGH erstmals fest, dass in besonderen Fällen nicht nur das Verschulden des Produzenten vermutet wird, sondern auch die Kausalität der Pflichtverletzung für den Schaden. Ein Kind hatte durch die Explosion einer Sprudelflasche sein Auge verloren. Es hatte sich nicht feststellen lassen, ob die Sprudelflasche bereits fehlerhaft war, als der Hersteller sie in den Verkehr brachte. Der BGH verlangt hier, dass der Hersteller, der die Verkehrssicherungspflicht in Bezug auf die Sprudelflasche erfüllen muss, auch den Befund seiner Überprüfungsmaßnahmen sichert. Entscheidend ist, dass der festgestellte Mangel des Produkts typischerweise aus dem Bereich des Herstellers stammt und dieser zur Vermeidung schwerer Schadensfolgen ein derartiges Risiko nach Möglichkeit ausschließen muss. Von der rechtlichen Konstruktion her handelt es sich noch um eine Verkehrssicherungspflicht, im Ergebnis ist es eine Kausalitätsvermutung, wenn die Befunde nicht gesichert werden.

[83] BGHZ 51, 105 f.; 80, 97
[84] BGHZ 104, 323, NJW 1988, 2611-2614; bestätigt in BGH BB 1993, 248

cc) Ausweitung der Instruktionspflicht

Im Jahre 1981 entschied der BGH den sog. **sniffing-Fall**[85]. Der Sohn des Käufers eines Reinigungsmittels hatte dessen Dämpfe eingeatmet, um sich zu berauschen. Er war daran gestorben. Der BGH lehnte Ersatzansprüche der Eltern ab. Eine Instruktionspflicht des Herstellers bestehe nur insoweit, als es um den - im weitesten Sinne - bestimmungsgemäßen Gebrauch des Produkts gehe.

Anfang 1986 hatte der BGH einen Fall zu entscheiden, in dem ein Bausatz für einen **Überrollbügel**, der nur an Landmaschinenfachbetriebe geliefert wird, falsch montiert worden war. Aus der Fehlmontage war ein Schaden entstanden. Das Gericht hielt fest, dass der Hersteller des Bausatzes Dinge, die zum normalen technischen Fachwissen eines Monteurs gehören, nicht zusätzlich als besonderen Hinweis in die Montageanleitungen aufnehmen muss. Seine Instruktionspflicht besteht grundsätzlich nur im Rahmen der Verbrauchererwartung. Hat er jedoch zunächst Montageanleitungen in den Verkehr gebracht, die eine unsachgemäße und damit sicherheitsgefährdende Montage vorsehen, so ist er nach Aufdeckung des Fehlers verpflichtet, in den neuen Montageanleitungen durch deutliche, nicht zu übersehende Hinweise auf die richtige und jetzt gültige Montageart aufmerksam zu machen.[86]

Danach entschied der BGH einen Fall, in dem nach der Benutzung eines **Sprays** zum Verzinken eines Kessels ein entzündliches Gas-Luft-Gemisch entstanden war, das zur Verletzung eines Mannes führte, der nachträglich mit einem Lötkolben den frischverzinkten Bereich des Kessels trocknen wollte. Der Hersteller hatte folgenden Hinweis an die Spraydose angebracht: „Behälter steht unter Druck, vor Erwärmung über 50 Grad (z.B. durch Sonnenbestrahlung) schützen. Nach Gebrauch nicht gewaltsam öffnen oder verbrennen. Nicht gegen Flammen oder auf glühende Körper sprühen. Nur völlig entleert fortwerfen. Brennbar." Der BGH hielt diese Instruktion für nicht ausreichend, falls sich das Gas-Luft-Gemisch von selbst entzündet haben sollte. Falls sich das Gemisch aber erst durch die Erwärmung mit der Lötflamme entzündet haben sollte, hält der BGH die Instruktion für ausreichend. Denn jedem einsichtigen Menschen ist klar, dass bei der Erhitzung eines mit dem Spray ausgesprühten Behälters von außen die gleichen Gefahren entstehen, die bei dem Sprühen auf den glühenden Körper - und hiervor war auf der Dose gewarnt worden - entstehen.[87]

Ende 1991 entwickelte der BGH die Instruktionspflicht in der **Milupa-Entscheidung** weiter. Die Gesellschaft, die das Kindernahrungsmittel „Milupa" herstellt, hatte ein Teepulver mit einem relativ hohen Zuckeranteil vertrieben, zugleich vertrieb sie Plastiktrinkflaschen für Kinder (sogenannte Nuckelflaschen). Weil Kinder die ganze Nacht an der Flasche genuckelt hatten, war es bei ihnen zu Milchzahnkaries gekommen. Die Gesellschaft hatte erst auf Seite 5 ihrer siebenseitigen Broschüre inmitten eines graphisch unübersichtlich gestalteten Fließtextes auf die Gefahren hingewiesen, die durch nächtliches Dauernuckeln des Kindertees entstehen können. Der BGH hielt den Hinweis nicht für ausreichend. Er verlangt, dass die Art der drohenden Gefahr deutlicher herausgestellt wird; wenn erhebliche Körper- oder Gesundheitsschäden durch eine Fehlanwendung des Produkts entstehen können, muss der Produktverwender aus dem Warnhinweis auch erkennen können, warum das Produkt gefährlich werden kann.[88]

---

[85] BGH NJW 1981, 2514
[86] BGH DB 1986, 1113
[87] BGH NJW 1987, 372
[88] BGH DB 1992, 316; dazu v. Westphalen ZIP 1992, 18

dd) Produktbeobachtungspflicht

Im Jahre 1981 hatte der BGH über die Klage eines Obstbauern zu entscheiden, dessen ursprünglich wirksames **Spritzmittel gegen Apfelschorf** sich 1974 plötzlich als unwirksam erwiesen hatte. In der Zwischenzeit hatten sich neue Pilzstämme als Erreger des Apelschorfs entwickelt, die gegen das Spritzmittel resistent waren. Der Obstbauer verlangte vom Hersteller Ersatz für seinen 1974 erlittenen Ernteausfall.[89]

In der Verpackung des Spritzmittels war folgender Hinweis enthalten: „Wir garantieren, dass die Zusammensetzung des Produkts den auf dem Etikett gemachten Angaben entspricht. Das Produkt ist wirksam, wenn es entsprechend der Empfehlung unter normalen Anwendungsbedingungen eingesetzt wird. Bei einer Anwendung entgegen unseren Empfehlungen oder unter anormalen Anwendungsbedingungen oder unter Voraussetzungen, die für uns nicht vorhersehbar sind, trägt der Käufer das volle Risiko."

Der BGH lehnte eine Haftung in dem konkreten Fall ab, weil sich die Resistenz der Erregerstämme des Apfelschorfs neu herausgebildet hatte. Der Hersteller konnte noch nichts davon wissen, dass sein Spritzmittel plötzlich unwirksam geworden war. Das Gericht erlegte jedoch dem Hersteller eine Pflicht zur Beobachtung seines Produkts (**Produktbeobachtungspflicht**) auf. Er muss ständig beobachten, wie sich z.B. das Spritzmittel gegen Apfelschorf in der Praxis verhält, also auch, ob sich resistente Erregerstämme gegen das Spritzmittel bilden. Der BGH betrachtete die konkreten Umstände, in denen sich die resistenten Erregerstämme des Apfelschorfs herausgebildet hatten und das Mittel unwirksam geworden war, nicht als vorhersehbar. Der Grund war jedoch nur, dass der Hersteller noch keine Zeit gehabt hatte, die Wirkung der resistenten Erregerstämme auf das Produkt genügend zu beobachten. Die Rechtsprechung geht heute so weit, den Hersteller zur Auswertung nachträglicher Schadensfälle und notfalls zu einer Konstruktionsänderung zu verpflichten.

Die Pflichten des Herstellers zur Produktbeobachtung werden von der Rechtsprechung heute nicht mehr nur auf das Produkt selbst, das er in den Verkehr gebracht hat, sondern auch auf Zubehörteile bezogen. 1986 hatte der BGH darüber zu entscheiden, ob die Erben eines tödlich verletzten Motorradfahrers vom Hersteller Schadensersatz verlangen können, weil die von einer Zubehörfirma hergestellte **Lenkerverkleidung** die Fahreigenschaften des Motorrads bei hoher Geschwindigkeit erheblich verschlechtert hatte und der Fahrer ohne Einwirkung Dritter tödlich verunglückte.[90] Der BGH hielt zwar grundsätzlich daran fest, dass die Pflicht zur Produktbeobachtung nur den Hersteller betrifft. Er erlegte ihm aber auch die Pflicht auf, solche Gefahren zu beobachten, die aus der Kombination seines Produkts mit Produkten anderer Hersteller entstehen können. Ein Motorradhersteller hat diese Pflicht, soweit es sich um notwendiges Zubehör handelt. Hierzu gehörte die Lenkerverkleidung nicht. Das Gericht stellte jedoch fest, dass der Hersteller durch die Anbringung von Bohrlöchern, Ösen, Halterungen oder Aufhängervorrichtungen den Einbau fremden Zubehörs ermöglicht hatte. Besteht nun konkreter Anlaß zu der Befürchtung, so das Gericht, dass das Zubehör in Verbindung mit dem Produkt des Herstellers dem Benutzer gefährlich werden kann, so muss dieser auch das fremde, nicht notwendige Zubehör auf seine Eignung beobachten.

Der Hersteller kann sich nicht darauf verlassen, dass für das Zubehörteil die allgemeine Betriebserlaubnis nach § 22 der Straßenverkehrszulassungsordnung oder eine Einzelerlaubnis erteilt wur-

[89] BGHZ 80, 186 -Desoral, -Benomyl 199
[90] BGHZ 99, 167

de. Die Zulassungsbehörde kann nicht abschätzen, mit welchen Produkten die Zubehörteile kombiniert werden. Der Hersteller ist vielmehr selbst für die Beobachtung der Zubehörteile verantwortlich, durch welche die Verkehrssicherheit des Produkts beeinflusst werden kann. Er hätte zumindest allgemein vor den Gefahren von Lenkerverkleidungen für sein Motorrad warnen müssen. Er kann sich von seiner Produktbeobachtungs- und Instruktionspflicht nicht dadurch freizeichnen, dass er in seine Garantiebedingungen den Zusatz aufnimmt, die Garantiepflichten des Herstellers endeten, sobald die Maschine nachträglich mit fremdem Zubehör ausgerüstet werde. Es genügt auch nicht, den Hinweis auf die vom Zubehör ausgehenden Gefahren irgendwo in den Vertragsbedingungen unterzubringen, der Hinweis muss vielmehr deutlich erkennbar erfolgen.

Dieses sogenannte **Honda-Urteil** des BGH hat in der Literatur viel Staub aufgewirbelt. Die Erweiterung der Produktbeobachtungspflichten des Herstellers ist jedoch gerechtfertigt, weil er selbst am besten die Gefährlichkeit von Zubehörteilen in der Kombination mit seinem Produkt erkennen kann und demnach auch verpflichtet sein muss, seine Abnehmer vor der Verwendung nicht empfohlenen Zubehörs zu warnen. Spart er jedoch die Kosten für die Entwicklung, die Herstellung und den Vertrieb allgemein gebräuchlicher Zubehörteile ein, so ist er erst recht verpflichtet, die Bewährung seines Produkts in der Kombination mit fremden Zubehörteilen zu beobachten und zu prüfen.[91]

Schließlich sah der BGH[92] es als Verletzung der Produktbeobachtungspflicht an, wenn der Hersteller eines **Karotten-Früchte-Trunks** für Säuglinge nicht wahrnahm, dass Teile der Verbraucherschaft diesen Trunk mit Saugerflaschen zum Dauernuckeln verabreichten, die schon im Falle Milupa zur Produkthaftung des Herstellers geführt hatten. Zwar hatte der Hersteller des Karotten-Früchte-Trunks bei der Herstellung keine Zuckerzusätze beigegeben, so dass die Schäden an den Kinderzähnen nur wegen des Fruchtzuckers und der Fruchtsäure entstanden, die in den Säften ohnehin vorhanden waren. Das Gericht verlangte aber, dass der Hersteller den naheliegenden Fehlgebrauch durch Warnhinweise vermeiden müsse und vor der Verabreichung des Fruchtsafts mit Saugerflaschen, die zum Dauernuckeln führten, warne. Die Entscheidung erscheint bedenklich, weil sie einen Anreiz zu sorglosem Verhalten des Verbrauchers (hier: der Eltern) gibt und den zumutbaren Informationsstand zu niedrig ansetzt. Der Sorgfaltsmaßstab, der vom Verbraucher verlangt wird, sollte nicht durch Produkthaftungsurteile abgesenkt werden.

In Ergänzung zum Produkthaftungsgesetz wurde 1997 das Produktsicherheitsgesetz verabschiedet. Es setzt die EG-Produktsicherheitsrichtlinie von 1992[93] in nationales Recht um und ermächtigt staatliche Behörden, vor unsicheren Produkten zu warnen und ihren Rückruf anzuordnen.[94]

Vor allem aus der Verletzung von Produktbeobachtungspflichten kann sich auch im Zivilrecht die Notwendigkeit ergeben, sogenannte **Rückrufaktionen** durchzuführen. Diese Rückrufpflicht trifft nicht eine Behörde, sondern den Hersteller. Auch wenn sich die Fehlerhaftigkeit von Produkten erst nachträglich herausstellt, muss er sie zurückrufen, soweit sie noch im Verkehr sind. Die grundlegende Entscheidung zur Rückrufpflicht stammt vom 2. Strafsenat des BGH.[95] Eine Gesellschaft, die **Ledersprays** herstellt, hatte es unterlassen, die Sprays zurückzurufen, nachdem deren Gesundheitsschädlichkeit bekannt geworden war. Der BGH hielt fest, dass sich die Geschäftsführer der Gesellschaft einer fahrlässigen Körperverletzung schuldig gemacht hätten. Wenn die Produkte entgegen den Erwartungen der Verbraucher zu Gesundheitsschäden führen

---

91 Kullmann, BB 1987, 1957
92 NJW 1995, 1286
93 Richtlinie 92/59 vom 29. 6. 1992, ABlEG L 228/24
94 Vgl. Klindt, Produktsicherheitsgesetz, 2001
95 BGHSt NJW 1990, 2560 f.

können, trifft den Hersteller oder Vertriebshändler eine Garantenstellung und daraus die Verpflichtung zum Rückruf bereits in den Handel gelangter, gesundheitsgefährdender Produkte. Der Rückruf von schadhaften Teilen ist heute z.B. in der Automobilindustrie allgemein üblich. Er wird sehr gewissenhaft gehandhabt. Sobald die Hersteller irgendwelche Defekte oder Schwachstellen z.B. an den Bremsanlagen entdecken, rufen sie die im Verkehr befindlichen Modelle zur Nachrüstung mit einwandfreien Teilen zurück.

ee) Vergleich der beiden Anspruchsgrundlagen

Bei jedem Produkthaftungsfall sind sowohl das Produkthaftungsgesetz als auch die deliktische Haftung nach § 823 Abs. 1 zu prüfen. Was die Reichweite der beiden Rechtsmaterien anbetrifft, ergeben sich Unterschiede:

Aus § 1 PHG folgt eine Gefährdungshaftung des Herstellers fehlerhafter Produkte, während die Rechtsprechung zu § 823 Abs. 1 lediglich eine Umkehr der Beweislast für das Verschulden des Herstellers geschaffen hat; diese hat sie noch durch eine Befundsicherungspflicht abgesichert (vgl. oben). Aus § 11 PHG folgt ein Selbstbehalt des Geschädigten von 500 Euro, der nach § 823 Abs. 1 entfällt. Ebenso entfällt bei der deliktischen Haftung aus § 823 Abs. 1 die Höchstgrenze von 85 Mio. Euro bei Körperverletzung und Tod, wie sie in § 10 PHG vorgesehen ist.

Im Rahmen der deliktischen Haftung kann zukünftig nach § 253 Schmerzensgeld verlangt werden; derartige Ansprüche gab es bis 2002 nach dem PHG nicht. Nach ihrer Einführung durch die Novelle von 2002 für das PHG entfällt dieser Unterschied. Für Ausreißer in der Produktion, d.h. Fabrikationsfehler, die trotz aller zumutbaren Vorkehrungen unvermeidbar sind, wird nach § 823 Abs. 1 nicht gehaftet, wohl aber nach dem Produkthaftungsgesetz. Andererseits ist umstritten, ob die von der Rechtsprechung geschaffene Produktbeobachtungspflicht zu § 823 Abs. 1 auch im Rahmen von § 3 PHG gilt. Zum Teil wird dies bejaht, da die Allgemeinheit erwartet, dass der Hersteller aus berechtigten Reklamationen Konsequenzen für die künftige Herstellung zieht.[96] Der Wortlaut von § 3 PHG spricht aber gegen eine solche Interpretation.

Während die Haftung nach § 1 PHG nur für privat genutzte Sachen eingreift, gilt diese Beschränkung bei § 823 Abs. 1 nicht. Auch greift nach § 1 PHG die Haftung nur für Schäden an einer anderen Sache als dem fehlerhaften Produkt ein. Nach § 823 Abs. 1 hat die Rechtsprechung darüber hinaus eine Haftung für weiterfressende Mängel entwickelt, die zum Teil auch zu Schadensersatzansprüchen wegen der Beschädigung oder Zerstörung des fehlerhaften Produkts selbst führt (vgl. unten).

Schließlich fasst das Produkthaftungsgesetz in § 4 den Begriff des Herstellers sehr weit. Dazu gehören auch Importeure, Vertriebshändler und Lieferanten. Nach § 823 Abs. 1 haften Vertriebshändler und Lieferanten im Allgemeinen nicht, weil sie nicht Hersteller sind.

Es zeigt sich, dass sich beide Anspruchsgrundlagen überschneiden. Man kann nicht generell sagen, dass eine von den beiden weiter geht.

---

[96] Vgl. Palandt-Thomas, § 3 PHG Rz 9

d) Umwelthaftung (Grundzüge)

aa) Die Entwicklung der Umwelthaftung im allgemeinen Zivilrecht

- Haftung nach § 823 Abs. 1 BGB

Die zivilrechtliche Schadensersatzpflicht setzt nach § 823 Abs. 1 BGB ein Verschulden voraus. Soweit andere zu Verrichtungen bestellt werden, haftet der Geschäftsherr für sein vermutetes Verschulden bei der Auswahl und Überwachung des sogenannten Verrichtungsgehilfen (§ 831 BGB). Eine Gefährdungshaftung gibt es nur in den gesetzlich besonderes geregelten Ausnahmebereichen. Ebenso wie bei der Produkthaftung hat die Rechtsprechung zunehmend das Problem erkannt, dass durch gefährliche Anlagen Umweltschäden verursacht werden können. Sie hat Verkehrssicherungspflichten des Betreibers solcher Anlagen entwickelt. Ist nachgewiesen, dass durch eine gefährliche Anlage ein Umweltschaden (vermittelt über die Umweltmedien Luft, Wasser oder Boden) verursacht wurde, so geht es darum, wen die Beweislast in der Frage trifft, ob eine Verkehrssicherungspflicht des Anlagenbetreibers verletzt wurde.

Im berühmten Fall Kupolofen[97] hielt der BGH fest, dass die Beweislast in Bezug auf die Verkehrssicherungspflicht eines Anlagenbetreibers umgekehrt werden müsse. Der Betreiber eines Kupolofens (zum Einschmelzen von Roheisen und -stahl) hatte Immissionen verursacht, durch die Autos auf einem benachbarten Betriebsparkplatz beschädigt wurden. Es ist nicht geklärt, ob der im Jahre 1984 gültige Grenzwert der TA Luft überschritten wurde. Im Übrigen hatten auch benachbarte Werke schädlichen Rauch emittiert. Der BGH drehte die Beweislast, was die Einhaltung der Verkehrssicherungspflicht anbelangt, um. Der Betreiber des Kupolofens muss nach dem Muster der Produzentenhaftung[98] nachweisen, dass er die Verkehrssicherungspflicht in Bezug auf seine Industrieabgase erfüllt hat. Wenn die Anlage nachweislich ihrer Bestimmung gemäß so betrieben wurde, dass die Schäden am Lack der in der Nachbarschaft geparkten Autos nicht entstehen konnten, entgeht der Betreiber der Haftung. Die Beweislast wird umgekehrt, weil der Betreiber der Anlage die Vorgänge in seinem Einflussbereich leichter aufklären kann.

- Haftung für rechtswidrige Beeinträchtigung von Grundstücken

Neben dem Ersatzanspruch aus § 823 BGB auf Schadensersatz, der ein Verschulden voraussetzt, gibt es einen Entschädigungsanspruch des Grundstückseigentümers aus § 906 Abs. 2 S. 2 BGB, wenn er eine wesentliche Beeinträchtigung seines Grundstücks durch eine ortsübliche Nutzung eines anderen Grundstücks dulden muss. Ein Verschulden ist hier nicht erforderlich. Auch mit Hilfe dieses Anspruchs nach allgemeinem Zivilrecht ist Umweltschutz durchsetzbar.

Direkt angewendet wurde § 906 Abs. 2 S. 2 im Fall Atrazin,[99] in dem ein Ökobauer dadurch geschädigt wurde, dass vom Grundstück eines Nachbarbauern das Herbizid Atrazin durch Regenwasser auf sein Grundstück gelangte. Ebenfalls auf § 906 Abs. 2 S. 2, aber in analoger Anwendung, stützte das OLG Hamm[100] einen Entschädigungsanspruch wegen der Beeinträchtigung des Pflanzenwuchses und der Tierhaltung durch Thalliumemissionen eines Zementwerks; analog deshalb, weil die Emissionen rechtswidrig waren, der Nachbar aber nichts wusste und sie deshalb nicht abwehren konnte.

[97] BGHZ 92, 143= NJW 1985, 47
[98] Hühnerpest, vgl. BGHZ 51, 91
[99] BGHZ 90, 55= NJW 1984, 2207
[100] NJW 1988, 1031

Ein Verein unterhält einen Trap- und Skeet-Schießstand. Dieser ist durch die zuständigen Behörden genehmigt. Durch herabfallenden Schrot aus den Gewehren der Schützen entsteht eine Bleivergiftung auf dem Nachbargrundstück. Der Nachbar verlangt eine angemessene Entschädigung.

Der BGH[101] spricht die Entschädigung zu, und zwar nach § 906 Abs. 2 Satz 2 BGB analog. § 906 kann nur analog angewendet werden, weil es sich nicht um eine der dort genannten Immissionen handelt. Mit Immissionen aus Schießständen hat sich der Gesetzgeber nicht befasst. Außerdem ist im Rahmen von § 906 zuerst zu prüfen, ob die unzulässige Einwirkung auf das Nachbargrundstück nach § 1004 Abs. 1 BGB verhindert werden kann. Dies war hier nicht der Fall, weil die Schäden, die zu einer schleichenden Bodenvergiftung durch das Blei führten, nicht erkennbar waren. Da die Einwirkung auf das Nachbargrundstück nicht gerechtfertigt war, ist die Analogie zu § 906 Abs. 2 Satz 2 aber geboten.

bb) Ansprüche nach dem Umwelthaftungsgesetz (UHG)

Das Umwelthaftungsgesetz vom 10. 12. 1990 (BGBl. I, S. 2634) regelt die Gefährdungshaftung für Schäden, die von einer bestimmten Anlage verursacht werden. Wird dadurch jemand getötet, sein Körper oder seine Gesundheit verletzt oder eine Sache beschädigt, so ist der Inhaber der Anlage nach § 1 des Umwelthaftungsgesetzes ohne Verschulden ersatzpflichtig. Welche Anlagen der Umwelthaftung unterfallen, ergibt sich aus Anhang I zu § 1 des Gesetzes. Dort sind nach dem Enumerationsprinzip 96 Typen von Anlagen aufgeführt, die der Gesetzgeber für umweltgefährlich hält. Erfasst sind nicht nur Betriebsstätten und andere ortsfeste Einrichtungen, sondern auch Maschinen und Fahrzeuge sowie andere Nebeneinrichtungen, soweit sie in einem technischen Zusammenhang mit der Anlage stehen (§ 3 Abs. 2 und 3).

Der Schaden muss durch Stoffe, Erschütterungen, Geräusche, Druck, Strahlen, Gase, Dämpfe, Wärme oder sonstige Erscheinungen über ein Umweltmedium - Boden, Luft oder Wasser - verursacht worden sein (§ 3 Abs. 1). Erfasst werden nicht nur Schäden, die durch eine Störung der Anlage entstehen, sondern auch Schäden, die aus einem rechtmäßigen Normalbetrieb (§ 6 Abs. 2) resultieren. Einbezogen sind auch die sogenannten Entwicklungsrisiken (unvermeidbare Entwicklungsfehler), während im Produkthaftungsgesetz die Haftung hierfür ausgeschlossen ist (§ 1 Nr. 5 PHG). Haftungsausschlüsse bestehen für Schäden, die durch höhere Gewalt verursacht wurden (§ 4 UHG). Nicht ausgleichspflichtig sind auch Bagatellschäden. Schließlich begründete das Umwelthaftungsgesetz ursprünglich keine Haftung für sogenannte immaterielle Schäden (Schmerzensgeld). Dies wurde durch die Novelle von 2002 geändert. Ein Schmerzensgeldanspruch wurde eingeführt.

Um den Geschädigten die Verfolgung seines Ersatzanspruchs zu erleichtern, gibt ihm § 8 des Gesetzes einen Auskunftsanspruch und ein Einsichtsrecht gegen den Inhaber der Anlage. Im Störfallbetrieb (nicht im Normalbetrieb) greift die Ursachenvermutung zugunsten des Geschädigten. Kann er nachweisen, dass die Anlage im Einzelfall geeignet ist, den entstandenen Schaden zu verursachen, wird nach § 6 Abs. 1 vermutet, dass sie den Schaden auch verursacht hat. Die Vermutung kann durch den Nachweis des Schädigers entkräftet werden, dass ein anderer Umstand im Einzelfall den Schaden verursachen konnte (§ 6). Die Ursachenvermutung gilt nicht bei bestimmungsgemäßem Betrieb (§ 6 Abs. 2). Wenn es mehrere mögliche Schadensursachen

[101] NJW 1990, 1910

gibt, greift die Beweisregelung des § 7 ein. Wenn mehrere Anlagen schadensgeeignet sind, greift die Vermutung nicht, falls ein anderer Umstand nach den Gegebenheiten des Einzelfalls geeignet ist, den Schaden zu verursachen. Wenn jemand in der Nähe zweier Kohlekraftwerke an Asthma erkrankt und das Asthma auch auf die allgemeine Umweltverschmutzung zurückgeführt werden kann, würde die Kausalitätsvermutung z. B. entfallen.

Wurde die Anlage bestimmungsgemäß betrieben (§ 6 Abs. 2, S. 2 Normalbetrieb), so ist die Haftung für Sachschäden ausgeschlossen, wenn die Sache nur unwesentlich oder in einem nach den örtlichen Verhältnissen zumutbaren Maß beeinträchtigt wird (§ 5). Nach § 15 wird eine Höchstgrenze der Haftung in Höhe von 85 Mio. Euro (bisher 160 Mio. DM) festgelegt, soweit die Schäden aus einer einheitlichen Umwelteinwirkung entstanden sind. Weitere Vorschriften zum Umfang der Ersatzpflicht bei Tötung und Körperverletzung sind in den §§ 12 - 14 HG enthalten. Die Vorschrift des § 254 BGB über mitwirkendes Verschulden sind entsprechend anzuwenden (§ 11). Nach § 16 sind Ausgleichsmaßnahmen an der Natur und Landschaft unabhängig von ihren Kosten ersatzfähig, sofern dabei ein individuelles Rechtsgut (Besitz oder Eigentum an einer Sache) verletzt wurde. Der Geschädigte kann nicht mit dem Argument, die Aufwendungen für die Wiederherstellung des vorherigen Zustandes seien unverhältnismäßig, auf Wertersatz (§ 251 Abs. 2 BGB) verwiesen werden. Eine Haftung nach anderen Vorschriften bleibt unberührt (§ 18 Abs. 1). In Frage kommen vor allem Ansprüche nach dem Wasserhaushaltsgesetz (§ 22), nach dem Produkthaftungsgesetz (§ 1) und deliktische Ersatzansprüche aus § 823 BGB. Nicht erfasst sind atomrechtliche Schäden. Für sie gilt das Atomgesetz, das 2002 novelliert und verschärft wurde. Nach § 19 UHG ist ein Betreiber zur Deckungsvorsorge für besonders gefährliche Anlagen verpflichtet, die in einem Anhang II aufgeführt werden. Die obligatorische Deckungsvorsorge kann wahlweise durch eine Haftpflichtversicherung oder durch Freistellungs- bzw. Gewährleistungsverpflichtung des Bundes oder eines Landes oder eines inländischen Kreditinstituts erbracht werden. Die Regulierung von Summations- und Distanzschäden ist nicht Gegenstand des Umwelthaftungsgesetzes.

Da das Umwelthaftungsgesetz nur bilaterale Ersatzansprüche von Geschädigten gegen die Anlagenbetreiber ermöglicht, bleibt fast in jedem Schadensfall ein Teil des Schadens ungeregelt. Rechtsschutz erhält nur, wer seine Rechte geltend macht. Wer nicht klagt, verzichtet auf Schadensersatz.

cc) Ansprüche nach dem Wasserhaushaltsgesetz (WHG)

Nach § 22 WHG besteht eine Ersatzpflicht für solche Schäden, die ein Anderer durch eine nachteilige Veränderung des Wassers oberirdischer Gewässer oder des Grundwassers erleidet. Man unterscheidet zwischen einer Handlungshaftung (Abs. 1) und einer Anlagenhaftung (Abs. 2). In beiden Fällen handelt es sich um eine Gefährdungshaftung, d.h. ein Verschulden ist nicht erforderlich. Nach Abs. 1 haftet derjenige, welcher schädliche Stoffe in das Wasser einbringt oder einleitet. Nach Abs. 2 haftet, wer eine Anlage betreibt, die Schäden im Sinne von § 22 verursacht. Zu ersetzen sind nicht nur Personen- und Sachschäden, sondern auch reine Vermögensschäden. Seit der Novelle von 2002 gibt es auch Schmerzensgeld. Die Haftung ist ausgeschlossen, wenn der Schaden durch höhere Gewalt verursacht wurde.

Im Jahre 1988 entschied der BGH[102] über die Klage der Stadt Bonn auf Ersatz des Schadens, der ihr durch die Einleitung von BCBE in den Rhein bei Ludwigshafen entstanden war. Die Stadt

[102] BGHZ 103, 129= NJW 1988, 1593

Bonn hatte Wasserproben entnommen, nachdem die BCBE-Belastung bekannt geworden war. Der BGH bejahte eine Haftung der BASF AG, die das BCBE in den Rhein eingeleitet hatte, nach § 22 Abs. 1 WHG. Die Ersatzpflicht der AG gelte auch für das Grundwasser, wenn aus einem besonderen Anlass Proben entnommen werden müssen, um die mögliche Auswirkung eines Schadensfalls einschätzen zu können. Die Schäden, die durch die Kosten für die Entnahme der Wasserproben entstehen, müssen der Stadt Bonn als Wasserwerksbetreiber aber nur solange ersetzt werden, wie sie von den zuständigen Fachbehörden noch keine zuverlässige Auskunft erhalten kann, ob das Trinkwasser durch die BCBE-Belastung gefährdet ist oder nicht.

6. Wiederholung

a) *A ist ein kleiner Elektromeister. Er ist von der Stadtwerke Kassel AG beauftragt, ein unterhalb der Straße verlegtes Kabel auszubessern. Aus Unachtsamkeit beschädigt er das Kabel, so dass die Stromzufuhr zum weitgehend automatisierten Produktionsbetrieb der X-AG unterbrochen wird. Auf derartige Störungen hat sich die X-AG im Einvernehmen mit der Stadtwerke Kassel AG vorbereitet, indem sie ein Notstromaggregat errichtete. Als dieses eingeschaltet wird, entsteht ein Kurzschluss, so dass die Produktion für mehrere Stunden ausfällt. Es stellt sich heraus, dass das Notstromaggregat wenige Tage zuvor von Elektromeister B fehlerhaft gewartet wurde und dass der Kurzschluss durch diesen Fehler verursacht wurde. B ist vermögenslos und im Übrigen gegen derartige Schäden nicht versichert. Kann die X-AG von A und/oder von der Stadtwerke Kassel AG den Ersatz des durch den Produktionsausfall entstandenen Schadens in Hohe von 75.000,- Euro ganz oder teilweise verlangen?*

Die X-AG könnte von A nach § 823 Abs. 1 Schadensersatz wegen Verletzung ihres (absoluten) Rechts am eingerichteten und ausgeübten Gewerbebetrieb verlangen. Dieses Recht wird in ständiger Rechtsprechung als absolutes Recht im Sinne von § 823 Abs. 1 anerkannt. Die Rechtsprechung verlangt jedoch, dass der Eingriff unmittelbar und betriebsbezogen sein muss. Die Unmittelbarkeit wird hier abgelehnt, da es sich um eine entfernte Nebenfolge der Unterbrechung der Stromzufuhr handelt. Man könnte jedoch auch argumentieren, dass der Schaden nicht adäquat kausal veranlasst ist, da nach dem Schutzzweck des § 823 Abs. 1 derartige weit entfernte und der Höhe nach unabsehbare Schäden nicht erfasst sein sollen. Nach beiden Überlegungen entfällt die Haftung des A.

Die X-AG könnte von der Stadtwerke Kassel AG Schadensersatz verlangen. Sie hat jedoch im Einvernehmen mit der Stadtwerke Kassel AG ein Notstromaggregat errichtet, in dem durch fehlerhafte Wartung ein Kurzschluss entstanden ist. Die Wartung durch Elektromeister B muss sich die Stadtwerke Kassel AG nicht zurechnen lassen. Also kann ihr die Haftung für die hieraus entstandenen Schäden nicht auferlegt werden. Der Elektromeister hat vielmehr in eigenen Angelegenheiten der X-AG gehandelt.

b)*Fluglotse L hat auf dem Frankfurter Flughafen gestreikt. Die Pan-World-Flug AG (ein Reiseunternehmen) verlangt von der Bundesrepublik Schadensersatz, da ihr Recht am eingerichteten und ausgeübten Gewerbebetrieb verletzt worden sei. Diese weigert sich mit dem Argument, Pan World sei nur mittelbar vom Streik betroffen. Die Pan World weist darauf hin, dass die Rechtsprechung (BGHZ 69, 128) Streiks von Fluglotsen als rechtswidrig be-*

trachte, da sie Beamte sind. Kann sie von der Bundesrepublik Schadensersatz verlangen? Es ist davon auszugehen, dass L Bundesbeamter ist.

Ob die Pan World mit ihrem Schadensersatzanspruch nach § 823 Abs. 1 i. V. mit Art. 34 GG und § 839 BGB gegen den Bund durchdringt, ist wie im vorigen Fall von der Unmittelbarkeit und Betriebsbezogenheit des Eingriffs in ihren eingerichteten und ausgeübten Gewerbebetrieb abhängig. Der BGH bejahte die Betriebsbezogenheit des Eingriffs, da es ganz wesentlich in der Willensrichtung der Fluglotsen gelegen habe, die privaten Reiseunternehmen in ihrer betrieblichen Abhängigkeit von der Flugsicherung zu beeinträchtigen, um die Bundesrepublik wegen der dort eintretenden Schadensfolgen gefügig zu machen. Die Argumentation des BGH ist meines Erachtens nicht stichhaltig. Unmittelbar vom Streik betroffen ist nur der Streikgegner, also die Bundesrepublik Deutschland als Dienstherr der Fluglotsen. Die Pan World ist nur Drittbetroffener. Sie ist von dem Eingriff nicht unmittelbar und betriebsbezogen betroffen. Zur Adäquanz vgl. oben.

c) *Der sechsjährige A wird von dem volljährigen B über den Zaun des C gehoben und zündet dessen Haus mit Zündhölzern an, die ihm B gibt. Welche Ansprüche hat C?*

C kann von B Schadensersatz nach § 823 Abs. 1 wegen Verletzung seines Eigentums verlangen. B hat A als Werkzeug benutzt. C kann seinen Ersatzanspruch gegen B auch auf §§ 823 Abs. 2 und 303 StGB stützen, da B durch das Werkzeug A vorsätzlich die Sache des C beschädigt hat.

Schadensersatzansprüche des C gegen den A scheitern nach § 828 Abs. 1, da dieser noch nicht sieben Jahre alt und daher für den Schaden nicht verantwortlich ist. Es ist auch kein Anhaltspunkt dafür ersichtlich, dass die Eltern des A ihre Aufsichtspflicht nach § 832 Abs. 1 verletzt hätten. Mit einer so ungewöhnlichen Handlung des B konnten sie nicht rechnen. A könnte dem C jedoch aus Billigkeitsgründen nach § 829 Abs. 1 ersatzpflichtig sein, wenn dieser von den aufsichtspflichtigen Eltern keinen Ersatz erlangen kann. Voraussetzung ist, dass die Billigkeit nach den Umständen, insbesondere nach den Verhältnissen der Beteiligten, eine Schadloshaltung erfordert und dem A nicht die Mittel entzogen werden, deren er zum angemessenen Unterhalt bedarf. Eine solche Billigkeitshaftung ist immer dann zu bejahen, wenn die Eltern des A eine Privathaftpflichtversicherung abgeschlossen haben, die einen derartigen Schadensfall abdeckt.[103]

d) *Frau A wurde im Jahre 1989 bei einer Bluttransfusion mit dem Aids-Virus infiziert. Bei der Geburt ihrer Tochter B stellt sich heraus, dass auch diese mit dem Virus infiziert ist. Der Arzt C, der die Bluttransfusion durchführte, hat es unterlassen, das verwendete Blutserum auf eine Verunreinigung mit dem Aids-Virus zu untersuchen, obwohl es zum Zeitpunkt der Bluttransfusion bereits eine zuverlässige und einfache Untersuchungsmethode gab. Ansprüche A und B gegen C.*

Schadensersatzansprüche der Mutter A und der Tochter B können nach § 823 Abs. 1 und Abs. 2 (Körperverletzung) bestehen. Problematisch ist das Verschulden. C könnte fahrlässig gehandelt haben. In diesem Fall kommt aber kein Handeln, sondern nur ein Unterlassen des C in Frage. C hatte gegenüber A und B die Garantenpflicht, das Blutserum zu überprüfen, und zwar mit der zur Verfügung stehenden Untersuchungsmethode. Der Fahrlässigkeitsvorwurf ist begründet, da er diese Pflicht verletzt hat. A und B können neben dem Schadensersatz aus § 823 Abs. 1 und 2 auch Schmerzensgeld (§ 847 jetzt 253) verlangen (vgl. BGHZ 8,

[103] Vgl. BGH NJW 1979, 2096

243 – Lues-Infektion der Mutter bei Bluttransfusion; OLG Hamburg NJW 1990, 2322-Aids, BGH NJW 1991, 1948-Aids). Ein Anspruch nach § 1 des Produkthaftungsgesetzes scheitert daran, dass das PHG erst zum 1. 1. 1990 in Kraft trat und vorher entstandene Schädigungen nach § 16 PHG nicht erfasst werden.

e) *In Berlin wird vom Senat eine Höchstgeschwindigkeit von 100 km/h für eine Autobahnstrecke von 6,5 km auf der Avus festgesetzt, die als einzige bisher von dieser Höchstgrenze ausgenommen war. Eine Tageszeitung unterstützt diese Maßnahme. A ruft zu einem Anzeigenboykott gegen diese Zeitung auf. Ansprüche der Zeitungs-AG gegen den A.*

Der Aufruf zum Anzeigenboykott könnte nach § 823 Abs. 1 ein Eingriff in das Recht am eingerichteten und ausgeübten Gewerbebetrieb (Unternehmen) der Zeitungs-AG sein. Die Ersatzpflicht scheidet aus, wenn der Aufrufende berechtigte Interessen wahrgenommen hat. Hier geht es um die Grenzziehung zwischen zulässigen und unzulässigen Boykottaufrufen. Dabei sind die Umstände des Einzelfalls maßgeblich. Der Aufrufende will der Zeitungs-AG Nachteile zufügen, weil diese eine bestimmte Meinung verbreitet hat. Dies ist in der Regel nicht durch die Meinungsfreiheit des Aufrufenden gerechtfertigt. Er macht sich daher ersatzpflichtig.

7. Systematische Übersicht

Das Deliktsrecht ist im besonderen Teil des Schuldrechts im 2. Buch des BGB untergebracht. Das 2. Buch befasst sich übergreifend mit Schuldverhältnissen aus Verträgen und Gesetz. Als gesetzliches Schuldverhältnis wird auch die unerlaubte Handlung (das Delikt) abgehandelt. Der Umfang des Schadensersatzes (§§ 249 ff.) ist im allgemeinen Teil des Schuldrechts geregelt, da er sowohl für vertragliche wie für gesetzliche Schuldverhältnisse gilt.

Die Staatshaftung ist ein Teil des öffentlichen Rechts und in Art. 34 des Grundgesetzes verankert. Historisch ist aber § 839 BGB die ältere Norm. Sie gilt immer noch, da das Staatshaftungsgesetz für nichtig erklärt wurde.

Als einziger Fall der Gefährdungshaftung ist die Tierhalterhaftung im BGB untergebracht. Die Haftung im Straßenverkehr, die Produzentenhaftung und die Umwelthaftung sind in eigenen Gesetzen normiert. Die Regel ist nach wie vor die Verschuldenshaftung der §§ 823 ff. BGB, Ausnahmen (Gefährdungshaftung) müssen gesondert normiert werden, und zwar in eigenen Gesetzen.

8. Ökonomische Analyse des Deliktsrechts

(T. Eger)

a) Schadensrecht, Haftungsregeln und Kaldor-Hicks-Kriterium

In der realen, unvollkommenen Welt internalisieren die Individuen nicht alle Konsequenzen ihrer Handlungen. Viele Handlungen führen zu einer *Externalisierung* von Schäden bzw. Risiken, d. h. individuelle Handlungen führen zu Schäden (= Nutzeneinbußen) bei anderen Personen, ohne dass die Opfer diesen schädigenden Handlungen a priori durch vertragliche Vereinbarungen zugestimmt hätten. Das Schadensrecht stellt Regeln bereit, nach denen derartige Schäden auf die beteiligten Personen, d. h. die „Schädiger" und „Opfer", aufgeteilt werden (Haftungsregeln). Für den Ökonomen ist dabei nicht so sehr von Interesse, wie ein gerechter Schadensausgleich aussehen sollte, nachdem ein Schaden eingetreten ist (Ex-post-Betrachtung). Der Ökonom fragt vielmehr danach, ob der Umfang der Schäden durch die geltenden Haftungsregeln und die damit verbundenen Verhaltensanreize auf ein gesellschaftlich wünschenswertes Maß reduziert wird und ob die Risiken effizient allokiert werden (Ex-ante-Betrachtung).[104]

Maßstab für die „gesellschaftliche Wünschbarkeit" ist das Kaldor-Hicks-Kriterium (siehe oben, Kapitel II.8). Dabei sind verschiedene Abwägungen („Trade-offs") zwischen den sozialen Kosten und Nutzen der unterschiedlichen Haftungsregeln vorzunehmen. Zunächst einmal sind die volkswirtschaftlichen *Schadenskosten* und die Schadensvermeidungskosten gegeneinander abzuwägen. Darüber hinaus ist die Tatsache zu berücksichtigen, dass durch die Haftungsregeln auch bestimmt wird, wer welche *Risiken* zu tragen hat. Isoliert betrachtet ist eine Umverteilung von Risiken im Sinne des Kaldor-Hicks-Kriteriums immer dann sinnvoll, wenn derjenige, dem das Risiko abgenommen wird, diesen Gewinn an Sicherheit höher bewertet, als derjenige, der das Risiko tragen muss, den Verlust an Sicherheit bewertet. Schließlich sind noch diejenigen Kosten zu berücksichtigen, die mit der *Schadensabwicklung* verbunden sind, indem mehr oder weniger wertvolle Ressourcen für Polizei, Gutachter, Anwälte, Gerichtsverhandlungen etc. eingesetzt werden und die Haftungsregeln mehr oder weniger vollkommen durchgesetzt werden.

Diese drei Arten sozialer Kosten, die in der Literatur auch als primäre, sekundäre und tertiäre Kosten bezeichnet werden,[105] muss eine ökonomische Analyse von Haftungsregeln angemessen berücksichtigen.

Da die Anreiz- und Verteilungswirkungen von Haftungsregeln davon abhängen, ob es sich bei Schädigern und Opfern um Vertragspartner handelt oder ob es um eine Schadensregelung zwischen „Fremden" (d. h. Individuen, die in keiner Vertragsbeziehung stehen) geht, werden in der ökonomischen Analyse des Zivilrechts Delikts- und Vertragsrecht gesondert behandelt. In den folgenden Abschnitten werden ausschließlich die Wirkungen von Haftungsregeln analysiert, die die Schadensaufteilung zwischen „Fremden" regeln. Die Schadensregelung zwischen Vertragspartnern wird im Kapitel über die ökonomische Analyse des Vertragsrechts behandelt. (Siehe unten, Kapitel IV.6).

b) Abwägung zwischen Schadenskosten und Schadensvermeidungskosten

Aus ökonomischer Sicht besteht die grundlegende Aufgabe des Deliktsrechts darin, die erwarteten Kosten aus Unfallschäden gegen die Kosten der Vermeidung dieser Schäden effizient abzuwägen. Um einige fundamentale Zusammenhänge zu verdeutlichen, wollen wir zunächst annehmen, dass alle beteiligten Individuen risikoneutral sind (so dass die Verteilung der Risiken keine Auswirkungen auf die gesamtwirtschaftliche Effizienz hat),[106] dass keine Kosten der Schadensabwicklung entstehen, dass der Zivilprozess ein geeigneter Mechanismus ist, die Schäden korrekt zu bewerten und zuzurechnen, und dass alle Beteiligten a priori vollständig über die geltende

[104] Vgl. hierzu insbesondere das Standardwerk von Shavell, Economic Analysis of Accident Law, Cambridge/Mass. 1987.

[105] Vgl. Calabresi, The Costs of Accidents: A Legal and Economic Analysis, 3. Auflage, New Haven 1972, S. 26 ff.; Schäfer/Ott, Lehrbuch der ökonomischen Analyse des Zivilrechts, 3. Auflage, Berlin etc. 2000, S. 117 ff.

[106] Näheres zum Begriff der Risikoneutralität findet sich in Abschnitt c).

Rechtslage und die erwarteten Schäden ihrer Handlungen informiert sind.[107] Mit anderen Worten: Wir klammern die „sekundären" und „tertiären" Kosten vorläufig aus. In den Abschnitten c) und d) werden die Annahmen dann gelockert und einige allgemeinere Schlussfolgerungen gezogen.

aa) Der unilaterale Fall

In einem ersten Schritt nehmen wir der Einfachheit halber an, dass die Opfer durch ihr Verhalten keinen Einfluss auf den Erwartungswert des Schadens haben. Die Wahrscheinlichkeit, mit der bestimmte Schäden eintreten, und die Höhe der Schäden, wenn sie eintreten, werden dann durch zwei Variablen bestimmt: das Aktivitätsniveau des Schädigers (z. B. die Betriebsstunden eines Kraftwerks, die Kilometerleistung eines Autofahrers) und die Vorsorgeleistungen des Schädigers (z. B. Einbau eines Filters in das Kraftwerk, Reduzierung der Geschwindigkeit beim Autofahren in Wohngegenden). Unter diesen zusätzlichen Bedingungen lassen sich die Anreizwirkungen zweier unterschiedlicher Haftungsregeln analysieren: der Verschuldenshaftung und der Gefährdungshaftung.

Eine *Verschuldenshaftung* ist dadurch gekennzeichnet, dass der Schädiger nur bei schuldhaftem Verhalten, d. h. bei Vorsatz oder Fahrlässigkeit, haftet; den Vorsatz werden wir im Folgenden ausklammern. Ob Verschuldenshaftung zu effizienten Verhaltensanreizen führt, hängt von dem zugrundeliegenden Sorgfaltsbegriff, d. h. von der Definition der Fahrlässigkeit, ab.

In der amerikanischen Rechtsprechung hat sich zur Bestimmung der Fahrlässigkeit der sog. „Learned Hand Test" durchgesetzt.[108] Danach handelt ein Schädiger fahrlässig, wenn der durch den Unfall entstandene Schaden, multipliziert mit der Wahrscheinlichkeit seines Eintretens, größer ist als die Kosten der Vorsorgemaßnahmen, die der Schädiger hätte unternehmen können, um den Unfall zu verhindern. Der Learned Hand Test soll einen potentiellen Schädiger dazu veranlassen, *vor* Eintreten eines Schadens die Kosten einer Schadensvermeidung bzw. -begrenzung gegenüber den erwarteten Schadenskosten effizient abzuwägen. Wir wollen uns den Sachverhalt an einem einfachen Beispiel verdeutlichen: Ein Viehzüchter stehe vor der Alternative, jährlich seinen Zaun zu reparieren und dadurch Schäden bei den Nachbarn durch umherlaufendes Vieh zu verhindern, oder seinen Zaun verfallen zu lassen und Schäden bei den Nachbarn in Kauf zu nehmen. Angenommen, die Kosten der Reparatur betragen 1.000 € pro Jahr und die erwarteten Schäden ohne Reparatur (d. h. der Umfang der Schäden multipliziert mit der Wahrscheinlichkeit ihres Eintretens) betragen 1.500 € pro Jahr. Nach dem Learned Hand Test handelt ein Viehzüchter fahrlässig, wenn er die Reparatur des Zauns unterlässt, da der Erwartungswert des Schadens größer ist als die Kosten der Vorsorgemaßnahmen, d. h. der Reparatur des Zauns (1.500 > 1.000).

Häufig steht aber ein potentieller Schädiger nicht vor der Alternative, einen Schaden zu vermeiden oder ihn nicht zu vermeiden, sondern er kann seine Schadensvorsorge zwischen den Extremen „überhaupt keine Vorsorge" und „perfekte Vorsorge" mehr oder weniger stetig variieren. In diesen Fällen ist es ökonomisch korrekt, die marginalisierte Version des Learned Hand Tests anzuwenden. Danach handelt ein Schädiger fahrlässig, solange die letzte Mark, die er für Vorsorgemaßnahmen eingesetzt hat, den Erwartungswert des Schadens um mehr als eine Mark reduziert; er handelt demgegenüber nicht mehr fahrlässig, wenn die letzte Mark, die er für Vorsorge eingesetzt hat, den Erwartungswert des Schadens um eine Mark oder weniger reduziert. Das im

[107] Vgl. hierzu vor allem Shavell, Strict Liability versus Negligence, in: Journal of Legal Studies 9 (1980), sowie Adams, Ökonomische Analyse der Gefährdungs- und Verschuldenshaftung, Heidelberg 1985.

[108] Vgl. Posner, Economic Analysis of Law, 5. Auflage, Boston/ Toronto 1998, S. 179 f.

Sinne des Kaldor-Hicks-Kriteriums volkswirtschaftlich effiziente Vorsorgemaß ist erreicht, wenn die Grenzkosten der Vorsorge den Grenzerlösen der Vorsorge (d. h. der Reduzierung des erwarteten Schadens) entsprechen, da dann die Summe aus Schadenskosten und Schadensvermeidungskosten minimal ist.

Man kann sich die wichtigsten Zusammenhänge anhand einer Abbildung deutlich machen (s. Abb. 1). Dabei nehmen wir an, dass die Schadensvermeidungskosten linear mit dem Umfang der Vorsorgemaßnahmen steigen und dass die erwarteten Schadenskosten mit zunehmenden Vorsorgemaßnahmen unterproportional abnehmen (= abnehmende Grenzerträge der Vorsorgemaßnahmen).

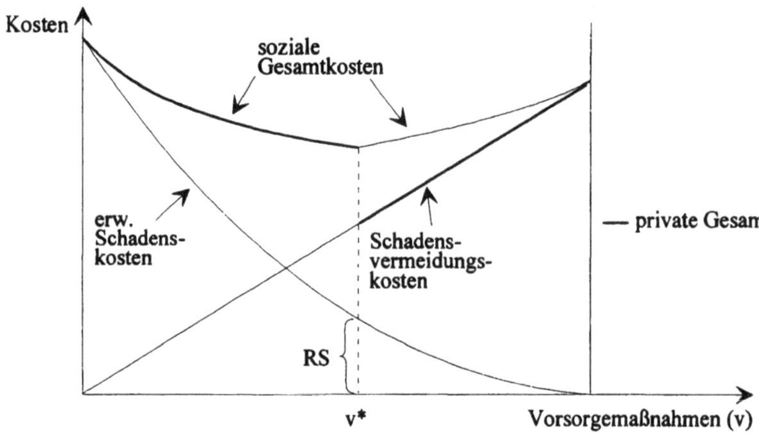

Abb. 1: Die Kosten des Schädigers bei einer Verschuldenshaftung

Bei einem Umfang an Vorsorgemaßnahmen in Höhe von v* ist die Summe aus Schadensvermeidungskosten und erwarteten gesamtwirtschaftlichen Schadenskosten - in der Literatur etwas ungenau aber dafür einprägsam als *soziale Gesamtkosten* bezeichnet - minimal. Bestimmen die Gerichte den Fahrlässigkeitsmaßstab dementsprechend und ist dem potentiellen Schädiger das bekannt, so hat dieser einen Anreiz, seine Vorsorgemaßnahmen effizient festzulegen. Das ist darauf zurückzuführen, dass seine *privaten Gesamtkosten*, d. h. die Summe aus Schadensvermeidungskosten und erwarteten Schadensersatzforderungen, bei v* einen Sprung haben und ein Minimum aufweisen. Bei fahrlässigem Verhalten ($v < v^*$) muss der potentielle Schädiger die gesamten Schadens- und Schadensvermeidungskosten kalkulieren. Bei nicht-fahrlässigem Verhalten ($v \geq v^*$) kommt er nicht für den verbleibenden Restschaden (RS) auf; er kalkuliert lediglich seine Schadensvermeidungskosten.

Eine Verschuldenshaftung wird aber nur dann zu effizienten Verhaltensanreizen führen, wenn der in der Rechtspraxis verwendete Sorgfalts- bzw. Fahrlässigkeitsbegriff in dem Sinne vollständig ist, dass *alle* den Erwartungswert des Schadens beeinflussenden Handlungen berücksichtigt werden. Geht beispielsweise das Aktivitätsniveau des Schädigers nicht in den Fahrlässigkeitsbegriff ein (was in der Rechtspraxis die Regel ist), dann hat dieser einen Anreiz, seine Tätigkeit über das gesamtwirtschaftlich effiziente Niveau hinaus auszudehnen, solange die privaten Grenzerlöse des Schädigers aus dieser Aktivität größer sind als seine privaten Grenzkosten. Ein ökonomisch korrekter, vollständiger Fahrlässigkeitsbegriff müsste somit den Schädiger immer dann für den Schaden haften lassen, wenn seine Vorsorgemaßnahmen zu dürftig (d. h. geringer als das effiziente Niveau) oder sein Aktivitätsniveau zu hoch (d. h. höher als das effiziente Niveau) ist. Der Punkt v* in Abbildung 1 repräsentiert also nur unter der Voraussetzung das gesamtwirtschaftlich effiziente Vorsorgeniveau, dass den Kostenverläufen ein effizientes Aktivitätsniveau zugrundeliegt.[109]

Bei einer (verschuldensunabhängigen) *Gefährdungshaftung* haftet der Schädiger für alle von ihm verursachten Schäden. Der Schädiger wird durch diese Haftungsregel gezwungen, die gesamten sozialen Kosten seines Verhaltens zu internalisieren. Es besteht somit ein Anreiz zu effizienten Vorsorgemaßnahmen und zur Wahl eines effizienten Aktivitätsniveaus. Jedes Abweichen von den effizienten Handlungen verursacht nicht nur der Gesellschaft, sondern auch dem Schädiger persönlich mehr Schäden als Vorteile. Abbildung 2 repräsentiert die Kosten des Schädigers bei Gefährdungshaftung unter der Voraussetzung, dass ein effizientes Aktivitätsniveau gewählt wurde.

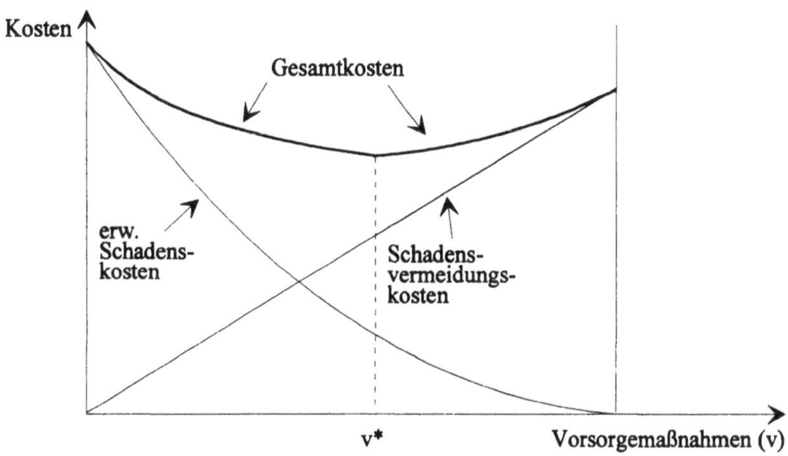

Abb. 2: Die Kosten des Schädigers bei einer Gefährdungshaftung

Die Auswirkungen einer Verschuldens- und einer Gefährdungshaftung für den Fall einer einseitigen Schadensverursachung lassen sich anhand eines einfachen *Zahlenbeispiels* verdeutlichen.[110] Schädiger sei ein Unternehmen, das bei der Herstellung seiner Produkte die Luft verschmutzt. Opfer seien Anwohner, die unter der Luftverschmutzung leiden; wir nehmen der Einfachheit halber an, dass die geschädigten Anwohner keine Konsumenten der von dem Unternehmen hergestellten Produkte und nicht bei dem Unternehmen beschäftigt sind. Durch den Einbau von Luftfiltern, der die Produktionskosten erhöht, kann die Verschmutzung verringert, aber nicht ganz beseitigt werden. Der Gesamtschaden, den die Unternehmung bei den Anwohnern verursacht, hängt von den Vorsorgemaßnahmen (Filtereinbau/kein Filtereinbau) und dem Aktivitätsniveau (Menge produzierter Güter) ab. In Tabelle 1 sind die relevanten Kosten dargestellt.

[109] Zur Bedeutung des Aktivitätsniveaus vgl. auch Adams, a.a.O.
[110] Vgl. Polinsky, An Introduction to Law and Economics, 2nd ed., Boston/Toronto 1989, S. 91 ff.

Tabelle 1: Soziale und private Kosten der Umweltverschmutzung (Beispiel)

Vorsorgemaßnahmen der Unternehmung / Kosten	kein Filtereinbau	Filtereinbau
(1) Produktionskosten pro Einheit	100	115
(2) Umweltschaden pro Einheit	40	10
(3) gesamte soziale Stückkosten	140	125
(4) private Stückkosten bei Verschuldenshaftung	140	115
(5) private Stückkosten bei Gefährdungshaftung	140	125

Da der Einbau eines Luftfilters in unserem Beispiel die Produktionsstückkosten um 15 € erhöht, die Schäden bei den Anwohnern dagegen um 30 € je hergestellte Einheit verringert, ist diese Vorsorgemaßnahme im Sinne des Kaldor-Hicks-Kriteriums effizient. Mit Filter entstehen der Gesellschaft je produzierte Einheit des Gutes geringere Kosten (125) als ohne Filter (140). Bei einer *Verschuldenshaftung*, die die Unternehmung nur dann für die Schäden haften lässt, wenn sie fahrlässig handelt (keinen Filter einbaut), hat die Unternehmung einen Anreiz, die Kosten eines Filtereinbaus auf sich zu nehmen und somit effiziente Vorsorgemaßnahmen zu ergreifen. Dadurch kann sie die gesamten privaten Stückkosten um 25 € senken (Zeile 4). Es besteht bei Verschuldenshaftung aber ein Anreiz zur Wahl einer ineffizienten Produktionsmenge. Handelt nämlich die Unternehmung nicht fahrlässig, indem sie sich für den Einbau eines Luftfilters entscheidet, dann muss sie den verbleibenden Umweltschaden von 10 € pro Einheit nicht kalkulieren; sie rechnet mit privaten Stückkosten von 115 €, obwohl der Gesellschaft je produzierte Einheit 125 € an Kosten entstehen. Bietet die Unternehmung ihr Produkt auf einem Konkurrenzmarkt an, dann wird sich langfristig ein Marktpreis bilden, der den privaten Durchschnittskosten entspricht. Bei Verschuldenshaftung ist das Produkt zu billig und wird in einer zu großen Menge nachgefragt und hergestellt. Es werden auch diejenigen Konsumenten mit dem Produkt versorgt werden, die es höher als 115 €, aber geringer als 125 € bewerten. In diesen Fällen sind aber die gesamtwirtschaftlichen Verluste (Produktionskosten plus Umweltschäden) größer als die gesamtwirtschaftlichen Erlöse einer Ausdehnung der Produktion.

Bei einer *Gefährdungshaftung* wird die Unternehmung gezwungen, die gesamten sozialen Kosten ihrer Produktionstätigkeit zu internalisieren. Sie hat einen Anreiz, effiziente Vorsorgemaßnahmen zu ergreifen (Filtereinbau) und ein effizientes Aktivitätsniveau zu wählen (abgesetzte Menge bei einem Marktpreis von 125 €).

bb) Der bilaterale Fall (zirkuläre Schadensverursachung)

Komplizierter wird die Angelegenheit, wenn auch das Opfer die Höhe des erwarteten Schadens durch Vorsorgemaßnahmen und Wahl des Aktivitätsniveaus beeinflussen kann. In diesem Fall lassen sich mehrere Varianten der Verschuldens- und der Gefährdungshaftung unterscheiden.[111] Bezeichnet man das Sorgfaltsniveau des Schädigers mit x und das Sorgfaltsniveau des Opfers mit y, so lassen sich die Anreizwirkungen einiger typischer Haftungsregeln bei zirkulärer Schadensverursachung anhand der folgenden Abbildung demonstrieren.

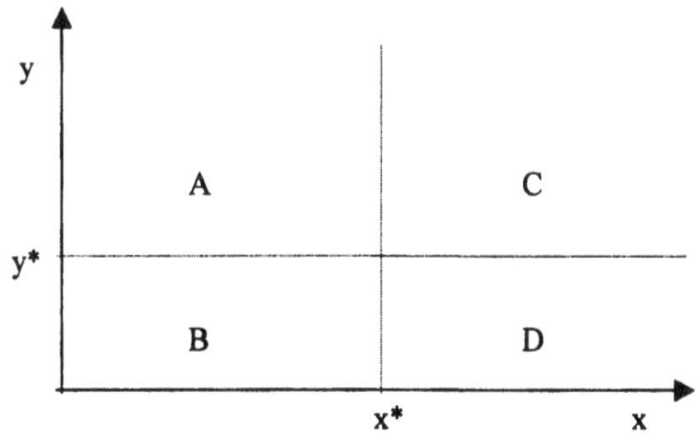

Abb. 3: Haftungsregeln bei bilateraler Schadensverursachung

Wenn man vorläufig einmal unterstellt, dass die Gerichte den Sorgfaltsmaßstab vollständig (unter Einbeziehung des Aktivitätsniveaus) und effizient festlegen und dass sowohl Schädiger als auch Opfer den erwarteten Schaden sowie die Rechtsprechung korrekt einschätzen, dann lassen sich die folgenden Ergebnisse herleiten.

Bei einer *reinen Verschuldenshaftung* haftet der Schädiger immer dann, wenn er den gerichtlich festgelegten Sorgfaltsmaßstab unterschreitet ($x < x^*$), unabhängig davon, welchen Schadensvermeidungsaufwand das Opfer realisiert (y). Die Felder A und B markieren somit den Bereich, in dem der Schädiger haftet; in allen übrigen Fällen muss das Opfer den Schaden tragen. Diese Regel veranlaßt offensichtlich beide Parteien zu effizienten Vorsorgemaßnahmen: Der Schädiger hat einen Anreiz, x^* zu wählen, um nicht zu haften; das Opfer, das den gesamten verbleibenden Schaden tragen muss, hat einen Anreiz, y^* zu wählen, um die Summe aus Schadens- und Schadensvermeidungskosten zu minimieren.

Bei einer *Verschuldenshaftung mit absoluter Mitverschuldensklausel* haftet der Schädiger nur dann, wenn er selbst fahrlässig handelt ($x < x^*$) und das Opfer nicht fahrlässig handelt ($y \geq y^*$), d. h. er haftet im Bereich A. Diese Haftungsregel ist offensichtlich mit den gleichen Anreizen verbunden wie die reine Verschuldenshaftung. Da das Opfer bereits bei der reinen Verschuldenshaftung einen Anreiz hat, das effiziente Sorgfaltsniveau (y^*) einzuhalten, ist die Mitverschuldensklausel praktisch überflüssig. Der Schädiger hat wiederum einen Anreiz, x^* zu wählen, um einer Haftung zu entgehen.

Während diese beiden Varianten der Verschuldenshaftung dadurch gekennzeichnet sind, dass jeweils eine Partei den gesamten Schaden zu tragen hat (contributory negligence), wird nach einer dritten Variante der Schaden je nach der *relativen Verschuldenshöhe* auf beide Parteien auf-

---

[111] Vgl. zum Folgenden ausführlich Endres, Ökonomische Grundlagen des Haftungsrechts, Heidelberg 1991, insbesondere S. 1-50.

geteilt (*relative Mitverschuldensklausel,* comparative negligence): Wenn der Schädiger fahrlässig handelt ($x < x^*$) und das Opfer nicht fahrlässig handelt ($y \geq y^*$), dann haftet der Schädiger für den gesamten Schaden; handelt der Schädiger nicht fahrlässig ($x \geq x^*$), dann haftet das Opfer für den gesamten Schaden. Handeln sowohl der Schädiger als auch das Opfer fahrlässig ($x < x^*$, $y < y^*$), dann wird der Schaden nach einem bestimmten Schlüssel auf beide Parteien aufgeteilt. Auch in diesem Fall haben beide Parteien einen Anreiz zu effizienten Vorsorgemaßnahmen; die Begründung ist die gleiche wie bei den anderen Varianten. Im BGB ist der Grundsatz der anteiligen Mithaftung verankert (§ 254), der Tradition des Common Law entspricht der Grundsatz der contributory negligence.

Eine *reine Gefährdungshaftung* lässt den Schädiger immer für den gesamten Schaden haften. Diese Regel ist offensichtlich ineffizient, da das Opfer keinen Anreiz hat, einen Beitrag zur Schadensreduzierung zu leisten.

Bei einer *Gefährdungshaftung mit Mitverschuldensklausel* wird diese Anreizlücke geschlossen. In diesem Fall haftet der Schädiger voll, es sei denn, das Opfer handelt fahrlässig ($y < y^*$), d. h. er haftet in den Bereichen A und C. Diese Regel ist symmetrisch zur reinen Verschuldenshaftung. Das Opfer hat einen Anreiz, y^* zu wählen, um einer Haftung zu entgehen; der Schädiger, der den gesamten verbleibenden Schaden tragen muss, hat einen Anreiz, x^* zu wählen, um die Summe aus Schadens- und Schadensvermeidungskosten zu minimieren.

Unter den oben getroffenen vereinfachenden Annahmen führen somit alle Haftungsregeln mit Ausnahme der reinen Gefährdungshaftung zu effizienten Anreizen für Schädiger und Opfer. Sind allerdings die Gerichte nicht in der Lage, den Sorgfaltsmaßstab vollständig zu bestimmen, indem sie beispielsweise das Aktivitätsniveau ausklammern, so ergibt sich folgendes Bild: Eine Verschuldenshaftung ist vorzuziehen, wenn das Aktivitätsniveau des Opfers einen vergleichsweise starken Einfluss auf die Höhe des erwarteten Schadens hat. Eine Gefährdungshaftung mit Mitverschuldensklausel ist vorzuziehen, wenn das Aktivitätsniveau des Schädigers einen vergleichsweise starken Einfluss auf die Höhe des erwarteten Schadens hat. Es gibt keine Haftungsregel, die sowohl den Schädiger als auch das Opfer zu effizienten Vorsorgemaßnahmen und einem effizienten Aktivitätsniveau veranlasst. Sollen alle Parteien einen Anreiz zu effizientem Verhalten haben, so ist das Schadensrecht durch andere Instrumente zu ergänzen. So könnte beispielsweise eine Verschuldenshaftung durch eine Besteuerung der Aktivitäten des Schädigers sinnvoll ergänzt werden.

Ein im Zusammenhang mit zirkulärer Schadensverursachung häufig diskutiertes Konzept ist der *cheapest cost avoider*. Hierbei handelt es sich um diejenige Partei, die Schäden zu den geringsten Kosten vermeiden kann. Nach einer von Guido Calabresi[112] entwickelten Regel soll bei zirkulärer Schadensverursachung der „cheapest cost avoider" haften, damit die Kosten der Schadensvermeidung möglichst gering gehalten werden. Streng genommen führt diese Regel allerdings nur dann zu effizienten Handlungsanreizen, wenn Vorsorgemaßnahmen einer Partei Vorsorgemaßnahmen der anderen Partei überflüssig (oder zumindest ökonomisch nicht mehr sinnvoll) werden lassen. Man kann sich das an einem einfachen Beispiel verdeutlichen: Angenommen, in einer Region leben sowohl Ackerbauern als auch Viehzüchter. Schäden entstehen dadurch, dass die Rinder der Viehzüchter das Getreide der Ackerbauern zertrampeln. Die Viehzüchter können die Schäden vermeiden, indem sie ihre Weiden „einzäunen"; die Ackerbauern können die Schä-

112 Calabresi, The Cost of Accidents, a.a.O. (Anm. 105).

den vermeiden, indem sie ihre Felder einzäunen und somit die umherlaufenden Rinder „auszäunen". Errichten die Viehzüchter Zäune, sind zusätzliche Zäune der Ackerbauern überflüssig; sind die Getreidefelder eingezäunt, so ist eine zusätzliche Einzäunung der Weiden überflüssig. Gibt es nun in einer Region eine große Anzahl von Ackerbauern mit einem großen Gesamtumfang der Ackerflächen und eine geringe Anzahl von Viehzüchtern mit einem geringen Gesamtumfang der Weideflächen, dann ist es volkswirtschaftlich sinnvoll (weil kostengünstiger), die wenigen Weiden und nicht die zahlreichen Getreidefelder einzuzäunen; die Viehzüchter sind die „cheapest cost avoiders". Im umgekehrten Fall sind die Ackerbauern die „cheapest cost avoiders".

c) Probleme der Risikoallokation

Zusätzliche Überlegungen sind erforderlich, wenn man unterstellt, dass zumindest einige Individuen *risikoavers* sind.[113] „Risikoaversion" ist nur ein anderer Ausdruck dafür, dass Individuen neben anderen Gütern und Dienstleistungen auch „Sicherheit" nachfragen. Machen wir uns den Sachverhalt an einem einfachen Beispiel klar. Angenommen ein Individuum erhält pro Periode ein Einkommen, das nicht nur durch seine Arbeitsleistung, sondern auch durch das Wetter (Landwirtschaft, Bauindustrie) bestimmt wird. Das Einkommen betrage 10 bei Regen und 50, wenn es nicht regnet. Nehmen wir weiterhin an, die subjektive Wahrscheinlichkeit, dass es regnet bzw. nicht regnet, betrage jeweils 0,5. Der Erwartungswert des Einkommens errechnet sich dann wie folgt: $E = 0{,}5 \cdot 10 + 0{,}5 \cdot 50 = 30$.

Der Grad der Risikoaversion (die Stärke des Sicherheitsbedürfnisses) eines Individuums lässt sich nun anhand des *Sicherheitsäquivalents* des Erwartungswerts bestimmen; das Sicherheitsäquivalent ist das sichere Einkommen, das das Individuum genauso hoch bewertet wie den Erwartungswert aus einem niedrigen und einem hohen Einkommen. Bei einem risikoneutralen Individuum entspricht das Sicherheitsäquivalent dem Erwartungswert; bei einem risikoaversen Individuum liegt das Sicherheitsäquivalent unter dem Erwartungswert. Beträgt das Sicherheitsäquivalent eines Erwartungswerts von 30 beispielsweise 20, so bedeutet das folgendes:

- Das Individuum bewertet ein sicheres Einkommen von 20 genauso hoch wie ein erwartetes Einkommen von 30, das mit einer gewissen Wahrscheinlichkeit höher oder niedriger ausfallen kann.
- Die Kosten des Risikos betragen für das Individuum 10.
- Der Wert der zusätzlichen Sicherheit (der Vermeidung des Risikos) beträgt ebenfalls 10.

Handelt es sich bei den oben aufgeführten Zahlen nicht um Einkommen, sondern um Kosten, so wird das Sicherheitsäquivalent bei risikoaversen Individuen entsprechend größer sein als der Erwartungswert. So wird beispielsweise ein risikoaverses Individuum erwartete Kosten von 30 genauso hoch bewerten wie sichere Kosten von 40. Auch in diesem Fall betragen die Kosten des Risikos (der Wert der Sicherheit) 10.

Nehmen wir zunächst an, es bestünde für diejenigen Individuen, die Risiken tragen (z. B. Schädiger bei Gefährdungshaftung, Schädiger und Opfer bei Verschuldenshaftung), *keine Möglichkeit der Versicherung*. Dann kann unter Umständen eine Abweichung von den in Abschnitt b) hergeleiteten Haftungsregeln gesellschaftlich wünschenswert sein. Wie weiter oben gezeigt wurde,

[113] Eine ausführliche Diskussion der Risikobereitschaft von Individuen findet sich bei Layard/Walters, Microeconomic Theory, New York 1978, S. 351 ff. Zu den weiteren Überlegungen vgl. vor allem Shavell, On Liability and Insurance, in: Bell Journal of Economics 13 (1982) und Adams, a.a.O., S. 206 ff.

führt im unilateralen Fall bei risikoneutralen Beteiligten nur die Gefährdungshaftung zu effizienten Anreizen bezüglich der Schadensvorsorge und des Aktivitätsniveaus. Ist nun der Schädiger, der bei dieser Haftungsregel das Restrisiko trägt, vergleichsweise stark risikoavers, so entstehen zwei Probleme: Zum einen trägt ausgerechnet diejenige Partei das Risiko, die ein vergleichsweise starkes Sicherheitsbedürfnis hat und relativ viel zu zahlen bereit wäre, um dieses Risiko wieder abzugeben. Zum anderen ist für den risikoaversen Schädiger das Sicherheitsäquivalent des Schadens höher als der Erwartungswert des Schadens, so dass der Schädiger zu übermäßiger Schadensvorsorge veranlasst wird. Diese Probleme könnte man vermeiden, wenn man eine Verschuldenshaftung einführen und damit das weniger stark risikoaverse Opfer mit dem Restrisiko belasten würde. Es besteht somit ein Trade-off zwischen effizienter Schadensvorsorge und effizienter Risikoallokation. Eine Abweichung von der effizienten Schadensvorsorge ist dann gesellschaftlich vorteilhaft, wenn die dadurch verursachte Erhöhung der gesamten Schadens- und Schadensvermeidungskosten überkompensiert wird durch die Reduzierung der Summe der Risikokosten.

Zu anderen Ergebnissen gelangt man, wenn man unterstellt, dass für alle Risiken *ideale Versicherungen* bestehen. Ist eine große Zahl von Individuen gleichartigen, aber voneinander unabhängigen Risiken ausgesetzt, so können durch „Poolen" dieser Risiken – aufgrund des Gesetzes der großen Zahl – erwartete Verluste in sichere Ausgaben transformiert werden. Durch eine derartige Versicherung wird das Risiko eines möglichen großen Verlustes in die Gewissheit eines kleinen verwandelt - nämlich die Zahlung der Beitragsprämie. Risikoaverse Individuen können somit ihren Nutzen wechselseitig erhöhen. Ein ideales Versicherungssystem wird nun von den Versicherten eine Beitragsprämie verlangen, die genau dem individuellen Risiko, d. h. der Höhe des individuell zugerechneten erwarteten Schadens, entspricht. In diesem Fall können soziale Kosten aus ineffizienter Risikoallokation nicht auftreten; die Ergebnisse aus Abschnitt b) sind auch bei Existenz risikoaverser Individuen gültig.

In der Realität sind *Versicherungen* allerdings *unvollkommen*, da es nicht in allen Fällen möglich ist, die individuellen Sorgfaltsvorkehrungen zu vertretbaren Kosten zu beobachten.[114] Da in diesen Fällen die Prämie nicht mehr von der Höhe des individuellen Risikos abhängt, sondern von der Höhe des Durchschnittsrisikos von Gruppen von Versicherten, entsteht ein Anreiz, die Vorsorgemaßnahmen unter das effiziente Niveau zu reduzieren (Phänomen des „moralischen Risikos" oder „Moral hazard"). Die Anreize zu „Moral hazard" können durch Regress der Versicherung bei grober Fahrlässigkeit, durch Selbstbeteiligung (z. B. 650 €) oder Mitversicherung (z. B. 20 % des Schadens) und durch Schadensfreiheitsrabattsysteme gemildert werden. In diesen Fällen erleiden allerdings die Versicherungsnehmer eine Nutzeneinbuße dadurch, dass sie einen Teil der Risiken tragen. Es besteht somit wiederum ein Trade-off zwischen effizienter Schadensvorsorge und effizienter Risikoallokation.

Durch *Versicherungszwang* (z. B. Kfz-Haftpflicht) können die potentiellen Opfer von Unfällen gegen Zahlungsunfähigkeit des Schädigers geschützt werden. Gäbe es eine solche Versicherung nicht, so entstünden ineffiziente Anreize (etwa zu umfangreiche Vorsorgemaßnahmen und ein zu geringes Aktivitätsniveau des Opfers).

[114] In der Praxis können zusätzliche Unvollkommenheiten auch daraus resultieren, dass die Versicherungsgesellschaften einer staatlichen Regulierung unterliegen. Vgl. hierzu ausführlich Finsinger, Versicherungsmärkte, Frankfurt/New York 1983.

d) Kosten der Schadensabwicklung

Bisher haben wir angenommen, dass keine Kosten der Schadensabwicklung („tertiäre Kosten") entstehen. In der realen, unvollkommenen Welt werden aber knappe Ressourcen dafür aufgewendet, Schädiger zu identifizieren (polizeiliche Ermittlungen) und Gerichtsprozesse zu führen, um die Schäden zu bewerten und korrekt zuzurechnen. Diese Kosten sind abzuwägen gegen die Nachteile, die der Gesellschaft dadurch entstehen, dass nicht alle Schädiger erkannt werden (Dunkelziffer), dass Opfer aufgrund der erwarteten Gerichtskosten auf Klage verzichten, dass Schädiger nicht überführt werden können (bzw. ein Verschulden des Schädigers oder ein Mitverschulden des Opfers nicht nachgewiesen werden kann) und dass die Schäden nicht korrekt bewertet und zugerechnet werden.

Aus zwei Gründen werden die durch Zivilprozesse festgestellten Schäden aus Delikten systematisch unterschätzt. Zum einen bringen viele Geschädigte ihren Fall gar nicht erst vor Gericht. Viele Schäden werden von den Opfern überhaupt nicht als solche erkannt, werden nicht auf die Handlungen anderer Menschen zurückgeführt oder treten erst auf, wenn der Schädiger nicht mehr lebt. Das gilt vor allem für Schäden aus Umweltdelikten wie Luftverschmutzung, Grundwasserverschmutzung, Strahlenbelastung etc. Aber auch wenn die Opfer den Schaden erkennen, haben sie häufig keinen Anreiz zu klagen, weil sie davon ausgehen, dass die erwarteten Kosten des Gerichtsverfahrens in keinem Verhältnis zum erwarteten Erfolg stehen - sei es weil die Chance, den Schaden ersetzt zu bekommen, als sehr gering eingeschätzt wird, sei es weil der Schaden jedes einzelnen Opfers sehr gering ist.[115] Wie viele Deliktsfälle tatsächlich vor Gericht gebracht werden, hängt unter anderem auch von verfahrensrechtlichen Regelungen ab (Beweislastverteilung, Verbandsklage).

Zum anderen ist aus verschiedenen Gründen zu erwarten, dass in denjenigen Schadensprozessen, die tatsächlich angestrengt werden, die dem Opfer zugebilligte und von diesem durchsetzbare Schadensersatzzahlung geringer ist als der Schaden, der dem Opfer entstanden ist.[116] Zunächst ist eine Durchsetzung des Schadensersatzanspruchs äußerst schwierig, wenn ein kausaler Zusammenhang zwischen der Aktivität des Schädigers und dem Schaden des Opfers nur schwer feststellbar ist. Dies ist insbesondere bei „Distanz- und Summationsschäden" sowie bei „Wahrscheinlichkeitsschäden", die in der umweltpolitischen Diskussion eine große Rolle spielen, der Fall. Zusätzliche Schwierigkeiten treten bei einer Verschuldenshaftung auf, sofern das Opfer nicht nur die Kausalität, sondern auch ein Verschulden des Schädigers nachweisen muss. Weiterhin wird es zu einer - vom potentiellen Schädiger gut kalkulierbaren - Differenz zwischen tatsächlich entstandenem Schaden und einklagbarer Schadensersatzzahlung kommen, wenn der Gesetzgeber Haftungshöchstgrenzen vorsieht oder wenn das haftende Eigenkapital des Schädigers nicht ausreicht, den gesamten Schaden zu ersetzen. Schließlich ist in der Praxis eine Festlegung zu geringer Schadensersatzzahlungen häufig auch dann zu erwarten, wenn die Gerichte Schwierigkeiten haben, den Schaden zu monetarisieren. Bei ökonomisch korrekter Bewertung ist jeder durch eine Verletzung der rechtlich anerkannten Ausgangsausstattung an knappen Ressourcen verursachte Nutzenentgang ein Schaden. Gibt es nicht für alle Nutzleistungen kompetitive Märkte, so steht das Gericht vor dem Problem, den entsprechenden Nutzenentgang in Geld auszudrücken. Es kann daher ökonomisch gerechtfertigt sein, aufgrund hoher Bewertungskosten für bestimmte, schwer zu quantifizierende Schäden Pauschalbeträge festzusetzen; bei Bagatellschäden kann auch eine Pauschale von Null gesellschaftlich wünschenswerte Verhaltensanreize

[115] Bei sehr vielen Opfern mit einem jeweils geringen Schaden kann der volkswirtschaftliche Schaden bestimmter Handlungen sehr hoch sein.

[116] Vgl. hierzu auch Endres, Ökonomische Grundlagen des Haftungsrechts, a.a.O., S. 51 ff.

schaffen. Für den Ökonomen gibt es aber keinen Grund, der Rechtspraxis in ihrer Unterscheidung zwischen materiellen und immateriellen Schäden sowie zwischen allgemeinen und Luxusbedürfnissen zu folgen. Der Nutzungsausfall während der Reparatur eines Automobils ist aus ökonomischer Sicht genauso ein Schaden wie entgangene Gebrauchsvorteile bei Wohnungen, Motorsportbooten und Pelzmänteln, auch wenn die herrschende Rechtsprechung hier Unterschiede macht. Eine systematische Unterbewertung der Schäden durch die Gerichte erfolgt auch dadurch, dass nach der herrschenden Rechtsprechung der Wert des Lebens nicht unterhaltspflichtiger Personen mit Null bewertet wird (Führerschein als „Licence to kill").[117]

Unter diesen Bedingungen verändern sich die Verhaltensanreize der verschiedenen Haftungsregeln. Wir beschränken uns der Einfachheit halber auf den unilateralen Fall. Bei einer *Gefährdungshaftung* internalisieren die Schädiger bei einer Unterbewertung der Schäden nicht die gesamten sozialen Kosten ihrer Handlungen. Es entsteht somit ein Anreiz, ein zu hohes Aktivitätsniveau bzw. zu geringe Vorsorgemaßnahmen ($\bar{v} < v^*$) zu ergreifen. In Abbildung 4 sind die Auswirkungen einer Unterbewertung der Schäden auf die Vorsorgemaßnahmen bei Gefährdungshaftung graphisch dargestellt (Annahme: gegebenes Aktivitätsniveau).[118]

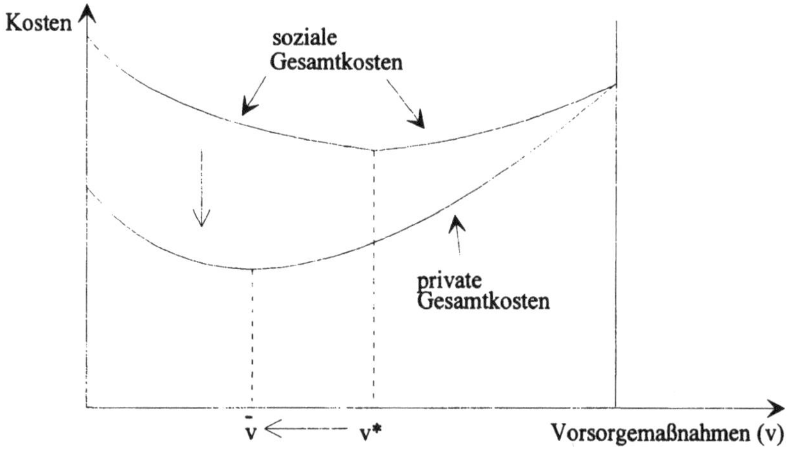

Abb. 4: Gefährdungshaftung bei unterbewerteten Schäden

Bei einer *Verschuldenshaftung* hängt die Qualität der Verhaltensanreize davon ab, ob das Gericht in der Lage ist, einen effizienten Sorgfaltsmaßstab zu bestimmen. Tatsächlich gibt es viele Fälle, bei denen Sachverständige auf Grundlage von Statistiken den Trade-off zwischen Schadenskosten und Schadensvermeidungskosten besser durchführen können als der einzelne Schädiger. Es gibt auch Fälle, bei denen das Gericht in der Lage ist, einen effizienten Sorgfaltsmaßstab festzulegen, ohne explizit den Trade-off zwischen Schadenskosten und Schadensvermeidungskosten durchführen zu müssen: Immer dann, wenn sich allgemein akzeptierte Sorgfaltsmaßstäbe in der

[117] Vgl. auch Adams, a.a.O., S. 174 ff. Die in vielen Rechtsordnungen vorgesehene Ausklammerung reiner Vermögensschäden aus deliktischen Schadensersatzansprüchen kann allerdings unter bestimmten Bedingungen ökonomisch gerechtfertigt sein. Vgl. hierzu Schäfer, Ökonomische Analyse des Rechts, in: Ramb/Tietzel (Hg.), Ökonomische Verhaltenstheorie, München 1993, hier: S. 176 f.

[118] Sind die Gesamtkosten eine konkave Funktion der Vorsorgemaßnahmen, dann verringert sich das kostenminimale Vorsorgeniveau, wenn die Schäden um einen bestimmten Prozentsatz unterbewertet werden. Vgl. hierzu Cooter, Prices and Sanctions, in: Columbia Law Review 84 (1984), S. 1529, 1553 ff.

Bevölkerung durchgesetzt haben (sog. „community standards") und wenn davon ausgegangen werden kann, dass diese durch kollektive Lernprozesse hervorgebrachten Verhaltensstandards effizient sind, kann das Gericht unmittelbar auf diese Erfahrungen der Bevölkerung zurückgreifen.[119] Der Vorteil einer Verschuldenshaftung besteht dann darin, dass kleinere Abweichungen der privaten Kosten des Schädigers von den sozialen Kosten seiner Handlungen dessen Anreiz zur Einhaltung des gerichtlich festgelegten Sorgfaltsmaßstabs nicht beeinflussen (Abbildung 5).[120]

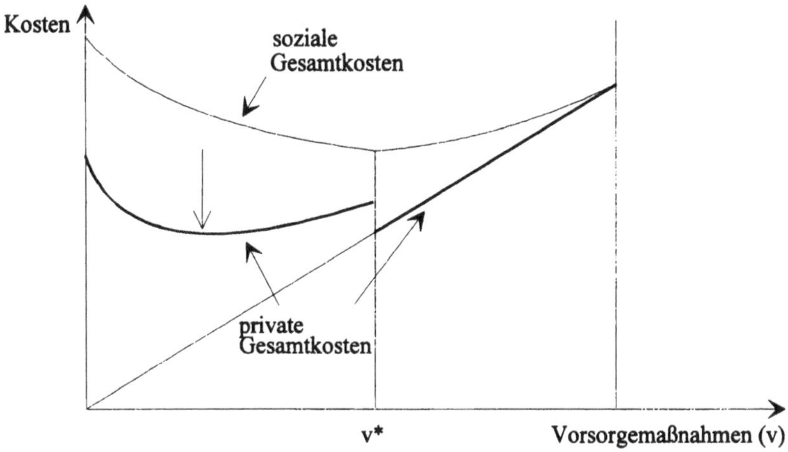

Abb. 5: Verschuldenshaftung bei unterbewerteten Schäden

e) Verteilungswirkungen des Deliktsrechts

Jede Haftungsregel hat auch einen spezifischen Verteilungseffekt. So ist es für die Einkommens- und Vermögensverteilung in einer Gesellschaft nicht ohne Bedeutung, ob ein Schädiger immer, nur bei schuldhaftem Verhalten oder gar nicht haftet, ob Mitverschulden der Opfer bei der Festlegung der Schadensersatzzahlung berücksichtigt wird, ob alle Schäden oder nur Teile der Schäden berücksichtigt werden und ob die Schädiger mit ihrem gesamten Vermögen oder nur beschränkt haften.[121]

Aus ökonomischer Sicht lassen sich die Verteilungswirkungen des Deliktsrechts allerdings nicht durch Verallgemeinerung typischer Einzelfälle herleiten. Es ist vielmehr im Rahmen einer Totalanalyse zu zeigen, wer letztlich die Schadenskosten zu tragen hat, wenn sich alle Individuen an

[119] So kann etwa bei alltäglichen Erfahrungen wie Auto- und Haushaltsunfällen die übliche Praxis von Gesellschaftsmitgliedern mit guter Reputation als Beleg für den „community standard" gelten. Vgl. hierzu auch Cooter, a.a.O., S. 1523-1560, hier S. 1538 ff.

[120] Ist allerdings die Differenz zwischen erwartetem Schaden und erwarteter Schadensersatzzahlung auch auf das Problem des Nachweises schuldhaften Handelns zurückzuführen, so wird eine Verschuldenshaftung zu einer stärkeren Unterbewertung führen als eine Gefährdungshaftung. Vgl. auch Endres, Ökonomische Grundlagen des Haftungsrechts, a.a.O. ,S. 66.

[121] Beispiele für derartige rechtlich zulässige „risk spillovers" finden sich bei Tisdell, Law, Economics and Risk-Taking, in: Kyklos 36 (1983), S. 3 ff.

die geltende Rechtslage anpassen.[122] Durch Haftungsregeln werden nämlich bestimmte *Handlungen* mit Kosten belegt, und nicht bestimmte *Personen*. Die Verteilungswirkungen der Haftungsregeln sind also davon abhängig, ob diejenigen Handlungen, denen bestimmte Schäden zugerechnet werden, substituiert werden können oder nicht. Je geringer die Kosten für Schädiger und Opfer sind, auf weniger schädliche Handlungen auszuweichen, desto stärker werden die primären Verteilungswirkungen einer Veränderung der Haftungsregeln durch Substitutionshandlungen korrigiert werden. Darüber hinaus ist zu berücksichtigen, dass sich die einzelnen Gesellschaftsmitglieder mal in der Rolle des Schädigers und mal in der Rolle des Opfers befinden können (Nachbarrecht, Autounfälle etc.). Ist die Bevölkerung hinreichend homogen und ist es ohne große Kosten möglich, zwischen der Rolle des Opfers und der des Schädigers zu wechseln, so wird jede Person im Laufe ihres Lebens mit der gleichen Häufigkeit die Rolle des Schädigers und die Rolle des Opfers einnehmen; dann haben die Haftungsregeln überhaupt keinen systematischen Verteilungseffekt.[123] Bei einer heterogenen Bevölkerung kann man allerdings nicht a priori von der Annahme ausgehen, dass eine Generalkompensation zwischen Opfern und Schädigern stattfindet.

[122] Vgl zum Folgenden auch Adams, a.a.O, S. 88 ff.

[123] Es besteht somit ex post eine „Generalkompensation" aller Beteiligten, auch wenn es in jedem Einzelfall Gewinner und Verlierer gibt. Ex ante besteht ein „stochastischer Ausgleich". Vgl. hierzu auch v. Weizsäcker, Was leistet die Property Rights Theorie für aktuelle wirtschaftspolitische Fragen? in: Neumann (Hg.), Ansprüche, Eigentums- und Verfügungsrechte, Berlin 1984, S. 123-152.

IV Vertragliche Leistungsstörungen

1. Gesetzliche und vertragliche Schuldverhältnisse

Schuldverhältnisse können entweder kraft Gesetzes oder durch Rechtsgeschäft begründet werden. Gesetzliche Schuldverhältnisse entstehen unabhängig vom Willen der Betroffenen durch die Verwirklichung gesetzlicher Tatbestände, die z.B. im Eigentümer-Besitzer-Verhältnis und im Recht der unerlaubten Handlung geregelt sind. Rechtsgeschäftliche Schuldverhältnisse entstehen in der Regel durch einen Vertragsschluss zwischen den Beteiligten. Sie begründen Ansprüche sowie im Gegenzug Leistungspflichten und weitere Verhaltenspflichten. Der Inhalt der geschuldeten Leistung wird durch die Vertragsparteien vereinbart. Diese Vereinbarung kann sich aber nicht mit allen denkbaren Modalitäten und Abwicklungsproblemen befassen. Ein vollständig spezifizierter Vertrag würde viel zu umfangreich werden, die vertragliche Vereinbarung lässt daher Raum für die Regelungen, die das Gesetz für den jeweiligen Vertragstyp bereitstellt. Nach dem Prinzip des „vor die Klammer Ziehens“ regelt das BGB im allgemeinen Schuldrecht bestimmte Probleme der vertraglichen Leistung für mehrere Vertragstypen gemeinsam. Bei der Interpretation vertraglicher Rechte und Pflichten ist daher jeweils zuerst nach einer speziellen Regelung beim konkreten Vertragstyp (z.B. Kauf), sodann bei der vor die Klammer gezogenen Regelung für mehrere Vertragstypen im allgemeinen Schuldrecht nachzusehen.

Nach dem Grundsatz der Vertragsfreiheit ist es den Parteien unbenommen, von der gesetzestypischen Regelung abzuweichen. Nur in wenigen Fällen trifft das Schuldrecht zwingende Regelungen. Erfolgen die Vertragsregelungen jedoch in Allgemeinen Geschäftsbedingungen für eine massenhafte, gleichförmige Vertragsanwendung, so fielen sie bis 31. 12. 2001 unter das Gesetz zur Regelung des Rechts der Allgemeinen Geschäftsbedingungen (AGBG), das die Vertragsfreiheit zu Lasten des Verwenders der AGB erheblich einschränkte (vgl. WR I, IV 2d). Der Inhalt des Gesetzes wurde im Rahmen der großen Schuldrechtsreform des Jahres 2000 im Wesentlichen unverändert in das Schuldrecht des BGB übernommen.

Schuldrechtliche Verträge, das heißt Verträge, die zur Begründung von Pflichten und Ansprüchen führen, werden vom BGB nach derjenigen Leistungspflicht typisiert, an deren Erfüllung der Gläubiger das stärkste Interesse hat. Man bezeichnet diese Pflicht als Hauptpflicht des Schuldners im Unterschied zu den anderen, ebenfalls aus dem Schuldverhältnis entstehenden Verpflichtungen, die lediglich die vertragliche Erfüllung der **Haupt**pflicht durch sogenannte **Neben**pflichten sichern sollen. Für den Kaufvertrag ist die Pflicht zur Übergabe und Übereignung der Kaufsache sowie zur Bezahlung des Kaufpreises typisch. Für den Mietvertrag ist entsprechend die Pflicht zur Überlassung der Mietsache und die gegenläufige Pflicht des Mieters zur Bezahlung des Mietzinses typisch. Wird das Eigentum oder der Gebrauch einer Sache unentgeltlich überlassen, so muss das BGB andere Vertragstypen, nämlich die Schenkung und die Leihe, verwenden. Die Hauptpflichten nennt man auch primäre Leistungspflichten, die Nebenpflichten können aus sekundären Leistungspflichten und weiteren Verhaltenspflichten bestehen (vgl. unten).

Wenn Leistungspflichten nur für eine Vertragspartei entstehen, spricht man von einseitigen Schuldverhältnissen. Dies gilt bei den gesetzlichen Schuldverhältnissen der unerlaubten Handlung und der ungerechtfertigten Bereicherung, jedenfalls im Normalfall. Für vertragliche Schuldverhältnisse gilt dies z.B. bei der Schenkung. Aus der vertraglichen Einigung zwischen Schenker und Beschenktem wird allein der Schenker verpflichtet, nämlich, dem Beschenkten die versprochene Leistung unentgeltlich zuzuwenden. Derartige Verträge bezeichnet man als einseitig verpflichtende Verträge.

Ganz überwiegend befasst sich das Schuldrecht jedoch mit gegenseitigen Verträgen, das heißt, jede Partei verpflichtet sich zu einer Leistung, weil und damit auch die andere Partei sich zu einer Gegenleistung verpflichtet. Typisch ist auch hier der Kaufvertrag: Der Kaufpreis wird bezahlt, damit die Kaufsache übereignet wird. Die Leistung und die Gegenleistung sind in einem Austauschverhältnis verknüpft. Die eine Leistung wird um der anderen willen versprochen. Allgemeine Regeln über gegenseitige Verträge zieht das BGB ebenso wie allgemeine Regeln über Verträge vor die Klammer.

Im Jahre 2001 hat der Gesetzgeber durch das Schuldrechtsmodernisierungsgesetz das Recht der Leistungsstörungen komplett neu geregelt. Insbesondere wurde das Kaufrecht verändert, weil der Gesetzgeber ohnehin verpflichtet war, die EG-Verbrauchsgüterkaufrichtlinie[124] in nationales Recht umzusetzen. Darin wird u. a. die Frist für die Verjährung von Gewährleistungsansprüchen aus Sachmängelhaftung auf zwei Jahre festgelegt. Hinzu kommen zwei weitere EG-Richtlinien, die der Gesetzgeber zum Anlass nahm, eine große Schuldrechtsmodernisierung in Angriff zu nehmen, die Zahlungsverzugsrichtlinie[125] und die sogenannte E-Commerce-Richtlinie.[126] Neben dem Schuldrecht wurde das Verjährungsrecht neu geregelt. Die regelmäßige Verjährungsfrist beträgt jetzt nach § 195 nicht mehr 30, sondern 3 Jahre. Längere Verjährungsfristen als 3 Jahre müssen jetzt im Gesetz ausdrücklich genannt sein.

Soweit Verträge nach dem 31. 12. 2001 abgeschlossen werden oder gesetzliche Schuldverhältnisse danach neu entstehen, gilt neues Recht (Art. 9 Abs. 1 des Gesetzes). Nach Art. 229 § 5 S. 1 EGBGB gilt für davor entstandene Schuldverhältnisse altes Recht weiter. Bestehende Dauerschuldverhältnisse (z. B. Miete und Pacht) sind bis 31. 12. 2002 an das neue Recht anzupassen (Art. 229 § 5 S. 2 EGBGB), danach gilt neues Recht.

2. Pflichtverletzungen und sonstige Leistungsstörungen

a) Überblick

Es gibt drei typische Leistungsstörungen in Verträgen:

1) Der Schuldner kann die versprochene Leistung **überhaupt nicht erbringen**. Der Grundfall ist hier: Die am 1. 12. verkaufte Vase, die am 15. 12. übereignet werden soll, wird am 2. 12. zerstört.

2) Der Schuldner kann oder will die versprochene Leistung **nicht rechtzeitig** erbringen. Grundfall ist hier: Die am 1. 12. verkaufte Vase soll am 15. 12. geliefert werden. Sie wird jedoch erst am 30. 12. geliefert. Der Käufer, der die Vase als Weihnachtsgeschenk verwenden will, ist gezwungen, zu diesem Zweck eine andere Vase zu besorgen. Für andere Käufer könnte eine Lieferung auch am 30. 12. noch sinnvoll sein.

[124] Richtlinie1999/44, ABlEG L 171/12
[125] Richtlinie 2000/35, ABlEG L 200/35
[126] Richtlinie 2000/31, ABlEG L 178/1

3) Der Schuldner erbringt zwar die Leistung, **erfüllt** aber seine Verpflichtungen **schlecht**. Grundfall ist hier: Die Vase hat einen Sprung und ist daher als Weihnachtsgeschenk nicht mehr tauglich.

Dementsprechend spricht man bei den Leistungsstörungen von Unmöglichkeit, Verzug und Schlechterfüllung.

Was die vom Schuldner zu vertretende Unmöglichkeit anbelangt, so hatte das BGB vor der großen Schuldrechtsmodernisierung des Jahres 2001 beim gegenseitigen Vertrag alternativ Rücktritt, d. h. Rückgängigmachung des Vertrages, und Schadensersatz wegen Nichterfüllung der Leistungspflicht vorgesehen. Hinzu kam die Möglichkeit, vom Vertrag Abstand zu nehmen oder die Abtretung eines Ersatzes oder Ersatzanspruchs zu verlangen (§ 325 alt). Beim Verzug lautete die Alternative Rücktritt oder Schadensersatz wegen Nichterfüllung (§ 326 alt). Nach der Modernisierung sind Rücktritt und Schadensersatz nicht mehr alternativ, sondern kumulativ möglich. Hinzu kommt die Möglichkeit, die Abtretung des Ersatzes oder Ersatzanspruchs zu verlangen (Unmöglichkeit).

Daneben kann es sein, dass zwar die Hauptleistungspflicht erfüllt wird, der Leistungspflichtige jedoch gegen eine Schutzpflicht oder eine sonstige **Nebenpflicht** aus dem Vertrag verstößt und daraus ein Schaden entsteht. Hinzu kommt die Möglichkeit, dass die Hauptleistungspflicht schlecht erfüllt wird und aus dieser Schlechterfüllung sogenannte Begleitschäden entstehen. Es gibt hierzu zwei Hauptfälle: Erstens: Die verkaufte und übereignete kranke Kuh steckt im Stall des Käufers dessen gesunde Kühe an. Zweitens: Die im Werkvertrag versprochene Leistung wird zwar ordnungsgemäß erbracht, es entsteht jedoch ein Begleitschaden, weil z.B. mit der Leiter eine Fensterscheibe eingedrückt wird.

Die Haftung für Schäden aus einer derartigen Schlechterfüllung des Vertrages war vor der großen Schuldrechtsreform von 2001 nicht im BGB geregelt. Derartige Schäden wurden von der Rechtsprechung unter dem Begriff „positive Vertragsverletzung“ zusammengefasst. Ab 2002 ist in der Grundnorm des § 280 BGB geregelt, dass der Schuldner für alle Pflichtverletzungen haftet, die er zu vertreten hat, wobei nach § 280 Abs. 1 S. 2 sein Vertretenmüssen vermutet wird. Zu vertreten hat der Schuldner nach § 276 Abs. 1 in der Regel Vorsatz und Fahrlässigkeit. In weiteren Normen wird nach der Art der Pflichtverletzung und der Art des Schadens differenziert.

Die Vorschriften über die Unmöglichkeit und den Verzug gelten zwar weiter, es haben sich aber gewichtige Änderungen ergeben. So fasst der Gesetzgeber in § 275 Abs. 1 die ursprüngliche und die nachträgliche Unmöglichkeit zusammen. Es heißt: Der Anspruch auf Leistung ist ausgeschlossen, soweit diese für den Schuldner oder für Jedermann unmöglich ist. Aus dieser Formulierung wird deutlich, dass auch der Unterschied zwischen subjektiver und objektiver Unmöglichkeit weggefallen ist. Damit ist die Vorschrift des § 306 (alt) BGB beseitigt, wonach auf eine ursprünglich unmögliche Leistung gerichtete Verträge nichtig sind. Jetzt sind alle derartigen Verträge wirksam (§ 311 a Abs. 1); es entfällt aber der Anspruch auf die Primärleistung nach § 275 Abs. 1.

Im Rahmen des Schuldrechtsmodernisierungsgesetzes des Jahres 2001 hat der Gesetzgeber eine neue Generalklausel in das Recht der Leistungsstörungen eingefügt: Nach § 280 Abs. 1 kann der Gläubiger, wenn der Schuldner eine Pflicht aus dem Schuldverhältnis verletzt, Ersatz des hierdurch entstehenden Schadens verlangen. Dies gilt nicht, wenn der Schuldner die Pflichtverletzung nicht zu vertreten hat. Ausgehend von dieser Generalklausel des § 280 Abs. 1 wird die

Rechtsprechung des Reichsgerichts und des Bundesgerichtshofs zur sog. positiven Vertragsverletzung hinfällig, die am Gesetzestext des BGB vorbei zu einer Haftung für sog. Begleitschäden aus der Nichterfüllung von Nebenleistungspflichten und sonstigen Schutzpflichten geführt hatte. Dazu drei Grundfälle:

Der Blumenhändler B, der einen schwungvollen Handel mit Orangenbäumchen betreibt, bestellt bei A 10 junge Orangenbäumchen, die er noch etwas wachsen lassen und später weiter verkaufen will. A liefert prompt. Später stellt sich jedoch heraus, dass die gelieferten 10 Bäumchen eine Pflanzenkrankheit haben, mit der sie die übrigen 100 Orangenbäumchen des B anstecken. B rügt den Mangel und erhält 10 mangelfreie Orangenbäumchen nachgeliefert. Er verlangt von A den Ersatz des Schadens, der ihm daraus entstanden ist, dass seine 100 übrigen Orangenbäumchen erkrankt sind und nicht mehr verkauft werden können.

Nach § 433 Abs. 1 Satz 2 hat der Verkäufer die Sache dem Käufer frei von Sach- und Rechtsmängeln zu verschaffen. Nach § 437 Nr. 1 und § 439 hat der Käufer wegen des Sachmangels (die 10 kranken Bäumchen) Nacherfüllung erhalten. Was die übrigen 100 Bäumchen anbelangt, gilt die Grundnorm des § 280 Abs. 1. Der Käufer B kann Ersatz seines Begleitschadens verlangen, der darin besteht, dass diese übrigen Bäumchen erkrankt sind und nicht mehr verkauft werden können.

Malermeister M beauftragt seinen Gesellen G, das Haus des E neu zu streichen. Beim Anstellen der Leiter am Haus des E schlägt G eine Scheibe ein. Welche Ansprüche hat E gegen M?

M könnte für die rechtswidrige Verletzungshandlung des G nach § 831 deliktisch haften. Nach dieser Vorschrift (Haftung für vermutetes eigenes Verschulden) steht ihm jedoch der sog. Exkulpationsbeweis offen. Er muss nachweisen, dass er bei der Auswahl und Überwachung des Verrichtungsgehilfen die erforderliche Sorgfalt beachtet hat. Dieser Nachweis wird ihm nur selten misslingen. Von daher scheiden deliktische Ersatzansprüche des E praktisch aus. Umso wichtiger sind die (vorrangig zu prüfenden) vertraglichen Ersatzansprüche des E. Er hat mit M einen Werkvertrag (§ 631) abgeschlossen. M hat sich des G zur Erfüllung seiner Verbindlichkeiten aus dem Werkvertrag bedient. Nach § 278 haftet er auch für das Verschulden seines Erfüllungsgehilfen G bei der Erfüllung der vertraglichen Verpflichtungen (Haftung für fremdes Verschulden). G hat zwar die Hauptleistungspflicht aus dem Werkvertrag, das Streichen der Hauswand, erfüllt. Er hat jedoch den Schutz der Vermögensgüter des E vernachlässigt und damit eine weitere vertragliche Verhaltenspflicht nach § 241 Abs. 2 verletzt. Nach § 280 Abs. 1 wird auch für die Verletzung von Schutz-, Mitwirkungs-, Aufklärungs- und Auskunftspflichten gehaftet, die nicht unmittelbar mit der Hauptpflicht zusammenhängen. Hier hat der Geselle G eine Schutzpflicht gegenüber E verletzt. Er hätte auf die Vermögensgüter des E besser achten müssen. G hat schuldhaft gehandelt, da er nach § 276 die im Verkehr erforderliche Sorgfalt außer Acht gelassen hat. M muss das Verschulden seines Erfüllungsgehilfen G nach § 278 wie eigenes Verschulden vertreten. Er haftet nach § 280 Abs. 1, weil sein Erfüllungsgehilfe G die dem M obliegende vertragliche Schutz- und Sorgfaltspflicht gegenüber E verletzt hat.

In der Regel muss der Schuldner Vorsatz und Fahrlässigkeit vertreten (§ 276). Für bestimmte Tatsachen, wie z. B. für die eigene Zahlungsfähigkeit, hat der Schuldner jedoch auch ohne ein Verschulden einzutreten.

Es gibt nach der Modernisierung des Jahres 2001 den (einfachen) Schadensersatz neben der Leistung, den Schadensersatz wegen Verzögerung und den Schadensersatz statt der Leistung.

Der Gesetzgeber zieht die (wenn auch verspätete) Durchführung des Vertrages gegenüber einer den Schuldner im Regelfall stärker belastenden Schadensersatzlösung vor. Nur unter den besonderen Voraussetzungen der Normen, die in § 280 Abs. 2 und 3 genannt sind, kann der Gläubiger Schadensersatz wegen der Verzögerung der Leistung oder Schadensersatz statt der Leistung verlangen. Neben den Schadensersatzansprüchen kommt nach § 323 ein Rücktritt in Betracht, wenn die Leistung nicht oder nicht vertragsgemäß erbracht wurde. Zuvor muss der Gläubiger dem Schuldner allerdings nach §§ 323 Abs. 1, 281 Abs. 1 S. 1 erfolglos eine angemessene Frist zur Leistung oder zur Nacherfüllung bestimmt haben. Unter den besonderen Voraussetzungen des § 323 Abs. 2 ist diese Fristsetzung entbehrlich (vgl. unten). Wenn er Schadensersatz statt der Leistung (z. B. die Kosten für eine Ersatzbeschaffung) verlangt, muss er eine bereits erhaltene oder mangelhafte Leistung zurückgewähren (§ 281 Abs. 5). Sobald der Gläubiger Schadensersatz verlangt hat, ist nach § 281 Abs. 4 der Erfüllungsanspruch ausgeschlossen.

Neben der Forderung von Schadensersatz hat der Gläubiger seit der Schuldrechtsmodernisierung von 2001 die Möglichkeit, zurückzutreten. Das Rücktrittsrecht wurde durch die Schuldrechtsreform ausgebaut. Wenn der Schuldner bei einem gegenseitigen Vertrag die fällige Leistung nicht oder nicht vertragsgemäß erbringt, kann der Gläubiger ihm nach § 323 Abs. 1 eine angemessene Frist setzen. Es gilt dasselbe wie beim Schadensersatz statt der Leistung: Dem Schuldner bleibt die Möglichkeit, den Vertrag doch noch zu erfüllen. Läuft die Frist erfolglos ab, kann der Gläubiger nach § 323 Abs. 1 zurücktreten. Für die Problematik der Teil- und Schlechtleistungen gilt dasselbe wie im Falle des Schadensersatzes statt der Leistung. Probleme entstehen, wenn die erhaltene Sache nicht mehr zurückgegeben werden kann oder in ihrem Wert gemindert ist.

V verkauft an K einen Neuwagen für 25000 Euro. K stellt fest, dass der Aschenbecher defekt ist. Kann er mit der Behauptung, der Vertrag sei nur teilweise erfüllt worden, nach § 281 Schadensersatz statt der ganzen Leistung verlangen?

Grundsätzlich gilt: Liegt die Pflichtverletzung des Schuldners darin, dass er nur eine Teilleistung erbracht hat, so kann Schadensersatz nach § 280 Abs. 1 wegen des ausgebliebenen Restes der Leistung (z. B. Wagen ohne Anhänger) verlangt werden. Schadensersatz statt der ganzen Leistung lässt § 281 Abs. 1 Satz 2 nur unter der weiteren Voraussetzung zu, dass der Gläubiger an der Teilleistung kein Interesse hat. Liegt der häufige Fall einer Schlechtleistung vor, wird demnach die Leistung „nicht wie geschuldet bewirkt“, so kann der Gläubiger nach § 281 Abs. 1 Satz 2 Schadensersatz statt der ganzen Leistung verlangen; doch gilt eine Ausnahme dann, wenn die Pflichtverletzung „unerheblich“ ist (Satz 3). Der Autokauf des K kann nicht deshalb rückgängig gemacht werden, weil der Aschenbecher nicht in Ordnung ist. Dies schließt nicht aus, dass K dem Verkäufer V die Reparaturkosten in Rechnung stellt (vgl. unten).

K hat von V ein Spanferkel gekauft, das er am Wochenende am Spieß braten will. V liefert nur eine Ferkelhälfte, die nicht am Spieß gebraten werden kann. Muss K dies als Teilerfüllung gelten lassen?

K hat hier nach § 281 Abs. 1 S. 2 an der Teilleistung kein Interesse. Er kann nach Fristsetzung und erfolglosem Fristablauf Schadensersatz statt der ganzen Leistung verlangen.

B schließt mit A einen Vertrag über die Veranstaltung eines Hauskonzerts, das er zu seinem 50. Geburtstag veranstalten möchte. Zu dem vereinbarten Termin erscheint A nicht. B hat für seine Freunde und Bekannten 50 Einladungskarten drucken lassen und hierfür 300 Euro bezahlt. Er fragt an, ob er Ersatz dieser Aufwendungen verlangen könne.

Nach § 284 kann B anstatt des Schadensersatzes den **Ersatz der Aufwendungen** verlangen, die er im Vertrauen auf den Erhalt der Leistung gemacht hat und billigerweise machen durfte. Die Voraussetzungen der §§ 281 bis 283 müssen vorliegen. Die Karten hat B im Vertrauen auf die Durchführung des Konzerts drucken lassen. Also kann er von A Ersatz seiner Aufwendungen in Höhe von 300 Euro verlangen.

Dasselbe gilt dann, wenn ein Privatmann z. B. Umbauarbeiten vornimmt, um den gekauften (aber dann eben doch nicht gelieferten) Gegenstand in seinem Haus unterzubringen.[127] Hier ist nach § 284 nunmehr ein Ersatz möglich, der auch nutzlos gewordene Vertragskosten umfasst.[128] Man kann dies als einen gesetzlich anerkannten Fall des normativen Schadensbegriffs verstehen.[129] Die Rechtsprechung hatte bislang lediglich dann „geholfen", wenn es sich um ein kommerzielles Vorhaben handelte, und eine sog. Rentabilitätsvermutung aufgestellt: Bis zum Beweis des Gegenteils wurde angenommen, dass die Aufwendungen in einiger Zeit wieder erwirtschaftet worden wären, so dass sie als „entgangener Gewinn" ersatzfähig waren.[130] Der nach § 281 Abs. 1 geschuldete Schadensersatz umfasst auch Folgeschäden.[131] Alternativ dazu kann der Gläubiger nach § 284 Ersatz seiner nutzlos gewordenen Aufwendungen verlangen. Dies ist immer dann von Bedeutung, wenn es um eine nicht-kommerzielle Aktivität geht.

Handwerker H hat mit dem Hauseigentümer E vereinbart, dass er innerhalb von drei Tagen die Heizungsanlage für 1800 Euro repariert. Am zweiten Tag gerät er mit S, dem Sohn des E, in Streit und versetzt ihm einen Schlag ins Gesicht. E ist bereit, die korrekt erbrachte Teilleistung in Höhe von 900 Euro zu honorieren, möchte den H aber nicht mehr in seinem Haus sehen und verzichtet auf die restliche Leistung. Zu Recht?

Hier hat H die Hauptleistungspflicht aus dem Werkvertrag (§ 631) bisher korrekt erfüllt. Allerdings hat er nicht genügend Rücksicht auf die Personen genommen, die zum engeren Umkreis des Bestellers E gehören. Hat der Schuldner lediglich eine Schutzpflicht nach § 241 Abs. 2 missachtet, dann kann Schadensersatz statt der Leistung nach § 282 nur dann verlangt werden, wenn dem Gläubiger die Leistung durch den Schuldner nicht mehr zuzumuten ist. Dies ist auch dann der Fall, wenn ein Handwerker gegen Angehörige des Gläubigers tätlich geworden ist.

b) Unmöglichkeit

Nach § 275 Abs. 1 ist der Anspruch auf die Leistung ausgeschlossen, soweit diese für jedermann oder für den Schuldner unmöglich ist. Der Gesetzgeber unterscheidet in § 275 weder zwischen anfänglicher und nachträglicher, noch zwischen subjektiver und objektiver Unmöglichkeit. Die Gültigkeit des Vertrages bleibt unberührt. Nach § 311 a Abs. 1, auf den § 275 Abs. 4 verweist, gilt dies auch für die anfängliche Unmöglichkeit. Die alte Regelung des § 306, wonach in diesem Fall der Vertrag nichtig wäre, entfällt.

A verkauft dem B am 1. 11. eine Vase, die am 15. 11. übereignet werden soll. Am 14. 11.wird die Vase bei A durch Zufall zerstört.

---

[127] Canaris JZ 2001, 516

[128] Canaris ZRP 2001, 333

[129] Zu diesem s. Däubler, BGB kompakt, München 2002, 561 ff .und Däubler, Neues Schuldrecht – ein erster Überblick, NJW 2001, 3729-3734

[130] BGHZ 99, 197

[131] Teichmann BB 2001, 1488

Nach § 275 wird A von der Verpflichtung zur Leistung frei. Da keine schuldhafte Pflichtverletzung des A gegeben ist, kann B nicht Schadensersatz verlangen. Dies ergibt sich aus §§ 283 und 280 Abs.1.

Wie ist der Fall zu beurteilen, wenn die Vase nicht durch Zufall zerstört, sondern gestohlen wurde?

Hier spricht man nicht von objektiver Unmöglichkeit, sondern von Unvermögen, d. h. von der subjektiven Unmöglichkeit zu leisten. Nach § 275 Abs. 1 ist die subjektive und die objektive Unmöglichkeit gleichzustellen. A muss also auch, wenn ihm die Vase gestohlen wurde, nicht mehr an B leisten. Da er keine Pflicht verletzt hat, kann B von ihm auch nicht die Bezahlung des Kaufpreises verlangen (§ 326 Abs. 1 S. 1).

Wie ist zu entscheiden, wenn A vor der Lieferung, aber nach dem Abschluss des Kaufvertrages, die Vase durch Unachtsamkeit zerstört hat?

Soweit die Unmöglichkeit vom Schuldner zu vertreten ist, kann der Gläubiger Schadensersatz statt der Leistung verlangen (§§ 280 Abs. 1 und 3, 283). Einer Fristsetzung bedarf es bei § 283 nicht. A hat seine Fahrlässigkeit, d. h. die Außerachtlassung der im Verkehr erforderlichen Sorgfalt, nach § 276 Abs. 1 zu vertreten.

A verkauft dem B die Vase am 1. 11., ohne zu wissen, dass sie bereits am 31. 10. durch Zufall zerstört wurde. Muss er dem B Schadensersatz statt der Leistung zahlen?

Hier lag die (objektive) Unmöglichkeit schon bei Vertragsschluss vor. Zwar hat A keine Pflicht nach § 280 Abs. 1 verletzt. Nach § 311 a Abs. 2 kann der Gläubiger dennoch nach seiner Wahl Schadensersatz statt der Leistung oder Ersatz seiner Aufwendungen in dem in § 284 bestimmten Umfang verlangen. Dies gilt allerdings nicht, wenn der Schuldner A das Leistungshindernis bei Vertragsschluss nicht kannte und seine Unkenntnis auch nicht zu vertreten hat. Dann entfällt aber der Anspruch des A auf Zahlung des Kaufpreises nach § 326 Abs. 1 Satz 1.

A hat dem B sein Segelschiff für 30 000 Euro verkauft. Nach Abschluss des Kaufvertrages, aber vor der Übereignung, kentert das Schiff und liegt jetzt auf dem Grund eines Sees. Die Hebung würde 100 000 Euro kosten. Ist A wegen Unmöglichkeit von der Verpflichtung zur Leistung frei geworden?

Die Leistung ist hier weder für A noch für jedermann unmöglich. Der Aufwand, der zur Erbringung der Leistung erforderlich wäre, ist nur unverhältnismäßig hoch. Für diesen Fall hat der Gesetzgeber § 275 Abs. 2 neu eingefügt. Danach kann der Schuldner die Leistung verweigern, soweit diese einen Aufwand erfordert, der unter Beachtung des Inhalts des Schuldverhältnisses und der Gebote von Treu und Glauben in einem groben Missverhältnis zu dem Leistungsinteresse des Gläubigers steht. Bei der Bestimmung der dem Schuldner zuzumutenden Anstrengungen ist zu berücksichtigen, ob der Schuldner das Leistungshindernis zu vertreten hat. Hier hat A das Leistungshindernis nicht zu vertreten. Der Aufwand steht in einem groben Missverhältnis zu dem Leistungsinteresse des Gläubigers B. Also kann er sich so behandeln lassen, als ob ihm die Leistung unmöglich geworden wäre (wirtschaftliche Unmöglichkeit nach § 275 Abs. 2).

Die Opernsängerin O will ihren Auftritt absagen, da ihr Kind plötzlich an Krupphusten erkrankt ist und sie ihm in dieser lebensgefährlichen Situation beistehen möchte. Kann sie gegenüber ihrem Arbeitgeber argumentieren, die Leistung sei ihr unmöglich geworden?

Nach § 275 Abs. 3 kann der Schuldner die Leistung auch dann verweigern, wenn er sie persönlich zu erbringen hat und sie ihm unter Abwägung des seiner Leistung entgegenstehenden Hindernisses mit dem Leistungsinteresse des Gläubigers nicht zugemutet werden kann. Hier kann nur O selbst die entsprechende Partie in der Opernaufführung singen. Als Hindernis steht ihrer Vertragserfüllung jedoch die lebensgefährliche Erkrankung ihres Kindes entgegen. Die Abwägung spricht dafür, dass ihr die Leistung nicht zugemutet werden kann. O muss nicht singen, sondern kann bei ihrem Kind bleiben.

Der Vertragspartner kann, wie eingangs bereits erwähnt wurde, weder zurücktreten noch Schadensersatz verlangen, sondern die nach § 285 Abtretung des Ersatzes oder des Ersatzanspruches (**stellvertretendes commodum**) verlangen, den der Schuldner infolge des Umstandes erlangt hat, durch den die Leistung unmöglich wurde.

c) Verzug

A verkauft B am 1. 12. ein älteres Buch von Schumpeter aus seiner Bibliothek zum Preis von 50 Euro. A soll das Buch am 15. 12. bei B vorbeibringen. A kommt jedoch nicht. B, der das Buch für ein Referat am 18. 12. braucht, dies jedoch dem A nicht mitgeteilt hat, fragt, was er angesichts dieser Situation tun könne.

A könnte mit seiner Leistung in Verzug gekommen sein. Er würde dann wegen der **Verzögerung der Leistung** nach §§ 280 Abs. 1 und 2, 286 BGB auf Schadensersatz haften. Voraussetzung ist nach § 286 Abs. 1, dass die Leistung fällig geworden ist. Nach § 271 Abs. 2 kann B die Leistung frühestens am 15. 12. verlangen, A sie jedoch vorher bewirken. Sie ist also am 15. 12. fällig geworden. Nach § 286 Abs. 1 S. 1 muss der Schuldner in der Regel vom Gläubiger nach Eintritt der Fälligkeit gemahnt worden sein; erst durch die Mahnung kommt er in Verzug. Da hier jedoch für die Leistung eine Zeit nach dem Kalender bestimmt ist, kommt der Schuldner A nach § 286 Abs. 2 Nr. 1 auch ohne Mahnung in Verzug, wenn er nicht zu der bestimmten Zeit, also am 15. 12., leistet. Nach § 286 Abs. 4 kommt der Schuldner nicht in Verzug, solange die Leistung infolge eines Umstandes unterbleibt, den er nicht zu vertreten hat. In der Regel hat er Vorsatz und Fahrlässigkeit zu vertreten (§ 276). Sein Vertretenmüssen wird vermutet. In diesem Fall sind keine Umstände erkennbar, die diese Vermutung ausräumen. Da A mit der Leistung in Verzug gekommen ist, kann B nach §§ 280 Abs. 1 und 2, 286 den Ersatz des durch den Verzug entstehenden Schadens verlangen (Schadensersatz *neben* der Leistung = Verzögerungsschaden). Demnach könnte sich B anderswo das schumpetersche Buch mieten, bis A ihm das Buch gibt, und von A den Ersatz der Mietkosten für die Zeit des Verzugs verlangen.

Sollte es jedoch nicht möglich sein, das Buch für diese Zeit zu erhalten, so kommt B in eine schwierige Situation. Er muss sich das Buch rasch anderswo beschaffen, wenn er nicht mehr mit einer rechtzeitigen Leistung rechnen kann. Auf diese Situation geht für die gegenseitigen Verträge die Vorschrift des § 323 ein. Nach Absatz 1 kann B dem A eine angemessene Frist bestimmen. Leistet A bis zum Ablauf der Frist nicht, kann B vom Vertrag nach § 323 Abs. 1 zurücktreten und nach § 325 gleichzeitig Schadensersatz statt der Leistung nach §§ 280 Abs. 1 und 3, 281 verlangen (Schadensersatz *statt* der Leistung = Nichterfüllungsschaden).

Auch hiermit wird B jedoch nicht zufrieden sein, da die Zeit für eine Fristsetzung zu kurz ist. Daher gibt ihm § 323 Abs. 2 das Recht, unmittelbar zurückzutreten und Schadensersatz statt der Leistung zu verlangen, wenn die Erfüllung des Vertrags infolge des Verzugs für ihn kein Interesse mehr hat. Das unmittelbare Rücktrittsrecht besteht, wenn eine von drei Alternativen erfüllt ist: Der Schuldner verweigert die Leistung ernsthaft und endgültig. Der Schuldner bewirkt die Leistung zu einem im Vertrag bestimmten Termin oder innerhalb einer bestimmten Frist nicht und der Gläubiger hat vertraglich den Fortbestand seines Leistungsinteresses an die Rechtzeitigkeit der Leistung gebunden. Besondere Umstände rechtfertigen unter Abwägung der beiderseitigen Interessen den sofortigen Rücktritt. In diesem Fall wurde nach der zweiten Alternative ein bestimmter Termin vereinbart. B kann also unmittelbar zurücktreten. Die Höhe des Schadensersatzes bestimmt sich nach §§ 249, 251 Abs. 1. A hat den B in Geld zu entschädigen, wobei der Wert des Buches über die Höhe des zu leistenden Ersatzes entscheidet.

Auch wenn die Leistung fällig ist, gerät der Schuldner nicht in Verzug, wenn er ein Recht zur vorläufigen oder endgültigen Verweigerung seiner Leistung hat. Dieses Recht besteht beim gegenseitigen Vertrag vor allem dann, wenn der Gläubiger die ihm obliegende Gegenleistung nicht erbringt, so dass der Schuldner nach § 320 für seine eigene Leistungsverpflichtung die „Einrede des nicht erfüllten Vertrages" erheben und seinerseits die Erfüllung solange verweigern kann, wie ihm der Gläubiger nicht die versprochene Gegenleistung anbietet.

Anders als bei der Unmöglichkeit besteht beim Verzug des Schuldners die primäre Leistungspflicht fort. Die Rechtsfolgen des Verzugs treten jedenfalls zunächst neben die ursprünglich aus dem Vertrag entstandenen Leistungsverpflichtungen.

B weigert sich trotz Mahnung des A, das von ihm gekaufte Motorrad zu bezahlen. A verlangt von ihm Verzugszinsen. Wie hoch sind sie?

B muss nach § 280 Abs. 1 und 2 den Verzugsschaden des A ersetzen. Bei Geldschulden kann der Gläubiger nach § 288 auch ohne den Nachweis eines Verzugsschadens Verzugszinsen in Höhe von 5 % über dem Basissatz fordern. Ist an dem Geschäft kein Verbraucher beteiligt, beträgt der Zinssatz 8 Prozentpunkte über dem Basissatz (§ 288 Abs. 2). Die Geltendmachung darüber hinaus gehender vertraglich vereinbarter Zinsansprüche (§ 288 Abs. 3) oder eines weiteren Verzugsschadens (§ 288 Abs. 4) ist möglich.

30 Tage nach Fälligkeit und Zugang der Rechnung kommt der Geldschuldner „automatisch", d. h. ohne Mahnung, in Verzug (§ 286 Abs. 3); der Verbraucher muss auf die Folgen in der Rechnung oder Zahlungsaufstellung besonders hingewiesen werden.

A tauscht mit B seine Stereoanlage gegen einen PC. B liefert den PC nicht. A hat ihm eine Frist bis 15. 12. gesetzt, die ungenutzt verstrichen ist. Was kann A tun, wenn B die Stereoanlage bereits an C veräußert hat?

Im Rahmen dieses Tauschvertrages (§ 515 BGB) gelten die Vorschriften über den Kauf entsprechend. A kann zurücktreten (§ 323 Abs. 1). Er kann von B nach vollzogenem Rücktritt gemäß § 346 Abs. 1 verlangen, dass er die empfangenen Leistungen zurückgewährt und die gezogenen Nutzungen herausgibt. Da B hierzu außer Stande ist, weil er den empfangenen Gegenstand veräußert hat, kann A statt der Rückgewähr Wertersatz nach § 346 Abs. 2 Nr. 2 verlangen. Wertersatz muss der Schuldner auch leisten, wenn die Rückgewähr oder die Herausgabe nach der Natur des Erlangten ausgeschlossen ist (§ 346 Abs. 2 Nr. 1) oder wenn der empfangene Gegenstand sich verschlechtert hat bzw. untergegangen ist; jedoch bleibt die durch die bestimmungsgemäße Ingebrauchnahme entstandene Verschlechterung außer Betracht (§ 346 Abs. 2 Nr. 3).

A hat B ein Auto zum Preis von 30 000 Euro verkauft. B hat trotz Mahnung nicht bezahlt. A will zurücktreten und fragt an, ob er hierbei die Wertminderung des Autos ansetzen könne, das B inzwischen ein halbes Jahr gefahren hat.

Da B den vereinbarten Kaufpreis nach § 433 Abs. 2 nicht bezahlt hat, kann A, wenn er erfolglos gemahnt hat, zurücktreten (§ 323 Abs. 1). Fraglich ist, ob der Schuldner B dafür Wertersatz leisten muss, dass das Auto ein halbes Jahr gefahren wurde. Soweit der Wertverlust auf den bestimmungsgemäßen Gebrauch des Autos zurückzuführen ist, bleibt jedoch nach § 346 Abs. 2 Nr. 3 die Verschlechterung außer Betracht. B muss insoweit keinen Wertersatz leisten. Nach § 346 Abs. 1 muss er allerdings die gezogenen Nutzungen herausgeben, d. h. den Vorteil des Gebrauchs während des halben Jahres, in dem er das Auto benutzen konnte.

A ist mit der Lieferung des an B verkauften Fahrrades im Verzug. Am 1. 12. wird das Fahrrad durch Blitzschlag zerstört. Welche Ansprüche hat B gegen A?

Die Leistung des A ist unmöglich geworden. An sich würde § 275 Abs. 1 eingreifen, da A das Ereignis (Blitzschlag) nicht zu vertreten hat. Während des Verzugs unterliegt er jedoch einer verschärften Haftung. Er ist nunmehr auch für das zufällige Unmöglichwerden der Leistung verantwortlich, falls der Schaden nicht auch bei rechtzeitiger Leistung eingetreten wäre (§ 287 Satz 2). Nach § 287 Satz 2 hat A auch das zufällige Unmöglichwerden der Leistung zu vertreten. B kann nach § 323 Abs. 1 zurücktreten und auch von ihm nach § 325 Schadensersatz statt der Leistung verlangen. Was den Umfang des zu leistenden Schadensersatzes angeht, so kann B nach § 249 auch die Kosten eines Deckungskaufs ersetzt verlangen, wenn er das Fahrrad braucht und es sich anderswo zu einem höheren Preis verschaffen muss.

A soll das von B gekaufte Fahrrad am 1. 12. bei B vorbeibringen. B ist jedoch zum vereinbarten Zeitpunkt nicht zu Hause, so dass A das Fahrrad wieder mitnehmen und bei sich zu Hause abstellen muss. Am 2. 12. wird das Fahrrad durch Blitzschlag zerstört.

Jetzt befindet sich der Gläubiger B im Annahmeverzug. Nach §§ 293, 294 hätte er die ihm angebotene Leistung annehmen müssen. Nach § 275 Abs. 1 wird der Schuldner A von der Verpflichtung zur Leistung frei, da er den Umstand des Unmöglichwerdens nicht zu vertreten hat. Nach § 326 Abs. 2 muss der Gläubiger, der im Annahmeverzug ist, die Gegenleistung bezahlen. A kann also von B den Kaufpreis für das Fahrrad verlangen, obwohl er es nicht mehr liefern kann.

A bestellt bei T ein Taxi, um die Maschine zu erreichen, die um 10 Uhr 20 vom Flughafen abfliegt. Der Taxifahrer gerät unverschuldet in einen Stau und kommt erst um 10 Uhr 25 bei A an. A hat ein anderes Taxi zum Flughafen genommen. Muss er T bezahlen?

Der Zweck der Leistung (Fahrt zur Erreichung der Maschine, die um 10 Uhr 20 abfliegt) ist derart eng mit der genauen Einhaltung des vertraglich festgesetzten Termins verbunden, dass eine sinnvolle Erfüllung des Vertrages zu einem späteren Zeitpunkt nicht möglich ist. Man spricht hier von einer **absoluten Fixschuld**. Die Leistung ist um 10 Uhr 25 unmöglich geworden. T muss nicht mehr leisten, kann aber nach § 326 Abs. 1 von A auch nicht die Bezahlung des Werklohns verlangen.

Die Eheleute A und B bestellen beim Blumenhändler C ausdrücklich zu ihrer Silbernen Hochzeit am 21. 12. einen großen Blumenstrauß. C gerät jedoch am 20. 12. in eine Schneeverwehung. Er kann die Blumen erst am 22. 12. bei A und B vorbeibringen. Müssen A und B die angebotene Leistung annehmen und bezahlen?

Der Zweck der Leistung (Lieferung des Blumenstraußes) ist nach dem 21. 12. nicht unmöglich geworden. Das Leistungsinteresse von A und B ist jedoch nach Verstreichen des Termins erloschen. Sie können nach § 323 Abs. 2 Nr. 2 ohne Fristsetzung zurücktreten.

d) Schlechterfüllung beim Kauf

Wenn der Verkäufer zwar rechtzeitig leistet, die geleistete Kaufsache jedoch mangelhaft ist, stehen dem Käufer Ansprüche zu, mit denen er möglicherweise höchst unterschiedliche Ziele verfolgen kann. So könnte er z. B. beim Kauf einer Vase, die einen Sprung hat, den Kaufpreis zurückverlangen und die Vase zurückgeben. Fehlt an dem gekauften Fahrrad nur die versprochene Beleuchtung, so gibt er sich möglicherweise mit einer Nachbesserung zufrieden, d. h. die Beleuchtung wird nachträglich angebracht. Vielleicht will er aber die Beleuchtung selbst anbringen, dann wird der Kaufpreis entsprechend verringert werden. Ihm können auch weitere Schäden entstehen. So kann er mit dem Fahrrad, bei dem die Beleuchtung versagt, nachts verunglücken. Gegenüber der bisher geltenden Sachmängelhaftung im Kauf hat die Schuldrechtsreform von 2001 wesentliche Erleichterungen gebracht. Das Gewährleistungsrecht beim Kauf verweist nun auf die allgemeinen Grundsätze des Rechts der Leistungsstörungen, das durch die §§ 437 ff. lediglich modifizierend ergänzt wird. Die Unterscheidung zwischen Rechts- und Sachmängeln fällt weg (§ 437). Der Verkäufer muss nach dem im Jahre 2001 neu eingefügten § 433 Abs. 1 S. 2 frei von Sach- und Rechtsmängeln übergeben und übereignen. Für die Definition der Sachmängel gilt § 434, für die Rechtsmängel § 435.

Grundnorm für die Rechtsbehelfe des Käufers ist § 437, wenn die Kaufsache mangelhaft ist: Zuerst die Nacherfüllung (Nr. 1), dann Rücktritt oder Minderung (Nr. 2) und schließlich Schadensersatz (Nr. 3). In der ersten Stufe kann der Käufer bei der Nacherfüllung wählen, ob er die Beseitigung des Mangels oder die Lieferung einer mangelfreien Sache haben will. Die erforderlichen Aufwendungen hat der Verkäufer zu tragen. Es gibt Ausschlussgründe (§§ 439 Abs. 2, 440 S. 1, 440 S. 2, Bei Weigerung des Verkäufers § 275). Wenn die Nacherfüllung unmöglich ist, gelten die Regeln der Unmöglichkeit nach § 275. In der zweiten Stufe kann der Käufer zurücktreten oder mindern oder Schadens- bzw. Aufwendungsersatz fordern. Zuvor muss er dem Verkäufer in der Regel eine Frist gesetzt haben.

aa) Fälle zur Sach- und Rechtsmängelhaftung

A verkauft B einen Mantel. Als B nach Hause kommt, stellt er fest, dass die Naht des Futters fast auf der ganzen Länge aufgegangen ist. Welche Ansprüche hat B?

Nach § 434 Abs. 1 Satz 2 Nr. 1 wird für den Sachmangel der sogenannte subjektive Fehlerbegriff übernommen. Entscheidend ist, ob die Sache die vereinbarte Beschaffenheit besitzt. Hat z. B. der Verkäufer dem Käufer vertraglich zugesichert, dass die Nähte des Futters der verkauften Jacke von Hand genäht sind, während sie in Wirklichkeit maschinell genäht wurden und bereits schadhaft sind, dann entspricht die Ist-Beschaffenheit der Kaufsache nicht der vertraglichen Soll-Beschaffenheit. Genauso liegt der Fall, wenn das Futter des verkauften Mantels auf der ganzen Länge aufgeht. Die Sache ist fehlerhaft. Fehlt eine vertragliche Festlegung, dann stellt das Gesetz auf die gewöhnliche Verwendung und die übliche Beschaffenheit ab, die der Käufer erwarten kann. Hierbei kann er auch aus öffentlichen Äußerungen des Verkäufers, des Herstellers oder anderer für den Verkäufer am Kauf Beteiligter seine Schlüsse ziehen (§ 434 Abs. 1 S. 3).

Verkauft A dem B eine Bücherkiste, die zwar zum Transport von Apfelsinen geeignet, zum Transport von Büchern jedoch zu leicht ist, so ist die Kiste zur vertraglich vorausgesetzten Verwendung, d. h. zum Transport von Büchern, ungeeignet. Sie ist nach § 434 Abs. 1 Nr. 1. Mangelhaft. Also kann B von A Gewährleistung nach § 437 BGB verlangen.

B kauft von A eine wasserdichte Uhr. Nach einigen Tagen kehrt er zu A zurück und zeigt ihm, dass Wasser in die Uhr eingedrungen ist. Es stellt sich heraus, dass B Sporttaucher ist und die Uhr zum Tauchen in 80 m Tiefe verwendet hat.

B könnte nach § 437 Gewährleistung verlangen, wenn die Uhr nach § 434 fehlerhaft war. Eine bestimmte Verwendung wurde vertraglich nur insofern vorausgesetzt (§ 434 Abs. 1 Nr. 1), als die Uhr wasserdicht zu sein hat. Zur gewöhnlichen Verwendung (§ 434 Abs. 1 Nr. 2) im Rahmen des Vertragsinhalts „wasserdicht" gehört z. B., dass B die Uhr in das Waschbecken legt, dass sie in den Regen kommt oder dass er sie zum Schwimmen und Tauchen in geringen Tiefen verwendet. Nicht zum gewöhnlichen Gebrauch gehört das Tauchen in 80 m Tiefe. Also war die Uhr nicht fehlerhaft. B hat keine Gewährleistungsrechte.

Hätte B dem A mitgeteilt, dass er die Uhr zum Tauchen in größeren Tiefen verwenden will, so wäre sie nicht zum vertraglich vorausgesetzten Gebrauch geeignet, also fehlerhaft. B könnte dann, wenn die Nacherfüllung scheitert, die Rechte nach § 437 Nr. 2 und 3 geltend machen.

A verkauft B ein bestimmtes Grundstück als „Baugrundstück". Es stellt sich heraus, dass das Grundstück nach dem Bebauungsplan einer Bausperre unterliegt.

B hat die Gewährleistungsrechte nach § 437, da die Tauglichkeit der Kaufsache zur vertraglich vorausgesetzten Verwendung nach § 437 Nr. 1 fehlt. Rechtsmängel werden wie Sachmängel behandelt (§§ 437, 435).

Schrotthändler B kauft von A dessen alten VW-Käfer, Baujahr 1954. Nachträglich macht er geltend, das Auto sei nicht mehr verkehrstüchtig. Kann er Gewährleistung verlangen?

B hat den Fehler der Kaufsache akzeptiert. Er wusste, dass das Auto nicht mehr verkehrstüchtig war. Er hat es als Schrottauto gekauft. Ein Rücktrittsrecht oder ein Recht auf Minderung scheidet aus, da die Sache nach dem besonderen Vertragsinhalt nicht fehlerhaft ist.

A verkauft B Superbenzin, liefert aber Normalbenzin. Kann B Gewährleistung verlangen?

Nach § 434 Abs. 3 ist ein Sachmangel auch dann gegeben, wenn eine andere Sache (aliud) geliefert wird. Fraglich ist, welchen Inhalt die Gewährleistungsansprüche (§ 437) haben. Nachbesserung scheidet aus. Ersatzlieferung (Abpumpen des Normalbenzins und Einfüllen des Superbenzins) ist schwierig. Wenn der Wagen des A auch mit Normalbenzin fährt, ist Minderung sinnvoll.

A verkauft B ein Auto, dessen Verbrauch er mit 5 l bei konstant 120 km/h pro 100 km angibt. Der tatsächliche Verbrauch liegt 15 % höher. Ist das ein Sachmangel?

Der BGH[132] nimmt mit Recht einen Sachmangel an, wobei er sich auf die Verkehrsauffassung „in Zeiten steigender Kraftstoffpreise und gesteigerten Umweltbewusstseins" beruft. B hat, so-

[132] Vgl. BGH NJW 1996, 1337 ff.

weit die Gewährleistung im Formularvertrag nicht in zulässiger Weise anders geregelt ist (vgl. unten), die Rechte nach § 537.

A verkauft an B 100 Kisten Orangen zum Preis von 500 Euro. Er liefert aber nur 95 Kisten. Kann der Käufer die Mangelhaftigkeit der Sache rügen?

Nach § 434 Abs. 3 ist ein Sachmangel auch anzunehmen, wenn eine zu geringe Menge (quantitatives aliud) der Sache geliefert wird. Die Ansprüche des Käufers bestimmen sich nach § 437. Er kann unter den Voraussetzungen von § 439 Nacherfüllung verlangen. Scheitert diese, hat er die weiteren Rechte aus § 437.

Als A sein bei B neu erworbenes Bücherregal zusammenmontieren will, muss er feststellen, dass die beigelegte Bedienungsanleitung fehlerhaft ist. Deshalb passen die Teile des montierten Regals nicht zusammen. Kann er wegen der fehlerhaften Anleitung Gewährleistung verlangen?

Nach § 434 Abs. 2 S. 2 steht es einem Sachmangel gleich, wenn bei einer zur Montage bestimmten Sache eine fehlerhafte Montageanleitung geliefert wird, es sei denn, die Sache ist fehlerfrei montiert worden. A hat insofern die Gewährleistungsrechte.

Im Übrigen bleibt die Anfechtung bei einem Irrtum des Käufers nach § 119 Abs. 1 oder nach § 123 (arglistige Täuschung, Drohung) zulässig, da hier kein Konflikt zur Sachmängelhaftung besteht.

A verkauft B ein neues Fahrrad. Beide sind Verbraucher (§ 13). B stellt erst später fest, dass die Bremsen des Fahrrades bei höheren Geschwindigkeiten nicht funktionieren. A hat in dem Kaufvertrag Rechte des B auf Rücktritt oder Minderung ausgeschlossen.

Wenn Verbraucher A dem Verbraucher B die Mangelhaftigkeit der Bremsen nicht arglistig verschwiegen hat (vgl. § 444), verbleiben dem B an sich keinerlei Gewährleistungsansprüche. Die Rechtsprechung hat einen derartigen, völligen Ausschluss der Gewährleistungsansprüche beim Kauf neuer Sachen aber schon vor dem Schuldrechtsmodernisierungsgesetz von 2001 für unzulässig erklärt und verlangt, dass dem Käufer zumindest ein Nachbesserungsrecht verbleiben müsse. Andernfalls wäre das Gerechtigkeitsgebot der Vorschriften über die Sachmängelhaftung im Kauf verletzt. Fehlt im Vertrag ein Nachbesserungsrecht, greifen die allgemeinen Gewährleistungsansprüche wieder ein.

A hat dem B arglistig verschwiegen, dass die Bremsen des Fahrrades fehlerhaft sind.

Auch bei individuell ausgehandelten Kaufverträgen ist nach § 444 eine Vereinbarung, durch welche der Verkäufer die Gewährleistung ausschließt, dann nichtig, wenn er einen Sachmangel arglistig verschweigt.

A verwendet Allgemeine Geschäftsbedingungen.

Besonders schutzwürdig ist der Käufer bei Verträgen, bei denen der Verkäufer Allgemeine Geschäftsbedingungen verwendet. Er unterwirft sich hier den Vorgaben seines Vertragspartners. Das Recht der Allgemeinen Geschäftsbedingungen (vgl. WR I, IV 2 d) erklärt in § 309 bestimmte Vertragsklauseln für unwirksam. Hierzu gehört nach § 309 Nr. 8 b bb eine Bestimmung, durch welche beim Kauf neuer Sachen die Gewährleistungsansprüche gegen den Verwender insgesamt oder bezüglich einzelner Teile auf ein Recht auf Nacherfüllung beschränkt werden, sofern dem anderen Vertragsteil (also dem Verkäufer) nicht ausdrücklich das Recht vorbehalten wird, bei Fehlschlag der Nacherfüllung zu mindern oder, wenn nicht eine Bauleistung Gegenstand der Gewährleistung ist, nach seiner Wahl vom Vertrag zurückzutreten.

B kauft von A einen Zentner Kartoffeln zum Preis von 40 Euro. Bei der Lieferung stellt er fest, dass die Kartoffeln zu klein sind. Sie entsprechen nicht der mittleren Art und Güte, die Kartoffeln der im Kauf zugrundegelegten Handelsklasse haben. Kann B die Leistung zurückweisen?

Es handelt sich um einen Gattungskauf. Nach § 243 Abs. 1 hat der Schuldner Sachen von mittlerer Art und Güte zu leisten. Andernfalls hat er die Leistung nicht ordnungsgemäß erbracht. Da A hier nicht Kartoffeln mittlerer Art und Güte leistet, erfüllt er seine Pflicht aus § 433 Abs. 1 nicht. B kann daher die Lieferung zurückweisen.

B hat die Lieferung angenommen, stellt aber nach kurzer Zeit fest, dass die Kartoffeln zu klein sind.

In diesem Fall hat A mangelhaft geleistet. Die Tauglichkeit der Kartoffeln zu dem vertraglich vorausgesetzten Gebrauch ist gemindert. A kann daher die Gewährleistungsrechte aus § 437 geltend machen. Seit der Novelle von 2001 ist der Unterschied zwischen Stück- und Gattungsschuld im Gewährleistungsrecht beim Kauf weggefallen.

A verkauft B einen Gebrauchtwagen „wie besehen und probegefahren", von dem A weiß, dass die Bremsen defekt sind. A und B sind Verbraucher. A lässt zwar B den Wagen bei niedriger Geschwindigkeit ausprobieren, weiß aber, dass der Mangel der Bremsen in diesem Geschwindigkeitsbereich nicht erkennbar ist. B setzt den Wagen bei der ersten Hochgeschwindigkeitsfahrt an den Baum. Er verlangt von A Schadensersatz wegen einer Krankenhausbehandlung und für den zerstörten Wagen.

„Wie besehen und probegefahren" ist eine Klausel, durch die der Verkäufer seine Haftung für Sachmängel ausschließt. B kann von A Schadensersatz nach §§ 437 Nr. 3, 440, 280, 281 und 283 verlangen, wenn dieser einen Fehler nach § 444 arglistig verschwiegen hat. Der Verkäufer ist schon nach der bisherigen Rechtsprechung verpflichtet, dem Käufer alle ihm bekannten Umstände mitzuteilen, die für den Kauf bedeutsam sind; dazu gehört auch, dass die Bremsen des Gebrauchtwagens defekt sind.[133] Der Verkäufer handelt arglistig, wenn er den Mangel kennt und die Unkenntnis des Käufers in Bezug auf den Mangel bewusst ausnutzt. Dies ist hier geschehen. A haftet B nach §§ 437 Nr. 3, 440, 280, 281 auf Schadensersatz statt der ganzen Leistung und auf Ersatz des Folgeschadens, d.h. er muss für die Reparatur des Wagens und die Krankenhausbehandlung des B aufkommen.

B kauft von A ein neues Fahrrad. A legt dem Kaufvertrag seine Allgemeinen Geschäftsbedingungen zugrunde. Er beschränkt die Gewährleistungsansprüche des Käufers wegen Sachmängelhaftung auf ein Nacherfüllungsrecht. Er weist nicht darauf hin, dass bei einem Fehlschlagen der Nachbesserung eine entsprechende Herabsetzung des Kaufpreises verlangt werden kann. B stellt fest, dass bei dem gelieferten Fahrrad die Beleuchtung defekt ist. Er baut die Beleuchtung aus seinem alten Fahrrad ein und verlangt eine Herabsetzung des Kaufpreises um 50 Euro. A lehnt dies ab, weil nach dem Kaufvertrag nur er, A selbst, die Nachbesserung habe vornehmen dürfen. Wer hat Recht?

[133] Vgl. BGHZ 29, 148, 150 für einen unfallgeschädigten Gebrauchtwagen

Nach den beim Kaufvertrag verwendeten Allgemeinen Geschäftsbedingungen des A könnte B nur die Nachbesserung der defekten Beleuchtung des Fahrrads durch A verlangen. Diese Klausel könnte jedoch nach § 309Nr. 8 b bb nichtig sein. Danach sind in Allgemeinen Geschäftsbedingungen Klauseln unwirksam, durch welche die Gewährleistungsansprüche gegen den Verwender auf ein Recht auf Nacherfüllung beschränkt werden, sofern dem anderen Vertragsteil nicht ausdrücklich das Recht vorbehalten wird, bei Fehlschlag der Nacherfüllung zu mindern oder nach seiner Wahl vom Vertrag zurückzutreten. Dieser ausdrückliche Vorbehalt fehlt in den AGB des A. Sie sind also insoweit unwirksam, als sie die Gewährleistungsansprüche des B auf ein Nachbesserungsrecht beschränken. Damit leben die vollen Gewährleistungsrechte des Käufers B nach § 437 wieder auf. Er kann nach § 437 Nr. 2 bei Scheitern der Nacherfüllung Minderung des Kaufpreises verlangen. Da die AGB des A insofern unwirksam sind, braucht er nicht darauf zu warten, bis der Versuch einer Nachbesserung durch A fehlschlägt.

In den §§ 308 und 309 sind noch weitere unwirksame Klauseln aufgeführt, die für das Kaufrecht gelten. In § 309 Nr. 8 sind die Klauselverbote in bezug auf Gewährleistungsansprüche zusammengefasst. Unter anderem dürfen z.B. die gesetzlichen Gewährleistungsfristen nicht verkürzt werden (§ 309 Nr. 8 b ff).

Gerade die finanziell bedeutsameren Kaufverträge werden heute über AGB abgewickelt. Von daher ergibt sich faktisch eine Zweiteilung des Kaufrechts. Auf der einen Seite stehen Verträge, die noch individuell ausgehandelt werden. Hier können die Vorschriften über die Sachmängelhaftung abbedungen werden, allerdings muss dem Käufer das Recht verbleiben, Nacherfüllung zu verlangen. Werden AGB des Verkäufers oder Käufers verwendet, so ist zu prüfen, ob einzelne Klauseln unwirksam sind. Der Vertrag ist im Übrigen aufrechtzuerhalten.

Anders als nach bisherigem Recht sind auch unerhebliche Mängel beachtlich, sie können aber nach § 281 Abs. 1 Satz 3 nicht zum Schadensersatz statt der ganzen Leistung führen und rechtfertigen auch nach § 323 Abs. 5 Satz 2 keinen Rücktritt. Der Käufer kann lediglich Minderung nach § 441 verlangen, weil § 441 Absatz 1 Satz 2 den § 323 Abs. 5 Satz 2 für nicht anwendbar erklärt. Hinzu kommt nach § 280 Abs. 1 das Recht, den sog. einfachen Schadensersatz zu verlangen. Nach § 281 Abs. 1 S. 3 kann er Schadensersatz statt der Leistung verlangen.

A verkauft B ein Grundstück als Baugrundstück, obwohl es einer Bausperre unterliegt.

Für die Rechtsmängelhaftung gilt das zur Sachmängelhaftung Gesagte. Wird das Grundstück als Baugrundstück verkauft, obwohl es einer Bausperre unterliegt, dann ist der Kaufvertrag mit einem Rechtsmangel behaftet (§ 435). Der Käufer kann die Gewährleistungsansprüche nach § 437 geltend machen.

bb) Verjährung

Neu geregelt wurde im Jahre 2001 vor allem auch die Verjährung beim Kaufvertrag. Die regelmäßige Verjährung nach § 438 Abs. 1 Nr. 3 beträgt zwei Jahre; die Frist beginnt bei Grundstücken mit der Übergabe, ansonsten mit der Ablieferung der Sache. In Ausnahmefällen greift nach § 438 Abs. 1 Nr. 1 die dreißigjährige Verjährung, nach § 438 Abs. 1 Nr. 2 (bei Bauwerken und Baumaterialien) die fünfjährige Verjährung.

cc) Handelskauf

Beim **Handelskauf** gibt es besondere Vorschriften, die für eine Beschleunigung des Rechtsverkehrs sorgen sollen. Voraussetzung ist, dass der Kauf für beide Teile ein Handelsgeschäft ist. Nach § 343 Abs. 1 HGB sind Handelsgeschäfte die Geschäfte, welche ein Kaufmann im Betrieb seines Handelsgewerbes vornimmt. Wer Kaufmann ist, wird in den §§ 1 ff. HGB geregelt. Festzuhalten bleibt, dass auf beiden Seiten des Kaufvertrags Kaufleute stehen müssen.

Kaufmann B bestellt beim Großimporteur und Kaufmann A 100 Kisten Tomaten. Die gelieferten Tomaten sind angefault.

In diesem Fall muss B die Ware zunächst nach § 377 untersuchen, soweit dies nach ordnungsgemäßem Geschäftsgang tunlich ist. Maßgeblich ist die Branchenübung. Bei verpackten Waren muss der Käufer Stichproben entnehmen; wenn viele Konserven geliefert werden, müssen einige Dosen geöffnet werden; gelieferte Maschinen müssen probeweise in Betrieb genommen werden; verderbliche Waren wie die hier gelieferten Tomaten müssen besonders rasch untersucht werden. Findet der Käufer einen Mangel, so muss er diesen unverzüglich dem Verkäufer anzeigen. Es genügt nicht, dass er mitteilt: „Ich stelle die Ware zur Verfügung." Er muss vielmehr eine wenigstens kurze Begründung dafür geben, warum er die Lieferung als nicht vertragsgemäß ansieht. Unverzüglich heißt nach § 121 BGB „ohne schuldhaftes Zögern". Zeigt sich ein verdeckter Mangel später, so muss die Anzeige nach der Entdeckung erfolgen. Unterlässt der Käufer die Anzeige, so gilt die Ware nach § 377 Abs. 2 HGB als genehmigt. Der Käufer verliert die Gewährleistungsansprüche nach § 437.

Kaufmann B bestellt beim Kaufmann A 100 Kisten israelische Jaffa-Orangen. A liefert 100 Kisten spanische Navel-Orangen.

A liefert hier eine andere als die bedungene Ware (qualitatives aliud). Nach § 434 Abs. 3 wird das qualitative aliud als Sachmangel behandelt. B hat die Gewährleistungsrechte, muss aber nach § 377 HGB untersuchen und rügen.

Kaufmann B bestellt bei Kaufmann A 100 Kisten spanische Navel-Orangen. Geliefert werden Gurken.

Der Fall ist seit der Novelle von 2001 wie der vorige zu behandeln, da nach § 434 Abs. 3 ein Sachmangel gegeben ist.

Kaufmann B hat bei Kaufmann A 100 Kisten spanische Tomaten bestellt. A liefert die Tomaten in einem Container, der nur 95 Kisten fasst.

Hier handelt es sich um ein quantitatives aliud. Dies gilt nach § 434 Abs. 3 als Sachmangel. B muss die Ware nach § 377 HGB sofort untersuchen und die Minderlieferung rügen. Unterlässt er es, so gilt die quantitative Abweichung als genehmigt. B kann dann keine Nachlieferung der fehlenden 5 Kisten Tomaten verlangen, muss aber auch nur 95 Kisten bezahlen.

e) Schlechterfüllung beim Werkvertrag

Beim Werkvertrag verpflichtet sich der Unternehmer nach § 631, ein fehlerfreies Werk herzustellen. Der Gesetzgeber hat das Werkvertragsrecht im Jahre 2001 stark an das Kaufvertragsrecht angenähert. Nach § 651 gilt für einen Vertrag, der die Lieferung herzustellender oder zu erzeugender beweglicher Sachen zum Gegenstand hat, Kaufrecht. § 442 Abs. 1 Satz 1 findet auf einen derartigen Vertrag (früher Werklieferungvertrag genannt) auch dann Anwendung, wenn der Mangel auf den vom Besteller gelieferten Stoff zurückzuführen ist.

Die Mängelhaftung im Werkvertragsrecht weicht nur noch geringfügig von der im Kaufvertrag ab. In § 633 Abs. 2 ist der Sachmangel im Anschluss an § 434 definiert. Der Rechtsmangel nach § 633 Abs. 3 entspricht dem in § 435 S. 1. Nach § 640 Abs. 1 ist der Besteller verpflichtet, das vertragsgemäß hergestellte Werk abzunehmen. Die Nacherfüllung (nach Abnahme!) hat auch beim Werkvertrag gegenüber dem Schadensersatz den Vorrang. Der Unternehmer (nicht der Besteller!) hat nach § 635 Abs. 1 ein Wahlrecht zwischen Nachbesserung und Neulieferung. Misslingt die Nachbesserung oder Neulieferung oder wird sie verweigert, so stehen die Möglichkeiten des Rücktritts und der Schadensersatzforderung nach § 636 offen. Nach § 638 Abs. 1 kann Minderung verlangt werden.

Der Besteller hat zunächst nur den Nacherfüllungsanspruch nach §§ 634 Nr. 1, 635. Der Anspruch ist unabhängig davon, ob der Unternehmer die Mangelhaftigkeit seiner Leistung zu vertreten hat oder nicht. Der Unternehmer kann nach § 635 Abs. 1 nach seiner Wahl den Mangel beseitigen oder ein neues Werk herstellen. Er kann die Beseitigung eines Mangels, die einen unverhältnismäßig großen Aufwand erfordern würde, als unzumutbar ablehnen (§ 635 Abs. 3).

Der Besteller kann den Mangel auf Kosten des Schuldners selbst beseitigen. Man spricht hier von der Selbstvornahme nach § 637. Dabei kann der Besteller Ersatz seiner Aufwendungen verlangen. Verweigert der Unternehmer die Nacherfüllung nach § 635 Abs. 3, ist eine Selbstvornahme allerdings nicht möglich, denn der Besteller soll nach Mangelbeseitigung durch einen Dritten vom Werkunternehmer gerade diese hohen Kosten nicht verlangen dürfen.

B hat mit A einen Vertrag über den Einbau einer Zentralheizung abgeschlossen. A soll den Einbau bis spätestens zum 1.12. abgeschlossen haben, damit das Haus während des Winters beheizt werden kann. A baut die Anlage zwar mit Hilfe seiner Monteure ein, sie funktioniert jedoch nicht. B verlangt Schadensersatz.

Kommt A mit der Verschaffung des Werkes frei von Sach- und Rechtmängeln in Verzug, und dies ist nach § 286 Abs. 2 Nr. 1 mit Überschreitung des Termins der Fall, so kann B statt des Rücktritts oder der Minderung nach §§ 634, 636, 280, 281 Schadensersatz statt der Leistung verlangen, wenn der Mangel des Werkes auf einem Umstand beruht, den A zu vertreten hat. Hierbei gelten die allgemeinen Regeln der §§ 276 und 278. A haftet also auch für das Verschulden seiner Erfüllungsgehilfen.

B hat mit der Geltendmachung des Schadensersatzanspruchs ein Jahr gewartet. Ist der Anspruch verjährt?

Die Ansprüche unterliegen der Verjährung nach § 634 a. Diese beträgt bei einem Werk, dessen Erfolg in der Herstellung, Wartung oder Veränderung einer Sache oder in der Erbringung von Planungs- oder Überwachungsleistungen hierfür besteht, zwei Jahre (Nr. 1), bei einem Bauwerk 5 Jahre (Nr. 2) und im Übrigen 3 Jahre (§§ 634 a Abs. 1 Nr. 3, 195). Die Verjährungsfrist beginnt mit der Abnahme des Werks zu laufen (634 a Abs. 2). Die Verjährungsfristen ähneln denen bei Kauf.

In § 634 ist der Schaden erfasst, welcher früher „Mangelfolgeschaden" genannt wurde. Dazu gehören zum einen Schäden, die typische und zwangsläufige Folge eines mangelhaften Werkes sind.[134] Umstritten war bis zur Novelle von 2001 die Einordnung von Schäden, die außerhalb des Werkes an anderen Rechtsgütern auftreten (z.B. Körperverletzung nach einem Unfall mit dem unzureichend reparierten Auto). Heute gilt nach §§ 280 ff.: Der Besteller muss durch den Schadensersatz so gestellt werden, wie er stehen würde, wenn der Vertrag mangelfrei erfüllt worden wäre.

Stellt der Unternehmer das Werk aus von ihm zu beschaffenden Materialien her und treten diese im Wert nicht deutlich hinter die von ihm zu erbringende Arbeitsleistung zurück, ist Kaufrecht anzuwenden (§ 651). Der früher verwendete Begriff „Werklieferungsvertrag" wurde durch die Novelle von 2001 beseitigt. Lediglich bei nicht vertretbaren Sachen werden nach näherer Bestimmung von § 651 Satz 3 bestimmte werkvertragliche Vorschriften neben dem Kaufrecht angewendet. Sie beziehen sich u. a. auf die (unterbleibende) Mitwirkung des Bestellers.

Verwendet der Unternehmer eines Werkvertrages Allgemeine Geschäftsbedingungen, so gelten die Bestimmungen des AGB-Rechts ebenso wie beim Kaufvertrag. Klauseln, mit denen die Gewährleistungsrechte des Bestellers oder Mieters ungebührlich beschnitten werden, sind unwirksam (vgl. z.B. § 309 Nr. 8 b bb für neu hergestellte Sachen und Leistungen sowie § 309 Nr. 9 für die Laufzeit bei Dauerschuldverhältnissen).

f) Schlechterfüllung beim Mietvertrag

Dass die Mietsache fehlerfrei ist und in diesem Zustand erhalten wird, gehört zum Inhalt der Leistungspflicht des Vermieters (§ 535).

A vermietet dem B Erdgeschossräume zum Betrieb des Gasthauses „Gelbes U-Boot". Durch Unachtsamkeit des A bricht ein Wasserleitungsrohr. Das „Gelbe U-Boot" wird unter Wasser gesetzt. Die Gasthausräume sind 6 Monate nicht benutzbar.

Hier führt das Entstehen eines Fehlers, der die Tauglichkeit der Mietsache zu dem vertragsmäßigen Gebrauch aufhebt, automatisch dazu, dass der Mieter den Mietzins nach § 537 Abs. 2 nicht mehr entrichten muss. Unter Umständen kann der Mieter den Mietvertrag auch fristlos kündigen (§§ 542-544). Für Schäden, die der Mieter infolge des Mangels erleidet, ist der Vermieter nach § 536 a Abs. 1 ersatzpflichtig, denn hier entsteht nach Vertragsabschluss ein Mangel infolge eines Umstandes, den der Vermieter zu vertreten hat. Wäre der Mangel bereits beim Abschluss des Mietvertrages vorhanden, so wäre der Vermieter auch ohne Verschulden ersatzpflichtig. Man spricht dann von der Garantiehaftung des Vermieters nach § 536 a Abs. 1.

Kommt der Vermieter bei der Beseitigung des Mangels gegenüber dem Mieter in Verzug, so kann dieser nach § 536 a Abs. 2 den Mangel selbst beseitigen und dafür den Ersatz der erforderlichen Aufwendungen verlangen. Dasselbe gilt, wenn die umgehende Beseitigung des Mangels zur Erhaltung oder Wiederherstellung des Bestands der Mietsache notwendig ist.

Anders als beim Kauf- oder Werkvertrag unterliegen die Mängelansprüche des Mieters keiner besonderen Verjährung. Es gilt die Frist von 3 Jahren nach § 195. Nach § 536 c muss der Mieter allerdings den Mangel unverzüglich anzeigen. Unterlässt er dies, so kann er die Rechte nach § 536 nicht geltend machen, soweit der Vermieter wegen der Unterlassung der Anzeige keine Abhilfe schaffen konnte. Er kann auch nicht nach § 543 Abs. 1 aus wichtigem Grund fristlos

[134] Vgl. BGH NJW 1986, 2307, Motorschaden nach einem fehlerhaften Ölwechsel

kündigen, ohne erfolglos eine angemessene Frist zur Abhilfe nach § 543 Abs. 3 bestimmt zu haben oder nach § 536 a Abs. 1 Schadensersatz verlangen.

g) Verschulden bei Vertragsverhandlungen

Nach § 241 Abs. 2 kann ein Schuldverhältnis jeden Teil zur Rücksicht auf die Rechte, Rechtsgüter und Interessen des anderen Teils verpflichten. Ein Schuldverhältnis mit Pflichten nach § 241 Abs. 2 entsteht gemäß § 311 Abs. 2 auch durch die Aufnahme von Vertragsverhandlungen, die Anbahnung eines Vertrags, bei welcher der eine Teil im Hinblick auf eine etwaige rechtsgeschäftliche Beziehung dem anderen Teil die Möglichkeit zur Einwirkung auf seine Rechte, Rechtsgüter und Interessen gewährt oder ihm diese anvertraut, oder durch ähnliche geschäftliche Kontakte. Damit wird ein Problem gesetzgeberisch bewältigt, das die Rechtsprechung in den vergangenen Jahrzehnten durch die Entwicklung der Rechtsfigur des „Verschuldens bei Vertragsverhandlungen“ (Culpa in Contrahendo) bewältigt hat. In § 311 Abs. 2 wird diese Rechtsprechung prägnant normiert. Die höchst umfangreiche Begründung, mit der die Gerichte früher eine Rechtsanalogie zu den §§ 122 und 307 als Grundlage für die Haftung aus Culpa in Contrahendo herangezogen haben, kann in Zukunft entfallen.

B betritt das Kaufhaus A, um sich einen Mantel zu kaufen. Als er sich gerade im ersten Stock aufhält, fällt ihm ein schwerer Teppich auf den Kopf, den ein Angestellter des Kaufhauses nachlässig an die Wand gelehnt hat. B wird verletzt und verlangt Ersatz der ihm entstandenen Krankenhauskosten.

Die Kaufhausgesellschaft haftet nach § 280 in Verbindung mit § 311 Abs. 2 Nr. 3, weil der A mit dem Betreten des Kaufhauses bereits einen „ähnlichen“ geschäftlichen Kontakt aufgenommen hat, d. h. im Vorfeld der Anbahnung eines Vertrages sich im Kaufhaus umgesehen hat.

Streng genommen handelt es sich bei der Haftung nach § 311 Abs. 2 um ein deliktisches Schuldverhältnis, da ein Vertrag noch nicht zustande gekommen ist. Das Ganze ist aber nur im Zusammenhang mit dem Vertragsrecht verständlich; das Schuldverhältnis knüpft an den Vertragsverhandlungen bzw. an den sie vorbereitenden sozialen Kontakten zwischen präsumptiven Vertragsparteien an und sieht Rechtsfolgen der Vertragshaftung nach § 280 Abs. 1 vor. Letztlich geht es um die Zuordnung von Verhandlungsrisiken und um die Verteilung von allgemeinen Verletzungsrisiken. Die Vorschrift des § 311 Abs. 2 ist keine Anspruchsgrundlage, sondern normiert nur die Pflichtverletzung, auf Grund der nach § 280 Abs. 1 Schadensersatz verlangt werden kann.

h) Prospekt- und Gutachterhaftung

Anders als bei der Haftung aus Culpa in Contrahendo, bei der ein besonderes persönliches Vertrauen in Anspruch genommen wird, geht es bei der von der Rechtsprechung entwickelten sogenannten *Prospekthaftung* um einen typisierten Vertrauenstatbestand, der immer dann eingreift, wenn im Wirtschaftsleben an Interessenten Prospekte verschickt werden, um sie zu einer Vermögensanlage zu veranlassen. Diese Prospekthaftung führt zu Aufklärungs- und Beratungspflichten bei Anlagegeschäften, auch wenn kein Beratungsvertrag besteht. Entscheidungen über Geldanlagen in Immobilien, Wertpapieren, Geschäftsanteilen, Optionsgeschäften, Termingeschäften und sonstigen Wertgegenständen stützen sich auf zahlreiche Annahmen und Umstände, die für die Wertbildung und Wertentwicklung von Bedeutung sind. Ein erheblicher Teil dieser Annahmen wird durch die Angaben des Anbieters auf seinem Prospekt veranlasst. Auf diese Angaben muss sich der Anleger verlassen können. Der BGH hat für Initiatoren, Anlageberater und Treuhänder von Anlagemodellen sowie für Vermittler von Warentermin- und sonstigen Anlagegeschäften eine umfassende Aufklärungspflicht entwickelt, die die Gefahren und Risiken des jeweiligen Geschäfts zu berücksichtigen hat und sich auch auf die Bedeutung und Höhe von Prämien und Vermittlungsgebühren erstreckt.[135] Sind die Prospektangaben unrichtig, so kann Schadensersatz wegen Verschuldens bei Vertragsschluss nach §§ 280 Abs. 1, 311 Abs. 2 verlangt werden.

Die Rechtsprechung hat schon bisher eine Haftung aus Culpa in Contrahendo auch dann bejaht, wenn ein Dritter, der nicht selbst Vertragspartei wird, in besonderem Maße Vertrauen gegenüber einer Vertragspartei in Anspruch nimmt und dadurch die Vertragsverhandlungen oder den Vertragsabschluss erheblich beeinflusst. Dies gilt insbesondere für Personen, die als Gutachter tätig sind. Der Gesetzgeber hat diese Rechtsprechung jetzt in § 311 Abs. 3 kodifiziert.

i) Vertrag mit Schutzwirkung für Dritte

Schon kurz nach dem Einzug erhält der Mieter M Besuch von Tante A. Dieser fällt von der Decke der Wohnung, die M gemietet hat, eine Dämmplatte auf den Kopf. Vermieter V hatte zuvor die Wohnung durch den Handwerker H renovieren lassen. Dieser hatte bei der Abdämmung der Decke einen Fehler gemacht, den A jetzt zu spüren bekam.

Deliktische Ansprüche der A gegen V scheitern daran, dass V sich nach § 831 in Bezug auf das Verschulden seines Verrichtungsgehilfen H exkulpieren kann. A könnte jedoch aufgrund des zwischen M und V geschlossenen Mietvertrages gegen V vorgehen. Zwar bestehen die Schutzpflichten des Vermieters grundsätzlich nur gegenüber dem Mieter, da nur dieser Vertragspartei geworden ist. Von den Schutzpflichten aus dem Mietvertrag können jedoch auch solche Personen betroffen sein, die am Vertragsschluss nicht unmittelbar beteiligt sind, wie z.B. Tante A. Wenn man A in den Genuss der Ansprüche aus der Vertragshaftung kommen lässt, so hat V das Verschulden des H, dessen er sich als Gehilfe zur Erfüllung seiner Verbindlichkeiten aus dem Mietvertrag gegenüber M bedient, nach § 278 wie eigenes Verschulden zu vertreten. Er kann sich nicht wie bei § 831 mit einem sogenannten Exkulpationsbeweis entlasten. Ausgehend von der Rechtskonstruktion der positiven Forderungsverletzung ging die Rechtsprechung schließlich soweit, auch **Verträge mit Schutzwirkung für Dritte** anzuerkennen. Unter besonderen Umständen erkannte sie Schutzpflichten der Vertragspartei auch gegenüber solchen Personen an, die am Vertragsschluss nicht beteiligt sind. Werden diese Pflichten verletzt, so greift die Vertragshaftung der Vertragspartei, obwohl keine Vertragsbeziehungen zu der verletzten Person bestehen, also eigentlich nur deliktsrechtliche Ersatzansprüche in Frage kämen. Im Rahmen des Schuldrechtsmodernisierungsgesetzes von 2001 wurde diese Rechtsprechung in den Gesetzestext des BGB übernommen. In § 311 Abs. 3 ist klargestellt, dass ein Schuldverhältnis mit Pflichten nach § 241 Abs. 2 auch zu Personen entstehen kann, die nicht selbst Vertragspartei werden sollen. Ein solches Schuldverhältnis entsteht insbesondere, wenn der Dritte in besonderem Maße Vertrauen für sich in Anspruch nimmt und dadurch die Vertragsverhandlungen oder den Vertragsschluss erheblich beeinflusst. Tante A gehört zu dem Personenkreis der mit dem Mieter M Vertrauten, die in § 311 Abs. 3 besonders geschützt werden sollen. Sie kann von V Ersatz ihres Schadens

---

[135] BGH NJW 1992, 3296; vgl. zur Prospekthaftung insgesamt Wolf, NJW 1994, 24 f.

verlangen, der ihr durch die Schlechterfüllung des mit M abgeschlossenen Mietvertrages entstanden ist.

k) Störung der Geschäftsgrundlage

Die Vertragsumstände können sich so verändern, dass eine Vertragspartei nicht mehr am Vertrag festgehalten werden kann oder will. Wenn z. B. ein Fertighaus auf einem Grundstück montiert werden soll, von dessen Bebaubarkeit beide Vertragsparteien ausgehen durften, die Baugenehmigung jedoch dann nicht erteilt wird, ist dem Käufer nicht mehr zuzumuten, den Vertrag zu erfüllen. Die Rechtsprechung hat sich entschlossen, derartige Fälle nach dem Grundsatz von Treu und Glauben (§ 242) zu lösen und den Vertrag an die veränderten Umstände anzupassen, wenn seine Geschäftsgrundlage weggefallen ist. In besonderen Fällen kann die Vertragsanpassung sogar zu einem Rücktrittsrecht führen. Dies ist im Fall des Fertighauses zu bejahen.[136] Der Gesetzgeber hat diese Grundsätze nunmehr in § 313 normiert. Wenn sich die Umstände, die zur Grundlage des Vertrags geworden sind, nach Vertragsschluss schwerwiegend verändert haben und die Parteien den Vertrag nicht oder mit anderem Inhalt geschlossen hätten, falls sie diese Veränderung vorausgesehen hätten, so kann Anpassung des Vertrags verlangt werden, soweit einem Teil unter Berücksichtigung aller Umstände des Einzelfalles, insbesondere der vertraglichen oder gesetzlichen Risikoverteilung, das Festhalten am unveränderten Vertrag nicht zugemutet werden kann. Eine derartige Veränderung der Umstände ist auch dann anzunehmen, wenn wesentliche Vorstellungen, die zur Grundlage des Vertrags geworden sind, sich als falsch herausstellen (§ 313 Abs. 2). Als äußerstes Mittel ist nach § 313 Abs. 3 Rücktritt möglich, wenn eine Anpassung des Vertrags nicht möglich ist oder einem Teil nicht zumutbar ist. An die Stelle des Rücktrittsrechts tritt für Dauerschuldverhältnisse (Miete, Pacht usw.) das Recht zur Kündigung. Andere gesetzliche Möglichkeiten der Vertragsanpassung gehen dem Institut der Störung der Geschäftsgrundlage vor.

3. Weiterfressende Mängel an der gelieferten Sache

Ein in letzter Zeit besonders beachtetes Problem der Produzentenhaftung ist, dass die Mangelfolgeschäden, die von dem fehlerhaften Produkt herrühren, weitere Rechtsgüter des Eigentümers ergreifen. Wird er verletzt oder werden etwa durch eine Explosion Sachwerte vernichtet, so werden seine Integritätsinteressen verletzt. Die Rechtsprechung betrachtet es als gerechtfertigt, diese Interessen getrennt von den Äquivalenz- oder Nutzungsinteressen zu behandeln, die der Eigentümer an dem fehlerhaften Produkt selbst hat. Grundsätzlich wird ihm nach wie vor auferlegt, diese Äquivalenz- oder Nutzungsinteressen auf vertraglicher Grundlage gegenüber seinem Lieferanten zu verfolgen. Hatte er das Produkt gekauft, so setzte er sich vor der Schuldrechtsmodernisierung des Jahres 2001 allerdings der kurzen Verjährung von 6 Monaten nach § 477 a. F. aus. Hinzu kam, dass der Händler sich in aller Regel von den Gewährleistungspflichten für das verkaufte Produkt freizeichnen konnte und die Ansprüche des Käufers auf ein Nachbesserungsrecht begrenzte. Deshalb bejahte der BGH in einer Reihe von Fällen auch die Produkthaftung für Schäden an dem Produkt selbst.

[136] vgl. BGH NJW 1957, 826; BGH NJW 1993, 259 und zum Fertighausfall BGHZ 67, 359

Ausgangspunkt war folgender Fall: Der Hersteller einer Reinigungs- und Entfettungsanlage für Industrieerzeugnisse hatte einen *Schwimmerschalter* eingebaut, der die Heizdrähte des in der Anlage befindlichen Schmutzöls so rechtzeitig abschalten sollte, dass diese nicht überhitzten. Schon nach wenigen Wochen geriet das in der Anlage befindliche Schmutzöl in Brand, weil der Schwimmer defekt war. Die Versicherung des Käufers nahm den Hersteller auf Schadensersatz in Anspruch. Der BGH sah den Ersatzanspruch im Jahre 1976 als gerechtfertigt an.[137]

Der BGH prüfte zuerst vertragliche Gewährleistungsansprüche des Käufers. Er hielt fest, dass es sich hier um einen Werklieferungsvertrag über eine vertretbare Sache handele, da der Hersteller die Anlage nach Katalog aus von ihm zu beschaffendem Material erstellen musste. Bei einem derartigen Vertrag war auch nach der damaligen Rechtslage Kaufrecht anwendbar (§§ 631, 651 Abs. 1 Satz 2, zweiter Halbsatz a. F.). Die Gewährleistungsansprüche des Käufers betrachtete der BGH jedoch nach § 477 (alte Fassung: 6 Monate!) als verjährt. Dies gelte auch für Ansprüche aus positiver Vertragsverletzung (alte Rechtslage) für Begleitschäden, soweit diese unmittelbar aus der Mangelhaftigkeit der gelieferten Ware abgeleitet werden. Der Käufer sei typischerweise in der Lage, bei der Übergabe der gelieferten Sache die für den späteren Eintritt auch mittelbarer Schäden maßgeblichen Ursachen zu erkennen.

Danach wandte sich der BGH den Ansprüchen aus unerlaubter Handlung zu. Es komme nicht darauf an, ob es sich bei dem Schwimmerschalter um einen Konstruktions- oder einen Fabrikationsfehler handele. Jedenfalls sei der Hersteller der Anlage für die Funktionsfähigkeit des eingebauten Schalters verantwortlich. Deliktische Ansprüche aus dem Gesichtspunkt der Produzentenhaftung seien auch neben den vertraglichen Ansprüchen zulässig. Insbesondere könne der Hersteller dem Käufer nicht entgegenhalten, dass die Anlage von vornherein mangelhaft gewesen sei. Vielmehr sei nur ein funktionell begrenztes Steuerungsgerät der Anlage schadhaft gewesen; die in der Mitlieferung des schadhaften Schalters liegende Gefahrenursache habe sich erst nach Eigentumsübergang zu einem über diesen Mangel hinausgehenden Schaden realisiert. Dadurch sei das im Übrigen mangelfreie Eigentum des Erwerbers der Anlage insgesamt verletzt worden.

1983 entschied der BGH den *Gaszugfall.*[138] Der Käufer eines Autos verklagte den Hersteller auf Schadensersatz, weil er mit dem neu gekauften Wagen in zwei Unfälle verwickelt worden war. In beiden Fällen hatte der Wagen unerwartet weiterbeschleunigt, obwohl der Fahrer den Fuß vom Gaspedal genommen hatte. Grund sei ein Fabrikationsfehler des Herstellers. Der BGH prüfte die Frage, ob es sich bei dem Gaszug um ein funktionell begrenztes Einzelteil des Autos gehandelt habe, dessen Defekt nicht stoffgleich mit dem später an dem Wagen entstandenen Schaden war. Bei „natürlicher Betrachtungsweise" sei auch hier die Stoffgleichheit zu verneinen, da die Mängel des Gaszuges ohne besonderen wirtschaftlichen Aufwand und ohne Beschädigung anderer Teile des Fahrzeugs hätten beseitigt werden können. Mit der Mangelhaftigkeit des Gaszugs sei nicht notwendigerweise ein dem Fahrzeug von Anfang an anhaftender Minderwert verbunden, vielmehr wäre der Schaden vermeidbar gewesen, hätte man den Fehler des Gaszugs rechtzeitig erkannt. Der BGH bejaht also einen Ersatzanspruch des Käufers gegenüber dem Hersteller, wenn durch einen Fabrikationsfehler des Gaszugs das verkaufte Auto selbst zerstört wird. Damit ersetzt der BGH im Ergebnis auch das Äquivalenzinteresse des Käufers.

Weiter ging der BGH 1985 im *Kompressorfall.*[139] Hier hatte der Hersteller einen Kompressor geliefert, dessen Ölablassrohr infolge eines Konstruktionsfehlers nur an einer einzigen Stelle

---

137 BGHZ 67, 359
138 BGHZ 86, 256
139 BGH NJW 1985, 2420

befestigt war. Das Rohr brach ab; es entstanden erhebliche Schäden an dem Dieselmotor, der den Kompressor antrieb, weil der Motor einige Zeit ohne Schmierung gelaufen war. Der BGH verneinte die Stoffgleichheit zwischen dem Mangel des Kompressors und dem entstandenen Schaden. Stoffgleichheit sei nur dann zu bejahen, wenn der vorzeitige Verschleiß die Gesamtsache bzw. den Produktteil, für den Schadensersatz begehrt wird, bei wirtschaftlicher Betrachtung von Anfang an ergreift. Sei der Mangel auf einen Teil des Produkts beschränkt und grundsätzlich auch behebbar und führe er erst später zu einer Zerstörung des Produkts oder zur Beschädigung anderer Produktteile, dann habe der von dem Fehler zunächst erfasste Teil der Sache einen Wert, in dem sich die fehlerbedingt verkürzte Lebenserwartung nicht zureichend niederschlägt. Damit könne keine völlige Stoffgleichheit zwischen Mangel, Unwert und Schaden bestehen. Der Käufer könne also vom Hersteller und Verkäufer auch den Schaden ersetzt verlangen, der ihm an dem mit der Kaufsache verbundenen Dieselmotor entstanden war.

Im Fall „*Nockenwellen-Befestigung*" musste sich der BGH[140] 1992 mit der Frage befassen, ob Stoffungleichheit auch bejaht werden könne, wenn der Mangel (Fehlen der Schraube zur Befestigung des Nockenwellensteuerrades) bei normalem Lauf der Dinge nicht entdeckt werden konnte. Der BGH bejahte die Haftung, da der Mangel aus „objektiv technischer Warte" erkennbar sei. Er ersetzt wiederum im Ergebnis das Äquivalenzinteresse.

Noch weiter ging der BGH im selben Jahr in der sogenannten *Kondensator-Entscheidung.*[141] Wenn der Käufer einer mangelhaften Sache (hier Kondensatoren) durch deren Verbindung mit seinen eigenen mangelfreien Sachen (hier elektronische Regler) eine neue Sache herstellt, bei welcher die mangelhaften Teile nicht ohne Beschädigung von den mangelfreien Teilen getrennt werden können, so liegt jedenfalls im Zeitpunkt der Trennung eine Eigentumsverletzung an den bisher unversehrten Teilen der neuen Sache vor. Der Hersteller der mangelhaften Sache haftet deliktisch für die sogenannten weiterfressenden Mängel. Entscheidend ist, dass bei der Mangelbeseitigung im Eigentum des Käufers liegende Teile zerstört werden müssen.[142]

1996 hielt der BGH[143] den Hersteller eines Schmierfetts für ersatzpflichtig, weil es ein *Grim'sches Leitrad* auf einem Schiff nicht genügend schmierte, obwohl es nach den Angaben des Herstellers hierfür geeignet gewesen wäre. Das Leitrad ging auf der Fahrt verloren. Der BGH berücksichtigt nicht, dass das Schmierfett kein Teilprodukt des Grim'schen Leitrades ist.

Ebenfalls 1996 hielt der BGH[144] den Hersteller eines Lacks für verantwortlich, weil dieser Schäden am Holz von Einbaumöbeln für ein *Chefbüro* verursachte, die damit lackiert worden waren. Der BGH berücksichtigt nicht, dass der Schaden bereits eintritt, wenn lackiert wird. Der fehlerhafte Lack kann nicht einfach repariert oder beseitigt werden.

Im Ergebnis ersetzt der BGH seit der Kondensatorentscheidung von 1992 das Äquivalenzinteresse, wenn Zuliefer- oder Zubehörprodukte zu einem Folgeschaden beim End- oder Hauptprodukt führen. Nach der Novelle von 2001, in der die Rechtsprechung des BGH zu den weiterfressenden Mängeln nicht angesprochen wurde, ist davon auszugehen, dass der Gesetzgeber ihren Fortbestand und ihre Weiterentwicklung nicht behindern will, andernfalls hätte er sich zu der Problematik geäußert. Der Anwendungsbereich verkürzt sich allerdings in der Praxis erheblich, da die deliktischen und die vertraglichen Verjährungsfristen sich angeglichen haben. Zu bedenken ist

140 BGH DB 1992, S. 1402
141 BGHZ 117, 183; kritisch Brüggemeier/Herbst, JZ 1992, 802
142 Anders noch BGH NJW 1981, 2248 f.; vgl. insgesamt von Westphalen ZIP 1992, 532 f.
143 BGH NJW 1996, 2224
144 BGH NJW 1996, 2507

freilich, dass die vertraglichen Verjährungsfristen mit der Ablieferung der Sache beim Kauf (§ 438 Abs. 2) und mit der Abnahme (§ 640) beim Werkvertrag zu laufen beginnen, während bei den deliktischen Ansprüchen nach allgemeinem Verjährungsrecht nach § 199 Abs. 1 Nr. 2 neben der Entstehung des Anspruchs auch die Kenntnis bzw. das Kennenmüssen der anspruchsbegründenden Umstände verlangt werden. Bei versteckten Mängeln, wie sie bei Weiterfresserschäden typisch sind, kann sich der Beginn der Verjährung bei deliktischen Ansprüchen, also auch bei der Produkthaftung, erheblich hinausschieben.

4. Wiederholung

a) A verkauft und übereignet dem B ein Grundstück. Im Vertrag wird festgehalten, dass B es in ca. drei Jahren bebauen will, wobei die Aussicht auf eine nahegelegene Bergkette „unverbaubar" sein soll. Vor Ablauf dieser Zeit wird in ca. 2 km Entfernung ein Hochhaus errichtet, durch das die Aussicht auf die Bergkette verdeckt wird. Damit haben beide Vertragsparteien nicht gerechnet. Wie ist die Rechtslage?

B könnte von A nach §§ 437, 440, in Verbindung mit §§ 280, 281 oder 283 Schadensersatz statt der Leistung verlangen, wenn das Grundstück nach § 434 fehlerhaft war. Das Grundstück hat keinen stofflichen Fehler, lediglich die Aussicht ist beeinträchtigt. Die Zusicherung der unverbaubaren Aussicht ist zwar allgemein gehalten, es fragt sich jedoch, ob es auch Bauten in 2 km Entfernung mit einbeziehen sollte. Wenn hierfür keine besonderen Anhaltspunkte im Vertrag gegeben sind, ist nicht davon auszugehen, dass derart weit entfernte Bauten von der Zusicherung umfasst sein sollten. Also scheitert der Schadensersatzanspruch.

B könnte jedoch von dem Kaufvertrag nach § 313 im Wege der Vertragsanpassung zurücktreten, wenn die Geschäftsgrundlage weggefallen ist. Je nachdem, wie wichtig die unverbaubare Aussicht in dem Kaufvertrag war, kann von einem Wegfall der Geschäftsgrundlage gesprochen werden, wenn diese Voraussetzung des Hausbaus später wegfällt. Dieser Rechtsgrundsatz ist eine Ausprägung des Prinzips von Treu und Glauben (§ 242). Der Gesetzgeber hat ihn im Jahre 2001 in den Text von § 313 übernommen. Der Wegfall der Geschäftsgrundlage darf nicht in den Risikobereich nur eines Vertragspartners fallen. Die Vertragsanpassung hat in erster Linie durch mildere Mittel zu erfolgen; im äußersten Falle ist der Vertrag jedoch rückgängig zu machen, wenn eine Anpassung des Vertrags nicht möglich oder einem Teil nicht zumutbar ist (§ 313 Abs. 3 S. 1).

2) *Verkäufer V weist in seiner Fernsehwerbung darauf hin, dass der von ihm verkaufte Staubsauger garantiert drei Jahre funktioniere. V verkauft einen Staubsauger an K. Nach zwei Jahren gibt der Staubsauger seinen Geist auf. In den Kaufvertrag ist keine Garantie der Haltbarkeit aufgenommen worden. Kann K aus der „Garantie" in der Fernsehwerbung Gewährleistungsansprüche gegen V geltend machen?*

Vor der Novelle von 2001 scheiterten derartige Ansprüche, weil die Garantie nicht Vertragsinhalt geworden war. Jetzt bestimmt § 443 (Beschaffenheits- und Haltbarkeitsgarantie) in Abs. 1, dass für die Rechte des Käufers im Garantiefall sowohl die Garantieerklärung, als auch die einschlägige Werbung maßgeblich ist. Die Vorschrift ist so zu interpretieren, dass es genügt, wenn die Garantieerklärung in der Werbung abgegeben wurde.

3) *Der Unternehmer U1 verkauft an den Unternehmer U2 eine gebrauchte Öl- und Fettreinigungsanlage. In den Allgemeinen Geschäftsbedingungen des U1 steht: „Unsere runderneuerten*

Maschinen werden sorgfältig geprüft, bevor sie in den Verkauf gelangen. Gleichwohl ist eine Haftung für Sachmängel ausgeschlossen." Hat U1 die Sachmängelhaftung wirksam ausgeschlossen?

Da der Kaufvertrag zwischen zwei Unternehmern abgeschlossen wird, ist die Anwendung der Vorschriften über den Verbrauchsgüterkauf zur Unwirksamkeit des Haftungsausschlusses (vgl. § 475 Abs. 1) ausgeschlossen. Auch das AGB-Recht verbietet nicht den Ausschluss der Sachmängelhaftung für gebrauchte Sachen, wie sich aus § 309 Nr. 8 b ergibt. Also konnte U1 die Sachmängelhaftung in seinen AGB gegenüber U2 wirksam ausschließen.

4) *Frau A geht mit ihrer zwölfjährigen Tochter B in einen Selbstbedienungsmarkt. Während sie mit voll bepacktem Einkaufswagen an der Kasse steht, rutscht die Tochter innerhalb des Ladens auf einem Gemüseblatt aus, das auf dem Boden liegt. Die Tochter B zieht sich einen Oberschenkelhalsbruch zu. Zu prüfen sind Schadensersatzansprüche der B, vertreten durch ihre Mutter A, gegen die X-AG, die den Einkaufsmarkt betreibt.*

Deliktische Ansprüche nach § 831 scheitern daran, dass die X-AG sich als Geschäftsherr exkulpieren kann. Sie hat ihr Personal so ausgewählt und überwacht, dass derartige Schäden möglichst vermieden werden.

Vertragliche Ansprüche der Tochter B scheitern bei kursorischer Überprüfung daran, dass sie selbst keinen Vertrag mit der X-AG abgeschlossen hat. Fraglich ist, ob die Tochter B in den Schutzbereich des Kaufvertrages einbezogen werden kann, den die Mutter A mit der X-AG abgeschlossen hat. Der Vertrag ist jedoch noch nicht zustande gekommen, da die Mutter A die Kasse noch nicht passiert hat (vgl. WR I IV.1d). Die X-AG könnte der Tochter B jedoch aus Verschulden bei Vertragsverhandlungen (Culpa in Contrahendo) nach §§ 311 Abs. 2, 280 haften. Danach ergeben sich vorvertragliche Sorgfalts- und Rücksichtspflichten der X-AG, die vor der Novelle von 2001 von der Rechtsprechung entwickelt und dann vom Gesetzgeber in den Text des BGB übernommen wurden. Die X-AG hat das berechtigte Vertrauen von Frau A erweckt, dass sie die Vertragsverhandlungen ordnungsgemäß führen und Frau A bei der Anbahnung dieser Verhandlungen nicht schädigen werde. In die Schutzwirkung dieser vorvertraglichen, gesetzlichen Sorgfalts- und Rücksichtspflichten wird nach § 311 Abs. 3 auch die Tochter B einbezogen. Der Gesetzgeber hat in § 311 Abs. 3 die Grundsätze, die von der Rechtsprechung zum Vertrag mit Schutzwirkung für Dritte entwickelt wurden, übernommen. Daher kann B im eigenen Namen einen Schadensersatzanspruch gegen die X-AG aus Culpa in Contrahendo (§ 311 Abs. 2) im Zusammenhang mit § 311 Abs. 3 geltend machen. Die X-AG muss die Krankenhauskosten zur Behandlung des Oberschenkelhalsbruchs ersetzen.

5) *Der Zulieferer A liefert dem Automobilhersteller B Gaszüge, die dieser kontrolliert und einbaut. Ein Gaszug ist defekt. Das Gas geht nicht zurück, wenn der Fahrer den Fuß vom Gaspedal nimmt. B entdeckt den Fehler nicht und baut den Gaszug in einen Neuwagen ein. Auch der Händler H entdeckt den Fehler nicht. Er verkauft und übereignet den Wagen an K. Dieser verunglückt auf der ersten Fahrt, weil trotz Rücknahme des Gaspedals der Wagen in einer Kurve weiter beschleunigt. Hätte das Gaspedal funktioniert, so wäre es nicht zum Unfall gekommen. K fragt, von wem er den Ersatz seiner Krankenhauskosten von 10.000 Euro und des Totalschadens an dem Wagen im Umfang von 20.000 Euro verlangen kann. Es stellt sich heraus, dass der Zulieferer A und der Händler H inzwischen insolvent geworden sind. K fragt nach seinen Ansprüchen gegen B. Dringt K gegen B durch?*

In Frage kommen nur Ersatzansprüche des K gegen B nach dem Produkthaftungsgesetz und nach § 823 Abs. 1 (deliktische Haftung) aus dem Gesichtspunkt der Produzentenhaftung. Da K gegenüber A und H von vornherein auf die Insolvenzquote beschränkt sein wird, kommt es ihm entscheidend darauf an, diese Ansprüche gegen B durchzusetzen.

Der Anspruch des K auf Ersatz der Krankenhauskosten und des Totalschadens an dem Wagen könnte sich auf § 1 Produkthaftungsgesetz stützen. Hier liegt ein Fabrikationsfehler nach § 3 PHG vor. Auch wenn es sich ursprünglich um einen Fabrikationsfehler des Zulieferers A handelt, wird das Gesamtprodukt nach dem Einbau des Gaszugs von dem Fabrikationsfehler erfasst; es ist daher auch ein Fabrikationsfehler des B zu bejahen. B haftet nach § 1 PHG ohne Verschulden (Gefährdungshaftung). Erfasst sind die Personenschäden, d.h. die Krankenhauskosten in Höhe von € 10.000, nicht erfasst sind die Sachschäden, soweit es um das fehlerhafte Produkt selbst geht (§ 1 Abs. 1 PHG). B haftet nach § 1 PHG nur in Höhe von € 10.000.

Der Anspruch des K auf Ersatz der Krankenhauskosten und des Totalschadens an dem Wagen könnte sich auf § 823 Abs. 1 BGB stützen. Aus dem Gesichtspunkt der Produzentenhaftung hat die Rechtsprechung Verkehrssicherungspflichten der Hersteller entwickelt, durch welche der Rechtsverkehr gegen Konstruktions-, Fabrikations- und Instruktionsfehler der Produkte geschützt werden soll. Für Fabrikationsfehler haftet auch der „assembler", der in sein Industrieerzeugnis Zulieferprodukte einbaut. Er muss die Zulieferprodukte auf ihre Funktionstüchtigkeit überprüfen. Eine solche Prüfung hat B nicht mit der erforderlichen Sorgfalt vorgenommen. Er haftet daher wegen fahrlässiger Verletzung der Verkehrssicherungspflicht (Umkehr der Beweislast). Was den Umfang der Haftung anbelangt, so sind zum einen die Krankenhauskosten in Höhe von € 10.000 erfasst. Die Sachschäden in Höhe von € 20.000 (Totalschaden an dem Wagen) sind zwar im Regelfall nicht erfasst. Hier macht die Rechtsprechung jedoch eine Ausnahme. Es handelt sich um einen sogenannten weiterfressenden Mangel. Bei dem Gaszug handelt es sich um ein funktionell begrenztes Einzelteil des Wagens, dessen Defekt nicht stoffgleich mit dem später an dem Wagen entstandenen Schaden ist. Der Schaden an dem Wagen wäre vermeidbar gewesen, wenn man den Fehler an dem Gaszug rechtzeitig erkannt hätte. B haftet dem K auch aus dem Gesichtspunkt des weiterfressenden Mangels wegen fahrlässiger Verletzung seiner Verkehrssicherungspflicht (BGHZ 86, 256).

Aus dem Gesichtspunkt der deliktischen Haftung aus § 823 Abs. 1 kann nach § 847 auch Schmerzensgeld für den immateriellen Schaden des K verlangt werden.

5. Systematische Übersicht

Das Recht der Leistungsstörungen im Vertrag ist überwiegend im allgemeinen Schuldrecht (2. Buch des BGB) geregelt. Dies gilt seit der Novelle von 2001 nicht mehr nur für die Unmöglichkeit und den Verzug, sondern auch für die Schlechterfüllung. Für die Sach- und Rechtsmängelhaftung gibt es jedoch unterschiedliche Regelungen für den Kauf-, Werk- und Mietvertrag, die in den jeweiligen Titeln (1. Titel: Kauf, Tausch; 9. Titel: Werkvertrag und ähnliche Verträge; 5. Titel: Miete, Pacht) des 8. Abschnitts (Einzelne Schuldverhältnisse) untergebracht sind.

Der Exkurs zur Produzentenhaftung, der sich mit den sog. weiterfressenden Mängeln an der gelieferten Sache befasst, soll die Verzahnung zwischen Deliktsrecht und Vertragsrecht aufzeigen. Das Deliktsrecht ist in im 27. Titel des 8. Abschnitts des 2. Buchs geregelt. Hinzu kommt als ausgegliederter Teil des Deliktsrechts das Produkthaftungsgesetz.

6. Ökonomische Analyse vertraglicher Leistungsstörungen

(T. Eger)

a) Verträge und Vertragsrecht aus ökonomischer Sicht

aa) Vollkommene und unvollkommene Verträge

Jeder Vertrag enthält wechselseitige Versprechen der Vertragsparteien, bestimmte Dinge zu tun oder zu unterlassen. Verträge beziehen sich somit auf die Zukunft, indem sie

- eine bestimmte *Qualität* zusichern, wenn man diese nicht durch einfache Inspektion vor dem Kauf sofort erkennen kann, und diese Zusicherung gegebenenfalls durch Garantiezusagen bekräftigen,
- die Lieferung einer bestimmten *Quantität* an einem bestimmten *Ort* zu einem bestimmten *Zeitpunkt* zusichern,
- die Zahlung eines bestimmten *Kaufpreises* zu einem bestimmten Zeitpunkt oder - bei Ratenzahlungen - zu bestimmten Zeitpunkten zusichern.

Im theoretischen Extremfall sind beide Vertragsparteien vollständig über alle relevanten Eigenschaften der Leistung und der Gegenleistung informiert; außerdem erfolgen Leistung und Gegenleistung simultan. Unter diesen idealtypischen Bedingungen hat der Tausch keine Zeitdimension - man spricht auch von „instantanem Tausch" -, keine Partei muss sich für die Zukunft zu irgend etwas verpflichten, man tauscht oder man tauscht nicht.

Wenn Ökonomen über Verträge reden und Vertragsfreiheit postulieren, liegt der Argumentation häufig explizit oder implizit das Konzept des vollkommenen Vertrages zugrunde. Ein *vollkommener Vertrag* kommt zustande, wenn die folgenden Voraussetzungen erfüllt sind:[145]

1) Die Vertragsparteien handeln *rational* in dem Sinne, dass sie über stabile und unabhängige Präferenzen verfügen und dass sie unter den gegebenen Beschränkungen ihre individuellen Ziele so weitgehend wie möglich realisieren.

2) Die Vertragsparteien sind *machtlos*, da für jede Partei eine große Anzahl gleichwertiger Alternativen besteht und da niemand in der Lage ist, den Wert der Alternativen des Vertragspartners zu beeinflussen.

3) Der Vertrag hat *keine negativen Auswirkungen auf Dritte.*

4) Die Vertragsparteien sind *vollständig* über alle Konsequenzen des Vertragsabschlusses *informiert.*

5) Die Kosten des Aushandelns, Formulierens und der Durchsetzung des Vertrages (kurz: die *Transaktionskosten*) sind Null.

---

[145] Vgl. hierzu z. B. Cooter/Ulen, Law and Economics, 3rd ed., Reading/Mass. 2000, S. 205 ff.

Bei vollkommenen Verträgen sind Preis, Quantität und Qualität der gehandelten Ware sowie Ort und Zeitpunkt der Erfüllung für jeden beliebigen Zustand der Welt eindeutig spezifiziert, durch beide Parteien beobachtbar und gegenüber Dritten verifizierbar. Man spricht auch von „vollständig spezifizierten Kontingenzverträgen", weil für jeden denkbaren Zustand der Welt eindeutig festgelegt ist, wer was zu tun oder zu unterlassen hat. Jeder vollkommene Vertrag ist einerseits *effizient*, d. h. durch den Vertrag wird sich mindestens eine Partei verbessern, und weder eine Vertragspartei noch ein sonstiges Gesellschaftsmitglied wird sich verschlechtern. Andererseits ist ein vollkommener Vertrag *fair*, da nur Wertäquivalente getauscht werden.

Reale Verträge sind aber aus einem oder mehreren der folgenden Gründe *unvollkommen*:

1) Die Rationalitätsannahme ist nicht erfüllt (z. B. Minderjährigkeit, Geisteskrankheit, Unzurechnungsfähigkeit).

2) Es bestehen keine Alternativen bzw. hohe Abwanderungskosten für eine Vertragspartei (Missbrauch von Monopolmacht, Drohung, Zwang).

3) Der Vertrag hat negative Auswirkungen auf Dritte (Gefahrguttransporte, Waffenhandel, Kartellverträge).

4) Es bestehen Informationsasymmetrien zwischen den Vertragsparteien (Betrug, Täuschung, Verschweigen).

5) Es bestehen positive (und zum Teil prohibitive) Kosten des Aushandelns, Formulierens und der Durchsetzung von Verträgen (insbesondere bei Verträgen mit einer großen zeitlichen Differenz zwischen Vertragsabschluss und Vertragserfüllung).

Die Unvollkommenheit realer Verträge äußert sich zum einen darin, dass sie *nicht vollständig spezifiziert* sind, d. h. sie enthalten Lücken, indem Quantität und Qualität der versprochenen Leistungen und Gegenleistungen nicht eindeutig bestimmt sind oder indem bestimmte Risiken aus der Vertragsbeziehung nicht eindeutig einer Partei zugeordnet sind. Hierfür gibt es zwei Gründe:

1) Erfolgt der Austausch nicht zum Zeitpunkt des Vertragsabschlusses, dann können in der Zeitspanne zwischen Vertragsabschluss und Vertragserfüllung Risiken eintreten (Preissteigerungen, defekte Maschinen, verunglückte Transporte, abgebrannte Fabriken, staatliche Eingriffe, Streiks, Kriege, Blockaden, Naturkatastrophen etc.), deren vollständige Ex-ante-Spezifikation und Ex-post-Verifikation mit prohibitiven Kosten verbunden wären.

2) Sind die Güter und Dienstleistungen, die Gegenstand des Vertrages sind, sehr komplex und schwer zu durchschauen, dann ist es mit (zum Teil prohibitiven) Kosten verbunden, alle relevanten Eigenschaften der Leistungen und Gegenleistungen ex ante zu spezifizieren und ex post zu beobachten bzw. gegenüber Dritten zu verifizieren. Es bleibt somit in gewissem Maße offen, wozu sich die Vertragspartner verpflichtet haben und was sie tatsächlich tauschen.

Zum anderen besteht die Unvollkommenheit realer Verträge darin, dass sie *nicht notwendig fair* sind, d. h. dass bei Vertragserfüllung nicht alle Beteiligten und Betroffenen notwendig bessergestellt werden.

bb) Vertragsinteressen

Es lassen sich drei Typen ökonomischer Interessen der Vertragsparteien an einem Vertrag unterscheiden.

Das *positive Interesse* ist definiert als der Vorteil, den eine Vertragspartei realisiert, wenn der Vertrag erfüllt wird. Das positive Interesse des *Verkäufers* besteht somit in der Differenz zwischen Vertragspreis (= Erlös) und seiner Mindestforderung (= Kosten, die ihm durch die Herstellung des Gutes bzw. durch den Verzicht auf die Eigennutzung des Gutes entstehen). Das positive Interesse des *Käufers* besteht in der Differenz zwischen dessen Maximalgebot (= subjektiver Wert des Gutes für den Käufer) und dem Vertragspreis (= Kosten, die er aufzuwenden hat). Gegebenenfalls sind weitere Kosten, die dem Verkäufer oder dem Käufer im Rahmen der Vertragsbeziehung entstehen, abzuziehen.

Das *negative Interesse* ist ökonomisch definiert als der Vorteil, den eine Vertragspartei realisiert hätte, wenn sie den Vertrag nicht abgeschlossen und stattdessen die nächstbeste Alternative gewählt hätte.[146] Das negative Interesse des *Verkäufers* besteht somit aus der Differenz zwischen dem Erlös aus dem nächstbesten Vertragsabschluss und seiner Mindestforderung. Das negative Interesse des *Käufers* besteht in der Differenz zwischen dessen Maximalgebot und den Kosten der nächstbesten Alternative.

Das *konkrete Vertragsinteresse* ist definiert als der Vorteil, den ein bestimmter Vertrag einer Vertragspartei im Vergleich zur nächstbesten Alternative bietet.[147] Dieser Vorteil wird durch die Differenz zwischen positivem und negativem Interesse gemessen.

Die Bestimmung der drei Typen ökonomischer Vertragsinteressen lässt sich anhand eines einfachen Beispiels veranschaulichen:[148] Angenommen, ein potentieller Käufer interessiert sich für einen Kunstdruck und wäre bereit, maximal 2.000 € zu zahlen. Der Verkäufer will mindestens 1.000 € haben. Sie einigen sich schließlich auf einen Vertragspreis in Höhe von 1.600 €. Der Verkäufer hat noch einen anderen Interessenten an der Hand, der bereit wäre, 1.590 € zu zahlen. Dem Käufer wurde der gleiche Kunstdruck von einem anderen Kunstliebhaber zu 1.800 € angeboten. Die Vertragsinteressen von Verkäufer und Käufer lassen sich dann wie folgt berechnen:

1) *Verkäufer*

a) positives Interesse: 1.600 - 1.000 = 600

b) negatives Interesse: 1.590 - 1.000 = 590

c) konkretes Vertragsinteresse: 600 - 590 = 10

---

[146] Juristen definieren das negative Interesse in der Regel enger als Ökonomen. Nach der juristischen Auffassung ist das negative Interesse einer Vertragspartei das Interesse daran, Verluste zu vermeiden, die nicht entstanden wären, wenn der Vertrag gar nicht abgeschlossen worden wäre (= Vertrauensschäden). Der Ökonom dagegen definiert das negative Interesse als den entgangenen Gewinn aus der nächstbesten Alternative. Ist dieser Gewinn Null, stimmen juristische und ökonomische Definition überein.

[147] Vgl. zu diesem Begriff Stützel, Wert und Preis, in: Handwörterbuch der Betriebswirtschaft, 4. Auflage, Stuttgart 1976, S. 4415 ff.

[148] In der Praxis ist die Berechnung von Vertragsinteressen in einigen Fällen allerdings mit konzeptionellen Schwierigkeiten verbunden. Vgl. hierzu ausführlich Cooter/Eisenberg, Damages from Breach of Contract, in: California Law Review, 73 (1985), S. 1434 ff.

2) *Käufer*

a) positives Interesse: 2.000 - 1.600 = 400

b) negatives Interesse: 2.000 - 1.800 = 200

c) konkretes Vertragsinteresse: 400 - 200 = 200

Anhand dieses Beispiels lässt sich auch die ökonomische Bedeutung des konkreten Vertragsinteresses veranschaulichen. Durch das konkrete Vertragsinteresse wird nämlich ausgedrückt, was es eine Vertragspartei kostet, zur nächstbesten Alternative überzugehen. In unserem Beispiel kostet den Verkäufer ein Wechsel zur nächstbesten Alternative lediglich 10 €, während der Käufer bei einem Wechsel einen Verlust von 200 € hinzunehmen hat. Sofern die Geldbeträge ein adäquates Maß für den Nutzen sind, kann man also folgern: Die Abwanderungskosten des Käufers sind zwanzigmal so hoch wie die des Verkäufers, oder: Der Käufer ist vom Verkäufer zwanzigmal so abhängig wie der Verkäufer vom Käufer.

Wir sehen aber auch: Bei einem vollkommenen Vertrag, der unter den Bedingungen der liberalen Utopie zustande kommt, entspricht das positive dem negativen Interesse, da sich jeder Marktteilnehmer einer großen Zahl gleichwertiger Alternativen gegenübersieht. Unter diesen Bedingungen ist das konkrete Vertragsinteresse somit Null, eine spezifische Abhängigkeit zwischen den Vertragsparteien besteht nicht. Je stärker demgegenüber das konkrete Vertragsinteresse mindestens einer Partei ist, in desto stärkerem Maße werden anonyme Marktbeziehungen durch persönliche Beziehungen zwischen spezifischen Vertragsparteien ersetzt.

cc) Ökonomische Funktionen des Vertragsrechts

In jedem entwickelten Industriestaat besteht eine kaum überschaubare Vielzahl vertragsrechtlicher Normen. Dies ist auf den ersten Blick für einen liberalen Ökonomen schwer zu begründen, denn besteht nicht das Grundprinzip einer auf Privateigentum und Vertragsfreiheit basierenden Gesellschaft darin, dass die Wirtschaftssubjekte selbst entscheiden, mit wem sie Verträge abschließen und was sie sich in diesen Verträgen wechselseitig versprechen? Würde es nicht ausreichen, wenn der Staat mit seinem Gewaltmonopol garantieren würde, dass er die Durchsetzung aller vertraglichen Versprechen erzwingt, und auf diese Weise bei allen Vertragsparteien eine hinreichende Sicherheit schafft, dass die jeweiligen Vertragspartner ihre Versprechen auch halten werden? Wäre es nicht die ausschließliche Aufgabe des Deliktsrechts, zu verhindern, dass Dritte durch einen Vertrag geschädigt werden?

Gesetze sind Resultat politischer Aushandlungsprozesse und nicht jede gesetzliche Regelung von Vertragsbeziehungen dürfte der ökonomischen Weisheit letzter Schluss sein. Es lässt sich allerdings zeigen, dass in der realen, unvollkommenen Welt, in der das Aushandeln, Formulieren und Durchsetzen von Verträgen mit Kosten verbunden ist und in der zum Teil hohe, in vielen Fällen für die Vertragsparteien unterschiedliche, konkrete Vertragsinteressen bestehen, auch aus rein ökonomischen Effizienzerwägungen eine sehr viel stärkere rechtliche Regulierung der Vertragsbeziehungen erforderlich ist, als das Minimalmodell der liberalen Utopie postuliert.

Es lassen sich drei Typen vertragsrechtlicher Normen unterscheiden, durch die der Grundsatz, dass vertragliche Versprechen einzuhalten sind, für den Fall unvollständig spezifizierter bzw. „unfairer" Verträge konkretisiert bzw. modifiziert wird. Aus ökonomischer Sicht am wenigsten problematisch ist das *vertragsergänzende dispositive Gesetzesrecht*. Hierdurch werden „Ersatzordnungen" oder „Musterverträge" für bestimmte Grundtypen von Vertragsverhältnissen geschaffen, die nur für den Fall gelten, dass die Vertragsparteien über die dort geregelten Punkte keine Vereinbarungen getroffen haben.[149] Auf diese Weise werden potentielle Vertragspartner mit Informationen über die vielen Unwägbarkeiten eines Vertragsabschlusses versorgt. Außerdem werden sie davon entlastet, bei jedem Vertrag die Bedingungen im Einzelnen auszuhandeln. Die Kosten der Vertragsverhandlungen werden gesenkt, und es werden mehr wechselseitig vorteilhafte Verträge abgeschlossen, als das ohne diese „Musterverträge" der Fall wäre. Je stärker das vertragsergänzende dispositive Gesetzesrecht denjenigen Vertragsbedingungen entspricht, die typische, wohlinformierte Individuen vernünftigerweise ausgehandelt hätten, desto besser erfüllt es seine Funktion, Transaktionskosten zu senken und die Arbeitsteiligkeit und Effizienz der Wirtschaft zu steigern. Schlecht durchdachte gesetzliche „Musterverträge" schaffen demgegenüber Anreize, davon abweichende Bedingungen auszuhandeln.

Durch die Gesetzgebung nicht geschlossene Regelungslücken werden im Konfliktfall durch die *Rechtsprechung* geschlossen, die sich dabei der „ergänzenden Vertragsauslegung" sowie der Lehre(n) vom Fehlen bzw. Wegfall der Geschäftsgrundlage bedient (Schäfer/Ott 2000, S. 396 ff.). Maßstab der ergänzenden Vertragsauslegung ist der „hypothetische Parteiwille", d. h. der Vertragsinhalt, den die Parteien vernünftigerweise vereinbart hätten, wenn sie die Unvollständigkeit und Ergänzungsbedürftigkeit des Vertrages erkannt hätten. Diesen Maßstab wendet ein Teil der juristischen Literatur auf eine Vertragsanpassung wegen Fehlens, Wegfalls oder wesentlicher Veränderungen der Geschäftsgrundlage an. Von anderen werden objektive Kriterien der Zumutbarkeit bzw. eines optimalen Interessenausgleichs oder einer nach Treu und Glauben zu bestimmenden Billigkeit verwendet. Hierbei wird auf das Urteil eines (fiktiven) außenstehenden, neutralen Beobachters abgestellt.

Den stärksten Eingriff in die Vertragsfreiheit stellen gesetzliche Vorschriften dar, die festlegen, wer, was, wann, wo zu welchen Konditionen mit wem „tauschen" darf. Hierbei sieht der Gesetzgeber vor, dass in bestimmten Fällen Verträge *anfechtbar oder nichtig* sind bzw. dass Vertragsbestandteile *unwirksam* sind (in neuerer Zeit vor allem das Gesetz zur Regelung des Rechts der Allgemeinen Geschäftsbedingungen von 1977), dass bestimmte Vertragsabschlüsse strafbar sind bzw. dass man zu bestimmten Vertragsabschlüssen verpflichtet ist (Kontrahierungszwang). Insbesondere die Frage, welche Leistungen über Märkte handelbar sein sollten, ist von grundlegendem Interesse und immer wieder Gegenstand von Kontroversen. Bereits 1972 machte Arrow darauf aufmerksam, dass die Stabilität eines Systems privater Eigentumsrechte und privater Vertragsabschlüsse davon abhängt, dass das System nicht-universell ist.[150] Würden beispielsweise die Leistungen von Kommunalbeamten, Polizisten, Staatsanwälten und Richtern marktmäßig gehandelt, so würde ein System des freiwilligen Austauschs von Gütern und Dienstleistungen allmählich erodieren. Heute ist insbesondere umstritten, ob man bei Prostitution, Organhandel sowie Drogen- und Waffenhandel freizügige Vertragsabschlüsse zulassen sollte oder nicht.[151]

Damit vertragsrechtliche Normen einen Einfluss auf die Effizienz der Vertragshandlungen haben, müssen allerdings zwei Voraussetzungen erfüllt sein. Zum einen muss eine Vertragspartei im Konfliktfall glaubhaft drohen können, den Konflikt vor Gericht auszutragen. Zum anderen muss mit hinreichender Sicherheit vorauszusehen sein, wie ein Gericht den Konflikt entscheidet. Sind diese Voraussetzungen gegeben, dann werden die ex ante, d. h. vor Eintreten eines vertraglichen

[149] Vgl. Schäfer/Ott, Lehrbuch der ökonomischen Analyse des Zivilrechts, 3. Auflage, Berlin etc. 2000, S. 394 ff.
[150] Arrow, Gifts and Exchanges, in: Philosophy and Public Affairs, 1 (1972).
[151] Vgl. hierzu auch die Diskussion bei Trebilcock, The Limits of Freedom of Contract, Cambridge/Mass. 1993, S. 23 - 57.

Konflikts, gewählten Handlungen durch die ex post erwarteten rechtlichen Sanktionen beeinflusst. Sind diese Voraussetzungen nicht gegeben und werden Konflikte nur in seltenen Ausnahmefällen vor Gericht ausgetragen - wie das vor allem bei langfristigen Geschäftsbeziehungen zwischen gewerblichen Vertragsparteien der Fall ist -, dann greifen die Vertragsparteien in stärkerem Maße auf außergerichtliche Mechanismen der Durchsetzung vertraglicher Versprechen zurück.[152] Der Einfluss von Rechtsprechung und Gesetzgebung auf die Vertragshandlungen ist dann sehr viel mittelbarer.

Eine zuverlässige Analyse der Auswirkungen unterschiedlicher vertraglicher Haftungsregeln auf die gesamtwirtschaftliche Effizienz muss berücksichtigen, dass durch die gerichtliche Lösung vertraglicher Konflikte zahlreiche Handlungen beeinflusst werden, die mit der Vorbereitung, dem Abschluss und der Erfüllung von Verträgen zusammenhängen.[153] So hat das Vertragsrecht unter anderem einen Einfluss auf die Intensität der Suche nach geeigneten Vertragspartnern, auf den Umfang der Verhandlungen sowie die Beschaffung und Weitergabe von Informationen vor Vertragsabschluss, auf die Häufigkeit der Einhaltung oder Verletzung vertraglicher Versprechungen, auf die Höhe der Ausgaben, die man im Vertrauen auf die Einhaltung vertraglicher Versprechungen vornimmt, auf Art und Umfang der Maßnahmen, die man unternimmt, um die Schäden aus gebrochenen Vertragsversprechen zu reduzieren usw. Die ökonomische Theorie hat bisher erst einige wenige Aspekte der Anreizwirkungen vertraglicher Haftungsregeln mit Hilfe formaler mathematischer Modelle analysiert. Sie verfügt aber über das Instrumentarium, derartige Zusammenhänge im Rahmen allgemeiner Gleichgewichtsmodelle genauer zu erforschen. So kann eine gesamtwirtschaftliche Analyse des Vertragsrechts beispielsweise den Blick dafür öffnen, dass vertragliche Haftungsregeln, die den Aspekt der Versicherung gegen unerwartete Schäden zu Lasten der Sicherheit der Vertragserfüllung überbetonen, die Anreize zu volkswirtschaftlich nützlichen Substitutions-, Arbitrage- und Spekulationshandlungen reduzieren und eine effiziente Ressourcenallokation verhindern.

dd) Die Rekonstruktion des vollständigen Vertrages

Viele Vertragsstreitigkeiten sind dadurch gekennzeichnet, dass im Zeitraum zwischen Vertragsabschluss und Vertragserfüllung unvorhergesehene Risiken auftreten (z. B. unerwartete Preissteigerungen für Inputs des Verkäufers, unerwarteter Absatzrückgang beim Käufer, Abbrennen einer Fabrik, Schließung des Suez-Kanals, galoppierende Inflation, Arbeitslosigkeit des Käufers), mit der Folge, dass eine Partei nicht oder nicht in vollem Umfang leisten möchte, weil das konkrete Vertragsinteresse negativ geworden ist. Das Gericht muss dann entscheiden, wie es den Schaden auf die Vertragsparteien aufteilt, indem es entweder auf Vertragserfüllung besteht oder den Beklagten von seinen vertraglichen Pflichten befreit und ihn gegebenenfalls zu einer mehr oder weniger hohen Schadensersatzzahlung an den Kläger verurteilt. Die Gerichtsentscheidung lässt sich somit als das Ergebnis eines Trade-offs zwischen Sicherheit der Vertragserfüllung und einer Versicherung gegen unerwartete Verluste auffassen.

Die ökonomische Analyse des Vertragsrechts schlägt vor, die effiziente Schadensaufteilung durch eine Rekonstruktion des vollständigen Vertrages zu ermitteln, indem man diejenige Risikozuordnung trifft, „... die die Beteiligten selbst nach Maßgabe ökonomischer Rationalität ge-

---

[152] Vgl. etwa Macaulay, Non-contractual Relations in Business: A Preliminary Study, in: American Sociological Review, 28 (1963).

[153] Zur Komplexität des Vertragsrechts vgl. auch Macneil, Contract Remedies: A Need for Better Efficiency Analysis, in: Journal of Institutional and Theoretical Economics 144 (1988), S. 6 ff.

troffen hätten, wenn sie das fragliche Risiko erkannt und zum Gegenstand ihrer vertraglichen Vereinbarung gemacht hätten." (Schäfer/Ott, a.a.O., S. 404). Dem liegt die Vorstellung zugrunde, dass vernünftige, wohlinformierte Individuen die vertraglichen Risiken so aufteilen werden, dass der gemeinsame Vorteil aus dem Vertrag maximal ist. Dies ist immer dann der Fall, wenn sich die Risikozuordnung an den relativen Kosten der Vertragsparteien, das Risiko zu vermeiden, zu versichern oder auf sonstige Weise zu bewältigen, orientiert (vgl. hierzu auch Schäfer/Ott, a.a.O., S. 373 ff., mit zahlreichen Beispielen). Bei der Rekonstruktion des vollständigen Vertrages ist somit der gleiche Trade-off zwischen effizienter Schadensvermeidung und effizienter Risikoallokation zu bewältigen, der bereits bei der ökonomischen Analyse des Deliktsrechts diskutiert wurde (vgl. hierzu im Einzelnen Kap. III.8.b. und c.).

Anders als bei Interaktionen zwischen „Fremden", die Gegenstand des Deliktsrechts sind, haben bei einer vertraglichen Beziehung zum Zeitpunkt des Vertragsabschlusses (ex ante) *beide* Parteien ein Interesse an einer *effizienten* (den gemeinsamen Vorteil maximierenden) Lösung - unabhängig davon, mit welcher Schadensaufteilung diese effiziente Lösung verbunden ist. Dies lässt sich anhand eines Zahlenbeispiels verdeutlichen: Der Möbelspediteur M übernimmt für den Kunden K den Umzug. Verläuft der Transport ohne Zwischenfälle, betragen die Transportkosten 1.000 €. Mit einer gewissen Wahrscheinlichkeit wird der Transporter verunglücken und einen Erwartungswert des Schadens an den Möbeln in Höhe von 100 € verursachen. Beide Vertragsparteien sind risikoavers und somit an einer Versicherung des Schadensrisikos interessiert.

Nehmen wir an, die Versicherungsprämie für ein derartiges Risiko betrage für den Möbelspediteur 105 €, für den Kunden dagegen 120 €. Auf welche Risikoverteilung werden sich vernünftige, wohlinformierte Vertragspartner bei Vertragsabschluss einigen? Wenn der Kunde das Risiko trägt, wird der Spediteur für seine Leistung einen Preis von mindestens 1.000 € verlangen; darüber hinaus entstehen dem Kunden aber Versicherungskosten in Höhe von 120 €. Der Gesamtpreis der Transportleistung (inkl. Versicherung) beträgt in diesem Fall für den Kunden 1.120 €. Trägt der Möbelspediteur das Risiko, wird er mindestens 1.105 € für seine Leistung verlangen. *Beide* Parteien stehen sich also besser, wenn der Möbelspediteur das Risiko übernimmt und für seine Transportleistung plus Risikoübernahme einen Preis zwischen 1.105 € und 1.120 € verlangt. Die Kosten der Versicherung trägt in beiden Fällen der Kunde - entweder direkt oder indirekt über den Preis.

Die Rekonstruktion des vollständigen Vertrages ist ein nützliches, einfach zu handhabendes Gedankenmodell, um eine Vielzahl von Vertragsstreitigkeiten unter Effizienzgesichtspunkten analysieren zu können. Dabei ist aber zu beachten, dass die Maximierung des gemeinsamen Vorteils zweier jeweils gegebener Vertragspartner nicht notwendig zur *Maximierung des gesamtwirtschaftlichen Reichtums* (d. h. zu gesamtwirtschaftlicher Effizienz) beiträgt. Ein gesamtwirtschaftlich effizienter Vertragsabschluss setzt zum einen voraus, dass die gemeinsamen Vorteile des Vertrages für die Vertragsparteien nicht durch nachteilige Wirkungen auf Dritte überkompensiert werden; zum anderen muss ein gesamtwirtschaftlich effizienter Vertragsabschluss dadurch gekennzeichnet sein, dass durch eine Rekombination der Vertragspartner keine Verbesserungen mehr möglich sind (d. h. die jeweiligen Vertragspartner müssen auch am besten zueinander passen).

b) „Pacta sunt servanda" versus „effizienter Vertragsbruch"

Es lassen sich zwei Philosophien des Vertragsrechts unterscheiden. Nach dem Grundsatz *pacta sunt servanda* ist ein Vertragsbruch[154] grundsätzlich verboten; das Vertragsrecht soll vom Vertragsbruch abschrecken. Danach gelten vertragliche Versprechen als Rechte, die einen *Erfüllungsanspruch* begründen: Gegen den Willen des Gläubigers darf der Schuldner einer Leistung nicht von seinem Versprechen abweichen. Die bundesdeutsche Gesetzgebung und Rechtsprechung verleiht diesem Grundsatz ein hohes Gewicht.[155] So kann das Opfer einer Leistungsstörung nicht nur den Ersatz des positiven Interesses verlangen (§ 280 Abs. 1 BGB, § 437 Nr. 3, § 440 bei Kaufverträgen), sondern es kann vom Vertragspartner auch die Herausgabe des durch die Erfüllungsverweigerung Erlangten verlangen (§ 285 Abs. 1 BGB), es kann unter bestimmten Bedingungen die Durchsetzung der Ansprüche aus dem Kaufvertrag durch einstweilige Verfügung verlangen (§§ 935 ff. ZPO) und es kann vom Zweitkäufer die Herausgabe der Sache verlangen, wenn das Zusammenwirken zwischen Verkäufer und Zweitkäufer derart gegen die guten Sitten verstößt, dass dem Erstkäufer vorsätzlich Schaden zugefügt wird (§ 826 BGB).

Eine vollständig andere Philosophie liegt dem angelsächsischen Common Law zugrunde. Danach ist ein Vertragsbruch grundsätzlich rechtlich zulässig, hat aber seinen *Preis*, den *Schadensersatzanspruch* des Opfers. Die Aufgabe der Gerichte besteht nach dieser Philosophie nicht darin, Vertragsparteien vom Vertragsbruch abzuschrecken. Gerichte sollen vielmehr den Vertragsbruch so bepreisen, dass ein Vertrag dann und nur dann gebrochen wird, wenn das volkswirtschaftlich in dem Sinne wünschenswert ist, dass die versprochenen Leistungen letztlich derjenige erhält, der sie am höchsten bewertet.[156]

Diese Philosophie des „effizienten Vertragsbruchs" lässt sich an einem einfachen Beispiel veranschaulichen: Ein Kunstliebhaber erwirbt auf einer Versteigerung ein Bild zum Preis von 2.000 €, für das er maximal 2.500 € geboten hätte. Bevor das Bild an den Käufer abgeschickt wird, taucht ein weiterer Interessent (der Zweitkäufer) auf, zahlt 3.000 € (alternativ: 2.400 €) in bar und nimmt das Bild gleich mit. Nach der Philosophie des effizienten Vertragsbruchs muss der Verkäufer den Erstkäufer durch eine Schadensersatzzahlung so stellen, als ob der Vertrag erfüllt worden wäre (= Ersatz des positiven Interesses). In unserem Beispiel wären das 500 € (sofern der Kaufpreis noch nicht gezahlt wurde). Es lässt sich nun leicht zeigen, dass bei einer Schadensersatzzahlung in dieser Höhe der Verkäufer den Vertrag dann und nur dann brechen wird, wenn der Zweitkäufer das Bild höher bewertet als der Erstkäufer.

Fall 1: Zweitkäufer bewertet das Bild höher als Erstkäufer (3.000 > 2.500).

Nettoerlöse des Verkäufers bei Vertragserfüllung: 2.000

Nettoerlöse des Verkäufers bei Vertragsbruch: 3.000 - 500 = 2.500

Der Verkäufer wird den Vertrag also brechen.

Fall 2: Zweitkäufer bewertet das Bild geringer als Erstkäufer (2.400 < 2.500).

Nettoerlöse des Verkäufers bei Vertragserfüllung: 2.000

---

[154] Im deutschen Recht gibt es den Terminus des Vertragsbruchs bisher nicht.

[155] Vgl. etwa Finsinger/Simon, Vertragstreue und Vertragsbruch. Eine juristische und ökonomische Analyse, in: Kritische Vierteljahresschrift für Gesetzgebung und Rechtswissenschaft, Heft 3/1987, S. 262 ff.

[156] Vgl. hierzu auch Friedman, An Economic Analysis of Alternative Damage Rules for Breach of Contract, in: Journal of Law and Economics, 332 (1989), S. 281 ff.

Nettoerlöse des Verkäufers bei Vertragsbruch: 2.400 - 500 = 1.900.

In diesem Fall wird der Verkäufer den Vertrag erfüllen.

Durch die korrekte Bepreisung des Vertragsbruchs wird somit auch im Fall 1 ein Pareto-effizienter Zustand erreicht. Der Erstkäufer steht sich genauso gut, als wäre der Vertrag erfüllt worden, der Verkäufer steht sich besser als bei Vertragserfüllung.

Wird nun durch eine gerichtlich erzwungene Vertragstreue (pacta sunt servanda) das Erreichen eines Pareto-effizienten Zustandes verhindert? Nehmen wir an, im Falle eines Vertragsbruchs wird der Erstkäufer gemäß § 285 Abs. 1 BGB den Verkäufer auf Herausgabe des Gewinns verklagen, den dieser durch den Vertragsbruch gemacht hat. Muss der Verkäufer damit rechnen, dass dieser Anspruch durchgesetzt wird, so erlischt für ihn jegliches ökonomische Interesse an einem Vertragsbruch. Dies muss aber keinesfalls bedeuten, dass das Bild nicht letztlich doch bei dem Zweitkäufer landet, wenn dieser es höher als der Erstkäufer bewertet. Entweder verkauft der Erstkäufer das rechtmäßig erworbene Bild mit Gewinn an den Zweitkäufer weiter (sofern er über dessen Existenz informiert ist), oder das Auktionshaus veranlasst den Erstkäufer durch eine „Bestechungszahlung", die in unserem Beispiel zwischen 500 € und 1.000 € liegen müsste, freiwillig von dem Vertrag zurückzutreten.

Welche Regel ist nun die bessere? In einer Welt mit Transaktionskosten von Null führen beide Regeln zu derselben effizienten Allokation der Ressourcen (in unserem Beispiel: des Bildes). Nur die Verteilung ist unterschiedlich: Bei Durchsetzung des Grundsatzes pacta sunt servanda steht sich der Erstkäufer besser und der Verkäufer schlechter als bei Ersatz des positiven Interesses. Das Recht auf Vertragserfüllung hat somit einen Wert, der die Verteilung beeinflusst.

Bestehen demgegenüber positive Transaktionskosten, so können beide Regeln zu unterschiedlichen Ergebnissen führen. Befürworter der angelsächsischen Philosophie des effizienten Vertragsbruchs betonen die hohen Kosten der Rückverhandlung, die erforderlich ist, um die entsprechende Ressource ohne Vertragsbruch in die am höchsten bewertete Verwendung zu lenken. Durch strategisches Verhalten der Vertragsparteien würden grundsätzlich mögliche wechselseitige Verbesserungen verhindert. Verträge werden dann weniger häufig in wechselseitigem Einvernehmen aufgelöst, als es ökonomisch wünschenswert wäre. Andererseits besteht in einer Welt positiver Transaktionskosten bei schwer substituierbaren Gütern das Problem einer korrekten Bepreisung des positiven Interesses des Erstkäufers. Woher will das Gericht wissen, dass der Erstkäufer bei der Versteigerung maximal 2.500 € geboten hätte? Wird aber das positive Interesse des Erstkäufers durch die Gerichte unterbewertet, so werden Verträge häufiger gebrochen, als es ökonomisch sinnvoll wäre. Bei relativ großen Bewertungsproblemen und relativ geringen Kosten der Rückverhandlung ist somit der Grundsatz pacta sunt servanda aus Effizienzerwägungen vorzuziehen.

c) Unmöglichkeit und Wegfall der Geschäftsgrundlage aus ökonomischer Sicht

Häufig treten im Zeitraum zwischen Vertragsabschluss und Vertragserfüllung Ereignisse ein, die die Kosten des Verkäufers, die versprochene Leistung zu erbringen, drastisch erhöhen oder die den Wert der Leistung für den Käufer drastisch reduzieren. Ist die Zuordnung der mit diesen Ereignissen verbundenen Risiken weder explizit noch implizit im Vertrag geregelt, müssen im Konfliktfall Rechtsprechung und Gesetzgebung entscheiden, wann eine Befreiung von der Erfüllung bestimmter vertraglicher Versprechen zulässig ist. Ist die Rechtsprechung und Gesetzgebung zu liberal in der Anerkennung von Rechtfertigungsgründen für die Nichterfüllung vertraglicher Versprechen, dann haben die Vertragsparteien einen Anreiz, die Menge der Rechtfertigungsgründe durch explizite Vertragsvereinbarungen einzuschränken. Ist die Rechtsprechung und Gesetzgebung dagegen zu restriktiv, dann haben die Vertragsparteien einen Anreiz, im Vertrag zusätzliche Gründe anzuführen, die eine Nichterfüllung rechtfertigen. In beiden Fällen sind die Transaktionskosten unnötig hoch. Es werden weniger wechselseitig vorteilhafte Verträge abgeschlossen, als bei ökonomisch sinnvollerer Rechtslage möglich wäre.[157]

Um Transaktionskosten zu senken, sollte sich die Rechtsprechung somit an den Wünschen typischer Vertragsparteien orientieren. Sind die Transaktionskosten einer Rückverhandlung nach Eintritt des Schadensereignisses sehr hoch (weil strategisches Verhalten erwartet werden kann), dann werden beide Vertragspartner zum Zeitpunkt des Vertragsabschlusses ein Abweichen vom Grundsatz „pacta sunt servanda" gegen eine entsprechende Schadensersatzzahlung akzeptieren. Beide Vertragsparteien haben zum Zeitpunkt des Vertragsabschlusses ein Interesse daran, den Schadensersatz bei Nichterfüllung so festzulegen, dass die Summe der Vorteile beider Parteien aus dem Vertrag maximal ist. Anhand eines einfachen Modells kann nun gezeigt werden, dass bei risikoneutralen Parteien der Ersatz des positiven Interesses bei Nichterfüllung in der Regel zu effizienten Anreizen bezüglich der Vertragshandlungen führt.[158]

Nehmen wir an, ein Verkäufer schließt mit einem Käufer einen Vertrag über die Lieferung einer bestimmten Menge eines Gutes ab. Zum Zeitpunkt des Vertragsabschlusses sei bekannt, dass die Produktionskosten mit einer Wahrscheinlichkeit von π die normale Höhe C annehmen und mit einer Wahrscheinlichkeit von $(1 - \pi)$ außergewöhnlich hoch (C^h) ausfallen. Durch Vorsorgemaßnahmen (x) kann der Verkäufer die Wahrscheinlichkeit, dass die Produktionskosten die normale Höhe annehmen, erhöhen (und damit die Wahrscheinlichkeit, dass das Schadensereignis C^h eintritt, verringern). Es gilt somit: $\pi = \pi(x)$, wobei wir unterstellen, dass sich bei zunehmender Vorsorgeintensität π mit abnehmender Zuwachsrate erhöht.[159] Die Vorsorgemaßnahmen verursachen Vorsorgekosten in Höhe von c(x), die bei zunehmendem x überproportional steigen.[160] Der Wert des Vertrages für den Käufer (N), d. h. dessen maximale Zahlungsbereitschaft, lasse sich durch Vertrauensinvestitionen (v) erhöhen. Es gilt somit: N = N(v), wobei wir unterstellen, dass sich bei zunehmenden Vertrauensinvestitionen der Wert des Vertrages für den Käufer mit abnehmender Zuwachsrate erhöht.[161]

aa) Anreize zur Erfüllung bzw. Nichterfüllung

Bei Ersatz des positiven Interesses im Falle eines Vertragsbruchs wird der Verkäufer gezwungen, alle sozialen Kosten und Erträge seiner Entscheidung zu kalkulieren. Er wird den Vertrag dann und nur dann brechen, wenn die Kosten der Vertragserfüllung nach Eintritt des Schadensereignisses (d. h. der Kostensteigerung) höher sind als der Wert der Vertragserfüllung für den Käufer. Bezeichnet man den Vertragspreis mit P und den Profit des Verkäufers bei Vertragserfüllung bzw. -nichterfüllung mit G^+ bzw. G^-, dann gilt bei Eintreten der Kostensteigerung:

---

[157] Vgl. Goldberg, Impossibility and Related Excuses, in: Journal of Institutional and Theoretical Economics, 144 (1988), S. 100 ff.

[158] Vgl. hierzu etwa Finsinger/Simon, Vertragsbruch und Schadensersatz bei Leistungserschwernis. Am Beispiel der Lehre vom Wegfall der Geschäftsgrundlage, in: Finsinger/Simon (Hg.), Recht und Risiko. Juristische und ökonomische Analyse, München 1988, S. 114 ff.; White, Contract Breach and Contract Discharge due to Impossibility: A Unified Theory, in: Journal of Legal Studies, 17 (1988).

[159] $\pi'(x) > 0$, $\pi''(x) < 0$.

[160] $c'(x) > 0$, $c''(x) > 0$.

[161] $N'(v) > 0$, $N''(v) < 0$.

$G^+ = P - C^h$ und

$G^- = P - N(v)$, sofern das positive Interesse korrekt bewertet wird.

Der Verkäufer wird den Vertrag also brechen, wenn gilt:

$G^- > G^+$, d. h. $P - N(v) > P - C^h$, woraus folgt: $C^h > N(v)$.

Der Vertrag wird also ausschließlich dann gebrochen werden, wenn die Herstellungskosten des Gutes größer sind als der Wert des Gutes für den Käufer. Dieses Ergebnis ist ökonomisch effizient, denn eine Vertragserfüllung bedeutete in diesem Fall eine Verschwendung knapper Ressourcen.

bb) Anreize zur Schadensvorsorge

Wird der Verkäufer gerichtlich gezwungen, dem Käufer bei Nichterfüllung durch eine Schadensersatzzahlung das positive Interesse zu sichern, so wird jener veranlasst, die Kosten der Vorsorge (z. B. Materialläger, Arbeitskraftreserven, Qualitätskontrollen) effizient gegenüber den Erträgen der Vorsorge abzuwägen. Unterstellt man abnehmende Grenzerträge der Vorsorge, dann wird der Verkäufer seine Vorsorgemaßnahmen solange ausdehnen, bis die letzte verausgabte Mark den erwarteten Schaden - d. h. die erwartete Kostensteigerung bei Vertragserfüllung bzw. die erwartete Schadensersatzzahlung bei Nichterfüllung - um eine Mark verringert. Diese Festlegung der Vorsorgemaßnahmen durch den Verkäufer ist effizient, da dadurch die Summe der Vorteile beider Parteien aus dem Vertrag maximiert wird.

cc) Anreize zu Vertrauensinvestitionen

Hat der Käufer tatsächlich einen Anreiz zu effizienten Vertrauensinvestitionen - was bisher vorausgesetzt wurde? Betrachten wir zunächst den Fall, dass der Vertrag bei Eintritt des Schadensereignisses erfüllt wird, d. h. $C^h < N(v)$. In diesem Fall kann der Käufer davon ausgehen, dass unabhängig von der realisierten Höhe der Produktionskosten des Verkäufers das Gut geliefert wird. Er hat somit einen Anreiz, seine Vertrauensinvestitionen so festzulegen, dass die letzte investierte Mark den Wert des Gutes gerade um eine Mark steigert. Diese Entscheidung ist auch effizient, da bei $C^h < N(v)$ eine Vertragserfüllung effizient ist. Man kann sich das Entscheidungsproblem des Käufers anhand von Abbildung 1 verdeutlichen:

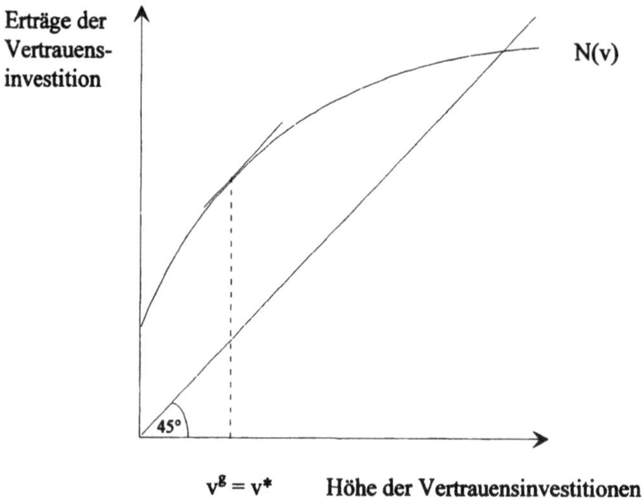

Abb. 1: Erträge der Vertrauensinvestition bei korrekter Bewertung

Der maximale Gewinn aus Vertrauensinvestitionen ist realisiert, wenn die Steigung der Ertragskurve der Steigung der 45°-Linie (die die Investitionskosten repräsentiert) entspricht.

Wird demgegenüber der Vertrag bei Eintritt des Schadensereignisses nicht erfüllt, d. h. gilt $C^h >$ N(v), so entsteht das zusätzliche Problem, dass die Erträge der Vertrauensinvestition nicht sicher sind, sondern nur dann anfallen, wenn die Produktionskosten „normal" sind und der Vertrag erfüllt wird. Der Erwartungswert der Investitionserträge beträgt somit: $\pi(x^*)N(v)$. Erhält unter diesen Bedingungen der Käufer bei Vertragsbruch durch den Verkäufer das tatsächliche positive Interesse als Schadensersatz, unabhängig von der Höhe seiner Vertrauensinvestition, dann hat er keinen Anreiz, in seiner privaten Investitionsrechnung die Möglichkeit einer Entwertung seiner Investition zu berücksichtigen.

Dieser Mangel kann aber durch eine adäquate Definition des positiven Interesses behoben werden, indem derjenige Nachteil ersetzt wird, der bei effizienten Vertrauensinvestitionen entstanden wäre: N(v*). Dies entspricht durchaus der Praxis der Gerichte, zwecks Schadensbegrenzung „verkehrsübliche Sorgfaltspflichten" zu definieren. Gelingt es den Gerichten, als „verkehrsübliche Sorgfaltspflicht" des Käufers das effiziente Niveau der Vertrauensinvestitionen v* festzulegen, resultieren auch effiziente Anreize für den Käufer hinsichtlich seiner Vertrauensinvestitionen:

Wir können uns das Argument anhand von Abbildung 2 verdeutlichen:

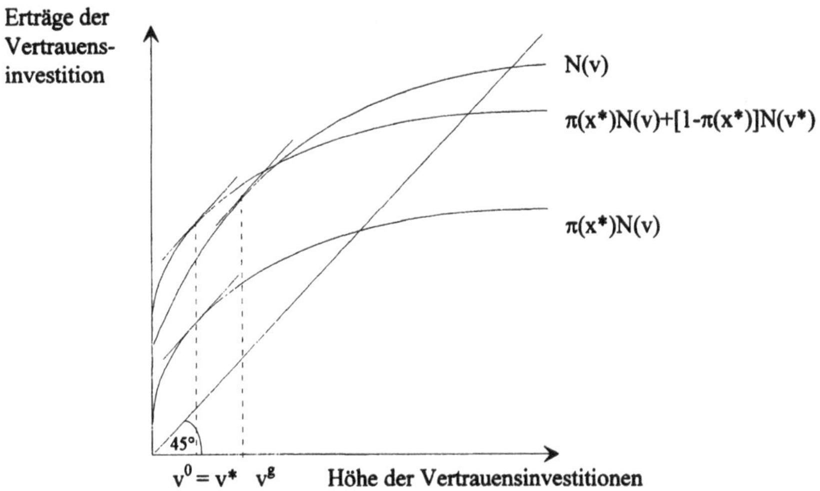

Abb. 2: Erträge der Vertrauensinvestition bei verzerrter Bewertung

Die effiziente Höhe der Vertrauensinvestition v* ist erreicht, wenn die letzte investierte Mark zu einer erwarteten Wertsteigerung des Gutes um eine Mark führt. Wird nun das tatsächlich realisierte positive Interesse geschützt, dann kalkuliert der Käufer nicht diese „sozialen Erträge" seiner Investition, d. h. die Wertsteigerung des Vertrages für beide Parteien zusammen [$\pi(x^*)N(v)$], sondern er kalkuliert als private Erträge die Wertsteigerung des Gutes, die bei Vertragserfüllung realisiert wird [$N(v)$]. Aufgrund dieser verzerrten Wahrnehmung des Wertes seiner Vertrauensinvestition für beide Vertragsparteien zusammen wird der Käufer ein zu hohes Niveau an Vertrauensinvestitionen (v^g) wählen. Wird demgegenüber dem Käufer im Falle eines Vertragsbruchs derjenige Nachteil ersetzt, der bei einer effizienten Festlegung der Vertrauensinvestitionen entstanden wäre, so kalkuliert er die folgenden erwarteten privaten Erträge seiner Investition: $\pi(x^*)N(v)+[1-\pi(x^*)]N(v^*)$. Da die Höhe der Schadensersatzzahlung bei Vertragsbruch unabhängig von der Höhe der tatsächlich realisierten Vertrauensinvestition festgelegt wird, bestehen für den Käufer effiziente Investitionsanreize ($v^0=v^*$); die Steigung der privaten Ertragskurve entspricht in jedem Punkt der Steigung der sozialen Ertragskurve.

Wir sehen also: Wird durch Schadensersatzzahlungen dasjenige positive Interesse geschützt, das bei effizienten Dispositionen der Vertragsparteien bestehen würde, dann führt ein Ersatz des positiven Interesses bei Nichterfüllung von Verträgen bei risikoneutralen Vertragsparteien auch zu effizienten Anreizen bezüglich aller relevanten Vertragshandlungen.

Wir sehen aber auch: Ein Ersatz des positiven Interesses bei Vertragsbruch bedeutet, dass der Käufer vollständig gegen das Risiko einer Kostensteigerung versichert ist. Diese Risikoaufteilung ist nicht notwendig effizient:

- Sie ist effizient, wenn beide Parteien risikoneutral sind.
- Sie ist effizient, wenn der Käufer risikoavers und der Verkäufer risikoneutral ist.
- Sie ist ineffizient, wenn der Verkäufer stärker risikoavers als der Käufer ist.

Begründung:

a) Der Käufer ist vollständig gegen Einkommensschwankungen versichert. Er erhält - unabhängig davon, ob der Schaden eintritt oder nicht und ob der Vertrag erfüllt wird oder nicht - immer: $R = N(v^*) - v^* - P$, entweder als Leistung oder als Geldersatz.

b) Der Verkäufer dagegen trägt das gesamte Einkommensrisiko, das aus dem Schadensrisiko erwächst.

Fall 1: Vertragserfüllung bei Schadenseintritt, d. h. $C^h < N(v^*)$.

Gewinn des Verkäufers bei „normalen" Produktionskosten:

$G^n = P - C - c(x)$

Gewinn des Verkäufers bei hohen Produktionskosten:

$G^h = P - C^h - c(x)$

Differenz: $C^h - C$

Fall 2: Nichterfüllung bei Schadenseintritt, d. h. $C^h > N(v^*)$.

Gewinn des Verkäufers bei „normalen" Produktionskosten:

$G^n = P - C - c(x)$

Gewinn des Verkäufers bei hohen Produktionskosten:

$G^h = P - N(v^*) - c(x)$

Differenz: $N(v^*) - C$

Wie wir wissen, haben zum Zeitpunkt des Vertragsabschlusses beide Parteien ein Interesse an einer effizienten Risikoallokation. Bei einem stark risikoaversen Verkäufer kann es somit ökonomisch gerechtfertigt sein, im Falle eines Vertragsbruches eine geringere Schadensersatzzahlung festzulegen und unter Umständen sogar gänzlich auf einen Schadensersatz zu verzichten.

d) Informationsasymmetrien zwischen Verkäufer und Käufer

aa) Gründe für und mögliche Konsequenzen von Informationsasymmetrien

Während man davon ausgehen kann, dass der durchschnittliche Verkäufer zumindest in denjenigen Fällen recht gut über die Qualität der verkauften Güter informiert ist, in denen er zugleich deren Erzeuger ist, variiert der Kenntnisstand des Konsumenten mit der Art des Gutes oder der Dienstleistung und mit der Art der Konsumenten.[162]

---

[162] Vgl. hierzu auch Shavell, Economic Analysis of Accident Law, Cambridge/Mass 1987, S. 54 f.; Mackaay, Economics of Information and Law, Boston 1982.

Wenden wir uns zunächst den relevanten Güterarten zu. Hinsichtlich der Kosten der Informationsbeschaffung für den Konsumenten lassen sich drei Gruppen von Gütereigenschaften unterscheiden:

- Inspektionseigenschaften, d. h. Eigenschaften, über die man sich zu geringen Kosten vor dem Kauf durch „Inspektion" informieren kann.

- Erfahrungseigenschaften, d. h. Eigenschaften, die man erst im Laufe der Zeit durch den Umgang mit dem Konsumgut kennenlernt.

- Vertrauenseigenschaften, d. h. Eigenschaften, über die man auch durch die Konsumerfahrung keine Klarheit gewinnt.

Je nachdem, welche Eigenschaft bei einem Gut überwiegt, lassen sich dann drei Arten von Gütern unterscheiden:

- *Inspektionsgüter* (verschiedene Lebensmittel, Textilien)

- *Erfahrungsgüter* (Autos, Stereoanlagen, Häuser)

- *Vertrauensgüter* (ärztliche Behandlung, Kfz-Reparaturen)

Auf die Dauer und im Durchschnitt werden die Konsumenten über Inspektionsgüter gut informiert sein. Über Erfahrungsgüter werden sie um so besser informiert sein, je mehr Wiederholungskäufe getätigt werden, und über Vertrauensgüter werden sie am schlechtesten informiert sein.

Weiterhin lassen sich hinsichtlich ihres Informationsstandes zwei Arten von Konsumenten unterscheiden:

– *Kommerzielle Konsumenten* werden in der Regel recht gut über die Produktqualität informiert sein, weil sie die Käufe häufig wiederholen, weil sie große Mengen kaufen und weil sie daran gewöhnt sind, ihre Entscheidungen gut durchzukalkulieren.

– *Nicht-kommerzielle Konsumenten* werden dagegen in der Regel schlecht informiert sein, weil sie viele unterschiedliche Güter selten und in kleinen Mengen kaufen und weil sie nicht in der Lage sind oder keinen Anreiz haben, ihre Entscheidungen professionell zu kalkulieren.

Sind die Käufer systematisch schlechter informiert als die Verkäufer, so können ein kurzfristiges und ein langfristiges ökonomisches Problem entstehen. Kurzfristig werden Verträge abgeschlossen, die nicht zu einer wechselseitigen Verbesserung führen: Einige Konsumenten stehen sich nach der Vertragserfüllung schlechter, als wenn sie den Vertrag gar nicht abgeschlossen hätten (*Fehlkauf*). Langfristig wird die gute Qualität vom Markt verdrängt (*adverse Selektion*), wechselseitig vorteilhafte Verträge kommen aufgrund der unzureichenden Information der Konsumenten nicht zustande.

Akerlof hat in einer bahnbrechenden Arbeit[163] den Mechanismus der adversen Selektion anhand des Gebrauchtwagenmarktes modelliert. Wir wollen uns das Argument von Akerlof anhand eines Beispiels klarmachen und treffen die folgenden Annahmen:

- Die Verkäufer sind vollständig über die Qualität ihrer Produkte informiert.
- Die Käufer kennen nur die Durchschnittsqualität aller am Markt gehandelten Produkte.
- Die Käufer sind homogen und risikoneutral.
- Es gibt drei Gutsqualitäten: A, B, C.
- Die Verkäufer bieten auf Konkurrenzmärkten an und produzieren zu konstanten Grenzkosten (= Durchschnittskosten) mit identischen Produktionsfunktionen. Die Qualitätsunterschiede bestimmen sich ausschließlich durch den erwarteten Schaden, der dem Konsumenten beim Konsum einer Einheit des Produktes entsteht:

Tabelle 1: Kosten verschiedener Gutsqualitäten

Gutsqualität	Grenzkosten = Durchschnitts-kosten	erwarteter Schaden pro Stück	Gesamtkosten
A	1.500	200	1.700
B	1.200	700	1.900
C	1.000	1.500	2.500

Um den Prozess der adversen Selektion zu beschreiben, betrachten wir nun einen typischen Zeitpfad (t_0 bis t_2):

t_0: Da die Konsumenten nicht in der Lage sind, Unterschiede in der Gutsqualität wahrzunehmen, und somit nur die Durchschnittsqualität kennen, wird sich ein einheitlicher Marktpreis für alle drei Qualitäten herausbilden. Nehmen wir an, der vorläufige Marktausgleich erfolgt zu einem Preis, der in der Mitte zwischen den höchsten und den niedrigsten Grenzkosten liegt: $p_0 = 1.250$. Sind zu diesem Zeitpunkt die Marktanteile aller drei Gutsqualitäten gleich, dann erwarten die Konsumenten einen durchschnittlichen Schaden je Produkt in Höhe von $S = (1/3)\cdot 200+(1/3)\cdot 700+(1/3)\cdot 1.500 = 800$. Der von den Konsumenten wahrgenommene effektive Preis für alle angebotenen Güter liegt unter diesen Bedingungen bei $p^e = 1.250+800 = 2.050$. Die nachgefragte Menge beträgt gemäß der Nachfragefunktion $x^N = 5.000-p^e$ dann 2.950 Einheiten.

t_1: Bei einem Marktpreis von 1.250 scheiden die Anbieter mit der besten Qualität aus dem Markt aus, weil sie wegen zu hoher Kosten einen Verlust machen (oder sie stellen auf schlechtere Qualität um). Die Konkurrenz zwischen den Anbietern sorgt dafür, dass unter den veränderten Bedingungen ein vorläufiger Marktausgleich zu einem Marktpreis von $(1/2)\cdot 1.200+(1/2)\cdot 1.000 = 1.100$ erfolgt. Bei gleichen Marktanteilen der verbliebenen Gutsqualitäten erwarten die Konsumenten einen durchschnittlichen Schaden je Produkt in Höhe von $S = (1/2)\cdot 700+(1/2)\cdot 1.500 = 1.100$. Der von den Konsumenten wahrgenommene effektive Preis liegt somit bei $p^e = 1.100+1.100 = 2.200$. Die nachgefragte Menge beträgt gemäß der Nachfragefunktion $x^N = 5.000-p^e$ dann 2.800 Einheiten.

[163] Akerlof, The Market for 'Lemons': Quality Uncertainty and the Market Mechanism, in: Quarterly Journal of Economics 82 (1970).

t_2: Bei einem Marktpreis von 1.100 scheiden die Anbieter mit der mittleren Qualität aus, weil sie einen Verlust machen (oder sie stellen auf schlechtere Qualität um). Die Konkurrenz zwischen den Anbietern sorgt dafür, dass ein Marktausgleich zu einem Preis von 1.000 (= Grenzkosten der verbliebenen Qualität) erfolgt. Der von den Konsumenten erwartete Durchschnittsschaden beträgt nun 1.500, der von den Konsumenten wahrgenommene effektive Preis liegt bei p^e = 1.000+1.500 = 2.500. Die nachgefragte Menge beträgt gemäß der Nachfragefunktion x^N = 5.000-p^e dann 2.500 Einheiten.

Die Ergebnisse lassen sich noch einmal in einer Tabelle darstellen:

Tabelle 2: Adverse Selektion bei unterschiedlichen Gutsqualitäten

Zeit	Marktpreis	Durchschnittlich wahrgenommener Schaden	Wahrgenommener effektiver Preis	Nachgefragte Menge x^N=5.000-p^e	x^N=2.500-p^e
t_0	1.250	800	2.050	2.950	450
t_1	1.100	1.100	2.200	2.800	300
t_2	1.000	1.500	2.500	2.500	0

Wir sehen also:

Die Tendenz der Verdrängung der guten Qualität durch die schlechte Qualität ist eine allgemeine Folge der Informationsasymmetrie (bzw. der Tatsache, dass der effektive Preis steigt, wenn nachgefragte Menge und Marktpreis sinken).[164] Interessanterweise ist der Verdrängungsprozess um so intensiver, je intensiver der Wettbewerb ist. Mehr Wettbewerb führt dann tendenziell zu weniger Wohlstand. Ehrlich zu sein wird um so kostspieliger, je härter der Wettbewerb ist. Im Extremfall verdrängen aber nicht nur die Unehrlichen die Ehrlichen, sondern katapultieren sich die Unehrlichen durch das Streben nach höheren Gewinnen selbst aus dem Markt (in obigem Beispiel bei der Nachfragefunktion x^N = 2.500 - p^e). Diese negativen Effekte treten allerdings nur dann auf, wenn die Anbieter guter Qualität keine Möglichkeit haben, den Konsumenten zu signalisieren, dass sie besser sind als der Marktdurchschnitt. In der Realität haben die Anbieter eine Vielzahl von mehr oder weniger zuverlässigen Signalen wie Garantien, Markennamen, Berufsethiken usw. entwickelt, um beim schlecht informierten Konsumenten Vertrauen in die Qualität der angebotenen Güter und Dienstleistungen aufzubauen. Darüber hinaus gibt es zahlreiche vertragsrechtliche Normen, die den Konsumenten gegen Übervorteilung schützen sollen. Einige dieser Normen werden in den folgenden Abschnitten aus ökonomischer Sicht analysiert werden.

bb) Ökonomische Analyse von Aufklärungspflichten

Wie wir gesehen haben, führen Informationsasymmetrien zwischen Verkäufer und Käufer zu gesellschaftlich unerwünschten Konsequenzen. Warum gibt man dann nicht einfach der schlechter informierten Partei die Möglichkeit, Verträge anzufechten, wenn die besser infor-

[164] Siehe hierzu auch Stiglitz, The Causes and Consequences of the Dependence of Quality on Price, in: Journal of Economic Literature, 25 (1987).

mierte Partei nicht alle Informationen, über die sie verfügt, unverzerrt weitergegeben hat? Könnte man nicht durch eine derartige einfache vertragsrechtliche Norm Fehlkäufe und Prozesse der adversen Selektion ohne schädliche Nebenwirkungen vermeiden?

Ganz so einfach lassen sich die Probleme der Informationsasymmetrien allerdings nicht lösen. Die Suche nach Informationen ist in vielen Fällen eine gesellschaftlich nützliche Tätigkeit, die nur dann unternommen wird, wenn sie dem entsprechenden Individuum auch individuelle Vorteile bringt. Die rechtliche Verpflichtung, kostspielig erworbene Informationen kostenlos weiterzugeben, würde die Anreize zu gesellschaftlich wünschenswerter Informationssuche untergraben.

Ökonomisch effizient sind rechtliche Anreize derart, dass Informationssuche ausschließlich zur Beschaffung gesellschaftlich nützlicher Informationen erfolgt, und dass sie in diesem Fall durch denjenigen erfolgt, der die Informationen zu den geringeren Kosten beschaffen kann.

Aus ökonomischen Gründen ist daher die Verpflichtung zur Informationsweitergabe nur in zwei Fällen gerechtfertigt:

(1) Wenn es sich um Informationen über rein *redistributive Tatsachen* handelt (Bauerwartungsland; mit Einschränkungen: Insidergeschäfte an der Börse).

(2) Wenn die Informationen zufällig oder als Kuppelprodukt anderer Aktivitäten angefallen sind, *ohne zusätzliche Kosten zu verursachen.*

In allen anderen Fällen, d. h. wenn *gesellschaftlich nützliche* Informationen durch Einsatz knapper Ressourcen (kostspielig) produziert werden, sind die volkswirtschaftlichen Kosten der Informationsasymmetrien gegen die volkswirtschaftlichen Kosten einer unzureichenden Informationsproduktion abzuwägen. Da die letzteren Kosten nur schwer zu ermitteln sind und im Zweifelsfall sehr hoch sein dürften, ist es in diesem Fall erforderlich, die Verpflichtung zur Informationsweitergabe durch andere Rechtsnormen zu ersetzen. Eine zu weit gehende Verpflichtung zur Informationsweitergabe würde zu einem Verschwinden volkswirtschaftlich nützlicher Arbitragegeschäfte führen.

cc) Ökonomische Analyse des Gewährleistungsrechts

Sind die Konsumenten unvollständig über die tatsächliche Qualität der angebotenen Güter und Dienstleistungen informiert, so können vertraglich zugesicherte Garantieleistungen drei Funktionen erfüllen: die Versicherungsfunktion, die Funktion eines Qualitätssignals sowie die Anreizfunktion, die darin besteht, durch entsprechende Vorkehrungen den Erwartungswert eines Produktmangels zu reduzieren. Die Bedeutung dieser Funktionen wird dadurch bestimmt, wie risikoscheu die Konsumenten im Vergleich zu den Verkäufern bzw. Herstellern sind, wie gut Käufer und Verkäufer über die relevanten Produktrisiken informiert sind und welche Möglichkeiten Verkäufer (Hersteller) und Käufer haben, das Produktrisiko zu beeinflussen. Jede Garantie stellt somit eine zusätzliche Leistung des Verkäufers oder des Herstellers[165] einer Ware oder einer Dienstleistung dar, die für diesen mit mehr oder weniger hohen Kosten verbunden ist und die einen mehr oder weniger hohen Wert für den Käufer hat.

[165] Im Folgenden wird davon ausgegangen, dass der Verkäufer zugleich der Hersteller ist – sofern nicht ausdrücklich von dieser Annahme abgewichen wird.

Betrachten wir die drei Funktionen etwas näher:[166]

- *Garantien als Versicherung*

  Gehen wir in einem ersten Schritt zunächst einmal davon aus, dass die Produktrisiken ausschließlich exogen sind, d. h. weder der Verkäufer noch der Käufer seien in der Lage, durch eigene Sorgfaltsvorkehrungen die Wahrscheinlichkeit eines Produktmangels zu beeinflussen. Verkäufer und Käufer seien gleichermaßen über diese Produktrisiken informiert. In diesem Fall haben beide Parteien einen Anreiz, sich auf eine Garantie zu einigen, wenn der Käufer risikoscheu und der Verkäufer risikoneutral ist und wenn dem Käufer keine günstigere Versicherung gegen dieses Risiko zur Verfügung steht. Gibt es demgegenüber einige Konsumenten, die risikoneutral sind und sich deshalb gar nicht versichern wollen oder denen eine alternative Versicherung zur Verfügung steht, die eine niedrigere Prämie verlangt, als sie der Verkäufer fordert, so ist es offensichtlich im wohlverstandenen Interesse beider Parteien, dem Käufer die Wahl zwischen dem Gut *mit* Garantieleistung zu einem hohen Preis oder *ohne* Garantieleistung zu einem geringen Preis zu lassen.

- *Garantien als Qualitätssignal*

  Nehmen wir nun an, es gebe zwei Typen von Verkäufern. Hersteller vom Typ N stellen zu vergleichsweise geringen Produktionskosten Güter einer vergleichsweise schlechten Qualität, d. h. mit einer hohen Reparaturanfälligkeit, her. Hersteller vom Typ H stellen zu vergleichsweise hohen Produktionskosten Güter höherer Qualität her. Garantien, die durch die Rechtsordnung durchgesetzt werden, können in diesem Fall den unvollständig informierten Konsumenten als glaubwürdiges Signal dafür dienen, dass es sich bei den zum Verkauf angebotenen Produkten um solche höherer Qualität handelt. Auch risikoneutrale Konsumenten können somit ein Interesse an Garantien haben und werden bereit sein, einen höheren Preis für umfassendere Garantien zu zahlen.

- *Garantien als Anreize zur Reduzierung von Produktrisiken*

  Reale Produktrisiken sind allerdings niemals völlig exogen, sondern sie sind zu einem beträchtlichen Teil endogen, d. h. sie werden durch das Verhalten des Verkäufers (Qualitätskontrollen, verwendete Materialien, Konstruktion) und durch das Verhalten des Konsumenten (Sorgfalt beim Gebrauch, Intensität der Nutzung) beeinflusst. In diesem Fall haben geeignet ausgestaltete Garantien die ökonomische Funktion, den Vertragsparteien Anreize zu einer effizienten Schadensreduzierung zu geben.

  Nehmen wir zunächst an, nur der Verkäufer sei in der Lage, durch geeignete Vorkehrungen das Produktrisiko zu reduzieren, während der Käufer keine Möglichkeit habe, durch Sorgfaltsvorkehrungen seinerseits das Produktrisiko zu beeinflussen (*unilateraler Fall*). Ist der Verkäufer risikoneutral, so ist es in diesem Fall effizient, ihn für alle Reparaturkosten haften zu lassen, um ihn dazu zu veranlassen, alle ökonomisch gerechtfertigten Maßnahmen zur Vermeidung von Produktrisiken zu ergreifen.

[166] Ein früher Beitrag zu den ökonomischen Funktionen von Gewährleistungsansprüchen ist die Arbeit von Priest, A Theory of the Consumer Product Warranty, in: Yale Law Journal 90 (1981). Zu entsprechenden formalen Modellen siehe etwa Emons, The Theory of Warranty Contracts, in: Journal of Economic Surveys 3 (1989). Einen guten Überblick über den Stand der Diskussion gibt Wehrt, Warranties, in: Encyclopedia of Law and Economics, vol. III, ed. by Bouckart/de Geest, Cheltenham 2000. Ein ausführliches numerisches Beispiel findet sich bei Eger, Einige ökonomische Aspekte der Europäischen Verbrauchsgüterkauf-Richtlinie und ihrer Umsetzung in deutsches Recht, in: FS Ott, Wiesbaden 2002.

Das Bild ändert sich, wenn man unterstellt, dass die Konsumenten nicht homogen sind, sondern die Güter mit unterschiedlicher Intensität nutzen. Nehmen wir an, es gebe zwei Gruppen von Konsumenten. Größere Familien werden bestimmte langlebige Konsumgüter wie Automobile, Wasch- oder Geschirrspülmaschinen intensiver nutzen als Single-Haushalte. Die gesellschaftlich effiziente Lösung besteht dann darin, dass jede Konsumentengruppe dasjenige Produkt kauft, das zu den geringsten erwarteten Gesamtkosten hergestellt und konsumiert wird: Konsumenten mit geringer Nutzungsintensität kaufen eher billigere Produkte mit geringerer Strapazierfähigkeit, während Konsumenten mit hoher Nutzungsintensität eher teurere Produkte mit höherer Strapazierfähigkeit erwerben.

Wenn nicht nur die Verkäufer, sondern auch die Konsumenten durch ihre Verhalten, nämlich die Sorgfalt beim Gebrauch des Gutes, das Produktrisiko verringern können (*bilateraler Fall*), ist es immer im wohlverstandenen Interesse beider Parteien, die Garantien in der einen oder anderen Weise einzuschränken (z. B. 10 Jahre gegen Durchrosten, 1 Jahr oder 10.000 km auf den Motor usw.), um auch die Konsumenten zu effizienten Verhalten zu veranlassen.

Wir sehen also: Garantien seitens der Verkäufer können den Abschluss wechselseitig vorteilhafter Kaufverträge erleichtern. Es ist aber durchaus nicht im wohlverstandenen Interesse des Verbrauchers, bei allen Güterkäufen möglichst vollständige Garantien gewährt zu bekommen. Vielmehr gibt es zahlreiche Fallkonstellationen, bei denen ein rationaler Verbraucher es vorziehen würde, ein Gut mit partiellen Garantien zu einem vergleichsweise geringen Marktpreis zu erwerben.

Würden sich derartige effiziente Garantien durch den freiwilligen Abschluss von entsprechenden Kaufverträgen spontan am Markt durchsetzen, so wäre ein *Gewährleistungsrecht*, d. h. eine staatliche Regulierung der Konsumentenansprüche bei enttäuschten Produkterwartungen, überflüssig. Bestehen allerdings hohe Transaktionskosten der individuellen Vereinbarung effizienter Garantien oder sind – insbesondere wenn die Garantien Bestandteil von Allgemeinen Geschäftsbedingungen sind – die Konsumenten über den Inhalt oder den Wert der Garantien nur unvollständig informiert, ist nicht mehr sicher, ob sich alle ökonomisch sinnvollen Garantien auch durchsetzen. Unterschätzen nämlich die Konsumenten die Produktrisiken systematisch, so werden sie auch dann nicht bereit sein, höhere Preise für umfassendere Garantien zu zahlen, wenn es in ihrem wohlverstandenen Interesse wäre. Der Prozess der adversen Selektion, d. h. die systematische Verdrängung der guten durch die schlechte Qualität, kann dann durch das freiwillige Angebot an Garantien nicht verhindert werden. Eine Möglichkeit, dies durch gesetzgeberische Maßnahmen zu verhindern, ist die Einführung einer zwingenden Mindestgarantie, d. h. eines Gewährleistungsrechts. Sind die Konsumenten bezüglich ihrer Ansprüche an die Produktqualität relativ homogen, ist ihre Möglichkeit, durch die Intensität der Nutzung oder die Sorgfalt bei der Nutzung das Auftreten eines Produktmangels zu beeinflussen, begrenzt und ist die erwartete Lebensdauer der betroffenen Konsumgüter relativ einheitlich, so kann ein zwingendes Gewährleistungsrecht dazu beitragen, die Verkäufer zu veranlassen, diejenige Güterqualität anzubieten, die am besten auf die Bedürfnisse der Konsumenten zugeschnitten ist.

Probleme einer staatlichen Regulierung ergeben sich allerdings insbesondere, wenn heterogene Produkte und heterogene Konsumenten gleich behandelt werden und wenn das – schwer beobachtbare –Verhalten der Konsumenten beim Umgang mit den Konsumgütern eine nicht zu vernachlässigende Rolle spielt.[167]

[167] In diesem Zusammenhang sind die Europäische Verbrauchsgüterkauf-Richtlinie und ihre Umsetzung in deutsches Recht mit Wirkung vom 1. Januar 2002 von vielen Ökonomen äußerst kritisch aufgenommen worden. Insbeson-

dd) Ökonomische Analyse der rechtlichen Regulierung Allgemeiner Geschäftsbedingungen

Viele Kaufverträge werden nicht individuell ausgehandelt. Vielmehr bieten die Anbieter ihren Kunden häufig vorformulierte Standardverträge an. Die darin enthaltenen „Allgemeinen Geschäftsbedingungen" verteilen vertragliche Risiken auf die Vertragsparteien. Aus ökonomischer Sicht senken derartige Allgemeine Geschäftsbedingungen (AGB) zunächst einmal die Transaktionskosten, da nicht der gesamte Vertragsinhalt bei jeder Transaktion neu ausgehandelt werden muss. Die Tatsache, dass der Anbieter (der Verwender der AGB) den Kunden vor die Alternative stellt, die Vertragsbedingungen zu akzeptieren oder ganz auf das Geschäft zu verzichten, lässt sich noch nicht als Beweis dafür werten, dass der Verkäufer den Käufer durch ein „einseitiges Diktat" der AGB ausbeutet. Wenn die Konsumenten vollständig über den Inhalt der AGB informiert wären und wenn eine hinreichend große Anzahl alternativer Anbieter des entsprechenden Gutes zur Verfügung stünde, würde die Konkurrenz zwischen den Anbietern dafür sorgen, dass die AGB effizient an die Bedürfnisse der Konsumenten angepasst sind.

In der Praxis finden sich besonders kundenunfreundliche AGB in Branchen mit relativ starker Konkurrenz (z. B. dem Möbelhandel). Das Problem besteht in diesen Fällen in der Informationsasymmetrie zwischen Verkäufern und Käufern. Für den Verkäufer, der Tag für Tag eine Vielzahl gleichartiger Verträge abzuschließen hat, lohnt es sich, Zeit und juristischen Sachverstand zu investieren, um für ihn günstige AGB auszuhecken. Für den Durchschnittskonsumenten dagegen, der sehr viele unterschiedliche Güter bei verschiedenen Anbietern nachfragt, ist es zu zeitaufwendig und zu schwierig, die AGB zu lesen und zu verstehen.

Unter diesen Bedingungen sind die AGB einem Prozess der adversen Selektion unterworfen, wie er bereits in Abschnitt aa) im Anschluss an Akerlof modelliert wurde. Kundenfreundliche AGB bedeuten hohe Grenzkosten für den Anbieter und somit hohe Preisforderungen. Sind die Konsumenten nicht in der Lage, kundenfreundliche von kundenunfreundlichen AGB zu unterscheiden, werden sie sich ausschließlich am Marktpreis sowie am durchschnittlich erwarteten Schadensrisiko bei bestimmten Vertragsabschlüssen orientieren. Der Konkurrenzdruck zwischen den Anbietern sorgt dann dafür, dass die „schlechten" AGB (mit niedrigen Grenzkosten) die „guten" AGB (mit hohen Grenzkosten) vom Markt verdrängen. Mögliche wechselseitig vorteilhafte Verträge zwischen Konsumenten, die für kundenfreundliche AGB einen hohen Preis zu zahlen bereit wären, und Anbietern, die bereit wären, kundenfreundliche AGB zu verwenden, wenn sie einen entsprechenden Preis dafür erhielten, kommen nicht zustande.

Durch das „Gesetz zur Regelung des Rechts der Allgemeinen Geschäftsbedingungen" (AGB-Gesetz) von 1977 wurden gesetzliche Mindestqualitätsstandards für die AGB definiert, indem bestimmte Klauseln vom Gesetzgeber per se unwirksam erklärt werden bzw. nach einer richterlichen Überprüfung auf „Fairness" und Angemessenheit" für unwirksam erklärt werden können. Im Rahmen der Schuldrechtsmodernisierung, die am 01. 01. 2002 in Kraft trat, wurde das AGB-Gesetz unter den §§ 305 ff. in das BGB integriert. Aus ökonomischer Sicht sollen durch diese Gesetzgebung die oben beschriebenen adversen Selektionsprozesse unterbunden werden. Ein mögliches Problem des Setzens von Mindestqualitätsstandards besteht darin, dass diejenigen

dere die Tatsache, dass die drastisch verlängerten Verjährungsfristen der Gewährleistungsansprüche von zwei Jahren bei neuen Verbrauchsgütern und einem Jahr bei gebrauchten Verbrauchsgütern weder durch Allgemeine Geschäftsbedingungen noch durch Individualvereinbarung zu Lasten des Verbrauchers abbedungen werden können, wird mit Skepsis betrachtet. Vgl. hierzu etwa Parisi, The Harmonization of Legal Warranties in European Sales Law: An Economic Analysis, George Mason University, School of Law, Law and Economics Working Paper Series 01-20, 2001, und Eger, Einige ökonomische Aspekte der Europäischen Verbrauchsgüterkauf-Richtlinie und ihrer Umsetzung in deutsches Recht, FS Ott, Wiesbaden 2002.

Konsumenten, die schlechte Qualität zu einem niedrigen Preis bevorzugen, benachteiligt werden. Die Vorschriften bezüglich der AGB bieten aber hier eine Korrekturmöglichkeit, indem sie von den AGB abweichenden Individualvereinbarungen den Vorrang einräumen (§ 305 b BGB).[168]

ee) Exkurs: Ökonomische Analyse der Produzentenhaftung

Bei Produkten können Mängel auftreten, die dem Konsumenten zum Zeitpunkt des Kaufes nicht bekannt sind und die weitergehende Schäden verursachen (z. B. explodierende Mineralwasserflaschen, schadhafte Bremsen, defekte Gefriertruhen oder Waschmaschinen etc.). Wir werden im Folgenden davon ausgehen, dass nur der Konsument als unmittelbarer Vertragspartner des Produzenten von derartigen Schäden betroffen ist.[169] Weiterhin wird unterstellt, dass nur die Produzenten durch entsprechende Vorsorgeaktivitäten (Qualitätskontrollen, sichere Verpackungen, sichere Konstruktion etc.) das Schadensrisiko verringern können. Sind Produzenten und Konsumenten risikoneutral (oder verfügen sie über eine kostenlose ideale Versicherung) und sind die Produzenten vollständig über die Schadensrisiken informiert, dann hängt die Wirkung unterschiedlicher vertraglicher Haftungsregeln auf Vorsorgeleistungen und Aktivitätsniveau des Produzenten ausschließlich vom Informationsstand der Konsumenten ab.[170] Im Folgenden werden drei Haftungsregeln miteinander verglichen.[171]

- *Gefährdungshaftung* des Produzenten, d. h. der Produzent muss unabhängig vom eigenen Verschulden für alle Schäden aufkommen,

- *Verschuldenshaftung* des Produzenten, d. h. der Produzent muss die Schäden nur dann ersetzen, wenn er das effiziente Vorsorgeniveau unterschritten hat,

- *Opferhaftung* des Konsumenten, d. h. alle Schäden trägt der Konsument des gefährlichen Gutes.

Bei *vollständiger Information der Konsumenten über die spezifischen Produktrisiken bei jedem einzelnen Produzenten* sind alle drei Haftungsregeln effizient. Im Falle einer Gefährdungshaftung besteht für die Produzenten ein Anreiz, das effiziente Vorsorgeniveau zu wählen; jede Abweichung würde die gesamten Stückkosten erhöhen. Bieten die Produzenten ihre Produkte auf einem Konkurrenzmarkt an, so werden im langfristigen Gleichgewicht die Marktpreise die durchschnittlichen Schadensvermeidungs- und erwarteten Schadenskosten enthalten, so dass eine effiziente Menge produziert und abgesetzt wird („effizientes Aktivitätsniveau").[172] Auch bei einer *Verschuldenshaftung* haben die Produzenten einen Anreiz, das effiziente Vorsorgeniveau zu wählen (= Minimum der privaten Gesamtkosten), sie sind aber für die dann noch verbleibenden

[168] Vgl. zu einer ökonomischen Analyse des AGB-Gesetzes ausführlicher Adams, Ökonomische Analyse des Gesetzes zur Regelung des Rechts der Allgemeinen Geschäftsbedingungen, in: M. Neumann (Hg.): Ansprüche, Eigentums- und Verfügungsrechte, Berlin 1984, S. 655 ff.

[169] Es werden somit alle Fälle ausgeschlossen, in denen die Opfer derartiger Schäden nicht Vertragspartner des Produzenten sind - sei es, weil der Konsument Vertragspartner eines Händlers ist, sei es, weil Dritte von dem Schaden betroffen sind. In derartigen Fällen kann auf die allgemeinen Aussagen zu den ökonomischen Wirkungen der Verschuldenshaftung und der Gefährdungshaftung zurückgegriffen werden, die oben, im Kapitel zur ökonomischen Analyse des Deliktsrechts, hergeleitet wurden.

[170] Vgl. zum Folgenden vor allem Shavell, Strict Liability versus Negligence, in: Journal of Legal Studies 9 (1980). Eine umfassende Analyse findet sich bei Endres/Luedeke, Produktsicherheit: eine informations- und rechtsökonomische Analyse, Berlin 2001.

[171] Zur näheren Charakterisierung der Gefährdungs- und Verschuldenshaftung siehe oben, Kap. III.8.b.aa.

[172] Das Aktivitätsniveau ist deshalb effizient, weil die Produktion solange ausgedehnt wird, bis der Wert der letzten produzierten Einheit gerade den sozialen Grenzkosten entspricht, die durch die Produktion dieser Einheit verursacht werden.

Schäden nicht verantwortlich. Der Marktpreis wird niedriger sein als bei Gefährdungshaftung, weil die Produzenten nicht gezwungen sind, die gesamten sozialen Kosten zu kalkulieren. Da die Konsumenten aber die Risiken kennen, werden sie bei ihren Kaufentscheidungen nicht nur den Marktpreis, sondern auch das verbleibende, von ihnen zu tragende Schadensrisiko kalkulieren. Es wird somit die gleiche (effiziente) Menge umgesetzt werden wie bei einer Gefährdungshaftung. Aber auch *wenn die Konsumenten alle Schäden selbst tragen müssen*, bestehen effiziente Handlungsanreize - vorausgesetzt, die Konsumenten sind vollständig informiert. Reduziert nämlich ein Produzent seine Vorsorgemaßnahmen unter das effiziente Niveau, um seine Kosten und den Marktpreis zu senken, dann werden die Konsumenten zu einem Konkurrenten mit effizientem Vorsorgeniveau abwandern; denn sie wissen, dass die Verringerung des Marktpreises durch das gestiegene Schadensrisiko überkompensiert wird.

Anhand von Abbildung 3 lässt sich noch einmal verdeutlichen, dass bei vollständiger Information der Konsumenten über die spezifischen Produktrisiken weder das Aktivitätsniveau noch die Einkommensverteilung durch die Haftungsregel berührt werden.[173]

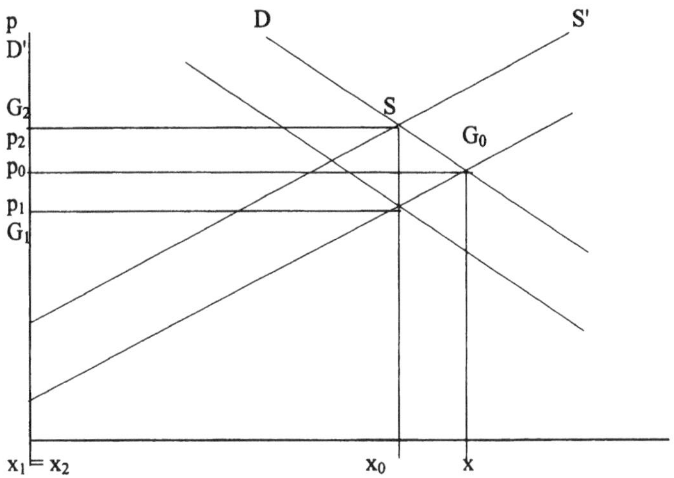

Abb. 3: Unterschiedliche Haftungsregeln bei vollständig informierten Konsumenten

Bei einer *Gefährdungshaftung* müssen die Produzenten die Kosten der Vorsorge und die erwarteten Schadenskosten in ihrer Kalkulation berücksichtigen. Die Angebotsfunktion S verschiebt sich nach oben (S'). Im Gleichgewicht (G_2) wird eine Menge x_2 zum Preis p_2 gehandelt. Bei einer *Opferhaftung* des Konsumenten kalkuliert dieser den Marktpreis plus den erwarteten Schaden aus dem Produktrisiko. Die Nachfragefunktion D verschiebt sich nach unten (D'). Im Gleichgewicht (G_1) wird eine Menge $x_1 = x_2$ zu einem Marktpreis p_1 gehandelt. Da die Differenz zwischen p_1 und p_2 gerade dem erwarteten Schaden pro Gutseinheit entspricht, ist der effektiv vom Konsumenten zu zahlende Preis in beiden Fällen der gleiche.

Sind die Konsumenten *korrekt über die durchschnittlichen Risiken bei allen Produzenten informiert*, so ist eine *Opferhaftung* der Konsumenten nicht mehr effizient. In diesem Fall gibt es nämlich für den *einzelnen* Produzenten einen Anreiz, seine Vorsorgemaßnahmen unter das effi-

[173] Dabei wird unterstellt, dass das Risiko jedes Konsumenten proportional zur Menge der gekauften Güter steigt. Eine ähnliche Abbildung findet sich bei Tisdell, Law, Economics and Risk-Taking, in: Kyklos 36 (1983), S. 14.

ziente Niveau zu reduzieren und einen niedrigeren Marktpreis zu verlangen. Können die Konsumenten nicht zwischen guten und schlechten Risiken unterscheiden, werden die guten Risiken systematisch vom Markt verdrängt.

Sind die Konsumenten *über das durchschnittliche Risiko bei allen Produzenten unvollkommen informiert*, dann ist nicht nur die Opferhaftung der Konsumenten, sondern auch die *Verschuldenshaftung* der Produzenten ineffizient. Denn bei einer Verschuldenshaftung haben die Produzenten *zwar* einen Anreiz, effiziente Vorsorgemaßnahmen zu ergreifen; die Konsumenten kalkulieren aber bei Fehleinschätzung der Restrisiken nicht mehr den gesellschaftlichen Knappheitspreis, so dass ein ineffizientes Aktivitätsniveau resultiert. Wird das Restrisiko von den Konsumenten unterschätzt, so werden zu viele gefährliche Produkte hergestellt und konsumiert; wird das Restrisiko überschätzt, so werden zu wenige der in ihrer Gefährlichkeit überschätzten Produkte hergestellt.

Tabelle 3 gibt noch einmal einen Überblick über die Wirkungen der unterschiedlichen Haftungsregeln in Abhängigkeit vom Informationsstand der Konsumenten.

Tabelle 3

Haftungsregel / Information der Konsumenten über Produktrisiken	Gefährdungshaftung der Produzenten	Verschuldenshaftung der Produzenten	Opferhaftung der Konsumenten
Korrekte Kenntnis der spezifischen Produktrisiken bei jedem einzelnen Produzenten	effizient	effizient	effizient
Korrekte Kenntnis der durchschnittlichen Produktrisiken bei allen Produzenten	effizient	effizient	ineffizient
Unvollkommene Information bzgl. aller Produktrisiken	effizient	ineffizient	ineffizient

Bei einer Veränderung der dem Modell zugrundeliegenden Annahmen ist allerdings die Überlegenheit der Gefährdungshaftung nicht mehr eindeutig.[174] So ist in der Realität in vielen Fällen der erwartete Schaden aus dem Konsum risikobehafteter Güter bei den einzelnen Konsumenten unterschiedlich hoch (*Heterogenität der Konsumenten)*. Der Erwartungswert des Wasserschadens einer Waschmaschine mit gegebenen Sicherheitsvorkehrungen wird in einer Luxuswohnung höher sein als in einer armseligen Studentenbude. Der Student wird somit unter Umständen lieber eine billigere, weniger perfekt gesicherte Maschine kaufen, während der Inhaber der Luxuswohnung erhebliche Preisaufschläge für zusätzliche Sicherungsvorrichtungen akzeptieren wird.

Sind die Konsumenten vollständig über ihre individuellen Schadensrisiken bei den verschiedenen Produkttypen informiert, kennen die Produzenten dagegen nur die erwarteten Gesamtschäden, die ihre einzelnen Produkttypen bei allen Konsumentenkategorien zusammen verursachen,

[174] Vgl. zum Folgenden ausführlich Adams, Produkthaftung - Wohltat oder Plage - Eine ökonomische Analyse, in: Betriebsberater, Beilage 20/1987 zu Heft 31/1987.

dann ergibt sich folgendes Bild: Bei einer *Verschuldenshaftung* besteht ein Anreiz, die Produktpalette effizient an die individuellen Sicherheitsbedürfnisse der Konsumenten anzupassen. Eine Situation, in der ein Einheitsprodukt mit einem durchschnittlichen Sicherheitsstandard und einem einheitlichen Marktpreis angeboten wird, ist in der Regel instabil. Erhöhen einzelne Produzenten ihren Sicherheitsstandard und geben die damit verbundenen Kostensteigerungen über den Marktpreis an die Konsumenten weiter, so werden diejenigen Konsumenten zu den Produzenten der „Hochsicherheitsgüter" abwandern, bei denen die zusätzlichen Kosten aus dem gestiegenen Marktpreis durch die Reduzierung der erwarteten Schadenskosten überkompensiert werden. Verringern einzelne Produzenten ihren Sicherheitsstandard und geben die damit verbundenen Kostensenkungen an die Konsumenten weiter, so werden sich diejenigen Konsumenten für den Kauf der „Niedrigsicherheitsgüter" entscheiden, bei denen die Erhöhung der erwarteten Schadenskosten durch die Verringerung des Marktpreises überkompensiert wird. Verschuldenshaftung hat also unter diesen Bedingungen den Vorteil, dass der Trade-off zwischen Schadenskosten und Schadensvermeidungskosten von denen durchgeführt wird, die am besten dazu in der Lage sind: den Konsumenten.

Bei einer *Gefährdungshaftung* werden die Produzenten dagegen den durchschnittlich bei allen Konsumentengruppen erwarteten Schaden als Kosten kalkulieren und im Marktpreis an die Konsumenten weitergeben; es besteht eine Tendenz zu einem Einheitsprodukt mit einem einheitlichen Sicherheitsstandard und einheitlichem Preis. In diesem Fall werden aber die Armen gezwungen, für ihre spezifischen Verhältnisse zu sichere und zu teure Güter zu konsumieren und über den Kaufpreis darüber hinaus auch noch die relativ hohen Risiken der Reichen mit zu versichern. Gefährdungshaftung führt somit unter den Bedingungen heterogener, vollständig informierter Konsumenten und unvollständig über die individuellen Schadensrisiken informierter Produzenten zu unerwünschten Umverteilungseffekten.

Bei Informationsasymmetrien zwischen Produzenten und Konsumenten hängt die Wirkung unterschiedlicher Haftungsregeln somit auch davon ab, wer den Trade off zwischen erwarteten Schadenskosten und Schadensvermeidungskosten am besten durchführen kann. Eindeutig überlegen ist die Gefährdungshaftung der Verschuldenshaftung bei relativ gleichartigen, aber systematisch falsch informierten Konsumenten, die durch ihr Verhalten den erwarteten Schaden aus Produktmängeln nicht beeinflussen können. Lässt man risikoaverse Individuen zu, so ergibt sich die optimale Haftungsregel als Kompromiss zwischen effizienter Schadensvorsorge (ggf. unter Berücksichtigung von Informationsasymmetrien) und effizienter Risikoallokation. Abweichungen von einer reinen Gefährdungshaftung können also bei stark risikoaversen Herstellern und bei heterogenen, relativ gut informierten Konsumenten ökonomisch gerechtfertigt sein.

Durch das Produkthaftungsgesetz von 1990 wurde eine weitgehende Gefährdungshaftung des Herstellers für Folgeschäden aus fehlerhaften Produkten eingeführt. Von dieser Gefährdungshaftung gibt es allerdings eine Reihe von Ausnahmen, die nur zum Teil ökonomisch zu rechtfertigen sind.[175]

Zum einen werden die Ansprüche *gewerblicher Produktnutzer* aus dem Geltungsbereich des Gesetzes *ausgeklammert*. Diese Sonderbehandlung der gewerblichen Konsumenten ist ökonomisch sinnvoll, da diese einerseits sehr heterogen sind (d. h. sie verfügen über sehr unterschiedliche Schadenspotentiale) und da sie andererseits die Produktrisiken in der Regel besser einschätzen

[175] Vgl. zu derartigen Fragen ausführlich Finsinger/Simon, Eine ökonomische Bewertung der EG-Produkthaftungsrichtlinie und des Produkthaftungsgesetzes, Arbeitsbericht Nr. 44 des Fachbereichs Wirtschafts- und Sozialwissenschaften der Hochschule Lüneburg, 1988.

können als die privaten Konsumenten. Wie oben hergeleitet wurde, kann eine Gefährdungshaftung bei heterogenen, gut informierten Konsumenten zu ökonomisch negativen Konsequenzen führen.

Die *Ausklammerung von Entwicklungsrisiken*, d. h. von Risiken, die mit dem zum Zeitpunkt der Markteinführung gegebenen Stand der Wissenschaft und Technik nicht erkannt werden konnten, lässt sich demgegenüber ökonomisch nur mit Einschränkungen rechtfertigen. Da der mit der Konstruktion befasste Hersteller am besten darüber informiert ist, wo Entwicklungsgefahren lauern, und da der Hersteller alle Informationen über Schadensfälle mit seinem Produkt sammelt und Entwicklungsrisiken deshalb frühzeitig erkennen kann, führt eine Ausklammerung von Entwicklungsrisiken einerseits zu einem unzureichenden Anreiz des Herstellers, knappe Ressourcen in die Entwicklung sicherer Produkte zu lenken. Andererseits könnte eine Haftung für Entwicklungsrisiken, deren Umfang sich ex ante sehr schwer einschätzen lässt, auch dazu führen, dass der Anreiz, neue Produkte auf den Markt zu bringen, allgemein zurückgeht.

Die *Haftungshöchstgrenze* von 85 Millionen € je Produktfehler für Schäden infolge von Tod oder Körperverletzung lässt sich ebenfalls nicht ökonomisch rechtfertigen. Wie oben gezeigt wurde, wird der Hersteller bei unvollständig informierten Konsumenten nur dann eine effiziente Entscheidung über die Produktsicherheit treffen, wenn er die gesamten erwarteten Schäden gegenüber den Kosten ihrer Minderung abwägt. Eine Haftungshöchstgrenze erlaubt es dem Hersteller, Kosten zu externalisieren. Darüber hinaus werden durch eine derartige Regelung mittlere und kleinere Unternehmen, deren haftendes Eigenkapital geringer ist als die Haftungshöchstsumme, gegenüber Großunternehmen diskriminiert.

Schließlich lässt sich auch die, -inzwischen beseitigte- *Ausklammerung landwirtschaftlicher Produkte* aus der Gefährdungshaftung des Produkthaftungsgesetzes ökonomisch nicht rechtfertigen. Denn während die Konsumenten über die Belastung von Nahrungsmitteln mit Pestiziden, Hormonen u.a.m. nur sehr unvollkommen informiert sind, sind - unter den Bedingungen der modernen landwirtschaftlichen Massenproduktion - die landwirtschaftlichen Erzeuger durchaus in der Lage, wie jeder andere Hersteller die Qualität ihrer Produkte zu beeinflussen.

V. Vertragstypen, Vertragsfreiheit und Verbraucherschutz

1. Vorbemerkung

Es gibt gesetzliche Grenzen der Abschlussfreiheit, wenn ein Missbrauch der Vertragsfreiheit zu Lasten wirtschaftlich Schwächerer verhindert werden muss oder sonst ein öffentliches Interesse zu erfüllen ist. Meistens treten Beschränkungen der Abschlussfreiheit als Gebote auf, einen Vertrag mit jedem abzuschließen, der den Vertragsabschluss unter zumutbaren Bedingungen anbietet. Derartige Gebote werden auch **Kontrahierungszwang** genannt. Das Gesetz sieht sie vor allem vor, wenn eine Monopolstellung wie z.B. bei Energieversorgungsunternehmen oder Verkehrsbetrieben - meistens öffentlichen Unternehmen - geschaffen wird. Der Kontrahierungszwang ist dann der Ausgleich dafür, dass ein Konkurrenzangebot nicht besteht.[176]

Beschränkungen der Inhaltsfreiheit sind relativ häufig. Viele Vorschriften des Sachenrechts sind zwingendes Recht, schränken also die Inhaltsfreiheit ein. Schuldrechtliche Vorschriften sind hingegen meist abdingbar, also nachgiebiges Recht.[177] Das BGB regelt zwar die schuldvertraglichen Typen relativ ausführlich (2. Buch, 7. Abschnitt „Einzelne Schuldverhältnisse"). Hierbei handelt es sich aber um Vertragstypen, die in der Regel nur dann gelten, wenn die Parteien nichts anderes vereinbart haben, also über die gesetzliche Regelvorstellung nicht anders disponiert haben (dispositives Recht). Zur genauen inhaltlichen Regelung der Rechte und Pflichten aus einem vertraglichen Schuldverhältnis hat der Gesetzgeber Typen bereitgestellt, wobei er auf die römische und deutsche Rechtstradition zurückgreifen konnte. Diese Vertragstypen werden vielfach unbesehen übernommen und in ihren wesentlichen Rechten und Pflichten von den Vertragsparteien nicht abgeändert. Häufigster Vertragstyp ist der Kaufvertrag. Ebenfalls bedeutsam sind Gebrauchsüberlassungsverträge wie Miete, Pacht, Sach- oder Gelddarlehen. Dazu kommen Dienstleistungsverträge, vor allem der Werkvertrag und der Arbeitsvertrag. Bei unentgeltlicher Veräußerung, Gebrauchsüberlassung oder Dienstleistung sprechen wir von Schenkung, Leihe, Auftrag oder zinslosem (Sach- oder Geld-) Darlehen.

Meist sehen die Vertragsparteien keine Veranlassung, vertragliche Einzelheiten spezifisch zu regeln. Sie legen die gegenseitigen Verpflichtungen nur kursorisch fest. Unerlässliche Vertragsbestandteile sind beim Kaufvertrag z.B. nur eine hinreichende Bezeichnung der Kaufsache und des Kaufpreises, wenn der Kaufvertrag sofort erfüllt werden soll. Alles, was die Vertragsparteien nicht geregelt haben, muss der Gesetzgeber festlegen, so z.B. die gegenseitigen Ansprüche im Falle von Leistungsstörungen. Diese vertragsergänzenden gesetzlichen Normen gelten auch dann, wenn die Vertragsparteien auf sie nicht ausdrücklich hingewiesen haben.

Verwendet eine Vertragsseite beim Abschluss ihre Allgemeinen Geschäftsbedingungen, so gelten diese nicht in jedem Fall. Die Vertragsfreiheit des Verwenders der AGB wird vom Gesetzgeber vielmehr zugunsten des wirtschaftlich Schwächeren oder des schlechter Informierten korrigiert, und zwar ursprünglich durch das Gesetz über die Allgemeinen Geschäftsbedingungen (AGB-Gesetz) von 1976, seit 2001 durch das AGB-Recht des BGB.[178] Insbesondere sind in den §§ 308 und 309 Klauseln enthalten, die unwirksam sind. Die in § 309 aufgezählten Klauseln sind stets unwirksam (Klauselverbote ohne Wertungsmöglichkeit). Die in § 308 genannten Klauseln wer-

---

176 Vgl. Kilian, Kontrahierungszwang und Zivilrechtssysteme, AcP 188, S. 47, 53-55 und 60 f.
177 WR I, S. 110
178 Vgl. WR I, S. 111-115

den vom Richter im konkreten Einzelfall gewertet (Klauselverbote mit Wertungsmöglichkeit). Stellt er fest, dass ihre Anwendung zu einer unangemessenen Benachteiligung der anderen Vertragsseite führen würde, so sind die AGB insoweit unwirksam. Unwirksam können Klauseln darüber hinaus auch dann sein, wenn sie die andere Vertragsseite nach § 307 unangemessen benachteiligen. Unabhängig davon, wie weit der Auslegungsspielraum des Richters in den genannten Fällen ist, handelt es sich hier um zwingende Rechtsvorschriften, welche die Inhaltsfreiheit des Verwenders der AGB einschränken.

Grundsätzlich gibt es für Verträge keine Formvorschriften. Für bestimmte Geschäfte und Vertragsarten gibt es Formvorschriften, z. B. die Schriftform oder das Erfordernis der notariellen Beurkundung. Die Schriftform wurde 2001 neu geregelt. Nach § 126 Abs. 3 kann die traditionelle Schriftform durch eine elektronische Form ersetzt werden, wenn sich nicht aus dem Gesetz ein anderes ergibt. Nach § 126 Abs. 4 wird die Schriftform durch die notarielle Beurkundung ersetzt. Nach § 126 a bedeutet die elektronische Form, dass der Aussteller einer Erklärung dieser seinen Namen hinzufügt und das elektronische Dokument mit einer qualifizierten elektronischen Signatur nach dem Signaturgesetz versieht. Nach § 126 b gibt es daneben noch die Textform. Eine Unterschrift ist hier nicht erforderlich. Es reicht, dass ein Text auf Papier oder in elektronischer Form vorhanden ist, der den Urheber sowie Beginn und Ende erkennen lässt. Demnach reicht eine Faksimile-Unterschrift ebenso wie eine Urheberangabe in einer e-mail. Im Schuldrechtsmodernisierungsgesetz von 2001 wurde der Begriff „schriftlich" verschiedentlich durch „in Textform" ersetzt. Schließlich gibt es noch die öffentliche Beglaubigung nach § 129 Abs. 1, d. h. die Erklärung muss schriftlich abgefasst und durch einen Notar beglaubigt sein. Auch die öffentliche Beglaubigung wird durch die notarielle Beurkundung der Erklärung ersetzt (§ 129 Abs. 2).[179]

Die Vertragstypen des Zivil- und Handelsrechts lassen sich wie folgt zusammenfassen:

***Austauschverträge im engeren Sinne*:**

Grundtyp ist hier der Kaufvertrag. Pflicht des Verkäufers ist es, die Sache zu übergeben und dem Käufer das Eigentum an ihr frei von Sach- und Rechtsmängeln zu übertragen (Pflichtenblock A). Pflicht des Käufers ist es, das Geld zu übereignen und die Sache abzunehmen (Pflichtenblock B). Dies ist in § 433 geregelt.

***Pflichtenblöcke beim Kaufvertrag*:**

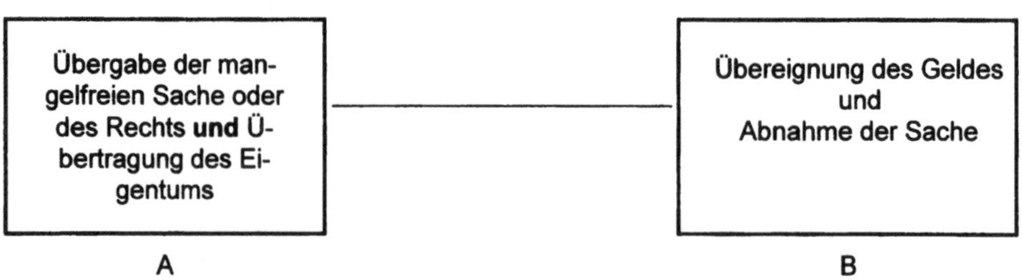

[179] Zur Formnichtigkeit von Willenserklärungen vgl. WR I, S. 176 f.

Beim **Tausch** stehen sich die Pflichtenblöcke A und A gegenüber. Bei der **Schenkung** besteht **nur eine Verpflichtung** auf Übergabe und Übereignung der Sache oder des Geldes.

Bei der **Gebrauchsüberlassung** besteht die Verpflichtung, die Miet- oder Pachtsache, das verpachtete Recht, die kreditierte Sache oder das kreditierte Geld zum Gebrauch zu überlassen (Pflichtenblock A). Auf der Gegenseite besteht die Verpflichtung, den Miet-, Pacht- oder Kreditzins zu entrichten und die Sache oder eine gleichwertige Sache nach Vertragsende zurückzugeben (Pflichtenblock B).

Pflichtenblöcke beim Gebrauchsüberlassungsvertrag

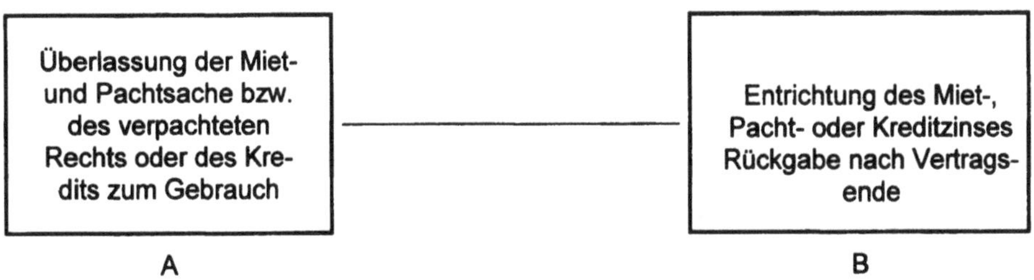

Bei der **Pacht** kommt das Recht hinzu, Früchte zu ziehen; bei der **Leihe** fällt der Miet- oder Pachtzins, also der Pflichtenblock B, weg. Das **Darlehen** kann verzinst oder zinslos sein. Es kann sich auch auf Sachen beziehen, es kann ein Gelddarlehen sein.

Beim **Dienstleistungsvertrag** wird eine Tätigkeit (Dienst-, Arbeits- oder Geschäftsbesorgungsvertrag) oder ein Werk (Werkvertrag) geschuldet. Zu den Dienstleistungen gehören aber auch andere Tätigkeiten, die zum Teil im **HGB** geregelt sind, z.B. die Handelsvertretung, die Kommission, die Spedition, die Fracht, die Lagerung, daneben auch das Maklergeschäft, die Vertragshändlertätigkeit und anderes (Pflichtenblock A). Auf der Gegenseite steht die Verpflichtung, den Lohn, die Vergütung oder die Provision zu bezahlen (Pflichtenblock B). Der Auftrag ist ein Vertrag über eine unentgeltliche Dienstleistung. Hier fällt der Pflichtenblock B weg.

Pflichtenblöcke beim Dienstleistungsvertrag

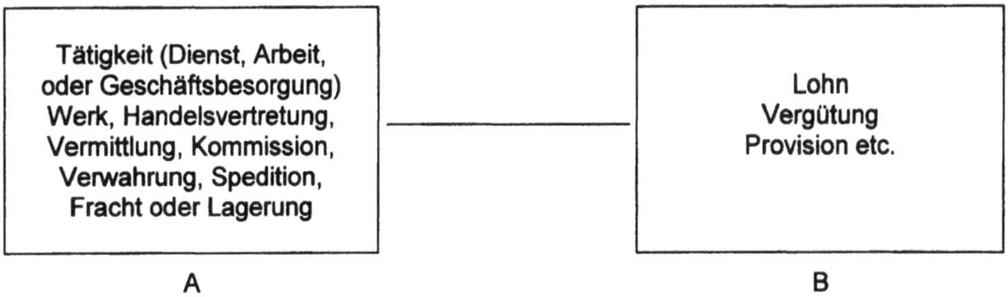

Gesellschaftsverträge werden zwischen mehreren Beteiligten zu einem gemeinsamen Zweck abgeschlossen (§ 705). Die Art und Weise der Zweckverfolgung kann vielgestaltig sein. Bei der **BGB**-Gesellschaft kann jeder beliebige Zweck verfolgt werden, bei der Offenen Handelsgesellschaft ist der Gesellschaftszweck eingeschränkt und darüber hinaus zwingend die volle Haftung der Gesellschafter angeordnet. Auf diese Verträge ist in einer gesonderten Darstellung einzugehen.

Daneben gibt es noch andere schuldrechtliche Verträge wie z.B. die Bürgschaft, auf die unten einzugehen ist.

Im Folgenden kann die induktive Vorgehensweise, die in der Einleitung beschrieben wurde, nur noch teilweise durchgehalten werden. Die Vertragstypen werden systematisch abgehandelt, zur Verdeutlichung der Probleme werden Fälle gebildet. Am Schluss werden Wiederholungen anhand von Fällen angeboten.

2. Austauschverträge im engeren Sinne, der Kauf

a) Abschluss des Kaufvertrages

Der Kaufvertrag kommt durch Angebot und Annahme zustande (§§ 145 ff.). Allgemeine Geschäftsbedingungen werden nach § 305 Abs. 2 nur dann wirksam in den Kaufvertrag einbezogen, wenn der Verwender bei Vertragsabschluss die andere Vertragspartei ausdrücklich oder - wenn dies nur unter unverhältnismäßigen Schwierigkeiten möglich ist - durch deutlich sichtbaren Aushang am Ort des Vertragsschlusses auf sie hinweist und ihr die Möglichkeit verschafft, in zumutbarer Weise von ihrem Inhalt Kenntnis zu nehmen, und wenn die andere Vertragspartei mit ihrer Geltung einverstanden ist. In öffentlich-rechtlichen Vorschriften können z.B. Versorgungsunternehmen zum Abschluss von Kaufverträgen verpflichtet werden. Ein mittelbarer Abschlusszwang kann sich aus wettbewerbsrechtlichen Vorschriften ergeben.

Vor Abschluss des Hauptvertrages kann schon ein Vorvertrag abgeschlossen werden. Durch diesen wird eine Partei oder werden beide zum Abschluss des künftigen Hauptvertrages verpflichtet. Schwächer ausgeprägt ist der sogenannte Optionsvertrag. Er verschafft dem Berechtigten die Befugnis, durch einseitige Erklärung einen Vertrag zustande zu bringen. Er ist hierzu aber nicht verpflichtet.

Für den Abschluss von Kaufverträgen gibt es zwar grundsätzlich keine Formvorschriften. Nach § 311 b Abs. 1 Satz 1 bedarf jedoch ein Grundstückskaufvertrag der notariellen Beurkundung. Dadurch soll der Käufer vor übereilten und unüberlegten Verpflichtungen bewahrt werden. Außerdem wird Rechtsklarheit geschaffen. Die Formvorschrift gilt auch für Vorverträge, die zum Abschluss eines Kaufvertrages verpflichten. Nach § 311 b Abs. 1 Satz 2 wird ein formnichtig abgeschlossener Grundstückskaufvertrag seinem Inhalt nach gültig, sobald die Auflassung und die Eintragung der Eigentumsänderung im Grundbuch erfolgt sind. Die Rechtsordnung kann auf die Formvorschriften verzichten, weil die Parteien zu erkennen gegeben haben, dass sie trotz der Formungültigkeit des Verpflichtungsgeschäftes die Verfügung vornehmen wollen. Entsprechend muss dann auch der Kaufpreis bezahlt werden.

b) Gegenstand des Kaufvertrages

Nach § 433 Abs. 1 kann eine Sache oder ein Recht verkauft werden. Zu einer Sache gehören auch ihre wesentlichen Bestandteile (§ 93) sowie das im Zweifel mitverkaufte Zubehör (§§ 97, 311 c). Sachgesamtheiten können in **einem** Vertrag verkauft werden, müssen jedoch speziell übereignet werden. Werden Wertpapiere verkauft, so handelt es sich um einen Rechtskauf. Das Papier, welches das Recht verkörpert, ist als Sache gegenüber dem verkörperten Recht unwichtig. Dasselbe gilt für den Verkauf von Geld. Diese Auffassung ist allerdings nicht unbestritten.

Beim **echten Factoring** wird eine Forderung verkauft. Der Verkäufer veräußert seine Kaufpreisforderung an eine Bank. Diese trägt das Risiko dafür, dass die Forderung wegen der Zahlungsunfähigkeit des Kunden möglicherweise uneinbringlich ist. Beim **unechten Factoring** bleibt dieses sogenannte Delcredere-Risiko beim Verkäufer. Die Forderungsabtretung dient nur der Sicherung eines Kredits, den die Bank dem Verkäufer gibt.

Auch gewerbliche Schutzrechte und Patente können verkauft werden. Es muss allerdings eine Vollübertragung vorliegen; es darf nicht nur die Nutzung auf Zeit gestattet werden.

c) Gefahrtragung

Bei der Gefahrtragung geht es um die Frage, wer das Risiko des zufälligen Untergangs des Kaufgegenstandes trägt. Wenn der Verkäufer weiterhin zur Leistung verpflichtet ist, trägt er die Leistungsgefahr. Ist der Käufer hingegen trotz Nichtleistung des Verkäufers verpflichtet, den Kaufpreis zu zahlen, dann trägt er die Gegenleistungs- oder Preisgefahr. Was die Leistungsgefahr angeht, so gelten die Regelungen des allgemeinen Schuldrechts.

Nach § 275 Abs. 1 wird der Verkäufer von seiner Leistungspflicht frei, wenn die Leistung unmöglich wird. Im Gegenzug verliert er nach § 326 Abs. 1 den Anspruch auf die Gegenleistung. Diese Vorschrift wird jedoch durch die §§ 446 und 447 für den Kauf abgeändert. Nach § 446 geht mit der Übergabe der verkauften Sache die Gefahr des zufälligen Untergangs und einer zufälligen Verschlechterung auf den Käufer über. Der Käufer muss nach der Übergabe Gefahren abwehren, die der Sache drohen. Es stehen ihm auch die Nutzungen zu, also soll er die Risiken von Verschlechterungen tragen. Die Preisgefahr, also das Risiko, trotz Untergangs der Kaufsache den Kaufpreis zahlen zu müssen, geht auf ihn über.

Eine Besonderheit gilt nach § 447, wenn der Verkäufer auf Verlangen des Käufers die Kaufsache nach einem anderen Ort als dem Erfüllungsort versendet (Versendungskauf). Die Gefahr geht jetzt nicht erst mit der Übergabe auf den Käufer über, sondern schon dann, wenn der Verkäufer sie dem Spediteur, Frachtführer oder einer sonstigen zur Ausführung der Versendung bestimmten Person ausgeliefert hat. Der Verkäufer soll nicht schlechter gestellt werden, als er stehen würde, wenn der Käufer den Wunsch auf Zusendung der Ware nicht geäußert hätte. Diese Vorschrift gilt auch nach der Schuldrechtsreform von 2001 weiter, allerdings nach § 474 Abs. 2 nicht für den Verbrauchsgüterkauf. Nach §§ 421 Abs. 1 S. 2, 425 HGB richtet sich die Haftung des gewerblichen Transporteurs ausschließlich nach dem Handelsrecht.

Das Gesetz folgt in § 447, sofern er weiter gilt, der Grundregelung des § 269: Der Erfüllungsort liegt beim Schuldner, auch wenn er die Ware an einen anderen Ort versendet, es sei denn, die

Vertragsparteien hätten etwas anderes vereinbart. Die Rechtslage wird allerdings sehr kompliziert, wenn der Untergang der Kaufsache während der Versendung auf das Verschulden eines Dritten zurückzuführen ist. Dazu folgender Fall:

Kunsthändler A verkauft an Kunsthändler B eine alte Porzellanfigur zum Preis von 5 000 Euro. B wünscht, dass ihm die Figur zugesandt wird. Auf der Fahrt zu B wird der Transporteur durch C in einen Unfall verwickelt. Die Figur geht zu Bruch. A verlangt dennoch von B die Bezahlung des Kaufpreises. B fragt an, wie es um seine Ansprüche bestellt sei, wenn C den Unfall verschuldet hat.

Da A und B nicht Verbraucher sind, gilt nicht § 474 Abs. 2, d. h., § 447 ist anwendbar. A verlangt von B nach § 433 Abs. 2 die Bezahlung des Kaufpreises. Nach § 275 ist er von seiner Verpflichtung zur Leistung frei geworden, da die Zerstörung der Figur auf einen nachträglichen Umstand zurückzuführen ist, den er nicht zu vertreten hat. Entgegen § 326 Abs. 1 behält er jedoch nach § 447 seinen Anspruch auf die Bezahlung des Kaufpreises. Der Erfüllungsort des Kaufvertrages war nach der Auslegungsregel des § 269 der Wohnsitz des Schuldners. Die Preisgefahr ist mit der Übergabe der Sache an die Transportperson, die im Auftrag des Verkäufers handelt, auf den Käufer übergegangen. B kann also von A keinen Ersatz wegen der Zerstörung der Kaufsache verlangen.

Verlangt B von C Schadenersatz nach § 823 Abs. 1 wegen Verletzung seines Eigentums, so stellt sich heraus, dass die Figur im Zeitpunkt des Unfalls noch im Eigentum des A gestanden hatte, da sie noch nicht übergeben worden war. B hat demnach keine Ansprüche gegen C. Würde A von C Schadenersatz nach § 823 Abs. 1 verlangen, so könnte ihm dieser entgegenhalten, dass er keinen Schaden erlitten hat. Sein Vermögen ist nach der Differenztheorie vor und nach dem schädigenden Ereignis gleich geblieben.

Für derartige Fälle hat die Rechtsprechung das Institut der **„Drittschadensliquidation"** entwickelt. Grundvoraussetzung ist, dass der Geschädigte keinen Anspruch hat, der Anspruchsinhaber jedoch nicht geschädigt ist. Dem Schädiger darf in derartigen Fällen, hier z.B. aus dem frühzeitigen Gefahrenübergang beim Versendungskauf, kein Vorteil entstehen. Deswegen lässt es die Rechtsprechung zu, dass der Verkäufer A den Schadensersatzanspruch für den Käufer B beim Schädiger C verlangen (liquidieren) kann. Diese Rechtsprechung wurde inzwischen auf ähnliche Fallgruppen ausgedehnt.

d) Zahlung des Kaufpreises

Nach § 270 Abs. 4 ist bei einer Geldschuld zwar grundsätzlich der Wohnsitz des Schuldners Erfüllungsort, doch muss das Geld nach § 270 Abs. 1 vom Schuldner auf seine Gefahr und seine Kosten dem Gläubiger an dessen Wohnsitz übermittelt werden. Grundsätzlich muss der Käufer in bar bezahlen, und zwar in inländischer Währung, also in Euro. Für Schulden in ausländischer Währung gelten die §§ 244 und 245. Der Schuldner hat das Recht, auch in inländischer Währung zu zahlen, wenn die Parteien nicht ausdrücklich etwas anderes vereinbart haben (vgl. § 244 Abs. 1). Bargeldlos kann der Käufer durch Banküberweisung auf ein Konto des Verkäufers bezahlen, wenn dieser einverstanden ist. Die Notwendigkeit des Einverständnisses folgt aus § 364 (Leistung an Erfüllungs Statt und Erfüllungs halber), weil die Leistung durch Banküberweisung nicht gleichartig mit der ursprünglichen Geldschuld ist. Insbesondere braucht der Verkäufer z.B. nicht hinzunehmen, dass eine eingehende Zahlung zum Ausgleich eines Passivsaldos auf seinem Bankkonto verwendet wird. Dies würde aber geschehen, wenn er sich die Zahlung durch Banküberweisung in jedem Fall gefallen lassen müsste. Die Erfüllungswirkung einer vom Verkäufer ausdrücklich oder stillschweigend akzeptierten Überweisung tritt ein, wenn die Bank den Betrag seinem Konto gutgeschrieben hat. Beim sog. Lastschrifteinzug wird vereinbart, dass sich der Gläubiger (Verkäufer) beim Einzug der Zahlungsforderung vom Schuldner (Käufer) „selbst bedienen" soll. Der Schuldner kann seiner Bank hierzu einen „Abbuchungsauftrag" gegeben haben, er kann auch dem Gläubiger selbst eine Einziehungsermächtigung erteilt haben. In jedem Fall wird die Geldschuld zu einer Holschuld; sie ist mit der Gutschrift auf das Konto des Gläubigers erfüllt, allerdings unter der aufschiebenden Bedingung einer Rückbelastung.[180]

Nimmt der Käufer einen Wechsel oder Scheck an, so geschieht dies nach der Auslegungsregel des § 364 Abs. 2 im Zweifel nur Erfüllungs halber. Er stundet die Kaufpreisforderung so lange, wie er sich aus dem Wechsel oder Scheck befriedigen kann. Er versucht zunächst, sich aus dieser neuen Verbindlichkeit die ihm gebührende Leistung zu verschaffen. Erfüllt ist die Verpflichtung des Käufers zur Zahlung des Kaufpreises erst, wenn der Scheck oder Wechsel entweder bar ausbezahlt wird oder die bezogene Bank ihn einlöst.

Wer mit Kreditkarte zahlt, zahlt nach § 364 Abs. 2 ebenfalls nur Erfüllungs halber. Nimmt der Verkäufer die Kreditkarte an, ist er verpflichtet, sich vorrangig aus ihr zu befriedigen. Erfüllt ist die Zahlungspflicht des Käufers erst, wenn der Betrag auf dem Konto des Verkäufers gut geschrieben ist. Schwierige Haftungsfragen entstehen u.a. dann, wenn eine der Banken, die im Zahlungsverkehr mit der Kreditkarte zusammenwirken, einen Schaden verursacht.[181]

e) Handelskauf

Besondere Vorschriften gelten für den Handelskauf. Dieser muss nach §§ 343, 344 und 373 ff. HGB zumindest für eine Vertragspartei ein Handelsgeschäft sein, d.h. ein Geschäft eines Kaufmannes, das zum Betrieb seines Handelsgewerbes gehört (§ 333). Für die Sondervorschriften im Handelskauf zur Sachmängelhaftung nach § 377 HGB wird jedoch verlangt, dass beide Vertragsteile Kaufleute sind.

Im Recht der Allgemeinen Geschäftsbedingungen, das zum 1. Januar 2002 in das BGB inkorporiert wurde (§§ 305 bis 310), sind auch Kaufleute geschützt, wenn ihnen gegenüber Allgemeine Geschäftsbedingungen verwendet wurden. Nach § 310 Abs. 1 ist der Anwendungsbereich aber eingeschränkt. Es gelten z. B. nicht die Klauselverbote mit und ohne Wertungsmöglichkeit (§§ 308 und 309).

Nach § 346 HGB haben die Kaufleute auf die sogenannten **Handelsbräuche** Rücksicht zu nehmen. Sie beruhen auf einer allgemeinen Übung und haben eine hohe faktische Geltungskraft. Im Handelsverkehr ist es z.B. üblich, mündliche Vertragsabschlüsse nachträglich schriftlich zu bestätigen, um zukünftige Missverständnisse und Irrtümer zu vermeiden. Schweigt ein Kaufmann auf ein kaufmännisches Bestätigungsschreiben, so gilt dieses Schweigen als Zustimmung, wenn es tatsächlich Vertragsverhandlungen bestätigt hat. Gibt der Vertragspartner jedoch nur eine so-

[180] Vgl. Karsten Schmidt, HandelsR, § 35 III, S. 1038 ff.
[181] Vgl. Karsten Schmidt, a.a.O., S. 1044 ff.

genannte Auftragsbestätigung, dann setzt dieses Schreiben nicht den Kaufvertrag als abgeschlossen voraus, sondern soll ihn durch ein Angebot erst zustande bringen.[182]

Besonders wichtig sind Handelsklauseln im internationalen Handelsverkehr. 1936 hat die internationale Handelskammer unabhängig von den bestehenden nationalen Handelsbräuchen die sogenannten International Commercial Terms (Incoterms) formuliert und damit einen Teil der im Überseehandel häufigen Kürzel wie fas (free alongside ship), fob (free on board), cif (cost, insurance, freight), cod (cash on delivery), pod (payment on delivery), cad (cash against documents) und „ab Kai" ausgelegt.[183] Diese Auslegungen wurden in den letzten Jahren mehrfach ergänzt.

Die Regeln über den Handelskauf erfassen nur bewegliche Sachen (Waren), nicht jedoch Immobilien und Rechte.

Der Handelskauf unterliegt als schuldrechtlicher Vertrag den Regelungen des BGB über die Leistungsstörungen. Sie werden, wie oben ausgeführt, für den Bereich der Sachmängelhaftung modifiziert. Die Gewährleistungsrechte des Käufers sind hier erheblich verschlechtert. Ihm wird eine Untersuchungs- und Rügepflicht auferlegt, und dies auch dann, wenn die gelieferte Sache unerheblich von der bestellten Sache abweicht, ihm also eine andere als die bestellte Sache geliefert wird. Nur wenn er die Untersuchungs- und Rügeobliegenheit erfüllt, kann er seine Gewährleistungsansprüche gelten machen.

Kommt der Käufer in seiner Stellung als Gläubiger mit der Annahme in Verzug, so gilt § 373 HGB, der gegenüber den §§ 372 Satz 1 und 383 BGB erweiterte Rechtsfolgen in Bezug auf die Hinterlegung und die Veräußerung der nicht angenommenen Kaufsache regelt. § 373 Abs. 2 HGB ermöglicht es dem Verkäufer darüber hinaus, die nicht angenommene Ware im Wege des Selbsthilfeverkaufs zu veräußern. Er kann sich für die öffentliche Versteigerung oder bei markt- oder börsenfähigen Waren für den freihändigen Verkauf unter Hinzuziehung einer öffentlich bestellten Person entscheiden. Die Kosten hat der säumige Käufer zu tragen (§ 373 Abs. 3 HGB).

Behält sich der Käufer die nähere Bestimmung von Form, Maß oder ähnlichen Verhältnissen der Kaufsache für einen Zeitpunkt nach Vertragsschluss vor (§ 375 Abs. 1 HGB) und kommt er damit in Verzug, so kann der Verkäufer diese Bestimmung treffen oder die in §§ 280 ff. BGB geregelten Rechte geltend machen (§ 375 Abs. 2 HGB).

f) Sonderproblem: Unternehmenskauf

Ein Unternehmen kann insgesamt verkauft werden, d.h. die Grundstücke, die Rechte und die zum Unternehmen gehörigen unkörperlichen Vermögenswerte (Know-how, Goodwill, Kundenstamm, Bezugsquellen usw.) sind Gegenstand eines einheitlichen Kaufvertrages. Der Unternehmenskauf ist vom Anteilskauf zu unterscheiden. Es kann jemand an der Börse 100 Prozent der Aktien einer AG erwerben; dennoch handelt es sich nicht um einen Unternehmenskauf, sondern nur um den Kauf von Anteilen, für den die allgemeinen Regeln der Übertragung von Aktien und Geschäftsanteilen gelten. Beim Unternehmenskauf hingegen ist das Unternehmen als Sach- und Rechtsgesamtheit Gegenstand eines einheitlichen Kaufvertrages, der sowohl Sach- als auch Rechtskauf ist.

---

[182] Vgl. Karsten Schmidt, HandelsR, § 19 III, S. 571-601

[183] Vgl. die deutschen und internationalen Handelsklauseln bei Kittner, Schuldrecht, 2. Aufl. 2002, S. 280

Werden Grundstücke verkauft, so muss der ganze Unternehmenskaufvertrag notariell beurkundet werden (vgl. § 311 b BGB). Ist das Formerfordernis verletzt, so ist der ganze Vertrag unwirksam. Hat das Grundstück nur einen unbedeutenden Wert oder eine geringe Bedeutung im Vertrag, so kann der Vertrag ausnahmsweise nach § 139 BGB nur teilweise nichtig sein.

Sehr umstritten ist, ob die Formvorschrift des § 311 b BGB auch dann gilt, wenn die wesentlichen Anteile einer Gesellschaft erworben werden, deren wesentliches Vermögen aus einem oder mehreren Grundstücken besteht. Man könnte hier zur Anwendung von § 311 b BGB kommen, um eine Umgehung des Formzwangs zu verhindern; die Rechtsprechung[184] beharrt aber auf der strikten Trennung von Anteilserwerb und Grundstückserwerb; da ein Geschäftsanteil eines Unternehmens kein Anteil an einem Grundstück ist, ist § 311 b BGB nicht anzuwenden.

Pflicht des Verkäufers ist beim Unternehmenskauf nicht nur die Übereignung der Kaufsachen bzw. die Übertragung der verkauften Rechte, sondern darüber hinaus auch die Vornahme von Handlungen, die es dem Käufer ermöglichen, das Unternehmen so fortzuführen, wie es sich befindet. Sind verkaufte Sachen fehlerhaft, so greift die Sachmängelhaftung der §§ 437 ff. BGB ein. Macht der Verkäufer vorsätzlich oder fahrlässig falsche Angaben über Gewinn- oder Umsatzzahlen oder legt er eine unrichtige Bilanz vor, so haftet er nach der bisherigen Rechtsprechung aus Culpa in Contrahendo, nicht jedoch aus Sachmängelhaftung, weil es sich nicht um einen Fehler des Unternehmens handle.[185] Nach der Reform von 2001, bei der die Verjährungsfristen für die Sachmängelhaftung von sechs Monaten auf zwei Jahre verlängert wurden, dürfte der praktische Grund für die Fortführung dieser Rechtsprechung entfallen sein. Ist der Käufer nur über die Umsätze und Erträge des verkauften Unternehmens enttäuscht, so greift nicht schon deshalb eine Garantiehaftung des Verkäufers nach § 443 BGB (Beschaffenheits- oder Haltbarkeitsgarantie) ein. Etwas anderes gilt nur, wenn Umsätze und Erträge eigens vertraglich zugesichert wurden. Unterlässt der Verkäufer notwendige faktische Handlungen, um den Käufer den Betrieb des Unternehmens zu ermöglichen, so kann dieser die Vornahme der Handlung verlangen oder, falls es zu spät ist, Schadensersatz fordern. Die Grenzen der Vertragspflichten müssen im Einzelfall durch Auslegung ermittelt werden.

Auch für die Berater der Vertragsparteien besteht ein erhebliches Haftungsrisiko. Sie unterliegen der sogenannten Sachwalterhaftung (vgl. oben); möglicherweise ist der Käufer auch nach den Grundsätzen des Vertrages mit Schutzwirkung für Dritte (vgl. oben) geschützt. Hat der Berater ein starkes Eigeninteresse an der Unternehmensveräußerung, so kann er im Extremfall wie der Verkäufer haften.

g) Verbrauchsgüterkauf

Für den Verbrauchsgüterkauf gelten die besonderen Vorschriften der §§ 474 ff. Verbraucher ist nach § 13 jede natürliche Person, die ein Rechtsgeschäft zu einem Zweck abschließt, der weder ihrer gewerblichen noch ihrer selbständigen beruflichen Tätigkeit zugeordnet werden kann.

- Gefahrübergang beim Versendungskauf
Normalerweise geht die Gefahr auf den Käufer bei einem Versendungskauf mit Auslieferung an die Frachtperson über (§ 447). Beim Verbrauchsgüterkauf geht die Gefahr erst dann auf den Käufer über, wenn die Sache bei ihm eintrifft (§ 474 Abs. 2). Der Verbraucher muss die Kaufsache

---

184 Vgl. BGHZ 86, 367 mit Anmerkung von Karsten Schmidt
185 Vgl. BGH NJW 1970, 653

dann nicht zahlen, wenn sie auf dem Weg zu ihm zerstört wurde. Die Vorschrift des § 447 Abs. 1 hatte in der alten Fassung noch die gegenteilige Rechtsfolge zuerkannt.

- Beweislastumkehr zugunsten des Verbrauchers
Zeigt sich innerhalb von 6 Monaten seit dem Gefahrübergang ein Sachmangel, wird beim Verbrauchsgüterkauf vermutet, dass die Sache beim Gefahrübergang mangelhaft war, es sei denn, diese Vermutung ist mit der Art der Sache oder des Mangels unvereinbar (§ 476).

- Garantien im Verbrauchsgüterkauf
Eine Garantieerklärung im Verbrauchsgüterkauf muss einfach und verständlich abgefasst sein. Sie muss enthalten:

- den Hinweis auf die gesetzlichen Rechte des Verbrauchers sowie darauf, dass sie durch die Garantie nicht eingeschränkt werden, und
- den Inhalt der Garantie und alle wesentlichen Angaben, die für die Geltendmachung der Garantie erforderlich sind, insbesondere die Dauer und den räumlichen Geltungsbereich des Garantieschutzes sowie Namen und Anschrift des Garantiegebers.

Der Verbraucher kann verlangen, dass ihm die Garantieerklärung schriftlich oder auf einem anderen dauerhaften Datenträger zur Verfügung gestellt wird. Der Garantievertrag ist ohne Rücksicht auf die Tatsache wirksam, ob der Verkäufer die Sonderbestimmungen für Garantien eingehalten hat.

- Keine Verkürzung der Verjährung
Die gesetzlichen Verjährungsfristen betragen beim Verbrauchsgüterkauf zwingend zwei Jahre beim Kauf neuer Sachen und ein Jahr beim Kauf gebrauchter Sachen. Zwingend bedeutet, dass die Fristen nicht durch Vertrag verkürzt oder abbedungen werden können (§ 475 Abs. 2).

- Der Verursacherregress beim Verbrauchsgüterkauf
Der Verkäufer kann, wenn er wegen eines Sachmangels zur Gewährleistung herangezogen worden ist, Rückgriff bei dem Unternehmer nehmen, der ihm die Sache verkauft hat (vgl. §§ 478 ff). Mit diesem Verursacherregress sollen die Einzelhändler gegenüber ihren Vorlieferanten geschützt werden.

h) Internationaler Kauf

Angesichts der ständig wachsenden internationalen Wirtschaftsverflechtungen ist es für den Verkäufer und den Käufer einer Ware wichtig zu wissen, welches Recht anwendbar ist, wenn ein Kaufgeschäft über Staatsgrenzen hinweg abgewickelt werden soll. In erster Linie entscheiden die Vertragsparteien selbst, welche Rechtsordnung sie anwenden wollen, wenn sie in verschiedenen Staaten ansässig sind. Es herrscht hier völlige Vertragsfreiheit. Die Vereinbarung kann auch durch konkludentes Handeln erfolgen (vgl. Art. 27 EGBGB). Haben die Vertragsparteien kein Recht gewählt, so ist nach Art. 28 EGBGB das Recht des Staates anzuwenden, zu dessen Rechtsordnung der Vertrag die engsten Beziehungen aufweist. Abtrennbare Vertragsteile können unterschiedlich behandelt werden. Zunächst soll der Aufenthaltsort der Partei maßgeblich sein, welche die vertragscharakteristische Leistung, also die Übereignung der Kaufsache, zu erbringen hat. Bei Grundstückskäufen ist der Ort maßgeblich, an dem das Grundstück liegt (Art. 28 Abs. 2 und 3 EGBGB).

Bei sogenannten „Verbraucherverträgen“ wird die Möglichkeit der Rechtswahl eingeschränkt. Für den Verbraucher gilt Art. 29 EGBGB: Ihm soll der Schutz der zwingenden Rechtsvorschriften seines Staates nicht entzogen werden, wenn der Vertrag dort abgeschlossen und dort für ihn geworben wurde (Art. 29 Abs. 1 Nr. 1), wenn die Bestellung im Aufenthaltsstaat des Verbrauchers aufgenommen wurde (Art. 29 Abs. 1 Nr. 2) oder wenn beim Verkauf von Waren der Verbraucher zur Bestellung in einen anderen Staat gereist ist, die Reise aber vom Verkäufer herbeigeführt wurde, um den Käufer zum Vertragsabschluss zu veranlassen (Art. 29 Abs. 1 Nr. 3). Darüber hinaus soll, wenn keine ausdrückliche Rechtswahl vorliegt, auch das Recht des Aufenthaltsstaates des Verbrauchers (also nicht nur die zwingenden Rechtsvorschriften dieses Rechts) angewendet werden (Art. 29 Abs. 2 EGBGB). Werden in dem Vertrag Allgemeine Geschäftsbedingungen des Verkäufers verwendet, so dürfen dem Verbraucher grundsätzlich nicht die Schutzvorschriften entzogen werden, die ihm nach zwingendem Recht in seinem Aufenthaltsstaat zugute kommen. Nach Art. 29 a EGBGB sind die aufgrund von bestimmten Verbraucherschutzrichtlinien der EG erlassenen Vorschriften unabdingbar, auch wenn an sich das Recht eines Drittstaates anzuwenden ist.

Am 11. 4. 1980 wurde in Wien ein UN-Übereinkommen über den internationalen Warenkauf verabschiedet. Das Abkommen ist am 1. 1. 1991 für die Bundesrepublik in Kraft getreten. Es ersetzt das sogenannte Haager Kaufrecht, also das „einheitliche Gesetz über den Abschluss von internationalen Kaufverträgen über bewegliche Sachen” (EAG) und das „einheitliche Gesetz über den internationalen Kauf beweglicher Sachen (EKG)”. Das Haager Kaufrecht war als zu verkäuferfreundlich angesehen worden, also als zu günstig für die Industriestaaten. Demgegenüber wird dem UN-Übereinkommen eine bessere Chance auf weite Verbreitung vorhergesagt.

Das Übereinkommen und das entsprechende Bundesgesetz[186] behandelt in den Artikeln 25-88 die Rechte und Pflichten der Vertragsparteien sowie die Leistungsstörungen. Dabei wird nicht zwischen Unmöglichkeit, Verzug und Schlechterfüllung unterschieden. Vielmehr werden alle Fälle als Nichterfüllung von wesentlichen vertraglichen Verpflichtungen behandelt (Art. 45). Rechtsfolgen einer Nichterfüllung können der Erfüllungsanspruch, das Recht auf Nachbesserung, Vertragsaufhebung oder Herabsetzung des Kaufpreises sowie auf Schadensersatz sein (Art 46-52, 74-77).[187] Ähnlich wie im BGB sind die Vorschriften über den Abschluss des Vertrages, insbesondere das Vertragsangebot und die Annahme sowie den Zugang dieser Erklärungen (Art. 14-245). Die Anwendung des internationalen Kaufrechts kann von den Vertragsparteien abbedungen werden. Bei Verträgen mit Verbrauchern gilt das UN-Kaufrecht nicht. Art. 29 EGBGB geht vor.

i) Kauf unter Eigentumsvorbehalt

Nach § 449 (früher 455) kann sich der Verkäufer einer beweglichen Sache das Eigentum bis zur Zahlung des Kaufpreises in der Weise vorbehalten, dass er die Sache aufschiebend bedingt übereignet, d.h. solange Eigentümer bleibt, bis der letzte Kaufpreisrest bei ihm eingegangen ist. Kommt der Käufer mit der Zahlung in Verzug, so kann der Verkäufer vom Vertrag zurücktreten. Damit antwortet die Rechtsordnung auf ein wirtschaftliches Bedürfnis: Der Verkäufer will die Ware gegen bares Geld veräußern, doch der Käufer kann die ganze Kaufsumme nicht sofort bezahlen. Der Verkäufer sichert den Kredit, den er dem Käufer in Bezug auf den Kaufpreis gibt, durch den Eigentumsvorbehalt ab.

---

[186] BGBl. II 1989, 586, 588

[187] Zur Abgrenzung wesentlich/unwesentlich: OLG Frankfurt/M. NJW 1994, 1013

Bereits bei der Aushändigung der Kaufsache werden diejenigen Verträge geschlossen, welche für den Eigentumsübergang nach § 929 erforderlich sind. Der Käufer übereignet jedoch nur einen Teil des Kaufpreises, während im Gegenzug der Verkäufer seine Willenserklärung nach § 158 Abs. 1 unter die aufschiebende Bedingung stellt, dass die Wirkung der Willenserklärung, d.h. die Wirksamkeit des Übereignungsvertrages, erst bei vollständiger Bezahlung des Kaufpreises durch den Käufer eintreten soll. Mit dem Eintritt der Bedingung geht das Eigentum automatisch auf den Käufer über, ohne dass er oder der Verkäufer noch eine Rechtshandlung vornehmen müssten. Der Verkäufer bleibt zwar Eigentümer der Kaufsache bis zum Eintritt der Bedingung. Während der Schwebezeit bis zur vollständigen Abwicklung des Kaufvertrags kann er jedoch nicht willkürlich als Eigentümer über die Kaufsache verfügen. Der Käufer hat aus dem Kaufvertrag gegenüber dem Verkäufer bereits ein Recht zum Besitz. Die nochmalige Übereignung der Kaufsache an einen Dritten durch den Verkäufer wäre nach § 161 Abs. 1 unwirksam.

Kommt der Käufer nach § 449 mit seinen Zahlungsverpflichtungen in Verzug und tritt der Verkäufer vom Kaufvertrag zurück, dann kann der Verkäufer nach § 985 wieder die Herausgabe der Kaufsache verlangen. Er muss jedoch dem Käufer die bereits gezahlte Anzahlung und bezahlte Raten zurückerstatten, wobei er den Minderwert der gebrauchten Kaufsache und den Wert der vom Käufer gezogenen Nutzungen absetzen kann (vgl. unten).

Der Käufer kann, ehe er den Kaufpreis vollständig bezahlt hat, nicht über die Kaufsache verfügen. Anders ist es nur, wenn ihm der Verkäufer die Verfügung eigens gestattet hat. Auch die Gläubiger des Käufers können nicht auf die Kaufsache zugreifen, der Verkäufer hat aufgrund seines Eigentums gegen etwaige Vollstreckungsgläubiger die sogenannte Drittwiderspruchsklage nach § 771 der Zivilprozessordnung. Er kann Aufhebung der Pfändung durch den Gläubiger verlangen. Bei einem Konkurs des Käufers konnte der Verkäufer die Sache früher nach § 43 der Konkursordnung aus der Konkursmasse aussondern und so dem Zugriff des Konkursverwalters entziehen, da er Eigentümer geblieben ist. Der Konkursverwalter konnte allerdings den noch offenen Kaufpreisrest bezahlen, dann fiel das Eigentum an den Gemeinschuldner und wurde Teil der Konkursmasse. Nach der Insolvenzordnung von 1999 gibt es keine Aussonderungsrechte alten Typs mehr geben; die besitzlosen Mobiliarsicherheiten, zu denen der Eigentumsvorbehalt zählt, wurden in das Insolvenzrecht einbezogen.

Ein Eigentumsvorbehalt ist nicht schon dann anzunehmen, wenn eine Ware auf Kredit veräußert wurde. Die Parteien müssen sich vielmehr ausdrücklich oder konkludent auf diesen Vorbehalt geeinigt haben. Eine nachträgliche, einseitige Erklärung des Eigentumsvorbehalts durch den Verkäufer ist nicht möglich, wenn er die Sache bereits unbedingt übereignet hat. Einigt sich jedoch der Verkäufer mit dem Käufer, so kann er den Eigentumsvorbehalt auch noch nachträglich begründen, wobei die Übereignung durch Besitzkonstitut nach § 930 rückgängig gemacht wird und anschließend eine aufschiebend bedingte Übereignung nach § 929 Satz 2 stattfindet.[188]

Schwierig wird die Situation, wenn der Verkäufer Allgemeine Geschäftsbedingungen verwendet, in denen er sich beim Kreditkauf das Eigentum vorbehält, während der Käufer seinerseits Allgemeine Geschäftsbedingungen entgegenhält, in denen er einen Eigentumsvorbehalt des Verkäufers ablehnt. Die frühere Rechtsprechung[189] entschied derartige Fälle nach § 150 Abs. 2. Es gelten die Bedingungen dessen, der „das letzte Wort" hat. Bestätigt z.B. der Verkäufer das Angebot des Käufers mit Hinweis auf seine AGB, die eine Eigentumsvorbehaltsklausel enthalten und den

---

[188] BGH NJW 1953, 217, 218

[189] Vgl. BGHZ 18, 212

AGB des Käufers widersprechen, so gilt dies als Ablehnung des Käuferangebots und zugleich als neues Angebot, das der Käufer konkludent annimmt, wenn er die Ware widerspruchslos abnimmt. Neuerdings wird versucht, über die Regeln der §§ 154 und 155 (offener und versteckter Dissens) an die Lösung des Problems heranzukommen.[190] Soweit sich die gegenseitigen AGB widersprechen, werden sie nicht Vertragsinhalt. Wird der Vertrag dennoch durchgeführt, so ist er insoweit wirksam. Verkäufer und Käufer zeigen, dass es ihnen auf die widerstreitenden AGB nicht so sehr ankommt, dass sie den Bestand des Geschäfts in Frage stellen würden.

Es ist durchaus möglich, dass zwar schuldrechtlich kein Eigentumsvorbehalt vereinbart ist, dass der Verkäufer aber dennoch sachenrechtlich erklärt, nur aufschiebend bedingt übereignen zu wollen. Dieser sogenannte dingliche Eigentumsvorbehalt muss jedoch dem Käufer gegenüber zum Ausdruck kommen. Dies muss jedenfalls vor dem Empfang der Ware geschehen, auch muss dem Käufer die Kenntnisnahme von einem derartigen Eigentumsvorbehalt zugemutet werden können.[191]

Je mehr Raten der Käufer bezahlt, desto stärker nähert sich seine Stellung der eines Eigentümers an. Die Schwierigkeit, den noch erforderlichen Restbetrag aufzubringen, wird immer geringer. Entsprechend leichter fällt es ihm, den Eigentumsübergang durch Eintritt der Bedingung zu bewerkstelligen. Diese rein faktische Anwartschaft auf die Eigentümerstellung hat sich im Laufe der Jahrzehnte zu einem rechtlich gesicherten **Anwartschaftsrecht** entwickelt, das als eine Art Vorstufe zum Vollrecht des Eigentums behandelt wird und als dingliches Recht nach § 823 Abs. 1 (sonstiges Recht) geschützt ist. Wird also dem Vorbehaltskäufer das Eigentum z.B. durch Diebstahl entzogen, so kann er vom Dieb Herausgabe der Sache nach § 985 verlangen, obwohl er selbst noch nicht Eigentümer ist. Das Anwartschaftsrecht ist jedoch ein „kleines Eigentum", es ist gegenüber dem Eigentum kein aliud, sondern ein minus. Wird die gestohlene Sache zerstört, so haben der Eigentümer und der anwartschaftsberechtigte Vorbehaltskäufer gemeinsam einen Schadensersatzanspruch nach § 823 Abs. 1, dieser ist im Innenverhältnis der beiden so aufzuteilen, wie sich das Anwartschaftsrecht durch Zahlung entsprechend vieler Kaufpreisraten bereits dem Vollrecht angenähert hat.

Das Anwartschaftsrecht kann nach § 929 auf Dritte übertragen werden, ohne dass der Vorbehaltsverkäufer zustimmen muss. Nicht möglich ist jedoch die Übereignung der Sache an Dritte durch den Vorbehaltskäufer, solange er nicht das volle Eigentum erlangt hat. Der Dritte kann allerdings nach § 929, 932 gutgläubig Eigentum erwerben, da der Vorbehaltskäufer dem Eigentümer gegenüber zum Besitz berechtigt war. Beim einfachen Eigentumsvorbehalt sichert die Kaufsache, deren Eigentum dem Verkäufer vorbehalten bleibt, den geschuldeten Kaufpreis. Stehen Verkäufer und Käufer als Kaufleute in laufenden Geschäftsbeziehungen, so kann der Verkäufer sich das Eigentum auch erweitert vorbehalten, so dass es erst dann auf den Käufer übergeht, wenn alle Forderungen aus den Geschäften mit dem Verkäufer bezahlt sind (**erweiterter Eigentumsvorbehalt** oder Kontokorrentvorbehalt). Es muss aber sichergestellt sein, dass Gegenstände freigegeben werden, die zur Sicherung nicht mehr benötigt werden.[192] Unzulässig ist ein sog. Konzernvorbehalt, der die Sicherung des Verkäufers solange fortdauern lässt, bis alle Verbindlichkeiten des Käufers gegenüber den konzernverbundenen Unternehmen des Verkäufers getilgt sind (§ 449 Abs. 3).
In einer Reihe von Fällen ist es wirtschaftlich unsinnig, wenn der Verkäufer es dem Käufer nicht gestattet, die Sache weiter zu veräußern oder zu verarbeiten. Dies gilt insbesondere dann, wenn

[190] Vgl. OLG Köln DB 1980, 924
[191] Vgl. BGH NJW 1982, 1749 f.
[192] Vgl. BGH NJW 1994, 1154

der Käufer nicht selbst Endverbraucher ist, sondern die Kaufsache weiterveräußern will (z.B. als Großhändler), oder wenn er sie als Bauunternehmer in ein Gebäude einbaut, wobei das Eigentum des Vorbehaltverkäufers nach § 946 durch Verbindung mit dem Grundstück untergeht. In derartigen Fällen ist es zweckmäßig, einen **verlängerten Eigentumsvorbehalt** zu vereinbaren: Der Verkäufer behält sich das Eigentum bis zur vollständigen Bezahlung des Kaufpreises vor, er erteilt aber dem Vorbehaltskäufer gleichzeitig die ausdrückliche oder konkludente Ermächtigung, die Kaufsache im Rahmen seines ordnungsgemäßen Geschäftsbetriebs im eigenen Namen an Dritte weiter zu veräußern.[193] Die Verfügung ist wirksam, da sie mit Einwilligung des Berechtigten erfolgt (§ 185). Der Vorbehaltsverkäufer will jedoch weiterhin gesichert bleiben, bis ihm der Kaufpreis vollständig bezahlt ist. Deshalb lässt er sich im Voraus die Forderungen abtreten, die der Vorbehaltskäufer aus dem Weiterverkauf der Ware an den Dritten erwerben wird. Das Vorbehaltseigentum wird durch die im Voraus abgetretene Forderung als Sicherungsmittel abgelöst. Meistens wird der Vorbehaltskäufer ermächtigt, die Forderung selbst beim Dritten einzuziehen. Er muss sie dann nach Abzug der ihm verbleibenden Erlöse an den Vorbehaltsverkäufer abführen.

Bei all diesen Ausgestaltungen des Eigentumsvorbehalts ist jedoch zu beachten, dass nach dem Bestimmtheitsgrundsatz des Sachenrechts die unter Eigentumsvorbehalt stehenden Waren genau von denen abgrenzbar sein müssen, die im vollen Eigentum des Käufers stehen. Bedeutsam wird dieses Problem bei der sogenannten Globalzession, d.h. der Vorausabtretung aller Forderungen des Kreditschuldners. Eine derartige Kreditsicherung wird insbesondere von Banken verlangt, sie kann in Konflikt mit dem Eigentumsvorbehalt des Warenlieferanten geraten (vgl. unten).

k) Haustürgeschäfte

Immer aggressivere Verkaufs- und Werbestrategien von fahrenden Händlern und Vertretern haben dazu geführt, dass der Verbraucher vielfach Waren an der Haustür bestellt und bei ruhiger Überlegung danach den Vertragsabschluss bedauert. Nach dem allgemeinen Zivilrecht kann er sich, wenn er das Vertragsformular unterschrieben hat, vom Vertrag nicht lösen, falls nicht in besonderen Fällen ein Anfechtungsgrund nach §§ 119, 123 (Irrtum, arglistige Täuschung) vorliegt. Da der Verbraucher von den Verkaufs- und Werbepraktiken aber vielfach überrumpelt wird, ist er schutzbedürftig. Das Gesetz über den Widerruf von Haustürgeschäften und ähnlichen Geschäften (Haustürwiderrufsgesetz) vom Januar 1986 trug diesem Schutzbedürfnis Rechnung. Es setzt die EG-Richtlinie über Haustürgeschäfte[194] von 1985 in deutsches Recht um. Der Verbraucher erhielt unter bestimmten Voraussetzungen ein Widerrufsrecht. Es wurde zum Vorbild des Widerrufsrechts nach § 7 des Verbraucherkreditgesetzes. Im Fernabsatzgesetz vom 27. Juni 2000 (vgl. unten) wurden die Rechte des Verbrauchers erweitert und die §§ 361 a und 361 b BGB als allgemeine Regeln für jede Form des verbraucherschützenden Widerrufsrechts geschaffen. Diese Vorschriften gelten nach dem Schuldrechtsmodernisierungsgesetz von 2001 als §§ 355 und 356 BGB fort. Die Rechtsfolgen des Widerrufs sind in § 357 geregelt. In der Praxis gelten die Regeln vor allem für Kaufverträge an der Haustür und allgemein für Haustürgeschäfte. Diese besonderen Vertriebsformen sind in § 312 geregelt; dort wird auf §§ 355 ff. verwiesen. Nach § 355 Abs. 1 gelten die Regelungen über den Widerruf aber einheitlich für alle durch Ge-

---

193 Vgl. BGH NJW 1987, 487

194 Vgl. Richtlinie 85/577 betreffend den Verbraucherschutz im Falle von außerhalb von Geschäftsräumen geschlossenen Verträgen vom 20. 12. 1985, ABlEG L 372/31 vom 31. 12. 1985

setz eingeräumten Widerrufsrechte. Sie finden sich z. B. beim Verbraucherkredit oder Finanzierungshilfen (§§ 491 bis 504), beim Fernabsatzvertrag (§ 312 d), beim Teilzeit-Wohnrechtevertrag (§ 485) und beim Fernunterrichtsschutzgesetz (§ 4) aus dem Jahre 1976.

Der Verbraucher soll geschützt werden, wenn er vom Unternehmer mit einem Vertragsangebot in einer Umgebung konfrontiert wird, in der er Derartiges nicht erwartet. Das Widerrufsrecht besteht deshalb nach § 312 Abs. 1 S. 1, wenn der Kunde durch mündliche Verhandlungen an seinem Arbeitsplatz oder im Bereich einer Privatwohnung (Nr. 1), anlässlich einer vom Vertragspartner oder (auch) in seinem Interesse durchgeführten Freizeitveranstaltung (Nr. 2 – „Kaffeefahrten") oder im Anschluss an ein überraschendes Ansprechen in Verkehrsmitteln oder im Bereich öffentlich zugänglicher Verkehrsflächen (Nr. 3) zu seiner Willenserklärung bestimmt wurde. Die Vorschrift wird wie das Haustürwiderrufsgesetz extensiv ausgelegt. Letztlich können alle Willenserklärungen unter das Gesetz fallen, die außerhalb von Geschäftsräumen (mit-)verursacht worden sind.

Es reicht nach § 312 Abs. 1, wenn die Willenserklärung des Kunden auf den Abschluss eines Vertrages über eine entgeltliche Leistung gerichtet ist; weder ein gegenseitiger Vertrag noch speziell ein Kaufvertrag ist notwendig. In besonderen Fällen entfällt das Widerrufsrecht, weil der Kunde nicht schutzbedürftig ist, d. h., weil die Vertragsverhandlungen auf vorherige Bestellung des Kunden (§ 312 Abs. 2 Nr. 1) geführt werden oder die Leistung bei Abschluss der Verhandlungen sofort erbracht und bezahlt wird und das Entgelt 40 Euro nicht übersteigt (§ 312 Abs. 3 Nr. 2) oder weil die Willenserklärung des Verbrauchers von einem Notar beurkundet wird (§ 312 Abs. 3 Nr. 3). Ein Umgehungsverbot sichert das Widerrufsrecht ab (§ 312 f).

Dem Verbraucher kann nach § 312 Abs. 1 S. 2 anstelle des Widerrufsrechts ein Rückgaberecht nach § 356 eingeräumt werden, wenn zwischen dem Verbraucher und dem Unternehmer im Zusammenhang mit diesem oder einem späteren Geschäft auch eine ständige Verbindung aufrechterhalten werden soll.

Ein gesetzgebungspolitischer Skandal in § 6 Nr. 2 des Haustürwiderrufsgesetzes von 1986 wurde bis heute nicht beseitigt: Das Widerrufs- bzw. Rückgaberecht ist nach § 312 Abs. 3 für den Abschluss von Versicherungsverträgen ausgeschlossen. Nach 1986 wurde zwar in § 8 Abs. 4 des Versicherungsvertragsgesetzes ein spezielles Widerrufsrecht mit Zehntagefrist für Versicherungsverträge eingeführt. Da der Schutz des Kunden hier erheblich hinter dem des Haustürwiderrufsgesetzes zurückbleibt, ohne dass für diese Diskrepanz ein hinreichender Grund erkennbar wäre, ist der Skandal lediglich abgemildert.

Auf Einzelheiten der Sicherungsübereignung als Kreditsicherung ist weiter unten einzugehen.

l) Fernabsatzverträge, elektronischer Geschäftsverkehr

In Umsetzung der EG-Fernabsatzrichtlinie[195] von 1997 wurde im Fernabsatzgesetz vom 27. Juni 2000 ein Widerrufsrecht des Verbrauchers geschaffen, wenn er einen Fernabsatzvertrag geschlossen hat. Die entsprechenden Regelungen finden sich nach der Schuldrechtsmodernisierung des Jahres 2001 in §§ 312 b-f. Nach der Definition des § 312 b Abs. 1 kommt es darauf an, dass bei den Verhandlungen und beim Vertragsabschluss ausschließlich Fernkommunikationsmittel verwendet werden. In § 312 b Abs. 2 nennt der Gesetzgeber beispielhaft nicht nur Telekopien (Fax), e-mails, Rundfunk, Tele- und Mediendienste, sondern auch Telefonanrufe, Briefe und

---

[195] Vgl. Richtlinie 97/7 vom 20. 5. 1997, ABlEG L 144/19 vom 4. 6. 1997, Text in NJW 1998, 212

Kataloge. Entscheidend ist, dass der Vertragspartner unsichtbar ist und dass der Kunde das gekaufte Produkt nicht sehen kann.[196] Nach § 312 d hat der Verbraucher ein Widerrufs- und Rückgaberecht, für dessen Inhalt auf § 355 verwiesen wird (vgl. oben). Bei Verträgen über die Lieferung von Waren kann dem Verbraucher statt des Widerrufs- ein Rückgaberecht eingeräumt werden, für das dann § 356 gilt. Die Widerrufsfrist ist nach § 312 d Abs. 2 auf die Besonderheiten des Fernabsatzes ausgerichtet. Das Widerrufsrecht erlischt nach § 312 d Abs. 3 u. a. dann, wenn der Unternehmer mit der Ausführung einer vertraglich geschuldeten Dienstleistung mit ausdrücklicher Zustimmung des Verbrauchers vor Ende der Widerrufsfrist begonnen hat oder der Verbraucher diese selbst veranlasst hat. Unter den Voraussetzungen des § 312 d Abs. 4 ist das Widerrufsrecht ausgeschlossen, z. B. bei der Lieferung von Zeitungen, Zeitschriften und Illustrierten.

Neben dem Fernabsatz regeln die §§ 312 b ff. auch die Pflichten im elektronischen Geschäftsverkehr. Nach § 312 e muss der Unternehmer dem Kunden angemessene, wirksame und zugängliche technische Mittel zur Verfügung stellen, mit deren Hilfe dieser Eingabefehler vor Abgabe seiner Bestellung erkennen und korrigieren kann (Nr. 1), bestimmte Informationen klar und verständlich mitteilen (Nr. 2), den Zugang der Bestellung unverzüglich auf elektronischem Weg bestätigen (Nr. 3) und die Möglichkeit verschaffen, die Vertragsbestimmungen einschließlich der AGB bei Vertragsschluss abzurufen und in wiedergabefähiger Form zu speichern (Nr. 4). Ein Umgehungsverbot sichert diese Vorschriften ab (§ 312 f).

m) Unselbständige Garantie

Hersteller H verkauft sein „garantiert spülmaschinenfestes" Essgeschirr an K. Nach 6 Monaten entdeckt K Abnutzungserscheinungen, die von der Benutzung der Spülmaschine herrühren.

Im Rahmen der großen Schuldrechtsreform wurde der Garantievertrag in § 443 geregelt. Wenn der Verkäufer oder ein Dritter für die Beschaffenheit der Sache eine Garantie übernimmt, stehen dem Käufer im Garantiefall unbeschadet der gesetzlichen Ansprüche die Rechte aus der Garantie zu den in der Garantieerklärung und der einschlägigen Werbung angegebenen Bedingungen gegenüber dem zu, der die Garantie eingeräumt hat. Ein Verschulden ist nicht notwendig. Es ist davon auszugehen, dass eine Nacherfüllung nicht möglich ist. K kann von H nach §§ 280, 281 Schadensersatz statt der Leistung verlangen. Die Fristsetzung (§ 281 Abs. 2) ist nach den besonderen Umständen des Falles entbehrlich. Nach § 323 Abs. 1 kann K vom Vertrag zurücktreten, da H seine Leistung nicht vertragsgemäß erbracht hat. Auch hier ist die Fristsetzung nach § 323 Abs. 2 Nr. 3 aufgrund der besonderen Umstände des Falles entbehrlich. Alternativ zum Rücktritt steht dem Käufer K auch die Möglichkeit der Minderung nach § 441 zu. Schadensersatz statt der ganzen Leistung ist nach § 281 Abs. 1 Satz 1 und 3 möglich, da die Pflichtverletzung des H erheblich ist.

H garantiert, dass der an K verkaufte Pkw 5 Jahre lang nicht durchrostet. Was kann K unternehmen, wenn der Pkw bereits nach 2 Jahren zu rosten anfängt?

Nach § 443 hat der Garant die Nichterfüllung der Garantie ohne Verschulden zu vertreten. K kann wie im vorigen Fall Schadensersatz statt der Leistung verlangen, zurücktreten, mindern oder Schadensersatz statt der ganzen Leistung verlangen.

---

[196] Vgl. Däubler, BGB-kompakt, 2002, 326, und Martinek, NJW 1998, 207

H garantiert, dass die an K verkaufte Uhr 3 Jahre lang bis zu einer Tiefe von 100 Metern wasserdicht ist. Wasser dringt aber bereits in einer Tiefe von 80 Metern ein. Dies geschieht nach 2 Jahren. H wendet ein, die Uhr sei von K unsachgemäß behandelt worden.

Hier hat H sowohl eine Beschaffenheitsgarantie (Wassertiefe bis zu 100 Meter) als auch eine Garantie für eine bestimmte Dauer (3 Jahre lang) übernommen. Er haftet auch ohne Verschulden für die Nichterfüllung der Garantie. Wenn er sich im Prozess darauf beruft, dass die Uhr unsachgemäß behandelt worden sei, gilt zu seinen Lasten nach § 443 Abs. 2 die Vermutung, dass ein während der Geltungsdauer auftretender Sachmangel die Rechte aus der Garantie begründet.

K hat grob fahrlässig nicht erkannt, dass das Essgeschirr nicht spülmaschinenfest ist. Schadet ihm dies?

Nach § 442 kann der Käufer, dem ein Mangel infolge grober Fahrlässigkeit unbekannt geblieben ist, die Rechte wegen dieses Mangels dennoch geltend machen, wenn der Verkäufer den Mangel arglistig verschwiegen oder eine Garantie für die Beschaffenheit der Sache übernommen hat. Eine solche Garantie hat H übernommen. Also kann K dennoch seine Ansprüche gegen ihn geltend machen.

H garantiert die Spülmaschinenfestigkeit des Geschirrs, schließt aber die Käuferrechte bis auf ein Minderungsrecht des K aus. Kann K dennoch alle Rechte des Käufers wegen der Nichterfüllung der Garantie geltend machen?

Nach § 444 kann sich der Verkäufer auf eine Vereinbarung, durch welche die Rechte des Käufers wegen eines Mangels ausgeschlossen oder beschränkt werden, nicht berufen, wenn er den Mangel arglistig verschwiegen oder eine Garantie für die Beschaffenheit der Sache übernommen hat. Eine solche Garantie hat H hier übernommen. Also haftet er dem K voll auf Schadensersatz. Auch hat K ein Rücktrittsrecht.

n) Kauf, Tausch und Schenkung

Beim Kauf handelt es sich um einen entgeltlichen Vertrag, bei dem Sachen oder Rechte gegen Geld ausgetauscht werden. Beim **Tauschvertrag** (§ 480, früher § 515) werden Sachen oder Rechte nicht gegen Geld, sondern wiederum gegen Sachen oder andere Rechte als Geld ausgetauscht. Die Vorschriften über den Kauf gelten entsprechend. Es gelten insbesondere die §§ 446 und 447 (Gefahrtragung, nicht beim Verbrauchsgüterkauf) sowie die Vorschriften über die Sach- und Rechtsmängelhaftung. Ein Tauschvertrag ist auch anzunehmen, wenn der unterschiedliche Wert der zu tauschenden Güter durch eine Barzulage ausgeglichen wird.[197]

Die **Schenkung** ist nach § 516 Abs. 1 eine Zuwendung, durch die jemand aus seinem Vermögen einen Anderen bereichert, wenn beide Teile darüber einig sind, dass die Zuwendung unentgeltlich erfolgt. Trinkgelder, Gratifikationen oder übertarifliche Lohnzahlungen eines Arbeitgebers sind keine Schenkungen, da sie in Verbindung mit einer Gegenleistung erfolgen. Dies gilt auch, wenn eine Leistungspflicht nicht besteht.

Das **Schenkungsversprechen** bedarf nach § 518 der notariellen Beurkundung. Nach § 518 Abs. 2 wird der Formmangel geheilt, wenn das Versprochene geleistet wird.

---

[197] Vgl. BGH NJW 1964, 540

Von einer **Handschenkung** spricht man, wenn ohne ein vorausgegangenes Schenkungsversprechen dem Beschenkten die Sache sofort übereignet oder das Recht sofort übertragen wird. Hier ist eine besondere Form nicht erforderlich, da die versprochene Leistung sofort bewirkt wird.

Die Schenkung ist ein Vertrag, d.h. der Beschenkte muss die Annahme erklären. Niemand braucht sich also ein Geschenk aufdrängen zu lassen. Macht der Schenker eine Auflage, so kann er nach § 525 ihre Vollziehung verlangen. Andernfalls kann er nach § 527 das Geschenk zurückverlangen.

Von einer gemischten Schenkung spricht man, wenn ein entgeltliches Geschäft - z.B. ein Kauf - mit einer Schenkung kombiniert wird. So werden z.B. Grundstücke unter Familienangehörigen vielfach weit unter Wert verkauft. Es fragt sich hier, ob Schenkungsrecht oder Kaufrecht anzuwenden ist. Soweit möglich spaltet die Rechtsprechung hier den Vertrag in einen entgeltlichen und einen unentgeltlichen Teil auf.[198] Für den entgeltlichen Teil wäre nach unserem Beispiel das Kaufrecht anwendbar. Wichtig wird dies vor allem bei den Gewährleistungsansprüchen: Der Schenker haftet grundsätzlich nicht für Rechts- und Sachmängel (Umkehrschluss aus §§ 523, 524). Nach § 521 hat er lediglich Vorsatz und grobe Fahrlässigkeit zu vertreten. Bei Verarmung oder grobem Undank kann er das Geschenk zurückverlangen bzw. die Schenkung widerrufen (§§ 528-530). Pflicht- und Anstandsschenkungen unterliegen nach § 534 nicht der Rückforderung bzw. dem Widerruf.

Wirtschaftliche Bedeutung hat die Schenkung, weil sie zu steuerrechtlichen Vorteilen führen kann. Wer hohe Einkommenssteuern zahlt, kann durch die Schenkung einer Einkommensquelle an einen Familienangehörigen, der geringere Einkünfte erzielt, eine progressionsmindernde Wirkung erzielen. Im Rahmen der Freibeträge bei der Erbschafts- bzw. Schenkungssteuer können Vermögenswerte durch Schenkungen übertragen werden; deren Erträge wirken sich dann beim Schenker nicht mehr Substanz erhöhend aus.

3. Mietvertrag, Gebrauchsüberlassungsverträge

a) Vorbemerkung

Der Mietvertrag (§§ 535-580 a) ist ein Gebrauchsüberlassungsvertrag. Die Sache bleibt im Eigentum des Vermieters; sie wird dem Mieter gegen die Zahlung der Miete zeitweilig überlassen. Der Leistungsgegenstand geht also nicht wie beim Kauf endgültig in das Vermögen eines Anderen über, die Mietsache ist vielmehr nach Ablauf der Mietzeit zurückzugeben. Vermieten kann man nur Sachen, während man auch Rechte verpachten kann. Der Pachtvertrag berechtigt nicht nur zum Gebrauch der Sache oder des Rechts, sondern auch zum Genuss der bei diesem Gebrauch erzielbaren Früchte (§§ 581-597). Bei der Leihe entfällt die Gegenleistung für die Gebrauchsüberlassung in Gestalt des Miet- oder Pachtzinses (§§ 598-606). Beim Sachdarlehen (§§ 607-609) braucht nicht der überlassene Gegenstand, sondern kann auch ein anderer in gleicher Art, Güte und Menge zurückerstattet werden. Der Darlehensvertrag ist seit der Schuldrechtsmodernisierung des Jahres 2001 in §§ 488-504 geregelt. Er bezieht sich auf Geld, d.h. Liquidität wird auf Zeit zur Verfügung gestellt. Das Darlehen und das Sachdarlehen können entgeltlich oder unentgeltlich sein.

[198] BGHZ 30, 120

Gegenstand des Mietvertrags kann jede Sache sein. Für den Vermieter bietet die Gebrauchsüberlassung eine Kapitalnutzung. Er nutzt sein in Sachwerten angelegtes Vermögen. Für den Mieter ergibt das die Möglichkeit, eine in der Anschaffung relativ teure Sache ohne Aufwendung eigenen Kapitals auf Zeit zu nutzen. Da der Mieter von Wohnraum besonders schutzbedürftig ist - die Wohnung ist der Mittelpunkt seines privaten Bereichs -, weicht der Gesetzgeber hier in vielen Punkten vom Grundsatz der Vertragsfreiheit ab und schützt den Mieter durch zwingende Rechtsnormen. Das Recht der Wohnraummiete wurde zum 1. September 2001 neu geregelt. Die zuvor in einem eigenen Gesetz, dem Miethöhenregelungsgesetz, geregelte Materie der Miethöhe ist jetzt wieder im BGB enthalten.

Der Mietvertrag kann grundsätzlich formlos abgeschlossen werden; handelt es sich jedoch um die Vermietung eines Grundstücks oder eines Grundstücksbestandteils, also auch einer Wohnung, für länger als ein Jahr, so schreibt § 550 Schriftform vor. Wird die Form nicht beachtet, so gilt der Vertrag als für unbestimmte Zeit geschlossen; die Kündigung ist frühestens zum Schluss des ersten Jahres nach Überlassung des Wohnraums zulässig (§ 550 Satz 2).

Durch den Mietvertrag werden nur schuldrechtliche Beziehungen zwischen Vermieter und Mieter begründet. Allerdings ergibt sich hieraus während der Mietzeit ein Recht des Mieters zum Besitz, das dem Eigentumsherausgabeanspruch des Vermieters nach § 986 entgegengehalten werden kann. Der Mieter ist unmittelbarer Fremdbesitzer, der Vermieter mittelbarer Eigenbesitzer (vgl. oben).

b) Rechte und Pflichten

Der Vermieter ist verpflichtet, dem Mieter den Gebrauch der Mietsache zu verschaffen und während der Mietzeit ungestört zu gewähren. Er muss sie während der Mietzeit fehlerfrei erhalten. Ist oder wird die Mietsache mangelhaft, so gelten die Regeln der Sachmängelhaftung (vgl. oben), die umfangreicher als beim Kaufvertrag sind. Andererseits muss der Mieter einen während der Mietzeit auftretenden Mangel nach § 536 c Abs.1 unverzüglich dem Vermieter anzeigen. Unterlässt er dies, so verliert er seine Gewährleistungsrechte und muss dem Vermieter möglicherweise Schadensersatz leisten (§ 536 c Abs. 2).

Die Sachmängelhaftung des Vermieters führt zu einem vierfachen Recht des Mieters. Erstens kann er Nachbesserung verlangen, d. h. den Vermieter nach § 535 Abs. 1 S. 2 auf Beseitigung von Mängeln in Anspruch nehmen. Notfalls, d. h. wenn der Vermieter mit der Beseitigung des Mangels in Verzug kommt, darf er den Mangel selbst beseitigen und kann Ersatz der erforderlichen Aufwendungen verlangen (§ 536 a Abs. 2 Nr. 1). Zweitens kann er die Miete mindern (§ 536 Abs. 1). Ist die Mietsache untauglich, muss er überhaupt keine Miete zahlen. Drittens kann er nach § 536 a Abs. 1 Schadensersatz verlangen. Wenn der Mangel schon am Anfang bestand, haftet der Vermieter ohne Verschulden. Für schuldhaftes Handeln haftet er auch bei sogenannten Mangelfolgeschäden. Schließlich kann der Mieter nach § 543 Abs. 2 Nr. 1 fristlos kündigen, allerdings nur aus wichtigem Grund (vgl. unten).

Der Mieter muss die vereinbarte Miete zahlen. Bei der Vermietung von Immobilien (auch Wohnungen) stehen dem Vermieter Sicherungsmöglichkeiten zu: Durch ein besonderes Vermieterpfandrecht kann er sich wegen seiner Miet- und anderer Zahlungsansprüche an den vom Mieter eingebrachten Sachen sichern (§§ 562-562 d). Nach § 541 darf der Mieter keinen vertragswidrigen Gebrauch von der Mietsache machen. Der Vermieter kann gegebenenfalls auf Unterlassung klagen.

Die gewöhnliche Abnutzung der Mietsache durch den vertragsmäßigen Gebrauch geht nach § 538 zu Lasten des Vermieters. Diese Vorschrift wird jedoch in der Regel abbedungen. Der Mieter wird verpflichtet, die Schönheitsreparaturen auf eigene Kosten durchzuführen. Nach Beendigung der Mietzeit muss der Mieter die Mietsache im ursprünglichen, nur durch die normale Abnutzung verschlechterten Zustand zurückgeben (§§ 546, 538). In den Mietverträgen wird vielfach genau geregelt, welche Veränderungen der Mietsache wieder rückgängig gemacht werden müssen. Der Mieter kann nach § 536 a Abs. 2 Mängel selbst beseitigen und Ersatz der notwendigen Aufwendungen verlangen, wenn der Vermieter mit der Beseitigung eines Mangels in Verzug ist oder die umgehende Beseitigung des Mangels zur Erhaltung oder Wiederherstellung des Bestands der Mietsache notwendig ist. Er kann vom Vermieter den Ersatz von Aufwendungen auf die Mietsache, die der Vermieter ihm nicht nach § 536 a Abs. 2 zu ersetzen hat, nach den Vorschriften über die Geschäftsführung ohne Auftrag ersetzt verlangen (§ 539 Abs. 1). Einrichtungen, mit denen er die Mietsache versehen hat, kann er nach § 539 Abs. 2 wegnehmen. Der Vermieter von Räumen kann die Ausübung dieses Wegnahmerechts durch Zahlung einer angemessenen Entschädigung abwenden, es sei denn, dass der Mieter ein berechtigtes Interesse an der Wegnahme hat (§ 552). Eine Vereinbarung, durch die das Wegnahmerecht ausgeschlossen ist, ist nur wirksam, wenn ein angemessener Ausgleich vorgesehen ist (§ 552 Abs. 2).

Nur wenn es der Vermieter erlaubt, kann der Mieter die Sache oder Teile von ihr untervermieten bzw. ihren Gebrauch Dritten überlassen (§ 540). Der Untermieter hat dann als Vertragspartner allerdings nur den Hauptmieter. Er ist davon abhängig, dass dessen Mietverhältnis vom Vermieter nicht gekündigt wird.

Macht der Mieter von der Mietsache einen vertragswidrigen Gebrauch, so kann ihn der Vermieter abmahnen. Setzt er den vertragswidrigen Gebrauch trotz der Abmahnung fort, so kann der Vermieter auf Unterlassung klagen (§ 541). Dies gilt auch für eine vertragswidrige Untervermietung.

Für die Verjährung der Ersatzansprüche des Vermieters wegen Veränderungen oder Verschlechterungen der Mietsache gilt nach § 548 Abs. 1 die kurze Frist von sechs Monaten, beginnend mit dem Zeitpunkt, in dem er die Sache zurückerhält. Mit dieser Verjährung verjähren auch seine Ersatzansprüche gegen den Mieter (§ 548 Abs. 1 S. 2). Ebenfalls in sechs Monaten – gerechnet von der Beendigung des Mietverhältnisses - verjähren die Ansprüche des Mieters auf Ersatz von Aufwendungen oder auf Gestattung der Wegnahme einer Einrichtung.

Veräußert der Vermieter ein Grundstück, das er vermietet hat, an einen Dritten, so tritt der Erwerber anstelle des Vermieters kraft Gesetzes als Rechtsnachfolger in das Mietverhältnis ein (§ 566). Die Übereignung in Erfüllung des Kaufvertrages bricht nicht das Besitzrecht des Mieters. Abgekürzt sagt man: „Kauf bricht nicht Miete".

Dies gilt jedoch nicht nur für Grundstücke und Eigentumswohnungen, sondern auch für bewegliche Sachen. Der Vermieter veräußert in Erfüllung des Kaufvertrages die Sache nach § 931 durch Abtretung des Herausgabeanspruchs. Gegen diesen kann der Mieter nach §§ 404, 986 Abs. 2 alle Einwendungen vorbringen, die er gegen den Veräußerer hatte, insbesondere sein Besitzrecht, das aus dem Mietvertrag folgt.

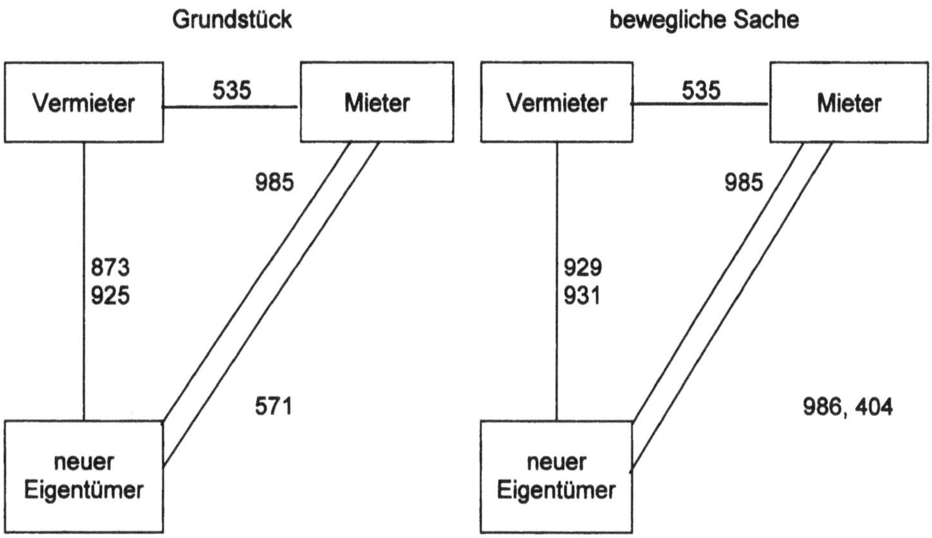

c) Kündigung

Da das Mietverhältnis auf Dauer angelegt ist (Dauerschuldverhältnis), sind besondere Vorschriften über seine Beendigung erforderlich. Diese Vorschriften können im Vertrag selbst durch Festlegung seiner Laufzeit festgelegt sein; dann wird das Mietverhältnis befristet. Es endigt mit Ablauf der kalendermäßig bestimmten Zeit. Während der Laufzeit kann das Mietverhältnis dann grundsätzlich nicht gekündigt werden. Die Vertragsparteien können jedoch den Mietvertrag auch auf unbestimmte Zeit abschließen. Er kann dann unter Beachtung bestimmter Fristen gekündigt werden. Bei der Kündigung handelt es sich um eine einseitige, empfangsbedürftige Willenserklärung. Wenn nicht anders vereinbart, kann sie auch formlos abgegeben werden. Besondere Kündigungsgründe müssen nicht vorliegen. Die Kündigung braucht sich nicht auf das gesamte Mietverhältnis zu beziehen, sie kann als Änderungskündigung mit dem Angebot verbunden werden, das Mietverhältnis zu geänderten Bedingungen fortzusetzen.

Mit der Beachtung der Kündigungsfristen, die grundsätzlich sowohl für den Vermieter als auch für den Mieter gelten, soll dem jeweils anderen Teil eine Anpassungsmöglichkeit gewährt werden; er soll von der Änderung des Rechtszustandes nicht überrascht werden. Bei beweglichen Sachen kann, wenn die Miete nach Tagen bemessen ist, nach § 580 a Abs. 3 Nr. 1 täglich mit einer Frist von einem Tag gekündigt werden, wenn sie nach längeren Zeitabschnitten bemessen ist, nach Nr. 2 spätestens am dritten Tag vor dem Tag, mit dessen Ablauf das Mietverhältnis enden soll. Zugunsten des Mieters von Wohnräumen gelten besondere, erheblich längere Kündigungsfristen (vgl. unten).

Aus wichtigem Grund kann ein Mietverhältnis nach § 543 fristlos gekündigt werden. Diese außerordentliche Kündigung ohne Einhaltung einer Kündigungsfrist ist jedoch nur möglich, wenn dem Kündigenden unter Berücksichtigung aller Umstände des Einzelfalls, insbesondere des Verschuldens der Vertragsparteien, und unter Abwägung der beiderseitigen Interessen die Fortsetzung des Mietverhältnisses bis zum Ablauf der Kündigungsfrist oder bis zur sonstigen Beendigung des Mietverhältnisses nicht mehr zugemutet werden kann. Aus wichtigem Grund kann auch ein befristet abgeschlossenes Mietverhältnis vorzeitig gekündigt werden. Wurden Pflichten aus dem Mietvertrag verletzt, ist – jedenfalls in der Regel – eine Abmahnung oder eine Frist zur Abhilfe zu setzen, ehe die fristlose Kündigung zulässig ist (§ 543 Abs. 3).

d) Wohnraummiete

Der Grundsatz der Vertragsfreiheit, von dem die Schöpfer des BGB ausgegangen sind, passt nicht auf die Wohnraummiete. Hier ist das Kräfteverhältnis zwischen Vermieter und Mieter meist derart ungleich, dass besondere Schutznormen für den Mieter erforderlich sind. Der Mieter ist meist existentiell auf die Wohnung angewiesen; eine Kündigung kann ihn in Zeiten der Wohnungsnot hart treffen. Daher ist er sozial schutzbedürftig. Dies gilt insbesondere dann, wenn er bereits seit längerer Zeit in der Wohnung lebt.

Der Gesetzgeber hat dem sozialen Schutzbedürfnis des Mieters Rechnung getragen. Er hat die Schutznormen jedoch auf die Wohnraummiete begrenzt. Zu Recht sieht er von einer Schutzregelung bei der Miete über gewerbliche Räume ab. Nur eingeschränkt gilt der Mieterschutz für solchen Wohnraum, der nur zum vorübergehenden Gebrauch gemietet ist, also für Hotelzimmer, Wohnräume in besonderen Wohnheimen wie z.B. Studentenwohnheimen sowie die Vermietung von sogenannten möblierten Zimmern. Wird jedoch möblierter Wohnraum einer Familie zum dauernden Gebrauch als Wohnung überlassen, so gilt der Mieterschutz nahezu im selben Umfang wie bei der gewöhnlichen Wohnraummiete (vgl. §§ 549 Abs. 2 Nr. 2, 573 c Abs. 3). Besondere Vorschriften gelten für die Verknüpfung von Miet- und Arbeitsverhältnis bei Werkdienstwohnungen, Werkmietwohnungen und sogenannten funktionsgebundenen Werkmietwohnungen (§§ 576-576 b). Bei der Bildung von Wohnungseigentum an vermieteten Wohnungen gibt es nach § 577 ein Vorkaufsrecht des Mieters und nach § 577 a eine Kündigungsbeschränkung zu seinen Gunsten.

Beim Abschluss des Mietvertrages über Wohnraum befindet sich der Mieter in der Regel in der schwächeren Position. Dies gilt insbesondere für Ballungsgebiete, in denen nach wie vor großer Wohnungsmangel herrscht. Deshalb lässt es das Bundesverfassungsgericht[199] zu, dass er beim Vertragsabschluss bestimmte Fragen des Vermieters unzutreffend beantwortet, ohne dass dieser deswegen das Mietverhältnis kündigen oder wegen arglistiger Täuschung bzw. Irrtums anfechten könnte. Dazu zählt z. B. die Frage, ob der Mieter betreut wird, d. h. nur beschränkt geschäftsfähig ist (vgl. § 1903). Da Kinder die Nutzung der Wohnung nicht so erheblich verändern, dass deswegen in den intimen Bereich der Familienplanung durch Fragen eingegriffen werden könnte, darf der Mieter auch die Frage nach einem Kinderwunsch unzutreffend beantworten.[200] Der Vermieter hat kein berechtigtes Interesse an einer zutreffenden Antwort auf derartige Fragen.

Der Mieter von Wohnraum genießt vor allem einen besonderen Kündigungsschutz. Zum einen wird die sogenannte fristlose Kündigung aus wichtigem Grund eingeschränkt, zum anderen werden die Fristen für die ordentliche Kündigung zugunsten des Mieters verlängert. Schließlich erhält er besondere Widerspruchsrechte. Selbst wenn das Gericht die Kündigung des Vermieters durchdringen lässt und alle Widerspruchsmöglichkeiten erschöpft sind, muss es in dem sogenannten Räumungsurteil auf Antrag des Mieters noch eine den Umständen nach angemessene

[199] BVerfG CR 1992, 368
[200] Vgl. Däubler, BGB kompakt, 2002, S. 714

Räumungsfrist zubilligen (§ 721 der Zivilprozessordnung). Vor allem aber darf der Vermieter auch eine ordentliche Kündigung nur aussprechen, wenn er nach § 573 ein **berechtigtes Interesse** hierfür darlegt, z.B. eine schuldhafte, nicht unerhebliche Vertragsverletzung des Mieters (Abs. 2 Nr. 1), Eigenbedarf (Abs. 2 Nr. 2) oder Behinderung einer angemessenen wirtschaftlichen Verwertung (Abs. 2 Nr. 3). Es reicht nicht, wenn ein Anderer eine höhere Miete bezahlen oder Wohnungseigentum erwerben will. Die Kündigung bedarf der Schriftform (§ 568 Abs. 1).

Die Kündigung von Wohnraum muss nach § 573 c spätestens am 3. Werktag des Kalendermonats zum Ablauf des übernächsten Monats erklärt sein, die Kündigungsfrist beträgt also knapp 3 Monate. Nach mehr als 5 Jahren verlängert sich diese Frist zugunsten des Mieters um drei, nach mehr als 8 Jahren um weitere drei Monate. Wenn der Mieter kündigt, kommt es nicht zu diesen beiden Verlängerungen. Kürzere Fristen gelten für Wohnraum, der nur zum vorübergehenden Gebrauch vermietet wurde (§ 573 c Abs. 2), wenn dies so vereinbart wird, ferner für Werkmietwohnungen (§ 576), unter den Voraussetzungen des § 573 a, wenn der Vermieter selbst im Haus wohnt oder bei einer Teilkündigung des Vermieters (§ 573 b).

Auch wenn der Vermieter an sich zur Kündigung berechtigt wäre, kann der Mieter ihr nach § 574 dennoch widersprechen und die Fortsetzung des Mietverhältnisses verlangen, wenn dessen Beendigung für den Mieter oder seine Familie eine Härte bedeuten würde, die auch unter Würdigung der berechtigten Interessen des Vermieters nicht zu rechtfertigen ist. Eine Härte liegt auch vor, wenn angemessener Ersatzwohnraum zu zumutbaren Bedingungen nicht beschafft werden kann (Abs. 2). Der Mieter muss seinen Widerspruch schriftlich erklären; die Erklärung muss dem Vermieter spätestens 2 Monate vor Ablauf der Kündigungsfrist zugehen (§ 574 b). Versäumt es der Vermieter, den Mieter auf sein Widerspruchsrecht hinzuweisen, so kann der Mieter seinen Widerspruch noch bis zum Prozess über die Räumung erklären (§ 574 b Abs. 2).

Einigen sich Mieter und Vermieter nicht gütlich über den Widerspruch, so kann der Mieter den Vermieter auf Verlängerung des Mietvertrages verklagen. Er kann aber auch zunächst auf die Räumungsklage des Vermieters warten. Im Prozess kann der Mieter dann einwenden, dass er gegen die Kündigung rechtzeitig Widerspruch erhoben habe. Das Gericht prüft, ob der Widerspruch begründet ist. Nach § 574 a Abs. 2 kann das Gericht eine Fortsetzung des Mietverhältnisses je nach den Umständen auf unbestimmte Zeit oder befristet - möglicherweise zu geänderten Bedingungen - festsetzen.

Haben sich die Umstände, die für eine Fortsetzung des Mietverhältnisses durch Gerichtsentscheidung auf unbestimmte Zeit bestimmend gewesen waren, erheblich verändert, so kann der Vermieter nach § 574 c erneut kündigen und der Mieter erneut seinen Widerspruch erklären. Umgekehrt kann der Mieter die weitere Verlängerung eines nur befristet fortgesetzten Mietverhältnisses nur verlangen, wenn dies durch eine wesentliche Änderung der Umstände gerechtfertigt ist oder die für die Befristung maßgeblichen Umstände nicht eingetreten sind.

Bei befristeten Mietverhältnissen ist der Mieter ebenfalls geschützt. Der Vermieter kann den Vertrag nur durch schriftliche Mitteilung an den Mieter bei Vertragsabschluss befristen, wenn er nach Fristablauf die Räume als Wohnung für sich, seine Familienangehörigen oder Angehörige seines Haushalts nutzen will (Nr. 1), in zulässiger Weise die Räume beseitigen oder so wesentlich verändern oder instand setzen will, dass die Maßnahmen durch eine Fortsetzung des Mietverhältnisses erheblich erschwert würden (Nr. 2) oder die Räume an einen zur Dienstleistung Verpflichteten vermieten will (Nr. 3). Nach § 575 Abs. 2 kann der Mieter frühestens vier Monate vor Beendigung des Mietverhältnisses schriftlich verlangen, dass der Vermieter ihm binnen eines Monats mitteilt, ob der Befristungsgrund noch besteht. Entfällt der Befristungsgrund, kann der Mieter eine Verlängerung auf unbestimmte Zeit verlangen.

Die Höhe der Miete wird vom Vermieter und vom Mieter grundsätzlich frei vereinbart. Nach § 5 WiStG ist die Miete unangemessen hoch, wenn die ortsübliche Vergleichsmiete um 20 % überschritten wird. Die Überschreitung wird mit einer Geldbuße geahndet (§ 5 Abs. 3 WiStG). Liegt die Miete mehr als 50 % über der ortsüblichen Vergleichsmiete, handelt es sich in der Regel[201] um Mietwucher, der nach § 291 StGB strafbar ist. Wird die 20%-Grenze überschritten, reduziert sich die zulässige Miete auf das „zulässige Maß“[202], nach richtiger Auffassung auf die Höhe der Vergleichsmiete.[203]

e) Leasing

Beim Leasingvertrag überlässt der Leasinggeber eine Sache dem Leasingnehmer zur Nutzung und erhält als Gegenleistung die Leasingraten. Der Leasinggeber tritt dem Leasingnehmer die Ansprüche ab, die er gegen Dritte - insbesondere den Lieferanten - hat. Wird die Sache beschädigt, ist sie mangelhaft oder geht sie unter, so trifft dies allein den Leasingnehmer. Die Gewährleistungsansprüche des Leasinggebers kann er dann sinnvollerweise selbst gegen den Dritten geltend machen.

Die wachsende Bedeutung des Leasinggeschäfts in der modernen Wirtschaft ergibt sich daraus, dass der Leasingnehmer Investitionsrisiken vermeidet und die Nutzung der Sache leichter finanzieren kann. Hinzu kommen Vorteile bei der Bilanzierung und Besteuerung (Leasingraten als gewinnmindernde Betriebsausgaben bei Kaufleuten). Für den Leasinggeber besteht der Vorteil in der günstigen Nutzung seines eingesetzten Kapitals.

Man unterscheidet grundsätzlich zwei Arten des Leasing: das Operating-Leasing und das Finanzierungsleasing. Beim **Operating-Leasing** wird der Vertrag nur für kurze Zeit geschlossen; eine Amortisation des Anschaffungspreises durch die Leasingraten findet nicht statt. Nach Vertragsablauf und Rückgabe des Leasinggutes vermietet der Leasinggeber dieses neu. Der Leasingnehmer hat den wirtschaftlichen Vorteil, dass er immer das neueste Gut nutzen kann. Hiervon wird z.B. im Computergeschäft sehr gerne Gebrauch gemacht. Der Leasinggeber braucht nicht mit dem Hersteller zusammenzufallen, eigene Leasinggesellschaften haben sich dazwischen geschaltet.

Beim **Finanzierungsleasing** kauft der dazwischen geschaltete Leasinggeber das Wirtschaftsgut, nachdem der spätere Leasingnehmer es zuvor beim Hersteller ausgesucht hat. Er überlässt das Gut dann dem Leasingnehmer gegen die Zahlung der Leasingraten. Meist wird eine längere Grundmietzeit von mehreren Jahren vereinbart. Der Leasinggeber stellt dem Leasingnehmer in Form der Leasingraten sowohl den von ihm bezahlten Kaufpreis als auch seinen Aufwand für Kosten, Zinsen und Kreditrisiko sowie seine Gewinnspanne in Rechnung. Die Sach- und Preisgefahr trägt der Leasingnehmer. Die Gewährleistungsansprüche gegen den Hersteller tritt der Leasinggeber an den Leasingnehmer ab. Im Unterschied zum Operating-Leasing trägt der Leasingnehmer das Investitionsrisiko, der Leasinggeber lediglich das Kreditrisiko.

Die Rechtsprechung behandelt beide Arten des Leasing als Mietverträge. Beim Operating-Leasing ist dies unproblematisch, während beim Finanzierungsleasing je nach Ausgestaltung des Vertrages der Übergang zum Kaufvertrag fließend werden kann. Dies gilt insbesondere für den sogenannten Mietkauf. Dem Mieter wird hier von Anfang an eine Kaufoption eingeräumt, die er

---

201 Vgl. BGH NJW 1982, 896
202 BGHZ 89, 316, 319 ff.
203 so Däubler, BGB kompakt, 2002, S. 721, str.

befristet oder während der gesamten Laufzeit des Mietvertrages ausüben kann. Die Zeit vor Ausübung der Option kann dann in der wirtschaftlichen Bedeutung weit zurücktreten. Dennoch nimmt die Rechtsprechung an, dass alle kaufrechtlichen Merkmale wie die Verpflichtung zur Verschaffung des Eigentums und zur Bezahlung des Kaufpreises fehlen, dass ferner der Leasingnehmer nach Vertragsende zur Rückgabe des Leasinggutes verpflichtet ist und die kaufrechtlichen Gewährleistungsregelungen wegen der auf Dauer angelegten Leasingbeziehung nicht passen.[204] Also findet bis zum Kauf Mietrecht, danach Kaufrecht Anwendung. Diese Rechtsprechung stößt auf zunehmende Schwierigkeiten, weil die kaufrechtlichen Elemente des Leasinggeschäfts so stark sind, dass das Mietrecht des BGB auf sie nicht passt; man kann in schuldrechtlicher Hinsicht beim Leasing auch von einem Nutzungskauf sprechen. Man kann diese Probleme besser bewältigen, wenn man den Leasingvertrag als Vertrag eigener Art bezeichnet, auf den teils Kauf-, teils Mietrecht anwendbar ist.[205]

In der Praxis werden die mietrechtlichen Ansprüche des Leasingnehmers abbedungen und stattdessen die kaufrechtlichen Ansprüche des Leasinggebers aus Sachmängelhaftung an den Leasingnehmer abgetreten. Ist dies in AGB vereinbart, so verstößt ein solcher „Rechtstausch" nicht nach § 307 gegen Treu und Glauben. Wirtschaftlich ist der Leasingnehmer Eigentümer der geleasten Sache. Wird die geleaste Sache beschädigt, haftet nach der Vertragsgestaltung der Leasingnehmer, anders nur, wenn der Schadensfall bei einer Montage oder Reparatur durch den Leasinggeber eintritt. Ist ein Dritter für den Schaden verantwortlich, kommt es zur typischen Konstellation der Drittschadensliquidation. Der Leasingnehmer hat den Schaden, aber keinen Anspruch, da er nicht Eigentümer ist. Der Leasinggeber hat den Anspruch, aber keinen Schaden, da er die Leasingraten weiter erhält. Also behilft man sich wie im Falle des § 447 (vgl. oben) damit, dass der Leasinggeber den wirtschaftlich beim Leasingnehmer entstandenen Schaden zu dessen Gunsten geltend machen kann.

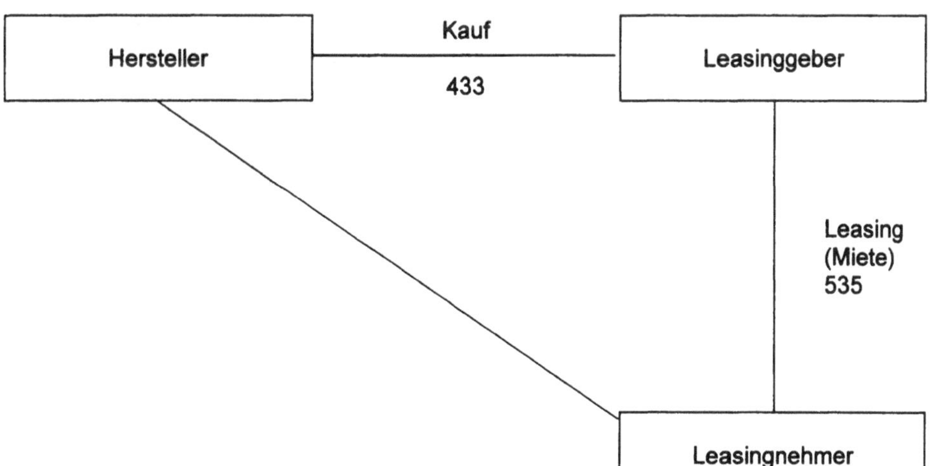

[204] Vgl. BGHZ 71, 189 und 82, 121
[205] Vgl. Karsten Schmidt, HandelsR, S. 1026

Wie für jeden Kreditvertrag gilt auch für das Finanzierungsleasing das Verbraucherkreditrecht, das früher im Verbraucherkreditgesetz geregelt war und seit der Schuldrechtsmodernisierung im BGB (§§ 491-498) geregelt ist. Da der Leasingnehmer ebenso wie der Käufer beim finanzierten Abzahlungskauf schutzbedürftig ist, sind die Vorschriften der §§ 491 ff. weitgehend anwendbar. Der Leasingvertrag ist schriftlich abzuschließen; § 492 Abs. 1 ist entsprechend anzuwenden. Der Vertrag ist bei Nichteinhaltung der Form stets nichtig. Dem Leasingnehmer ist eine Abschrift der beiden Vertragserklärungen auszuhändigen (§ 492 Abs. 3). Der Nettodarlehensbetrag einschließlich des effektiven Jahreszinses ist anzugeben (§ 492 Abs. 2). Nach §§ 495 Abs. 1, 355 hat der Leasingnehmer ein Widerrufsrecht. Wenn der Leasinggeber seine Rechte an einen Dritten abtritt, dürfen die Rechte des Leasingnehmers (Einreden, Einwendungen, Aufrechnungsmöglichkeiten) nicht verkürzt werden (496 Abs. 1). Gerät der Leasingnehmer mit den Leasingraten in Verzug, gelten zu seinem Schutz die Regeln des § 497 und des § 498 (vgl. oben). Zahlungsrückstände des Leasingnehmers müssen das in § 498 Abs. 1 angegebene Ausmaß angenommen haben; erst dann kann der Leasinggeber zurücktreten. Die Rechtsbeziehungen in dem Dreiecksverhältnis zwischen dem Hersteller oder Händler, dem Leasinggeber und dem Leasingnehmer sind als verbundene Verträge nach § 358 anzusehen. Erklärt z. B. der Leasingnehmer dem Hersteller gegenüber seinen Rücktritt, ist auch der Leasingvertrag mit dem Leasinggeber (automatisch) zurück abzuwickeln.[206]

f) Pacht

Im Pachtvertrag verpflichtet sich der Verpächter, dem Pächter den Gebrauch des verpachteten Gegenstandes (Sache oder Recht) samt Fruchtziehung zu gewähren. Im Gegenzug verpflichtet sich der Pächter zur Zahlung des Pachtzinses (§ 581). Wenn Grundstücke verpachtet wurden, so ist das Recht zur Fruchtziehung noch sinnlich wahrnehmbar. Werden Rechte verpachtet, so ist die Fruchtziehung im übertragenen Sinne zu verstehen. Ein derartiger Vertrag ist z.B. der Lizenzvertrag. Hier wird ein gewerbliches Schutzrecht zur Benutzung und Fruchtziehung überlassen. Es gibt Fälle, in denen die Lizenz als Rechtskauf oder zumindest als kaufähnlicher Vertrag anzusehen ist, weil dem ursprünglichen Rechtsinhaber nichts mehr von seinem Recht verbleibt. Zumindest die nur schuldrechtlich wirkende Lizenz ist jedoch nur eine Rechtspacht, wenn sie auf Zeit erteilt wird und wenn auch der Patentinhaber sein Recht weiter nutzt. Die Frage ist aber von der Rechtsprechung noch nicht abschließend entschieden.

Die Rechte und Pflichten von Pächter und Verpächter ergeben sich aus § 581 Abs. 1 und Abs. 2. Die Vorschriften über die Miete finden entsprechende Anwendung, soweit nicht die Sondervorschriften des Pachtrechts (insbesondere für die Grundstückspacht) in den §§ 582 ff. gelten.

g) Franchising

Ein Sonderfall der Rechtspacht ist das **Franchising**. Man unterscheidet zwischen dem Waren- und dem Dienstleistungsfranchising. Der Franchisegeber produziert entweder eine berühmte Markenware oder bietet eine bekannte Dienstleistung an. Er will jedoch kein eigenes Vertriebssystem errichten, sondern stellt einem Einzelhändler oder Gastwirt die Waren und das Markenzeichen zur Verfügung. Der Franchisenehmer „unterwirft" sich diesem Markenzeichen. In einem

[206] Vgl. Däubler, BGB kompakt, 2002, S. 762

Rahmenvertrag wird ihm ein komplettes Betriebskonzept zur Verfügung gestellt. Es umfasst die Art und Weise, wie die Waren präsentiert und beworben werden. Der Franchisegeber kann Weisungen über das Sortiment und die Preisgestaltung erteilen sowie Kontrollen durchführen. Der Franchisenehmer verpflichtet sich, die Franchisegebühr zu zahlen, die Weisungen des Franchisegebers zu erfüllen, seine Kontrollen zu dulden und keine konkurrierenden Waren oder Dienstleistungen anzubieten. Grundsätzlich handelt er aber gegenüber seinen Abnehmern im eigenen Namen und auf eigene Rechnung.

Die Rechtsnatur des Franchising ist umstritten. Beim Warenfranchising wurden die Bezugsverpflichtung des Franchisenehmers den Schutzvorschriften des Abzahlungsgesetzes unterstellt,[207] danach dem des Verbraucherkreditgesetzes.[208] Jetzt ist der Verbraucherschutz im BGB geregelt (Verbraucherdarlehen, vgl. unten). Der Kern des Franchising ist aber nicht die kaufrechtliche Seite, die nicht nur beim Warenfranchising, sondern im geringen Umfang auch beim Dienstleistungsfranchising auftaucht, sondern die Rechtspacht. Das ganze System des Franchisegebers wird gegen einen Zins („Gebühr“) auf Zeit gepachtet. Der Franchisegeber teilt dem Franchisenehmer technisches oder kommerzielles Know how mit. In Sonderfällen kann der Franchisenehmer so vom Franchisegeber abhängig sein, dass er als Arbeitnehmer behandelt wird (vgl. unten).

Franchiseverträge sind Langzeitverträge. Bei derartigen Verträgen können die gegenseitigen Rechte und Pflichten am Anfang nicht im Detail festgelegt werden. Außerdem können Situationen entstehen, mit denen beide Vertragsparteien am Anfang nicht rechnen mussten. In einer derartigen Langzeitbeziehung ergeben sich besondere Sorgfalts- und Rücksichtspflichten, die so weit gehen, dass auch Interessen des anderen Vertragsteils gewahrt werden müssen (Loyalitätspflichten). Aus diesen Pflichten können im Einzelfall Ansprüche auf Anpassung des Vertrages folgen. Da der Franchisenehmer im Regelfall vom Franchisegeber wirtschaftlich abhängig ist, sind die Vertragsklauseln auch nach den Grundsätzen von Treu und Glauben (§ 242) inhaltlich zu kontrollieren; soweit die Vertragsklauseln in Allgemeinen Geschäftsbedingungen des Franchisegebers festgehalten sind, gilt der Grundsatz von Treu und Glauben nach §§ 310 Abs. 1, 307 Abs. 1 auch bei Kaufleuten (vgl. unten). Ist der Franchisenehmer vom Franchisegeber persönlich in der Weise abhängig, dass er in dessen Organisation eingegliedert und dessen Weisungen unterworfen ist, so ist er Arbeitnehmer (vgl. unten).

h) Sachdarlehen

Nach der großen Schuldrechtsreform gelten die Vorschriften der §§ 607 ff. nur noch für das Sachdarlehen, nicht mehr für das Gelddarlehen.

Der Sachdarlehensvertrag behandelt die Hingabe von vertretbaren Sachen (§ 91). Diese werden dem Darlehensnehmer mit der Verpflichtung zur Rückerstattung überlassen (§ 607 Abs. 1). Die wirtschaftliche Bedeutung des Darlehens besteht in der Überlassung auf Zeit, entgeltlich oder unentgeltlich. Dem Darlehensnehmer muss Eigentum an den kreditierten Sachen verschafft werden. Nach Ende der Vertragszeit hat er Sachen in gleicher Art, Güte und Menge zurückzugeben. Ein Entgelt hat der Darlehensnehmer spätestens bei Rückerstattung der überlassenen Sache zu bezahlen (§ 609).

[207] BGHZ 97, 351
[208] LG Berlin DB 1994, 675 f.

Der Darlehensnehmer ist verpflichtet, das Darlehen nach Ablauf der vereinbarten Zeit zurückzuerstatten und das Darlehensentgelt zu bezahlen. Fehlt eine Abrede über den Zeitpunkt der Rückzahlung, ist eine Kündigung einer der Vertragsparteien (§ 608 Abs. 1) erforderlich. Ist der Darlehensvertrag auf unbestimmte Zeit abgeschlossen, kann er nach § 608 Abs. 2 jederzeit gekündigt werden.

i) Gelddarlehen

Für das Gelddarlehen gilt nach der großen Schuldrechtsreform die neue Regelung in den §§ 488 bis 506. Zuerst werden die allgemeinen Vorschriften für Kreditverträge ausgeführt. In den §§ 491 ff. folgen die Sondervorschriften für den Verbraucherkredit. Sie entsprechen im Wesentlichen dem Inhalt des früheren Verbraucherkreditgesetzes.

In § 488 sind die vertragstypischen Pflichten beim Darlehensvertrag, einem Konsensualvertrag, geregelt. Der Darlehensgeber wird verpflichtet, dem Darlehensnehmer einen Geldbetrag in der vereinbarten Höhe zur Verfügung zu stellen. Der Darlehensnehmer wird verpflichtet, einen vereinbarten Zins zu zahlen und bei Fälligkeit das zur Verfügung gestellte Darlehen zurückzuerstatten (§ 488 Abs. 1). Das ordentliche Kündigungsrecht des Darlehensnehmers ist in § 489 geregelt. Allgemein gilt nach § 488 Abs. 3, dass bei einem nicht befristeten Darlehensvertrag die Fälligkeit der Rückzahlung von einer Kündigung abhängt, deren Frist im Zweifel 3 Monate beträgt. Die sog. außerordentlichen Kündigungsrechte sind in § 490 geregelt, die des Darlehensgebers in § 490 Abs. 1 und die des Darlehensnehmers in § 490 Abs. 2. Diese Rechte, die von der Rechtsprechung entwickelt wurden, waren bisher in § 610 der alten BGB-Fassung geregelt. Sie wurden jetzt im Sinne der Rechtsprechung klarer ausformuliert.

Die Willenserklärungen, die zum Abschluss eines Kreditvertrages führen, können wegen Sittenwidrigkeit nach § 138 Abs. 1 oder wegen Wuchers nach § 138 Abs. 2 nichtig sein. Beim Wucher muss der versprochene Vermögensvorteil in einem auffälligen Missverhältnis zur Leistung des Kreditgebers stehen; hinzu kommen muss, dass diese unter Ausbeutung der Zwangslage, der Unerfahrenheit, des Mangels an Urteilsvermögen oder der erheblichen Willensschwäche des Kreditnehmers geschieht.[209] Ein derartiger Nachweis lässt sich in der Praxis nur schwer führen. Die Sittenwidrigkeit nach § 138 Abs. 1, die ebenfalls zur Nichtigkeit führt, wird von der Rechtsprechung schon dann bejaht, wenn der vereinbarte Kreditzins den marktüblichen um mehr als 100 Prozent übersteigt[210] oder ein absoluter Zinsunterschied von 12 Prozentpunkten zwischen Vertrags- und Marktzins besteht.[211] Wird § 138 Abs. 1 oder 2 bejaht, kann der Kreditgeber das Geld nicht sofort, sondern nur - wie vereinbart - ratenweise zurückverlangen; er soll aus der Nichtigkeit keinen Vorteil ziehen.

k) Verbraucherdarlehen

Als das BGB im Jahre 1900 in Kraft trat, galt bereits seit über fünf Jahren das Abzahlungsgesetz vom 16. Mai 1894. Es regelte den Abzahlungskauf, bei dem der Kaufpreis in Raten „abgestottert" wird. Eine Reihe von Industrieunternehmen, vor allem ein Nähmaschinenhersteller, hatte diese Art des Kredits als Mittel zur Absatzsteigerung entwickelt. Konnte der Kunde die Raten

---

[209] Vgl. WR I, IV. 3.c.
[210] BGH NJW 1983, 2692
[211] BGHZ 110, 336

nicht mehr bezahlen, musste er die Kaufsache zurückgeben. Er bekam aber die bereits bezahlten Raten nicht zurück. Da die Schöpfer des BGB diesen sozialen Missstand ursprünglich unbeachtet gelassen hatten, zog es der Reichstag vor, die Probleme in einem eigenen Gesetz zu regeln. Er hielt fest, dass bei Zahlungsverzug des Käufers der ganze Vertrag rückabgewickelt werden müsse; dies bedeutet nicht nur Rückgabe der Kaufsache, sondern auch Rückzahlung der Kaufpreisraten. Da der Ratenkauf und damit der Ratenkredit aus dem heutigen Wirtschaftsleben nicht mehr wegzudenken ist, musste das Gesetz danach mehrfach an die geänderte Vertragswirklichkeit angepasst werden. Am 17. 12. 1990 wurde das Verbraucherkreditgesetz verabschiedet[212], das alle Arten des Verbraucherkredits zusammenfasste, auch den Abzahlungskauf. Im Rahmen der Novelle von 2001 wurden die Normen über den Verbraucherkredit in das BGB integriert. Damit wurde beim Abzahlungskauf eine „Ausgliederung" korrigiert, die bereits vor 1896, dem Jahr der Verabschiedung des BGB, stattgefunden hatte.

Die speziellen Vorschriften der §§ 491 bis 506 integrieren die ehemaligen Normen des Verbraucherkreditgesetzes in das BGB. Hinzu muss man allerdings nach § 358 die Vorschriften über das verbundene Geschäft nehmen. Der Vertrag muss schriftlich abgeschlossen werden (§ 492 Abs. 1 Satz 1) und bestimmte Mindestangaben einschließlich des effektiven Jahreszinses (vgl. § 492 Abs. 1 Satz 5) enthalten. Ein formfehlerhafter Kreditvertrag ist nichtig (§ 494 Abs. 1); wird aber die Darlehenssumme ausbezahlt, wird der Vertrag gültig (§ 494 Abs. 2 Satz 1). Der Zinssatz ermäßigt sich auf den gesetzlichen Zinssatz, wenn die Angabe des effektiven Jahreszinses oder der Gesamtbetrag im Darlehensvertrag fehlt (vgl. § 494 Abs. 2 S. 2).

Nach §§ 495, 355 hat der Verbraucher ein Widerrufsrecht, das binnen zwei Wochen in Textform ausgeübt werden muss. Unterbleibt die Widerrufsbelehrung, so erlischt das Widerrufsrecht erst, wenn von beiden Seiten die Leistungen vollständig erbracht sind, spätestens jedoch sechs Monate nach Vertragsschluss (§ 355 Abs. 3). Das Widerrufsrecht entspricht weitgehend dem bei Haustürgeschäften (vgl. oben).

Der Vertrag muss den Barzahlungspreis, den Teilzahlungspreis, den Betrag, die Zahl und die Fälligkeit der einzelnen Teilzahlungen, den effektiven Jahreszins, die Kosten einer Versicherung, die im Zusammenhang mit dem Vertrag abgeschlossen wird sowie die Vereinbarung eines Eigentumsvorbehalts oder einer anderen Sicherheitsleistung enthalten (vgl. § 492 Abs. 1 Satz 5). Bei einer Verletzung dieser Formvorschrift ist der Vertrag nichtig (§ 494 Abs. 1). Einige Mängel können jedoch geheilt werden, wenn die Kaufsache dem Käufer übergeben wird. So wird dem Verkäufer insbesondere der Anreiz genommen, die effektive Jahreszinsbelastung zu verschweigen; tut er dies oder gibt er z.B. den Teilzahlungspreis nicht an oder fehlt der Barzahlungspreis, so ist der Barzahlungspreis höchstens mit dem gesetzlichen Zinssatz zu verzinsen. Gibt der Verkäufer den effektiven Jahreszins zu niedrig an, so vermindern sich die Raten, also der Teilzahlungspreis, entsprechend (§ 494 Abs. 2 S. 3).

Als Sicherheit für den noch offenen Rest des Kaufpreises behält der Verkäufer sich vielfach das Eigentum an der Kaufsache vor, d.h. er übereignet sie unter der aufschiebenden Bedingung (§ 158 Abs. 1) der vollständigen Bezahlung aller Kaufpreisraten. Für den Fall, dass der Käufer in Zahlungsverzug kommt, behält sich der Verkäufer vor, vom Kaufvertrag zurückzutreten (§ 449). Nach § 498 Abs. 1 ist dieses Rücktrittsrecht entsprechend als ein Kündigungsrecht in Bezug auf den Darlehensvertrag ausgestaltet, jedoch gleichzeitig eingeschränkt; der Käufer muss mit zwei

[212] BGBl. I 2840

Teilzahlungen ganz oder teilweise und mindestens 10 %, bei einer Laufzeit von über drei Jahren 5%, in Verzug gekommen sein.

Diese und andere im Gesetz genannten Schutzvorschriften dürfen nicht zum Nachteil des Käufers abbedungen oder durch anderweitige Gestaltung umgangen werden (§ 312 f S. 2).

Die praktisch bedeutsamste Form des Abzahlungsgeschäfts ist heute der sogenannte **finanzierte Abzahlungskauf**. Hier lässt sich der Verkäufer von einer Bank den Kaufpreis vorstrecken. Die Rückzahlung des Kredits übernimmt der Käufer. Kaufvertrag und Darlehensantrag können auf demselben Formular abgedruckt sein, der Käufer kann aber auch zwei Formulare unterschreiben, nämlich den Kaufvertrag mit dem Verkäufer und das Angebot auf den Abschluss eines Darlehensvertrages mit der Bank. Nimmt die Bank das Angebot an und zahlt das Darlehen an den Verkäufer aus, so ist die Kaufpreisforderung erfüllt. Die Bank lässt sich aber als Sicherheit für das Darlehen die Kaufsache übereignen (sogenannte Sicherungsübereignung). Streng genommen geht es nicht um einen Abzahlungskauf, sondern um zwei getrennte Verträge, den Kauf- und den Darlehensvertrag. Da der Käufer aber wirtschaftlich nicht anders steht, wie wenn er die Kaufpreisraten an den Verkäufer zahlen müsste, ist er gegenüber der Bank genauso schutzwürdig wie beim Abzahlungskauf. Dem wird in §§ 355, 358 Rechnung getragen. Kauf- und Darlehensvertrag werden als wirtschaftliche Einheit, d.h. als „verbundenes Geschäft" angesehen. Die Bank hat sich ja beim Abschluss des Darlehensvertrages der Mitwirkung des Verkäufers bedient. Hat der Verbraucher seine auf den Abschluss des Verbraucherdarlehensvertrages gerichtete Willenserklärung wirksam widerrufen, so ist er nach § 358 Abs. 2 S. 1 auch an seine auf den Abschluss eines damit verbundenen Vertrages über die Lieferung einer Ware oder die Erbringung einer anderen Leistung gerichtete Willenserklärung nicht mehr gebunden.

§ 358 Abs. 1 und 3 regelt den Einwendungsdurchgriff.

K hat bei V einen BMW Z 3 gekauft. Hierbei hat V ihm einen Kontakt zur B-Bank vermittelt, die den Kauf mit einem Kredit in Höhe von 40 000 € ermöglicht hat. Die B-Bank zahlt das Geld direkt an K aus. K entdeckt nach kurzer Zeit, dass der Motor Haarrisse im Zylinder hat, die durch Reparaturen nicht behoben werden können. Er tritt vom Vertrag zurück und weigert sich, den Kredit der B-Bank zurückzuzahlen. Er behauptet, der Kreditvertrag müsse nicht erfüllt werden, da er das Auto zu Recht zurückgegeben habe.

Die B-Bank könnte von K die Zahlung der Darlehensraten nach § 488 Abs. 1 verlangen. Der Darlehensvertrag war zwar ursprünglich wirksam. Er könnte durch den Rücktritt des K vom Kaufvertrag gegenüber V erloschen sein. Fraglich ist allerdings, ob K diesen Rücktritt der B-Bank entgegenhalten kann. Nach § 359 Satz 1 hat A ein Leistungsverweigerungsrecht, wenn er Verbraucher ist und der Kaufvertrag mit dem Darlehensvertrag verbunden ist. Ein verbundenes Geschäft liegt nach § 358 Abs. 3 vor, wenn das Darlehen ganz oder teilweise der Finanzierung des anderen Vertrages dient und beide Verträge eine wirtschaftliche Einheit bilden. Eine wirtschaftliche Einheit ist insbesondere anzunehmen, wenn der Unternehmer selbst die Gegenleistung des Verbrauchers finanziert oder der Unternehmer beim Abschluss eines Darlehensvertrages zwischen dem Verbraucher und einem Dritten mitwirkt. Hier ist K Verbraucher. Außerdem hat V den Darlehensvertrag mit der B-Bank vermittelt. Also kann K gegenüber der B-Bank einwenden, dass er wirksam von dem Kaufvertrag mit V zurückgetreten sei. A hat ein Rücktrittsrecht nach §§ 437 Nr. 2, 440, 323, 326 Abs. 5. Der Wert der Kaufsache liegt auch nicht unter 200 € (vgl. § 359 Satz 2). Also kann K nach § 359 Satz 1 die Zahlung der Darlehensraten gegenüber der B-Bank verweigern. Die B-Bank kann sich allerdings den Anspruch des K auf Abtretung des bereicherungsrechtlichen Rückzahlungsanspruches nach § 812 Abs. 1 Satz 1 erste Alternative gegen V abtreten lassen.

4. Dienstleistungsverträge

a) Dienstvertrag, Arbeitsvertrag

aa) Begriff

In der Bundesrepublik Deutschland gibt es etwa 20 Millionen sozialversicherungspflichtig beschäftigte Arbeitnehmer. Sie erbringen Dienstleistungen für ihre Arbeitgeber. Hierbei schulden sie die Tätigkeit als solche, haben jedoch nicht für einen bestimmten Leistungserfolg als Ergebnis ihrer Bemühungen einzustehen. Sie sind den Weisungen des Arbeitgebers unterworfen und in eine von ihm eingerichtete arbeitsteilige Organisation eingeflochten. Der Vertragstyp, der diese Dienstleistung regelt, der Arbeitsvertrag, war ursprünglich im BGB von 1900 nicht geregelt. In den §§ 611 ff. findet sich eine Normierung des Dienstvertrages. Der Dienstverpflichtete wird zur Leistung von Diensten gegen Entgelt an den Dienstberechtigten verpflichtet. Gegenstand des Dienstvertrages können nach § 611 Abs. 2 Dienste jeder Art sein. Der Gesetzgeber geht von der liberalen Grundvorstellung aus, dass auch Dienstverträge frei ausgehandelt werden. Die Machtunterschiede der Vertragsparteien werden vom Gesetzgeber ebenso wenig wie bei anderen Vertragstypen wahrgenommen. Die Tatsache, dass der Arbeitnehmer nicht nur frei von zunftmäßigen Beschränkungen und damit mögliche Partei eines Arbeitsvertrages, sondern auch frei vom Eigentum an Produktionsmitteln ist, wurde von den Schöpfern des BGB geflissentlich übersehen. Das Arbeitsrecht hat sich daher am Zivilrecht vorbei entwickeln müssen. Die Gewerkschaften haben als kollektive Organisationsformen der Arbeiterbewegung das Ungleichgewicht aufzuwiegen versucht, das zwischen dem Arbeitgeber und dem im Sinne von Marx „doppelt freien" Lohnarbeiter (frei von zunftmäßigen Beschränkungen, aber auch frei vom Eigentum an Produktionsmitteln) besteht. Auf die Entwicklung des kollektiven Arbeitsrechts soll weiter unten in einem Exkurs zum Tarifvertrag eingegangen werden.

Was den individuell abgeschlossenen Arbeitsvertrag betrifft, so ist durch Novellierungen des BGB und durch die Rechtsprechung in den §§ 611 ff. ein eigentümliches Gemisch aus dienst- und arbeitsvertraglichen Regelungen entstanden. „Dienstvertrag" wird als Oberbegriff verwendet, der in der Praxis ungleich häufigere Arbeitsvertrag ist eine begriffliche Sonderform des Dienstvertrages. Der Dienstverpflichtete gleich Arbeitnehmer leistet weisungsabhängige Arbeiten und ist persönlich in die vom Dienstberechtigten gleich Arbeitgeber eingerichtete arbeitsteilige Organisation im Betrieb, Haushalt oder Büro eingeordnet, kann also auch seine Arbeitszeit nicht frei bestimmen. Als Gegenstand von Dienstverträgen, die nicht Arbeitsverträge sind, bleiben in der Praxis nur noch die Dienstleistungen der Angehörigen „freier Berufe", wie z.B. Rechtsanwalt, Arzt und Steuerberater, daneben die Beschäftigungsverhältnisse der Vorstandsmitglieder von Aktiengesellschaften oder der Geschäftsführer von Gesellschaften mit beschränkter Haftung, und schließlich die gelegentlichen Dienstleistungen wie z.B. Übungsstunden der Nachhilfelehrer, Tennistrainer und Gesangslehrer, übrig, die nicht mit einer Eingliederung in den Betrieb oder Haushalt des Dienstberechtigten verbunden sind.

Neuerdings tauchen im Rahmen des Franchising Vertragsgestaltungen auf, durch welche die Franchisenehmer eng in die Arbeits- und Vertriebsorganisation des Franchisegebers eingeflochten und seinen Weisungen sowie seiner Kontrolle unterworfen werden. Das LAG Düsseldorf hat in einem derartigen Fall den Franchisenehmer als Arbeitnehmer behandelt.[213]

[213] NJW 1988, 725

Abgesehen von den kollektiven Normen der Tarifverträge wirken auf das Arbeitsverhältnis viele arbeitsrechtliche Schutznormen ein, die in Spezialgesetzen, wie z.B. dem Kündigungsschutzgesetz, dem Arbeitssicherheitsgesetz und dem Jugendarbeitsschutzgesetz, verankert sind. Diese Normen sollen im Folgenden nur insoweit dargestellt werden, als sie unmittelbar auf das Arbeitsvertragsrecht einwirken. Der Systematik des BGB folgend, sollen zuerst die dienstvertraglichen Grundregelungen und dann die arbeitsvertraglichen Spezialregelungen dargestellt werden.

bb) Rechte und Pflichten

Nach § 611 Abs. 1 erster Halbsatz muss der Dienstverpflichtete die versprochenen Dienste leisten. Im Zweifel sind diese nach § 613 persönlich zu erbringen. Der Anspruch auf die Dienste ist im Zweifel nicht übertragbar. Der Dienstberechtigte ist nach § 611 Abs. 1 zweiter Halbsatz verpflichtet, die vereinbarte Vergütung zu zahlen. Nach § 614 ist der Dienstverpflichtete vorleistungspflichtig. Die Vergütung folgt der Erbringung der Dienste.

Neben diesen Hauptpflichten bestehen verschiedene Nebenpflichten, die sich aus der relativ engen Beziehung zwischen den Vertragsbeteiligten ergeben. Es handelt sich um Schutz-, Fürsorge- und Treuepflichten beider Vertragsparteien. Hierzu gehört auch die Fürsorgepflicht des Dienstberechtigten nach §§ 617-619. Ausgehend von § 618 Abs. 3 kann der Dienstverpflichtete vom Dienstberechtigten Schadensersatz verlangen, wenn dieser seine Pflichten schuldhaft verletzt. Wenn Angehörige von freien Berufen die ihnen im Dienstvertrag anvertrauten Privatgeheimnisse ihrer Klienten unbefugt offenbaren, machen sie sich nicht nur wegen Verletzung ihrer Verschwiegenheitspflicht ersatzpflichtig, sondern auch nach §§ 203 und 204 StGB strafbar.

Der Lohnanspruch des Dienstverpflichteten ergibt sich entweder aus der vertraglichen Vereinbarung oder nach § 612 Abs. 2, wenn eine Vergütung nicht vertraglich bestimmt ist, aus einer Taxe, d. h. aus allgemein gültigen Gebührenordnungen oder Tarifen, wie z.B. das Honorar der Rechtsanwälte nach der Rechtsanwaltsgebührenordnung (BRAGebO). Fehlt eine Taxe, ist nach § 612 Abs. 2 die übliche Vergütung als vereinbart anzusehen. Vertraglich kann auch vereinbart werden, dass der Lohn vorab gezahlt wird. Nach § 616 behält der Dienstverpflichtete seinen Vergütungsanspruch auch dann, wenn er für eine verhältnismäßig nicht unerhebliche Zeit schuldlos durch einen in seiner Person liegenden Grund (z. B. Krankheit) an der Dienstleistung gehindert ist. Die Dienstleistung muss grundsätzlich nicht nachgeholt werden, u. U. muss aber eine andere Person (z. B. als Arzt oder Rechtsanwalt) einspringen. Beide Vertragsseiten haben nach § 621 ohne inhaltliche Voraussetzungen ein Recht zur kurzfristigen Kündigung.

Im Arbeitsvertrag führen die Treuepflichten des Arbeitnehmers und die korrespondierenden Fürsorgepflichten des Arbeitgebers zu zusätzlichen Nebenpflichten. Die Verletzung dieser Treuepflichten führt nicht nur zu Schadensersatzansprüchen, sondern auch zu besonderen Kündigungsgründen. Da im Arbeitsrecht unter der Geltung des Kündigungsschutzgesetzes von 1951 eine Kündigung sozial gerechtfertigt sein muss (§ 1 KSchG), schlägt sich die Verletzung der Treuepflichten durch den Arbeitnehmer z.B. in dem Kündigungsgrund der verhaltensbedingten und damit sozial gerechtfertigten Kündigung nieder. Neben den vertraglichen Treuepflichten bestehen zahlreiche öffentlich-rechtliche Arbeitsschutzvorschriften, die der Arbeitgeber im Interesse seiner Arbeitnehmer beachten muss. Verletzt er sie, macht er sich nicht nur ersatzpflichtig, sondern begeht auch eine Straftat oder Ordnungswidrigkeit.

Durch das Nachweisgesetz von 1995 hat Deutschland in Umsetzung EG-rechtlicher Vorgaben die Verpflichtung des Arbeitgebers eingeführt, dem Arbeitnehmer bis spätestens einen Monat nach dem vereinbarten Beginn des Arbeitsverhältnisses eine schriftliche, vom Arbeitgeber unterzeichnete Niederschrift über die wesentlichen Vertragsbedingungen (z. B. Lohn, Arbeitszeit und Urlaub) auszuhändigen. Nach § 2 Abs. 1 Nr. 5 des Gesetzes muss er ferner den wesentlichen Inhalt der Tätigkeit des Arbeitnehmers charakterisieren oder beschreiben. Ändern sich wesentliche Vertragsbedingungen, muss der Arbeitgeber den Arbeitnehmer erneut schriftlich unterrichten.

cc) Schlechterfüllung

Wenn ein Dienstvertrag schlecht erfüllt wird, wenn also z.B. ein Anwalt infolge eines Versehens einen Prozess verliert, so kann der Dienstberechtigte nach § 280 Ersatzansprüche wegen Vertragsverletzung geltend machen. Sie setzen ein schuldhaftes, d.h. zumindest leicht fahrlässiges Handeln des Dienstverpflichteten voraus. Daneben kann ein Recht zur fristlosen Kündigung bestehen, wenn ein wichtiger Grund nach § 626 zu bejahen ist. Verrichtet jemand Dienste höherer Art, die auf Grund eines besonderen Vertrauensverhältnisses übertragen zu werden pflegen, etwa als Arzt, Rechtsanwalt oder Steuerberater, dann kann ihm auch ohne wichtigen Grund fristlos gekündigt werden.

Da der Dienstverpflichtete kein bestimmtes Ergebnis oder Werk, sondern nur eine Tätigkeit schuldet, greift die Haftung nicht schon dann ein, wenn die Tätigkeit nicht zum Erfolg führt. Hinzu kommen muss eine schuldhafte Pflichtverletzung aus dem Dienstvertrag. Es reicht also nicht, wenn z.B. der Rechtsanwalt den Prozess verloren hat. Der Dienstberechtigte muss ihm darüber hinaus nachweisen, dass er unsorgfältig gehandelt, also z.B. eine Frist versäumt hat.

Im Arbeitsrecht gibt es seit langem zugunsten der Arbeitnehmer eine Haftungsbeschränkung. Aufgrund der Fürsorgepflicht des Arbeitgebers und der Verteilung der Risiken im Betrieb zwischen Arbeitgeber und Arbeitnehmer wäre es unbillig, dem Arbeitnehmer bei geringer Fahrlässigkeit die volle Schadensersatzpflicht aufzubürden. Vielmehr hat der Arbeitgeber dieses Risiko allein zu tragen. Schädigt z.B. ein Berufskraftfahrer einen betriebsfremden Dritten, der ihn in Anspruch nehmen könnte, so muss der Arbeitgeber die Schadensersatzforderung des Dritten befriedigen. Der Arbeitnehmer kann von ihm verlangen, von der Ersatzpflicht gegenüber dem Dritten freigestellt zu werden. Der Arbeitgeber kann dieses Risiko dadurch auffangen, dass er eine Versicherung für derartige Haftungsfälle abschließt. Der Große Senat des BAG hat im Jahre 1994[214] entschieden, dass die Haftungsbeschränkung für alle betrieblich veranlassten Tätigkeiten gilt. Bei mittlerer Fahrlässigkeit des Arbeitnehmers kommt es zu einer Schadensteilung mit dem Arbeitgeber, bei Vorsatz und grober Fahrlässigkeit haftet der Arbeitnehmer voll. Durch § 619 a, der im Rahmen der Schuldrechtsmodernisierung von 2001 eingeführt wurde, wird sichergestellt, dass erstens der Arbeitnehmer dem Arbeitgeber nur für schuldhafte Pflichtverletzungen Schadensersatz leisten muss und zweitens abweichend von den allgemeinen Grundsätzen des § 280 - der Arbeitgeber die Beweislast für das Verschulden des Arbeitnehmers trägt.

[214] BAG , Entscheidung vom 27. 9. 1994, EzA § 611 Arbeitnehmerhaftung Nr. 5 c

Der Arbeitgeber haftet für Personenschäden infolge eines Arbeitsunfalls nach § 104 Abs. 1 SGB VII nur dann, wenn er den Unfall vorsätzlich oder auf einem nach § 8 Abs. 2 Nr. 1 bis 4 versicherten Weg herbeigeführt hat. Für derartige Schäden springt die Berufsgenossenschaft ein, an die der Arbeitgeber Beiträge für den Arbeitnehmer abzuführen hat. Allerdings können Schmerzensgeldansprüche gegen die Berufsgenossenschaft nicht durchgesetzt werden, so dass sich der Haftungsumfang gegenüber dem Normalfall zum Teil erheblich verringert.

dd) Unmöglichkeit

Wenn für die Erbringung der Dienstleistung eine bestimmte Zeit verabredet ist, handelt es sich in der Regel um eine absolute Fixschuld. Das bedeutet, dass die Verzögerung oder der Ausfall der Dienstleistung per se zur Unmöglichkeit führt (vgl. oben). Meist ist es unmöglich oder zumindest unzumutbar, die ausgefallene Leistung später nachzuholen. Auf derartige Fälle wendet man zwar § 275, nicht jedoch § 326 an, d.h. der Dienstverpflichtete behält seinen Anspruch auf die Gegenleistung. Dies folgt aus § 616. Danach verliert der Verpflichtete nicht den Vergütungsanspruch, wenn er für eine verhältnismäßig nicht erhebliche Zeit durch einen zu seiner Person liegenden Grund ohne sein Verschulden an der Dienstleistung verhindert wird. Dieser Grundsatz gilt auch für den Arbeitsvertrag. Am häufigsten ist der Fall, dass der Arbeitnehmer durch Krankheit an der Arbeitsleistung verhindert ist. Nach § 616 gilt eine Zeit von 6 Wochen als verhältnismäßig nicht erheblich, d.h. der Arbeitnehmer behält solange seinen Vergütungsanspruch. Nach § 3 des Entgeltfortzahlungsgesetzes hat er einen Anspruch auf Fortzahlung seiner Bezüge im Krankheitsfall. Hat der Arbeitnehmer seine Arbeitsunfähigkeit selbst verschuldet, so gelten die allgemeinen Vorschriften. Er verliert in der Regel seinen Lohnanspruch oder muss nacharbeiten.

ee) Verzug

Kommt der Dienstberechtigte mit der Annahme der Dienste in Verzug, so kann der Dienstverpflichtete nach § 615 Satz 1 für die infolge des Verzugs nicht geleisteten Dienste die vereinbarte Vergütung verlangen, ohne zur Nachleistung verpflichtet zu sein. Er muss sich aber den Wert dessen anrechnen lassen, was er infolge des Unterbleibens der Dienstleistung erspart oder durch anderweitige Verwendung seiner Dienste erwirbt bzw. zu erwerben böswillig unterlässt (§ 615 Satz 2). So kann der Tennislehrer z.B. die vereinbarte Vergütung für die Trainingsstunde verlangen, wenn der Schüler nicht zum verabredeten Zeitpunkt erscheint. Bietet jedoch ein Zaungast an, in der Ausfallzeit als Schüler einzuspringen, so muss der Lehrer dieses Angebot annehmen, wenn er nicht auf die Vergütung verzichten will.

Im Arbeitsrecht wird § 615 nicht angewendet. Statt dessen hat die Rechtsprechung die sogenannte Sphärentheorie entwickelt. Danach trägt der Arbeitgeber grundsätzlich das Betriebsrisiko, allerdings nur für solche Störungsfaktoren, die auf seine „Sphäre" zurückzuführen sind. Hierzu gehören z.B. ein Auftragsmangel, eine technische Störung und der Ausfall einer Zulieferung. Störungsfaktoren, die in die Sphäre der Arbeitnehmer fallen, sind von diesem zu vertreten. Hierzu gehören z.B. Teilstreiks im selben Betrieb oder Streiks in Zweigwerken, Zulieferbetrieben oder Energieversorgungsbetrieben. Wenn aus derartigen Gründen nicht gearbeitet werden kann, verlieren die Arbeitnehmer ihren Lohnanspruch. Beruht die Betriebsstörung auf einem Streik, der nur andere Betriebe außerhalb des Kampfgebietes berührt (sogenannte Fernwirkung), so tragen beide Seiten, Arbeitgeber und Arbeitnehmer, das Arbeitskampfrisiko. Allgemein kommt es auf das Kräfteverhältnis der kampfführenden Parteien an; zu Lasten der Arbeitnehmer wird auch ein tarifpolitischer Zusammenhang gewertet, d.h. eine organisatorische Verbindung der betroffenen Betriebe durch die gleiche Gewerkschaft.[215]

ff) Beendigung

Das Dienstverhältnis endet, wenn es für eine bestimmte Zeit eingegangen wurde, mit Zeitablauf (§ 620 Abs. 1). Ein auf unbestimmte Zeit vereinbartes Dienstverhältnis endet durch Kündigung. Hierbei sind bestimmte Fristen zu beachten (§§ 621 und 622). Ohne Einhaltung einer Kündigungsfrist kann nach § 626 gekündigt werden, wenn ein wichtiger Grund vorliegt. Dieses besondere Kündigungsrecht kann nur innerhalb einer Frist von 2 Wochen nach Bekanntwerden des Kündigungsgrundes ausgeübt werden. Bei sogenannten Diensten höherer Art, die mit der Übertragung einer besonderen Vertrauensstellung verbunden sind, kann nach § 627 jederzeit auch ohne besonderen Grund fristlos gekündigt werden. Die Vertragsabwicklung bestimmt sich nach §§ 627 Abs. 2 und 628.

Im Arbeitsverhältnis bestimmen sich die (verlängerten) Kündigungsfristen nach § 622. Auch die ordentliche Kündigung kann nicht durchgesetzt werden, wenn sie nicht sozial gerechtfertigt ist. Die Zulässigkeit der Kündigung bestimmt sich nach dem Kündigungsschutzgesetz von 1951, das inzwischen mehrfach novelliert wurde. Damit dieses Gesetz nicht durch den Abschluss befristeter Arbeitsverhältnisse umgangen werden kann, hat die Rechtsprechung bei Arbeitsverhältnissen in den Wortlaut des § 620 hineininterpretiert, dass die Befristung des Arbeitsverhältnisses eines sachlichen Grundes bedarf. Die Rechtsprechung hat bestimmte Fallgruppen zum Erfordernis des sachlichen Grundes herausgearbeitet. Einstellungen auf Probe oder als Vertretung sind z.B. sachlich gerechtfertigt. Das Beschäftigungsförderungsgesetz von 1985 in der Fassung von 1996 ließ, unter bestimmten Voraussetzungen, wie z.B. Neueinstellungen, eine dreimalige Befristung des Arbeitsverhältnisses ohne Angabe von Gründen bis zur Dauer von 2 Jahren zu (Art. 1 § 1). Das Gesetz lief am 31. 12. 2000 aus und wurde zum 1. 1. 2001 durch das Teilzeit- und Befristungsgesetz ersetzt.[216] Darin wir die Zulässigkeit der Befristung an einen sachlichen Grund geknüpft (§ 14 Abs. 1). Im Ausnahmefall braucht kein sachlicher Grund vorzuliegen (§ 14 Abs. 2, 3).

Auch Dienst- und Arbeitsverträge können angefochten werden. Das Dienstverhältnis ist jedoch auf Dauer angelegt. Die bereits erbrachten Leistungen können nicht rückwirkend aus der Welt geschafft werden. Die Anfechtung wird daher im Ergebnis wie eine Kündigung behandelt; sie vernichtet das Dienst- bzw. Arbeitsverhältnis nur für die Zukunft.

Nach § 630 kann der Dienstverpflichtete bzw. Arbeitnehmer vom anderen Teil ein schriftliches Zeugnis über das Dienst- bzw. Arbeitsverhältnis und dessen Dauer fordern. Auf Verlangen muss es auch Aussagen über die Leistung und die Führung enthalten (qualifiziertes Zeugnis). Das Zeugnis muss einerseits der Wahrheit entsprechen, darf andererseits aber das Fortkommen des Dienstverpflichteten bzw. Arbeitnehmers nicht unbillig erschweren.

---

[215] Vgl. BAG NJW 1981, 937; kritisch dazu mit Recht Gagel, BB 1984, 2006 ff.
[216] Vgl. dazu Däubler, ZIP 2001, S. 217

b) Tarifvertrag

Der Tarifvertrag wird als Kollektivvertrag zwischen Gewerkschaften einerseits und einem oder mehreren Arbeitgebern (Haustarif, Firmentarif) oder einem Arbeitgeberverband (Verbandstarif) andererseits abgeschlossen. Auch Zusammenschlüsse von Gewerkschaften und Arbeitgeberverbänden können Tarifverträge abschließen (§ 2 TVG). Der Tarifvertrag dient der Festlegung von Arbeits- und Wirtschaftsbedingungen. Möglicher Inhalt eines Tarifvertrages sind Normen über Abschluss, Inhalt und Beendigung von Arbeitsverhältnissen, über betriebliche und betriebsverfassungsrechtliche Fragen sowie z.B. über gemeinsame Einrichtungen der Tarifparteien wie Urlaubskassen. Diesen Teil des Vertrages nennt man den normativen Teil. Die normativen Teile erfassen alle Tarifgebundenen, das sind die in der Gewerkschaft organisierten Arbeitnehmer und die im Arbeitgeberverband organisierten Arbeitgeber bzw. der Arbeitgeber, der selbst den Tarifvertrag abgeschlossen hat (§ 3 TVG). Daneben können Vereinbarungen über die Rechte und Pflichten der Tarifparteien abgeschlossen werden, die nur schuldrechtlich wirken.

Die Tarifverträge entstanden auf Betreiben der Gewerkschaften als kollektive Organisationen der Arbeitnehmer gegenüber der wirtschaftlichen und sozialen Überlegenheit der Arbeitgeber. Ökonomisch gesehen bildeten die Arbeitnehmer ein Kartell, um eine stärkere Vertragsposition gegenüber den Arbeitgebern zu erreichen. Ursprünglich war der Tarifvertrag auch innerhalb der Gewerkschaften umstritten, da er dem Klassenkampfgedanken scheinbar entgegenstand. Erst Anfang des 20. Jahrhunderts wurde diese theoretische Abneigung überwunden und in den Gewerkschaften allgemein und zielstrebig auf Tarifverträge hingearbeitet. Nach der November-Revolution von 1918 schlossen die Gewerkschaften mit den Arbeitgebern am 15. 11. 1918 das sogenannte Zentralarbeitsgemeinschaftsabkommen, in dem die Gewerkschaften als legitime Interessenvertreter der lohnabhängig Beschäftigten anerkannt wurden. Dieses Verhandlungsergebnis war die Grundlage der Tarifvertragsverordnung vom 23. 12. 1918, die vor allem festhielt, dass die Tarifnormen unabdingbar sind. Unterbrochen durch die Koalitions- und Tarifverbote des Nationalsozialismus wurden nach 1945 die Tarifverträge wieder zugelassen. Ende 1948 wurde der noch aus der Zeit des Nationalsozialismus stammende gesetzliche Lohnstop aufgehoben. Am 9. 4. 1949 wurde das Tarifvertragsgesetz für das „vereinigte Wirtschaftsgebiet" der Westzonen (TVG) verkündet und später als Bundesgesetz bestätigt.

Die rechtliche Fähigkeit zum Abschluss von Tarifverträgen ist Ausfluss des Grundrechts aus Art. 9 Abs. 3 GG, das die Koalitionsfreiheit und die Tarifautonomie garantiert.[217] Verboten sind nicht nur Gesetze und Vereinbarungen, die dieses Recht ausschließen, sondern auch sogenannte staatliche Zwangsschlichtungen, die in der Zeit der Weimarer Republik noch durchaus üblich waren. Zulässig sind allein freiwillige Schlichtungsvereinbarungen der Tarifvertragsparteien, die eine zusätzliche Hilfe zur Einigung schaffen und gleichzeitig der Abwehr unzulässiger Einmischungen von außen dienen.

Untrennbar verbunden mit der Tarifautonomie ist das Streikrecht der Gewerkschaften. Ohne die Möglichkeit, hierdurch Druck auszuüben, hätte die Arbeitnehmerseite keine echte Verhandlungsmacht. Ob als Gegengewicht auch das Recht auf Aussperrung der Arbeitgeberseite notwendig ist, wird sehr unterschiedlich beurteilt. Bei ökonomischer Betrachtung kann die Aussperrungsfreiheit dazu führen, das Übergewicht der Arbeitgeberseite im Arbeitskampf wieder herzustellen.

---

[217] Vgl. WR I, S. 39 ff.

Im Jahre 2000 waren etwa 55 000 Tarifverträge beim Bundesminister für Arbeit registriert, die etwa vier Fünftel der Arbeitnehmer umfassen.[218] Etwas mehr als ein Prozent der Tarifverträge, die rund 1,4 Mio. Arbeitnehmer erfassen, sind für allgemeinverbindlich erklärt worden. Sie gelten auch für Arbeitgeber, die nicht im Verband organisiert sind, was besonders in wenig konzentrierten Branchen, wie z.B. in der Bauwirtschaft und in der Textilindustrie, von Bedeutung ist.

Ein Tarifvertrag kann sich auf Lohn- oder Gehaltsfragen beschränken (Lohntarif), einen Lohnrahmen bzw. Gehaltsrahmen durch Gruppeneinteilungen festlegen oder sonstige Arbeitsbedingungen wie z.B. die Länge der Arbeitszeit und des Urlaubs oder betriebliche Arbeitsbedingungen regeln (Manteltarifvertrag). Welche Arbeitsverhältnisse der Tarifvertrag erfasst, hängt von der Zuständigkeit der Tarifparteien, dem sachlichen und dem räumlichen Geltungsbereich ab (§ 3 TVG). Die Tarifzuständigkeit der dem Deutschen Gewerkschaftsbund angehörenden Gewerkschaften bemisst sich meist nach dem Industrieverbandsprinzip (ein Betrieb, eine Gewerkschaft). Daneben gibt es Berufs- oder Berufsverbandsgewerkschaften. Räumlich kann sich ein Tarifvertrag auf die gesamte Bundesrepublik oder auf bestimmte Tarifgebiete erstrecken. Unmittelbar erfasst, also tarifgebunden, sind nur die Mitglieder der vertragschließenden Gewerkschaften und Arbeitgeberverbände. Die tariflichen Regelungen werden von den Arbeitgebern aber auch auf nicht organisierte Arbeitnehmer angewendet, um keinen Anreiz zur gewerkschaftlichen Organisierung zu geben. Erklärt der Bundesminister für Arbeit auf Antrag der Partei eines rechtswirksamen Tarifvertrags diesen für allgemeinverbindlich, so gilt er auch für nicht tarifgebundene Unternehmen des räumlichen und sachlichen Geltungsbereichs (§ 5 TVG).

Für den Tarifvertrag gilt grundsätzlich das sogenannte Günstigkeitsprinzip, d.h. er kann von den bestehenden gesetzlichen Regelungen z.B. zum Urlaub oder zur Arbeitszeit nur zugunsten der Arbeitnehmer abweichen. In Ausnahmen, wenn das Gesetz dies ausdrücklich zulässt, sind aber auch Tarifverträge zulässig, welche die gesetzlichen Regelungen verschlechtern.

In seinem normativen Teil gilt der Tarifvertrag wie ein Gesetz. Er geht dem einzelnen Arbeitsvertrag vor. Auch wenn nicht auf den Tarifvertrag hingewiesen wird, gilt er im individuellen Arbeitsverhältnis.

Durch Tarifvertrag können auch zusätzliche Mitbestimmungsrechte geschaffen werden, durch welche die Positionen des Betriebsrats über die Normen des Betriebsverfassungsgesetzes hinaus verbessert werden. Arbeitsentgelte und sonstige Arbeitsbedingungen, die durch Tarifvertrag geregelt sind oder üblicherweise geregelt werden, können nach § 77 Abs. 3 BetrVG nicht Gegenstand einer Betriebsvereinbarung sein, die der Betriebsrat mit dem zuständigen Arbeitgeber abschließt. Dies gilt nicht, wenn ein Tarifvertrag den Abschluss ergänzender Betriebsvereinbarungen ausdrücklich zulässt.

Betrachtet man die kollektiv- und individualvertraglichen Vereinbarungen des Arbeitsrechts insgesamt, so wird deutlich, dass der Tarifvertrag sich von seinem ursprünglichen Zweck, den Arbeitnehmer gegen die ökonomische und soziale Übermacht des Arbeitgebers zu schützen (Schutzfunktion), zu einem politischen und sozialen Ordnungsfaktor in der Wirtschaft ausgeweitet hat (Ordnungsfunktion). Für die Arbeitsbedingungen der meisten Arbeitnehmer sind die Ergebnisse der jährlichen Tarifbewegungen bedeutsamer als die Formulierungen in ihrem Arbeitsvertrag. Gegenwärtig wird der Flächentarifvertrag von Arbeitgeberseite mit dem Argument angegriffen, er sei zu unflexibel und zu teuer. Nicht erwähnt wird hierbei die Befriedungs- und Ordnungsfunktion des Tarifvertrages, deren Wegfall zu einer Zunahme der Zahl der Arbeitskämpfe führen dürfte.

[218] Vgl. Kittner, Arbeits- und Sozialordnung, 21. Aufl. 1996, S. 1274

c) Werkvertrag

Typisch für den Werkvertrag ist, dass der Unternehmer dem Besteller nach § 631 Abs. 1 BGB ein Werk, d.h. einen über das bloße Tätigwerden hinausgehenden Erfolg schuldet. Dieser Erfolg kann darin bestehen, dass eine Sache bearbeitet, also ein Haus gebaut oder ein Auto repariert wird. Der geschuldete Erfolg kann aber auch ein sonstiger Gegenstand sein, z.B. die Anfertigung eines Gutachtens, der Transport von Personen und Sachen oder die Herstellung eines Films. Sollen herzustellende oder zu erzeugende Sachen geliefert werden, gilt nach § 651 Kaufrecht, und zwar auch dann, wenn der Mangel auf den vom Besteller zu liefernden Stoff zurückzuführen ist (vgl. oben).

Hauptleistungspflicht des Unternehmers ist es, das Werk mangelfrei herzustellen (§ 633 Abs. 1). Er muss die Leistung nicht höchstpersönlich erbringen. Im Gegenzug schuldet der Besteller den vereinbarten Werklohn. Dieser kann auch in einem Tarif- oder in einer Gebührenordnung festgelegt sein, wie dies z.B. bei Rechtsanwälten und Architekten der Fall ist. Ein Kostenvoranschlag ist, wenn nichts Abweichendes vereinbart ist, nicht zu vergüten (§ 632 Abs. 3).

Der Werklohn wird fällig, wenn das Werk mangelfrei hergestellt und vom Besteller abgenommen worden ist (§ 641 Abs. 1). Ist die Abnahme nach der Beschaffenheit des Werkes ausgeschlossen, gilt § 646, maßgeblicher Zeitpunkt ist die Vollendung des Werks. Der Besteller muss bei der Abnahme des Werkes mitwirken (§ 640 Abs. 1). Der Anspruch des Unternehmers auf Werklohn ist durch ein gesetzliches Pfandrecht an den von ihm hergestellten oder ausgebesserten Sachen des Bestellers nach § 647 gesichert. Für den Bauunternehmer entspricht dem die Eintragung einer Sicherungshypothek nach § 648 (vgl. unten die Hypothek).

Ein Dienstleistungsvertrag kann ein Werkvertrag oder ein Dienstvertrag sein. So kann z.B. ein Auskunfteivertrag, der auf die Beschaffung bestimmter Informationen gerichtet ist, bei ständiger Beratung ein Dienstvertrag sein, bei einmaliger Beratung ist nur ein Werkvertrag anzunehmen. Die Erstellung eines EDV-Programms unterfällt in der Regel dem Werkvertragsrecht. Ist jedoch ein EDV-Haus ständig damit betraut, für einen anderen EDV-Programme zu erstellen, so kann ein Dienstvertrag vorliegen. Die Lieferung von Standardsoftware ist ein Kaufvertrag, die Herstellung von sogenannter Anwendersoftware, welche auf die spezifischen Bedürfnisse des Bestellers ausgerichtet ist, wird als Werkvertrag behandelt.[219] Im Architektenvertrag wird normalerweise die Herstellung eines mangelfreien Bauwerks geschuldet. Es handelt sich also um einen Werkvertrag. Dies gilt auch dann, wenn dem Architekten nur die Bauführung übertragen ist, während der Entwurf von einem Anderen erstellt wurde.[220] Der Bauvertrag ist Werkvertrag. Als Allgemeine Geschäftsbedingungen von Bauverträgen werden vielfach die Regelungen der Verdingungsordnung für Bauleistungen (VOB) zum Bestandteil des Werkvertrages gemacht. Regelmäßig Werkverträge sind auch Beförderungsverträge, Ingenieurverträge und Verträge über Reparatur oder Inspektion eines Autos. Die sogenannte Lieferung mit Montage wird als Kaufvertrag behandelt, da der Werkleistung meist nur relativ geringe Bedeutung zukommt. Die Unterscheidung zwischen Dienst- und Werkvertrag ist z.B. deshalb wichtig, weil es im Dienstvertragsrecht keine Sachmängelhaftung gibt, während diese im Recht des Werkvertrages sogar recht umfangreich ausgestaltet ist.[221]

Bei Unmöglichkeit und Verzug gelten einige Abweichungen vom allgemeinen Schuldrecht: Da der versprochene Werklohn erst nach Abnahme des fehlerfreien Werks fällig wird, trägt der Un-

---

[219] Vgl. Mehrings, NJW 1988, 2438, 2440

[220] Vgl. BGHZ 82, 100

[221] Vgl. oben IV. 2d, bb.

ternehmer das wirtschaftliche Risiko dafür, dass ihm das versprochene Werk misslingt oder unmöglich wird. Die Preisgefahr geht nach §§ 644, 646 erst mit der Abnahme bzw. der Fertigstellung des Werks auf den Besteller über. Wird also z.B. die erstellte Brücke in der Nacht vor der Abnahme durch Unbekannte in die Luft gesprengt, so kann der Unternehmer im gesetzlichen Regelfall nach §§ 631 Abs. 1, 644 Abs. 1 Satz 1 den Werklohn nicht verlangen. Anders ist es, wenn die Brücke erst nach Abnahme gesprengt wird oder wenn der Besteller in Annahmeverzug kommt (§ 644 Abs. 1 Satz 2). Wird das Werk an einen anderen Ort als den Erfüllungsort versandt, so geht die Gefahr bereits zu dem Zeitpunkt auf den Besteller über, zu dem die Übergabe auf die Transportperson erfolgt. Nach § 644 Abs. 2 gelten die Vorschriften des § 447 über den Versendungskauf entsprechend (vgl. oben). Werden z.B. Personen befördert oder wird ein Film aufgeführt, so ist die Abnahme des Werkes ausgeschlossen; nach § 646 tritt an ihre Stelle die Vollendung des Werks. Dies gilt auch für den Gefahrübergang.

Muss der Besteller bei der Erstellung des Werks mitwirken und gerät er, weil er diese Mitwirkung unterlässt, in Annahmeverzug, dann kann der Unternehmer eine angemessene Entschädigung verlangen. Nach § 649 S. 1 kann der Besteller bis zur Vollendung des Werks jederzeit zurücktreten. Der Unternehmer behält dann aber seinen Vergütungsanspruch (§ 649 S. 2). Er muss sich freilich das anrechnen lassen, was er infolge der Aufhebung des Vertrages an Aufwendungen erspart oder durch anderweitige Verwendung seiner Arbeitskraft hätte erwerben können.

Der Besteller unterliegt unter Umständen besonderen Treuepflichten. Ist z.B. das Werk in seinen Räumen zu erstellen oder mit Gerätschaften zu bauen, welche er zur Verfügung stellt, so müssen die Räume und Gerätschaften so beschaffen sein, dass der Unternehmer keine gesundheitlichen Schäden oder Gefährdungen erleidet.

Auch beim Werkvertrag gibt es (unselbständige oder selbständige) Garantieabreden, die dem Besteller zusätzliche Rechte einräumen

Die Gewährleistungsansprüche des Bestellers gegen den Unternehmer verjähren nach § 634 a grundsätzlich in drei Jahren, bei Bauwerken in fünf Jahren, beginnend mit der Abnahme.

d) Auftrag, Geschäftsbesorgungsvertrag

Durch den **Auftrag** wird der Beauftragte verpflichtet, ein ihm vom Auftraggeber übertragenes Geschäft für diesen unentgeltlich zu besorgen (§ 662 BGB). Es handelt sich um einen unvollkommen zweiseitig verpflichtenden Vertrag: Einerseits wird das Geschäft unentgeltlich besorgt, andererseits kann der Beauftragte nach § 670 vom Auftraggeber den Ersatz der ihm in Ausführung des Auftrags entstandenen Aufwendungen verlangen. Hauptpflicht ist aber die Pflicht des Beauftragten, nach § 667 das Erlangte an den Auftraggeber herauszugeben. Voraussetzung ist die Verpflichtung nach § 664, den Auftrag (im Zweifel persönlich) auszuführen und hierbei auch für das Verschulden von Gehilfen nach § 278 einzustehen. Hinzu kommt eine Auskunfts- und Rechenschaftspflicht des Beauftragten nach § 666. Nach § 665 darf er von Weisungen des Auftraggebers abweichen, wenn er den Umständen nach annehmen darf, dass dieser bei Kenntnis der Sachlage die Abweichung billigen würde. Er muss ihn aber informieren und, wenn keine Gefahr droht, seine Entschließung abwarten.

Das Auftragsrecht erfasst jede fremdbezogene Tätigkeit gleich welcher Art. Das BGB verweist auch an anderen Stellen oft auf die Normen des Auftragsrechts, wenn fremde Vermögensinteressen wahrzunehmen sind. Der Auftrag verhält sich zum Dienst- und Werkvertrag wie die Schenkung zum Kauf. Der Aufwendungsersatz ist allerdings großzügig zu interpretieren. Er umfasst auch Schäden, die im unmittelbaren Zusammenhang mit der Auftragstätigkeit entstanden sind. Grundfall ist hier der Verkehrsunfall des Beauftragten, während er das Geschäft des Auftraggebers besorgt.

Die **entgeltliche Geschäftsbesorgung,** d. h. die selbständige Wahrnehmung fremder Vermögensinteressen, ist in § 675 geregelt: Auf einen Dienst- oder Werkvertrag, der eine solche Geschäftsbesorgung zum Gegenstand hat, ist in weiten Teilen das Auftragsrecht anwendbar. Zur entgeltlichen Geschäftsbesorgung gehören Tätigkeiten höherer Art mit wirtschaftlichem Einschlag, wie z.B. die Verträge zwischen Anwalt und Klient sowie die Verwaltung von Girokonten und allgemein die Vermögensverwaltung. Es geht über die Leistung von Diensten hinaus um treuhänderische Wahrung und Geltendmachung von anvertrauten Rechten eines Anderen. Entgegen dem Wortlaut, der an die weite Definition des Auftragsrechts anknüpft, ist das Geschäftsbesorgungsrecht nicht auf jeden Dienstvertrag oder Werkvertrag anzuwenden. Die Tätigkeit muss vielmehr selbständig sein, es muss sich um ein ursprünglich fremdes Geschäft handeln und sie muss sich auf eine fremde wirtschaftliche Interessensphäre beziehen. Auf die entgeltliche Geschäftsbesorgung ist das Auftragsrecht anzuwenden (§ 675), wenn nicht die Spezialnormen der §§ 675 a und § 676 greifen. Insbesondere kann der Geschäftsbesorger nach §§ 675, 670 Aufwendungsersatz verlangen. Bei den Spezialnormen geht es insbesondere um Informationspflichten (§ 675 a) und um die Kündigung von Übertragungsverträgen, d. h. von Verträgen über die Weiterleitung von Wertpapieren oder Ansprüchen auf Herausgabe von Wertpapieren (§ 676). Den Überweisungsvertrag bei Kreditinstituten regeln §§ 676 a-c. Für die Ausführung von Überweisungen sind Höchstfristen festgelegt (§ 676 a Abs. 2). Den Zahlungsvertrag unter Kreditinstituten regeln §§ 676 d-e: Den Girovertrag der Bank mit ihrem Kunden regeln §§ 676 f-h. In der Regel schließen beide einen Rahmenvertrag ab, dem verschiedene Giroverträge (Gehaltskonto, Wertpapierdepot usw.) zugeordnet sind. Die Bank ist zu einer weitgehenden Beratung und Betreuung des Kunden verpflichtet. Einzelheiten sind in den AGB der Banken geregelt. Nicht speziell geregelt hat der Gesetzgeber im Jahre 2001 den Kreditkartenvertrag.[222] Das Kreditinstitut schließt mit Händlern oder Dienstleistern Akquisitionsverträge ab. Wenn der Kunde bei ihnen einkauft, erhält er einen Beleg, den er unterschreiben muss. Dadurch, dass der Händler den Beleg an das Kreditinstitut schickt, erwirbt dieses die Forderung. Es erstattet dem Händler den Betrag abzüglich eines Disagios. Wenn die Kreditkarte verloren geht, trägt das Kreditinstitut das Fälschungsrisiko.[223] Es kann dieses Risiko nicht in seinen AGB auf den Kunden verlagern.[224] Eine solche Verlagerung wäre treuwidrig; sie würde gegen § 307 Abs. 1 verstoßen. Nach § 676 h ist auch ein Anspruch des Kreditinstituts auf Aufwendungsersatz ausgeschlossen, wenn ein Dritter die Kreditkarte missbräuchlich verwendet.

Handelsrechtliche Sonderformen des entgeltlichen Geschäftsbesorgungsvertrages sind der Handelsvertretervertrag, der Agenturvertrag (§§ 84-92 HGB) und der Kommissionsvertrag (§§ 383-406 HGB).

---

[222] Vgl. dazu Däubler, BGB kompakt, 2002, S. 873-876
[223] Vgl. BGH NJW 1984, 2460
[224] Vgl. BGH NJW 1991, 1886

e) Geschäftsführung ohne Auftrag

Wenn jemand für einen Anderen tätig wird, ohne von ihm beauftragt oder sonst dazu berechtigt zu sein, so handelt er in „Geschäftsführung ohne Auftrag" (GoA). Die GoA ist in unmittelbarem Zusammenhang mit dem Auftragsrecht in den §§ 677 ff. geregelt. Da jedoch nicht nur kein Auftrag, sondern überhaupt kein Vertrag zwischen den Beteiligten zustandegekommen ist, gehört die GoA zu den gesetzlichen Schuldverhältnissen und steht in einer Reihe mit den Vorschriften zur unerlaubten Handlung und zur ungerechtfertigten Bereicherung. Der Gesetzgeber hielt es jedoch für zweckmäßig, sie im Anschluss an das Auftragsrecht eingebettet in lauter vertragliche Schuldverhältnisse zu regeln. Die GoA ist wie der Auftrag ein unvollkommen zweiseitiges Schuldverhältnis; Verpflichtungen bestehen in erster Linie für den Geschäftsführer. Nach § 677 hat er das Geschäft ordnungsgemäß zu führen, wie es das Interesse des Geschäftsherrn mit Rücksicht auf dessen wirklichen oder mutmaßlichen Willen erfordert. Hinzu kommen nach § 681 Nebenpflichten, d.h. die Pflicht zur Anzeige der Geschäftsübernahme, Auskunft und Rechenschaftspflichten sowie die Pflicht zur Herausgabe dessen, was er aus der Geschäftsführung erlangt hat. Art und Umfang dieser Pflichten ergeben sich aus dem Auftragsrecht der §§ 666-668. Bei Pflichtverletzungen ist der Geschäftsführer nach den allgemeinen Vorschriften ersatzpflichtig. Nach § 680 haftet er aber nur für Vorsatz und grobe Fahrlässigkeit, wenn die Geschäftsführung der Anwendung einer dem Geschäftsherrn drohenden dringenden Gefahr dient.

Demgegenüber ist der Geschäftsherr dem Geschäftsführer nur zum Ersatz der von diesem gemachten Aufwendungen verpflichtet. Hier verweist § 683 Satz 1 auf § 670, die Vorschrift des Auftragsrechts zum Aufwendungsersatz.

Sieht also A, dass der Sturm das Dach seines Nachbarn B abdeckt, der zur Zeit auf einer Urlaubsreise ist, so kann er unmittelbar einen Dachdecker mit der Reparatur des Daches betrauen, um in Angelegenheiten des B weitere Schäden, wie z.B. Nässe in dessen Wohnung zu vermeiden. A hat das Geschäft nach § 677 so zu führen, wie es das Interesse des B erfordert. Ist dessen wirklicher Wille nicht erkennbar, so genügt sein mutmaßlicher Wille.

Erheblich schwieriger ist es, Fälle der GoA zu lösen, in denen der Geschäftsherr mit der Geschäftsführung nicht einverstanden ist. Geht es um eine gesetzliche Unterhaltspflicht des Geschäftsherrn oder um eine Pflicht, deren Erfüllung im öffentlichen Interesse liegt, so kann der Geschäftsführer auch gegen den Willen des Geschäftsherrn handeln. Er handelt trotzdem in berechtigter Geschäftsführung ohne Auftrag (§ 679).

Im Unterschied hierzu ist eine unberechtigte GoA möglich, d.h. die Geschäftsführung entspricht weder dem wirklichen noch dem mutmaßlichen Willen des Geschäftsherrn, es liegt auch nicht der Ausnahmefall des § 679 vor. In diesem Fall handelt es sich um kein Rechtsverhältnis, für das die Vorschriften der §§ 677 ff. anwendbar wären. Eine Ausnahme normiert § 678: Der unberechtigte Geschäftsführer ist dem Geschäftsherrn zum Schadensersatz verpflichtet, wenn er seine mangelnde Berechtigung erkennen musste. Sein Verschulden liegt in der Übernahme der Geschäftsführung, ein darüber hinausgehendes Verschulden ist nicht erforderlich. Es handelt sich also um einen Fall der Gefährdungshaftung. Im Übrigen gelten die allgemeinen Ansprüche aus unerlaubter Handlung und ungerechtfertigter Bereicherung. Allerdings muss der Geschäftsherr dem Geschäftsführer nach § 684 Satz 1 alles herausgeben, was er durch die Geschäftsführung erlangt hat, und zwar nach den Vorschriften über die Herausgabe einer ungerechtfertigten Bereicherung (§§ 812 ff.).

Führt jemand ein fremdes Geschäft als eigenes, liegt kein Fall der GoA vor. Die Vorschriften der § 677 ff. sind nicht anwendbar (§ 687 Abs. 1). Auch hier gelten die allgemeinen Vorschriften aus §§ 812 ff. und 823 ff., die bei der berechtigten GoA ausscheiden.

Behandelt jemand ein fremdes Geschäft als sein eigenes, obwohl er weiß, dass er nicht dazu berechtigt ist (Geschäftsanmaßung), so kann der, dessen Geschäft geführt wird, sowohl Schadensersatz aus unerlaubter Handlung (§ 823) als auch die Herausgabe einer ungerechtfertigten Bereicherung (§§ 812 ff.) verlangen. Daneben kann er auch die Rechte geltend machen, die er im Falle einer berechtigten Geschäftsführung hätte. Man spricht hier davon, dass er das Geschäft an sich ziehen kann. Macht er von dieser Möglichkeit Gebrauch, so kann ihn der Geschäftsführer nach § 684 Satz 1 auf Aufwendungsersatz in Anspruch nehmen, jedoch nur nach den Vorschriften über die Herausgabe einer ungerechtfertigten Bereicherung. Der Herausgabeanspruch entfällt, wenn der Geschäftsherr nicht mehr bereichert ist (§ 818 Abs. 3).

f) Sonstige Dienstleistungsverträge

aa) Vorbemerkung

Im Folgenden sollen wenigstens kurz einige Dienstleistungsverträge beschrieben werden, die teils im BGB, teils im HGB geregelt sind. Ihnen ist gemeinsam, dass Dienstleistungen gegen Entgelt übernommen werden. Zum Teil haben sich diese Vertragstypen erst in den letzten Jahrzehnten entwickelt. Ein Beispiel hierfür ist der Vertragshändlervertrag, der sich im Automobilgeschäft entwickelt hat und eine Bindung an einen Hersteller enthält. Es gibt auch Vertragshändler, die für mehrere Hersteller tätig sind. Bei der Schaffung des BGB und des HGB vor 100 Jahren war dieser Vertragstyp noch nicht bekannt.

Zum Teil gibt es für die zu beschreibenden Vertragstypen branchenweit geltende Allgemeine Geschäftsbedingungen, so z.B. im Speditionsgeschäft die Allgemeinen deutschen Spediteurbedingungen. Zum Teil gibt es auch öffentlich-rechtliche Normierungen. Dies gilt z.B. für das Frachtgeschäft in Gestalt der Kraftverkehrsordnung für den Güterverkehr mit Kraftfahrzeugen (KVO).

Für die Auslegung der Verträge sind zum Teil Handelsbräuche maßgeblich. Handelsbräuche dienen der Typisierung von Auslegungsregeln und Verhaltenserwartungen, wirken also normativ. Sie sind nichts anderes als die handelsrechtliche Verkehrssitte. Nach § 346 HGB gilt für Handelsbräuche allerdings die Besonderheit, dass das Gesetz ausdrücklich fordert, auf die im Handelsverkehr geltenden Gewohnheiten und Gebräuche Rücksicht zu nehmen. Insofern liefern Handelsbräuche das Faktenmaterial zur Auslegung von Rechtsgeschäften (vgl. § 157 BGB); ein Handelsbrauch kann zur Rechtsnorm werden, in dem er zu Gewohnheitsrecht wird. So haftet z.B. in der Schmuckbranche ein Kommissionär, wenn der übernommene Schmuck zufällig untergegangen ist, kraft Handelsbrauchs.[225] Unterschiedlich wird die Frage behandelt, ob es einen Handelsbrauch gibt, wonach ein Hotelgast zum Rücktritt von der Buchung berechtigt sein kann.[226]

---

[225] Vgl. OLG Karlsruhe, BB 1982, 704

[226] Vgl. BGH NJW 1977, 385, OLG Frankfurt NJW-RR 1986, 911 und OLG München NJW-RR 1990, 698

bb) Verwahrungsvertrag

Der **Verwahrungsvertrag** ist in den §§ 688-700 BGB geregelt. Der Verwahrer schuldet die sorgfältige Aufbewahrung der ihm vom Hinterleger für eine gewisse Zeit übergegebenen und anvertrauten Sache, z. B. des Autos auf einem bewachten Parkplatz. Eine Vergütung für die Aufbewahrung gilt nach § 689 als stillschweigend vereinbart, wenn diese nach den Umständen zu erwarten ist. Bei unentgeltlicher Verwahrung haftet der Verwahrer nur für die Sorgfalt, die er in eigenen Angelegenheiten aufzuwenden pflegt (§ 690). Die unregelmäßige Verwahrung ist nach § 700 dadurch gekennzeichnet, dass Sachen von gleicher Art, Güte und Menge zurückgegeben werden müssen, z. B. Geld. Ähnliche Sachverhalte regeln die Sonderbestimmungen über die gesetzliche Haftung eines Gastwirts für eingebrachte Sachen in §§ 701-704.

cc) Lagergeschäfte

Wer gewerbsmäßig die Lagerung und Aufbewahrung von Gütern übernimmt, ist nach § 416 HGB Lagerhalter. Die Verwahrungsverträge, die er abschließt, werden als **Lagergeschäfte** bezeichnet. Der Lagerhalter hat Anspruch auf Lagergeld und Auslagenersatz (§ 420 HGB), ein gesetzliches Pfandrecht an dem eingelagerten Gut und kann sogenannte Orderlagerscheine (Wertpapiere) ausstellen.

dd) Makler

Der **Makler** (im BGB noch Mäkler genannt) vermittelt Verträge aller Art. Seine Tätigkeit kann sich nach § 652 auf den bloßen Nachweis der Gelegenheit eines Vertragsabschlusses beschränken, sie kann aber auch die eigentliche Vermittlung des Vertragsabschlusses zum Gegenstand haben. Übernimmt ein Makler gewerbsmäßig eine derartige Vermittlungstätigkeit für Andere (Beispiele: Warenmakler, Börsenmakler, Versicherungsmakler, Schiffsmakler und Finanzmakler), so gelten für ihn die Normen des Handelsrechts (§§ 93 ff. HGB). Diese Vorschriften erstrecken sich aber nur auf bewegliche Sachen, so dass für den Immobilienmakler die §§ 652 ff. BGB anzuwenden sind. Der Makler erhält seine Provision, wenn seine Tätigkeit für den Abschluss des erstrebten Geschäfts kausal geworden ist (§ 652 Abs. 1 S. 1). Außerdem darf der Hauptvertrag nicht mit einer Person abgeschlossen worden sein, die mit dem Makler wirtschaftlich verbunden ist. Dies würde als Selbsteintritt des Maklers gewertet; die Provision wäre hinfällig.[227] Die Provision wäre verwirkt, wenn der Makler auch für die andere Vertragsseite tätig geworden wäre.

Durch das Schuldrechtsmodernisierungsgesetz von 2001 wurde in §§ 655 a-e der Darlehensvermittlungsvertrag zwischen einem Unternehmer und einem Verbraucher geregelt. Es geht hier darum, dass sich ein Verbraucher oder ein Existenzgründer durch einen Makler ein Darlehen oder die Gelegenheit zum Abschluss eines Darlehensvertrages vermitteln lässt. Er wird im Wesentlichen ebenso geschützt, wie wenn er einen Verbraucherdarlehensvertrag abgeschlossen hätte.[228]

---

[227] Vgl. BGH NJW 1985, 2473

[228] Vgl. Däubler, BGB kompakt, 2002, S. 882 f.

ee) Heiratsvermittlung

Für die **Heiratsvermittlung** gilt nach § 656 BGB dass der sogenannte Ehemäklerlohn nicht einklagbar, wohl aber erfüllbar ist. Es handelt sich um eine sogenannte Naturalobligation. Ist der Lohn bezahlt, kann er nicht zurückgefordert werden. Wird er nicht bezahlt, kann er nicht mit Erfolg eingeklagt werden. In der Praxis führt dies dazu, dass der Heiratsvermittler vorher „abkassiert“.

ff) Handelsvertreter

Wer ständig damit betraut ist, für einen anderen Unternehmer Geschäfte selbständig zu vermitteln oder abzuschließen, ist nach §§ 84 ff. HGB **Handelsvertreter** (HV). Die abgeschlossenen Verträge wirken unmittelbar für und gegen den Vertretenen. Man unterscheidet HV, die mit der bloßen Vermittlung von Geschäften betraut sind (Vermittlungsvertreter) und HV, denen darüber hinaus vom vertretenen Unternehmer die Genehmigung zum Geschäftsabschluss erteilt wird (Abschlussvertreter). Wird der Handelsvertretervertrag vom Unternehmer gekündigt (vgl. §§ 89 und 89a HGB), hat der Handelsvertreter unter bestimmten Voraussetzungen einen Ausgleichsanspruch nach § 89b HGB gegen den Unternehmer.

gg) Kommissionär

Der **Kommissionär** übernimmt es, Waren oder Wertpapiere in eigenem Namen für fremde Rechnung anzukaufen oder zu verkaufen. Er handelt gewerbsmäßig in eigenem Namen für fremde Rechnung (§§ 383-406 HGB). Es handelt sich um einen Fall der mittelbaren Stellvertretung, also des Handelns im eigenen Namen, im Gegensatz zur direkten Stellvertretung, also des Handelns im fremden Namen (§§ 164 ff. BGB). In der Wirtschaftspraxis ist die Einkaufs-, Verkaufs-, Gelegenheits- und Geschäftskommission relativ häufig.

hh) Kommissionsagent

Wer ständig damit betraut ist, für einen bestimmten Unternehmer im eigenen Namen tätig zu werden, ist **Kommissionsagent**. Er handelt ebenfalls im eigenen Namen für fremde Rechnung, steht jedoch in der Nähe des Handelsvertreters, da er für einen bestimmten Unternehmer tätig ist. Ihm wird der Ausgleichsanspruch nach § 89b HGB analog zugebilligt.

ii) Vertragshändler

Vor allem für den Absatz hochwertiger Produkte, wie z.B. Automobile oder Büromaschinen, hat sich die Rechtskonstruktion des **Vertragshändlers** durchgesetzt. Er handelt als Eigenhändler, d.h. er tritt in eigenem Namen auf. Im Verhältnis zum Hersteller ist er jedoch durch einen Rahmenvertrag organisatorisch so stark in dessen Vertriebsorganisation eingegliedert, dass er von der Rechtsprechung ebenfalls als schutzbedürftig betrachtet wird. Unter bestimmten Voraussetzungen wird ihm der Ausgleichsanspruch nach § 89b HGB analog zugebilligt.[229]

---

[229] Vgl. BGHZ 29, 83; 68, 340

kk) Speditionsgeschäft

Das **Speditionsgeschäft** als ein Spezialfall des Kommissionsgeschäfts ist in den §§ 453-466 HGB geregelt. Der Spediteur übernimmt es gewerbsmäßig, Güterversendungen durch Frachtführer oder durch Verfrachter von Seeschiffen für Rechnung eines Anderen, nämlich des Versenders, im eigenen Namen zu besorgen. Der Spediteur ist also der Kommissionär des Frachtrechts. Die gesetzlichen Normen sind in der Praxis weitgehend durch die „Allgemeinen deutschen Spediteurbedingungen" ersetzt worden. Hierbei handelt es sich um eine Absprache der Verbände des Speditionsgewerbes mit den entsprechenden Auftraggeberverbänden für den Bereich des Transportwesens. Auf sie wird in aller Regel Bezug genommen. Sie verändern die Normen des HGB in der Regel zugunsten des Spediteurs.

ll) Frachtgeschäft

Für das **Frachtgeschäft**, also die gewerbsmäßige Beförderung der Güter zu Lande, auf Flüssen oder sonstigen Binnengewässern, gelten die §§ 407-450 HGB. Die gesetzlichen Regelvorschriften sind durch verschiedene Sonderregelungen, wie z.B. die Kraftverkehrsordnung für den Güterverkehr mit Kraftfahrzeugen (KVO) oder bei Grenzüberschreitung durch das Übereinkommen über den Beförderungsvertrag im internationalen Straßenverkehr (CMR), verdrängt worden.

mm) Reisevertrag

Schließlich ist als gemischttypischer Vertrag der **Reisevertrag** zu erwähnen, den der Gesetzgeber im Jahre 1979 geregelt hat (§§ 651 a-m BGB). Erfasst sind insbesondere die Pauschalreisen, bei denen neben der Reise auch Transfer, Hotelunterkunft und Verpflegung geleistet werden. Es handelt sich um einen Werkvertrag, der mit anderen Vertragselementen gemischt ist.[230] In Umsetzung der EG-Richtlinie über Pauschalreisen wurde 1994 eine Insolvenzsicherung eingefügt (§ 651 k). Der Reisende ist dagegen gesichert, dass er den Reisepreis zahlt, aber die Leistung wegen einer Insolvenz des Reiseveranstalters nicht erhält.

[230] Vgl. zu den Einzelheiten Däubler, BGB kompakt, 2002, S. 886-904

5. Sonstige schuldrechtliche Verträge

a) Gesellschaftsvertrag

Im **Gesellschaftsvertrag** (§§ 705 ff. BGB) verpflichten sich die Beteiligten gegenseitig, die Erreichung eines gemeinsamen Zwecks zu fördern und insbesondere die vereinbarten Beiträge zu entrichten. Ein Gesellschaftsvertrag kann zeitlich befristet sein, er kann auch auf unbestimmte Zeit abgeschlossen sein. Die Gesellschafter sind grundsätzlich gleichberechtigt; ihre Gesellschaftserstellung kann nur durch Abänderung des Gesellschaftsvertrages übertragen werden. Die Gegenstände des Gesellschaftsvermögens bilden eine von den übrigen Privatvermögen der Gesellschafter abgesonderte Vermögensmasse, die allen Gesellschaftern zur gesamten Hand, d.h. gemeinschaftlich zusteht (§§ 718 und 719). Über die Vermögensgegenstände kann nur von allen Gesellschaftern gemeinschaftlich verfügt werden. Das Gesetz geht im Grundsatz von einer gemeinschaftlichen Geschäftsführung der Gesellschafter aus (§ 709 Abs. 1), gleiches gilt auch für die Vertretungsmacht im Verhältnis zu Dritten (§ 714). Im Gesellschaftsvertrag kann jedoch Abweichendes vereinbart werden. Für die Forderungen Dritter gegen die Gesellschaft haften alle Gesellschafter als Gesamtschuldner (§ 421). Jeder von ihnen muss unmittelbar und in voller Höhe der Forderung mit seinem gesamten Privatvermögen einstehen. Der Gläubiger kann sich nach seiner Wahl an das Gesellschaftsvermögen oder an das Vermögen jedes einzelnen Gesellschafters halten. Aufgelöst wird die Gesellschaft durch Zweckerreichung (§ 726), durch Kündigung (§§ 723 ff.) oder, wenn nichts anderes vereinbart ist, auch durch Tod oder Insolvenz eines Gesellschafters. Aus der werbenden Gesellschaft wird dann eine Gesellschaft in Liquidation. Sind die Geschäfte abgewickelt und die Schulden bezahlt, wird das noch vorhandene Gesellschaftsvermögen „versilbert" und an die Gesellschafter verteilt (§§ 733 und 734). Bei Verlusten müssen alle Gesellschafter anteilig Nachschüsse leisten. Erst mit dem Abschluss der Liquidation ist die Gesellschaft voll beendet.

Die sogenannte BGB-Gesellschaft (§§ 705 ff .BGB) ist die Grundform für die Personenhandelsgesellschaften des HGB, die Offene Handelsgesellschaft (OHG), bei der alle Gesellschafter voll persönlich haften (§§ 105-160 HGB) und die Kommanditgesellschaft, bei der mindestens ein Gesellschafter unbeschränkt persönlich haftet (Komplementär), während für andere Gesellschafter, die Kommanditisten, die Haftung auf den Betrag ihrer Einlage beschränkt bleibt und als persönliche Haftung ausgeschlossen ist, soweit sie diese geleistet haben (§§ 161 ff., 171). Die Personenhandelsgesellschaften werden von der Rechtsordnung so behandelt, als ob sie selbständige, sogenannte juristische Personen wären (§ 124 Abs. 1 HGB).

Durch die EG-Verordnung 2137/85 vom 25. 7. 1985[231] wurde die Möglichkeit geschaffen, eine Personenhandelsgesellschaft mit voller Haftung der Gesellschafter auf supranationaler Grundlage zu schaffen. Das Recht dieser sogenannten Europäischen Wirtschaftlichen Interessenvereinigung (EWIV) gilt einheitlich in den 15 EG-Mitgliedstaaten.

Als Sonderformen des Vereins (§§ 21 ff. BGB) sind die sogenannten Kapitalgesellschaften anzusehen, die Aktiengesellschaft (AG) und die Gesellschaft mit beschränkter Haftung (GmbH). Sie zeichnen sich ebenso wie der Verein durch eine körperschaftliche Struktur aus. Als juristische Personen sind sie in ihrem Fortbestand unabhängig vom Wechsel ihrer Mitglieder. Sie brauchen

[231] ABlEG L 139 vom 31. 7. 1985

eine Satzung und besondere Organe in Gestalt eines Vorstandes (AG) bzw. einer Geschäftsführung (GmbH) und zu dessen Kontrolle eines Aufsichtsrats (AG). Für die Schulden der Gesellschaft haftet nur das Gesellschaftsvermögen. Durch EG-Verordnung vom 8. Oktober 2001[232] wurde für die EG ein fakultatives Statut einer Europäischen Aktiengesellschaft geschaffen. Es wird am 8. Oktober 2004 in Kraft treten. Bis dahin muss auch die Richtlinie über die Beteiligung der Arbeitnehmer vom gleichen Tage[233] in nationales Recht umgesetzt sein, die der Verordnung als „Zwilling" beigegeben wurde. Das Gesellschaftsrecht hat sich gegenüber dem sonstigen Schuldrecht verselbständigt. Es wird in einer eigenen Darstellung abgehandelt.[234]

b) Exkurs: Schlichte Rechtsgemeinschaft

Besteht kein Vertrag zu einem gemeinsamen Zweck, steht aber dennoch mehreren ein Recht gemeinschaftlich zu, so gelten die Regeln der §§ 741-758 BGB. Man spricht hier von der **schlichten Rechtsgemeinschaft**. Zwischen den Rechtsinhabern besteht ein Schuldverhältnis. Das Gesetz regelt die Gebrauchs- und Verwaltungsbefugnisse über den gemeinschaftlichen Gegenstand (§§ 743-746), die Verfügungsbefugnis (§ 747), die Tragung der Lasten und Kosten (§ 748) und die Modalitäten der Aufhebung der Rechtsgemeinschaft (§§ 749-758).

Es gibt auch Regelungen, die an einer bereits vorhandenen Verbindlichkeit anknüpfen und diese absichern:

c) Bürgschaftsvertrag

Durch den **Bürgschaftsvertrag** (§§ 765-778) verpflichtet sich der Bürge, gegenüber dem Gläubiger einer bereits bestehenden Schuld eines Dritten (Hauptschuld) zusätzlich als Nebenschuldner einzustehen. Die Bürgschaftserklärung muss nach § 766 S. 1 schriftlich (nicht elektronisch) erteilt werden. Im Regelfall kann sich der Gläubiger erst dann an den Bürgen halten, wenn er die Schuld nicht vom Hauptschuldner eintreiben konnte. Bei der selbstschuldnerischen Bürgschaft kann sich der Gläubiger sofort mit Fälligkeit der Hauptschuld an den Bürgen halten (vgl. VI - Kreditsicherung -).

d) Schuldversprechen und Schuldanerkenntnis

Beim **Schuldversprechen** und bei der **Schuldanerkenntnis** (§§ 780-782 BGB) wird eine Schuld anerkannt bzw. eine Leistung versprochen. Es handelt sich um einen abstrakten Vertrag. Der Anspruch des Gläubigers besteht unmittelbar aufgrund der vertraglichen Zusage; auf den Bestand einer sogenannten Grundforderung kommt es nicht an. Schuldversprechen und Schuldanerkenntnis müssen schriftlich (nicht elektronisch) erteilt werden (§ 780 Abs. 1 S. 1).

---

232 ABlEG L 294/1 vom 10. 11. 2001

233 ABlEG L 294/22 vom 10. 11. 2001

234 Vgl. hierzu meine Darstellung in „Deutsches und europäisches Gesellschaftsrecht", München 2000

e) Vergleich

Beim **Vergleich** (§ 779 BGB) werden durch Vertrag Unklarheiten über den Bestand oder den Umfang eines bereits vorhandenen Rechtsverhältnisses ausgeräumt. Beim Vergleich gehen beide Vertragsseiten im Wege gegenseitigen Nachgebens aufeinander zu, während beim Schuldversprechen und bei der Schuldanerkenntnis eine einseitige Verpflichtung besteht. Neben dem in § 779 geregelten, materiellrechtlichen Vergleich gibt es den Prozessvergleich, der nach § 794 Abs. 1 Nr. 1 ZPO einen vollstreckbaren Titel darstellt. In jedem Prozessvergleich steckt auch ein materiellrechtlicher Vergleich.

f) Anweisung

Die **Anweisung** (§§ 783-792 BGB) ist eine Einzugsermächtigung, die mit einem Schuldanerkenntnis gekoppelt wird. Der Gläubiger einer Geldforderung stellt einem Dritten eine Urkunde aus, in der er dem Schuldner die Anweisung gibt, den geschuldeten Betrag direkt an den Dritten für Rechnung des Gläubigers zu bezahlen. Die Zahlung erfolgt gegen Vorlage der Anweisungsurkunde.

g) Wechsel

Handelsrechtliche Spezialformen der Anweisung sind der Wechsel und der Scheck. Der **Wechsel** ist in erster Linie Kreditmittel, ein Zahlungstermin wird auf die Zukunft verschoben, die Forderung wird durch eine zusätzliche sogenannte abstrakte Wechselforderung gesichert, gegen die Einwendungen früherer Wechselinhaber nicht vorgebracht werden können. Das Wechselrecht ist seit 1933 im Wechselgesetz geregelt, das aufgrund internationaler Vereinbarungen verabschiedet wurde.

h) Scheck

Der **Scheck** ist demgegenüber ein Zahlungsmittel. In ihm wird ein Kreditinstitut angewiesen, aus einem Guthaben eine bestimmte Geldsumme zu zahlen, wenn der Scheck präsentiert wird. Auch der Scheck begründet eine abstrakte Verbindlichkeit, deren Bestand von Einwendungen früherer Scheckinhaber unabhängig ist. Das Scheckgesetz wurde ebenfalls 1933 aufgrund internationaler Vereinbarungen verabschiedet. Schecks und Wechsel sind Wertpapiere, d.h. das Recht aus dem Papier folgt dem Recht am Papier. Die in der Praxis gebräuchlichen Inhaberschecks werden durch Einigung und Übergabe (§ 929), die Wechsel durch Einigung und Indossament (Art. 11 des Wechselgesetzes) übertragen.

i) Schuldverschreibung auf den Inhaber

Bei der **Schuldverschreibung auf den Inhaber** (§§ 793-808 BGB) stellt der Schuldner eine Urkunde über die Schuld aus, in der er sich verpflichtet, bei deren Fälligkeit an den Inhaber der Schuldverschreibung die versprochene Leistung zu erbringen, wenn dieser die Urkunde vorlegt. Diese Urkunde ist Legitimationspapier, d.h. ihr Besitz weist den Vorleger als leistungsberechtigt aus. Der Schuldner kann der Forderung nur solche Einwendungen entgegenhalten, die sich bereits aus dem Wortlaut der Schuldverschreibung ergeben.

k) Versicherungsvertrag

Seit 1908 ist der Versicherungsvertrag im Versicherungsvertragsgesetz geregelt. Er hat enorme wirtschaftliche Bedeutung. Die Vergütung des Versicherers wird Prämie genannt, das Vertragsformular „Police". Nach § 67 Abs. 1 VVG geht der Schadensersatzanspruch des Versicherten auf die Versicherung über, wenn sie den Schaden beim Schädiger beglichen hat. Eine Ausnahme hiervon regelt § 67 Abs. 2, wenn sich der Ersatzanspruch gegen einen Familienangehörigen richtet, mit dem der Versicherte in häuslicher Gemeinschaft lebt.

l) Differenz- und Börsentermingeschäft

In den letzten Jahren haben an der Börse Termingeschäfte rasant an Bedeutung gewonnen. Verbreitet ist der Handel mit Optionsrechten. An sich sind Verträge über derartige Geschäfte Spiele, die nach §§ 764 S. 1, 762 Abs. 1 als Naturalobligationen angesehen werden. Durch Spiel wird zwar ebenso wie durch Wette keine Verbindlichkeit begründet. Das auf Grund des Spiels (oder der Wette) Geleistete kann aber nach § 764 Abs. 1 S. 1 nicht zurückgefordert werden. Börsentermingeschäfte sind jedoch insofern privilegiert, als sie jeder abschließen kann, der termingeschäftsfähig ist (§ 53 Börsengesetz). Man muss entweder Kaufmann sein oder durch seine Bank über die Risiken derartiger Geschäfte aufgeklärt worden sein. Wer nicht korrekt aufklärt, macht sich schadensersatzpflichtig.[235]

m) Selbständiger Garantievertrag

Nicht im BGB geregelt ist der selbständige Garantievertrag. Jemand verpflichtet sich durch eine selbständige Garantieerklärung, gegenüber einem Andern die Gewähr für eine bestimmte Beschaffenheit oder einen bestimmten Erfolg zu übernehmen. Ein Unternehmer kann z. B. gegenüber dem Besteller die selbständige, zusätzliche Garantie für die Leistungsfähigkeit einer Maschine oder die Belastungsfähigkeit des gelieferten Materials übernehmen. Eine Konzernobergesellschaft kann auch durch eine „harte" Patronatserklärung eine Garantie dafür übernehmen, dass eine Konzernuntergesellschaft ihre Verpflichtungen gegenüber dem Vertragspartner des Garantievertrages erfüllt. Demgegenüber ist die unselbständige Garantie an einen Vertrag, z. B. einen Kauf- oder Werkvertrag, gekoppelt (vgl. oben). Eine „weiche" Patronatserklärung einer Konzernobergesellschaft beinhaltet noch nicht einmal eine rechtliche Verpflichtung, sondern nur einen Einsatz des „good will" der Muttergesellschaft.

n) Typendehnung und Typenmischung

Typendehnung und **Typenmischung** sind in vielen der bisher erläuterten Vertragstypen nachzuweisen. Daneben können neue Vertragstypen wie der Reisevertrag entstehen, die dann im Gesetz geregelt werden (Reisevertrag). Das Problem für die Rechtsprechung besteht darin, von den gesetzlich normierten Vertragstypen ausgehend Auslegungsregelungen für die neuen gedehnten, gemischten oder selbständig entstandenen Vertragsformen zu finden. Hierbei gibt es im Prinzip drei Möglichkeiten: Man kann für den neuen Vertragstyp ausschließlich Regeln eines gesetzli-

[235] Vgl. z. B. BGH NJW 1994, 997 – Aufschläge auf Optionsprämien -

chen Vertragstyps anwenden, man kann im Grundsatz die Regeln eines gesetzlichen Vertragstyps anwenden und im Ausnahmefall zu den Regeln eines anderen Vertragstyps greifen oder man kann den neuen Vertragstyp als Vertrag eigener Art begreifen, auf den die Normen bisheriger Vertragstypen nur zum Teil oder nur in einer bestimmten Mischung anwendbar sind.

6. Recht der Handelsgeschäfte und BGB-Vertragsrecht

Als Sonderprivatrecht für Kaufleute ist das Handelsrecht immer im Zusammenhang mit dem Bürgerlichen Recht zu betrachten und auszulegen. Man kann sich das Verhältnis der beiden Rechtsgebiete vergegenwärtigen, indem man sich die Technik des „Vor-die-Klammer-Ziehens" vergegenwärtigt, die wir bereits im BGB kennen gelernt haben. Das im HGB geregelte Recht der Handelsgeschäfte ist nichts anderes als ein vor die Klammer gezogenes Sonderprivatrecht, das aus dem BGB ausgegliedert wurde, weil es nur für Kaufleute gelten sollte. Das Problem besteht darin, dass sich in den letzten hundert Jahren nach dem Grundsatz der Vertragsfreiheit neue Vertragstypen entwickelt haben und dass bestehende Vertragstypen gedehnt und gemischt wurden. Es gibt heute Vertragstypen im Handelsverkehr, die nicht im HGB geregelt sind, wie z.B. das Leasing und das Franchising. Da die neuen Vertragstypen nicht eigens im HGB normiert sind, gelten sie nicht nur für Kaufleute. Durch diese Entwicklung wurde die Technik des Vor-die-Klammer-Ziehens durchlöchert. Das System des HGB, dem Kaufmann schärfere Sorgfalts- und sonstige Verhaltenspflichten aufzuerlegen als der Rechtsperson im allgemeinen Zivilrecht, ist ebenfalls durchlöchert. Dies hat faktische und rechtliche Gründe. Der faktische Grund besteht darin, dass auch Kaufleute wirtschaftlich stark von anderen Kaufleuten abhängig sein können, so dass die sozialen Schutznormen, die im allgemeinen Zivilrecht zugunsten der Schwächeren entwickelt wurden, auch für diese abhängigen Kaufleute gelten müssen. Der rechtliche Grund für die Durchlöcherung des genannten HGB-Prinzips besteht darin, dass einer Person besondere Pflichten nur dann abgefordert werden dürfen, wenn dies auch aus dem Wortlaut oder dem Sinn und Zweck einer gesetzlichen Norm abgeleitet werden kann. Daraus folgt, dass die Strenge des HGB gegenüber den Kaufleuten bei den neuen Vertragstypen, die sich im allgemeinen Zivilrecht entwickelt haben, nur zum Teil verwirklicht werden kann.

Von einigen wird nicht zu Unrecht erwartet, dass das Handelsrecht sich vom Sonderprivatrecht der Kaufleute zum Außenprivatrecht der Unternehmen entwickelt. Ein Großteil der Vorschriften des HGB passt nicht nur auf Kaufleute, sondern auf alle Träger von Unternehmen. Von daher erscheint es gerechtfertigt, das Handelsrecht behutsam zu einem „Unternehmensprivatrecht" fortzubilden. In Zukunft wird zu fragen sein, inwieweit es Handelsbräuche auch unter Nichtkaufleuten geben kann, inwieweit das gesetzliche Handelsrecht auch auf Nichtkaufleute angewendet werden kann und inwieweit schon aus den bestehenden Rechtsnormen ein einheitliches privates Außenrecht des Unternehmens entwickelt werden kann.[236] Diese Rechtsfortbildung kann aber nur mit großer Vorsicht angegangen werden. Aus dem Willen des Gesetzgebers und dem System des HGB folgt, dass es sich um ein Sonderprivatrecht für Kaufleute und nur um ein solches Recht handeln sollte.

---

[236] Vgl. Karsten Schmidt, HandelsR, S. 48-61, § 3

7. Vertragsfreiheit und Inhaltskontrolle von Allgemeinen Geschäftsbedingungen

a) Grundsatz

Auf die Bedeutung des Rechts der Allgemeinen Geschäftsbedingungen wurde bereits an verschiedenen Stellen hingewiesen.[237] Es schränkt die Vertragsfreiheit des Verwenders zugunsten des wirtschaftlich schwächeren oder schlechter informierten Vertragspartners ein. Damit wird der Grundsatz des BGB durchbrochen, wonach schuldrechtliche Regelungen dispositiv sein sollen. Die Vertragsparteien sollen frei sein, etwas Abweichendes zu vereinbaren. Die inhaltliche Vertragsgerechtigkeit war ursprünglich nicht Gegenstand des BGB, wenn man von wenigen Ausnahmevorschriften absieht. Im Jahre 1976 stellte der Gesetzgeber mit der Verabschiedung des Gesetzes zur Regelung des Rechts der Allgemeinen Geschäftsbedingungen (AGB-Gesetz) sicher, dass der Informationsvorsprung oder Machtüberhang des Verwenders von Allgemeinen Geschäftsbedingungen korrigiert oder zumindest abgemildert wird. Durch das Schuldrechtsmodernisierungsgesetz von 2001 wurde das AGB-Recht in das BGB integriert, und zwar in die Paragraphen 305 bis 310. Die verfahrensrechtlichen Regelungen der §§ 13 ff. AGBG finden sich nun im Unterlassungsklagengesetz, speziell in §§ 1-11 UKlaG.

Inhaltlich unterscheidet sich das neu gefasste BGB nur unwesentlich vom alten AGB-Gesetz. Es kontrolliert den Inhalt Allgemeiner Geschäftsbedingungen, wobei die Wertung des § 307 Abs. 1 maßgeblich ist: Bestimmungen in Allgemeinen Geschäftsbedingungen sind unwirksam, wenn sie den Vertragspartner des Verwenders entgegen den Geboten von Treu und Glauben unangemessen benachteiligen. Das Gesetz formuliert aber nicht nur in § 307 Abs. 2, welche Arten von Benachteiligungen im Zweifel als unangemessen und damit unwirksam anzusehen sind. Es stellt darüber hinaus konkrete Klauselverbote in den §§ 308 und 309 auf. Es wendet sich damit gegen bestimmte Formulierungen, die sich in bestehenden Allgemeinen Geschäftsbedingungen zum Nachteil der Kunden ausgewirkt haben. Das Gesetz verlangt auch, dass die Vertragslücke, die bei Unwirksamkeit einer Klausel entsteht, durch die (dispositiven) gesetzlichen Vorschriften geschlossen wird (§ 306 Abs. 2, Verbot der geltungserhaltenden Reduktion). Fehlen dispositive Vorschriften, kommt eine ergänzende Vertragsauslegung in Frage (§ 157 BGB). Bedeutet die Aufrechterhaltung des Vertrages für eine Seite eine unzumutbare Härte, ist der ganze Vertrag unwirksam (§ 306 Abs. 3). In der Praxis ist die Frage umstritten, wann die Gerichte bei Nichtigkeit einer Klausel das dispositive Gesetzesrecht anwenden müssen (§ 6 Abs. 2 - Verbot der geltungserhaltenden Reduktion) und wann sie die Klausel im Wege der ergänzenden Vertragsauslegung anpassen dürfen.[238] In jedem Fall sind die übrigen Vertragsklauseln wirksam, wenn dies keine unzumutbare Härte für eine Vertragspartei darstellt (§ 306).

Das AGB-Recht ist auf Allgemeine Geschäftsbedingungen anzuwenden, das heißt auf die für eine Vielzahl von Verträgen vorformulierten Vertragsbedingungen, die eine Vertragspartei (Verwender) der anderen Vertragspartei bei Abschluss des Vertrages stellt (§ 305 Abs. 1). AGB liegen vor, wenn es sich um vorformulierte Vertragsbedingungen handelt, wenn der Verwender den Zweck verfolgt, sie in gleicher Weise für mehrere Verträge mit verschiedenen Partnern zu verwenden und wenn die Vertragsbedingungen nicht im Einzelnen ausgehandelt sind. Nach § 305 Abs. 2 werden die AGB nur dann Vertragsinhalt, wenn der Verwender die andere Vertrags-

[237] Vgl. auch WR I, S. 111-115, allerdings noch zum AGB-Gesetz vor der Novelle von 2001
[238] Vgl. dazu J. Hager, JZ 1996, 175-179

partei ausdrücklich oder durch deutlich sichtbaren Aushang am Ort des Vertragsschlusses auf seine AGB hinweist und wenn die andere Vertragspartei mit ihrer Geltung einverstanden ist. Schließt die andere Vertragspartei das Geschäft in Kenntnis des Umstandes, dass AGB verwendet werden, ohne Vorbehalt ab, so ist sie mit der Geltung der AGB einverstanden. Stehen die Vertragsparteien in ständigen Geschäftsbeziehungen, so können sie in einer Rahmenvereinbarung die Geltung der AGB im Voraus festlegen. In § 306 a ist ein Umgehungsschutz verankert, der Ausweichstrategien blockieren soll.

Zwar finden die Klauselverbote der §§ 308 und 309 ebenso wenig wie die Vorschriften von § 305 Abs. 2 und 3 Anwendung auf AGB, die gegenüber einem Unternehmer, einer juristischen Person des öffentlichen Rechts oder einem öffentlich-rechtlichen Sondervermögen, Versorgungs- und Entsorgungsunternehmen verwendet werden (§ 310 Abs. 1 und 2). Ihre Wertung wird aber auch in derartigen Fällen jedenfalls teilweise übernommen, weil die Generalklausel des § 307 (Treu und Glauben) auch in diesen Fällen anzuwenden ist. Es ist in jedem Fall gesondert zu prüfen, ob die Bedürfnisse und Gebräuche des Handelsverkehrs und des Rechtsverkehrs für diesen Kreis von Vertragsbeteiligten eine entsprechende Anwendung der Klauselverbote aus §§ 308 und 309 rechtfertigen.

Durch Umsetzung der EG-Richtlinie über missbräuchliche Klauseln in Verbraucherverträgen[239] hat der Gesetzgeber im Jahre 1996 den Verbraucherschutz als speziellen Zweck in das AGB-Gesetz eingefügt. Nach dem damaligen § 24 a AGBG und jetzigen § 310 Abs. 3 gelten Allgemeine Geschäftsbedingungen als vom Unternehmer gestellt, es sei denn, dass sie durch den Verbraucher in den Vertrag eingeführt wurden. Darüber hinaus sind Verbraucher auch dann geschützt, wenn Unternehmer ihnen gegenüber eine Klausel nur in einem einzigen Vertrag verwendet haben. Aus der Richtlinie (Art. 5) folgt ferner ein Transparenzgebot, wonach der Verwender die Klausel so gestalten muss, dass der rechtsunkundige Durchschnittsbürger ihre ihn benachteiligende Wirkung ohne Einholung eines Rechtsrats erkennen kann. Die Rechtsprechung hat diesen Grundsatz schon bisher im Rahmen der Auslegung von § 9 AGBG (Treu und Glauben) beachtet.[240] Im Rahmen der Novellierung von 2002 hat der Gesetzgeber das Transparenzgebot in § 307 Abs. 1 S. 2 eingefügt. Bei der Beurteilung der unangemessenen Benachteiligung nach § 307 Abs. 1 und 2 sind schließlich, wie die Richtlinie vorschreibt, auch die den Vertragsabschluss begleitenden Umstände zu berücksichtigen.

Wenn AGB verwendet werden, gilt heute in der Regel entweder der Verbraucherschutz des § 310 Abs. 3 oder ein abgeschwächter Schutz, wenn AGB gegenüber dem Personenkreis des § 310 Abs. 1 und 2 verwendet werden. Der allgemeine Anwendungsbereich des Gesetzes reduziert sich auf Verträge zwischen Verbrauchern und auf Verträge, die mit Freiberuflern abgeschlossen werden.[241]

Nach § 307 Abs. 3 gelten die AGB-rechtlichen Vorschriften nur für AGB, die von Rechtsvorschriften abweichen oder diese ergänzen, nicht z. B. für Leistungsbeschreibungen und Preise. Insoweit soll die Vertragsfreiheit - auch des wirtschaftlich Stärkeren - nicht eingeschränkt werden.

[239] Abgedruckt in NJW 1993, S. 1338 ff.
[240] Vgl. BGHZ 104, 92; 106, 47, 264; 108, 57; 115, 85
[241] Vgl. Palandt-Heinrichs, Anm. 9 zur Einführung des AGBG

Im Folgenden sollen zuerst die Klauselverbote ohne Wertungsmöglichkeit nach § 309, sodann die mit Wertungsmöglichkeit nach § 308 kurz dargestellt werden. Schließlich soll die Bedeutung von § 307 (Treu und Glauben) aufgezeigt werden.

b) Klauselverbote ohne Wertungsmöglichkeit

Nach § 309 Nr. 1 (**Preisgleitklauseln**) sind AGB unwirksam, bei denen sich der Verwender eine zwischenzeitliche Erhöhung der Listenpreise vorbehält, wenn innerhalb von vier Monaten nach Vertragsabschluss geliefert werden soll. Beträgt der Lieferzeitraum mehr als vier Monate, so ist eine derartige Preisgleitklausel nach § 309 Nr. 1 kontrollfähig. Das Klauselverbot kann auch nicht dadurch umgangen werden, dass überhaupt kein Preis festgelegt wird, sondern eine Lieferung zum jeweiligen Tagespreis vereinbart wird. Dies wäre eine Umgehung des Klauselverbots aus Nr. 1, die per se unangemessen wäre.[242] Ausgenommen von diesem Klauselverbot sind Dauerschuldverhältnisse, also Miet-, Pacht-, Dienst- oder Werkleistungen. Bei ihnen sind Gleitklauseln zulässig.

Nach § 309 Nr. 2 kann der Verwender seinem Vertragspartner bestimmte **Zurückbehaltungs- oder Leistungsverweigerungsrechte** nicht entziehen. Im gegenseitigen Vertrag kann jeder der beiden Vertragspartner seine Leistung solange zurückhalten, bis auch der andere leistet. Es wird Zug um Zug geleistet (§§ 320, 322). Diese Vorschrift ist jedoch abdingbar. Der Schuldner kann zur Vorleistung verpflichtet werden. So wird in Einheitsmietverträgen z. B. allgemein festgelegt, dass der Mietzins monatlich im Voraus zu entrichten sei. Der Schutz des § 309 Nr. 2 greift nur dann ein, wenn solche Vorleistungspflichten nicht vertraglich festgelegt sind. Der Schuldner behält seine Rechte nach §§ 320 und 322. Er behält ebenfalls ein Zurückbehaltungsrecht aus § 273 Abs. 1, das sich auf einen Anspruch aus demselben Vertragsverhältnis gründet. Dieses Recht darf insbesondere nicht dadurch geschmälert werden, dass der Verwender Sachmängel, auf die sich der Vertragspartner beruft, zuvor anerkannt haben muss.

Nach § 309 Nr. 3 sind sogenannte **Aufrechnungsverbote** unter bestimmten Voraussetzungen unwirksam. Für den Schuldner sind Aufrechnungsmöglichkeiten dann wichtig, wenn er eine Gegenforderung hat, seinen Vertragspartner aber als wenig zahlungskräftig einschätzt. Rechnet er dann mit seiner Forderung auf, so kann der Gläubiger umgekehrt in Schwierigkeiten kommen, wenn die Gegenforderung des Schuldners streitig ist. Nach § 309 Nr. 3 kann der Verwender in den AGB zwar ein Aufrechnungsverbot vorsehen, er muss dieses jedoch einschränken. Hat sein Vertragspartner eine unbestrittene oder rechtskräftig festgestellte Forderung, so kann ihm die Aufrechnungsmöglichkeit in den AGB nicht genommen werden. Der Verwender der AGB kann diese Schutzvorschrift nicht dadurch unterlaufen, dass er die Aufrechnungsmöglichkeit seines Vertragspartners bestreitet, ohne hierfür schlüssige Argumente vorbringen zu können.

Der Verwender kann sich auch nicht nach § 309 Nr. 4 von der gesetzlichen Obliegenheit freistellen, seinen Vertragspartner bei dessen Leistungsverzögerung zu **mahnen** oder ihm eine **Frist zu setzen**. Eine derartige Klausel im kaufmännischen Verkehr wird nach § 307 als unangemessen und damit als unwirksam betrachtet.[243]

---

[242] Vgl. Soergel-Stein, § 11 Rz 3, str.

[243] BGH NJW 1986, 842

Ökonomisch sinnvoll sind **Pauschalierungen von Schadens- oder Wertminderungsersatzansprüchen**. Damit befasst sich § 309 Nr. 5. Sie ersparen die Kosten einer oft schwierigen konkreten Schadensermittlung und vermeiden vielfach gerichtliche Auseinandersetzungen. Sie führen den Vertragsparteien das Risiko von Vertragsverletzungen vor Augen und halten deshalb zur Vertragserfüllung an. Unwirksam sind jedoch Klauseln in AGB, wenn die Pauschale den nach dem gewöhnlichen Lauf der Dinge zu erwartenden Schaden oder die gewöhnlich eintretende Wertminderung übersteigt oder wenn dem anderen Vertragsteil nicht ausdrücklich der Nachweis gestattet wird, ein Schaden oder eine Wertminderung sei überhaupt nicht entstanden oder wesentlich geringer als die Pauschale (§ 309 Nr. 5a und b). Damit hält das Gesetz den Weg für eine konkrete Schadensberechnung dort offen, wo die Pauschalierung im Einzelfall zu einer Bereicherung des Verwenders und damit zu einer unangemessenen Benachteiligung des Vertragspartners führen würde. Das Klauselverbot enthält in Wirklichkeit eine Wertungsmöglichkeit. Das Gericht muss feststellen, wie hoch der nach dem gewöhnlichen Lauf der Dinge zu erwartende Schaden oder die gewöhnlich eintretende Wertminderung ist. Stellt das Gericht fest, dass die Pauschale überhöht ist, so kann es sie nicht herabsetzen.[244] Wird dem Vertragspartner nicht der Gegenbeweis gestattet, dass der Schaden oder die Wertminderung nicht entstanden bzw. wesentlich geringer als die Pauschale sei, so genügt es nicht, ihm diesen Gegenbeweis durch Gerichtsentscheidung zu öffnen.[245] Der Verwender muss vielmehr seinen Schaden konkret berechnen. Der Inhalt des Vertrages richtet sich in beiden Fällen nach den gesetzlichen Vorschriften (§ 306 Abs. 2). Das dispositive Gesetzesrecht greift wieder ein.

Nach § 309 Nr. 6 ist nicht jede **Vertragsstrafe** in AGB verboten, sondern nur eine solche, die sich auf die Nichtabnahme oder verspätete Abnahme der Leistung, den Zahlungsverzug des Vertragspartners, dessen Kündigung oder Rücktritt bezieht. Zulässig bleibt eine Vertragsstrafe in AGB für eine verspätete Lieferung oder Herstellung der Sache.

Unzulässig ist es ferner, wenn der Verwender die **Haftung für die Verletzung von Leben, Körper, Gesundheit und für vorsätzliches oder für grob fahrlässiges Verhalten** ausschließt (§ 309 Nr. 7). In Bezug auf Körperschäden ist eine Haftungsbeschränkung also unzulässig. Dies gilt auch für das Verhalten seines Erfüllungsgehilfen (vgl. § 278). An die Stelle unwirksamer Freizeichnungsklauseln treten nach § 306 Abs. 2 die gesetzlichen Haftungsregelungen; ein vollständiger Haftungsausschluss kann nicht in einen - an sich zulässigen - Haftungsausschluss für leichte Fahrlässigkeit umgedeutet werden.[246]

Nach § 309 Nr. 8 a sind AGB-Klauseln unwirksam, die den Vertragspartner bei vom Verwender zu vertretender, **vertraglicher Pflichtverletzung** rechtlos stellen und sein Recht, sich vom Vertrag zu lösen, ausschließen oder einschränken.

Besonders wichtig ist § 309 Nr. 8 b. Hier wird die **Einschränkung von Gewährleistungsansprüchen** des Vertragspartners bei Verträgen über Lieferungen neu hergestellter Sachen und Werkleistungen zwar grundsätzlich zugelassen, aber doch zugleich wieder eingeschränkt. Nach Nr. 8 b aa ist es unzulässig, die Gewährleistungsansprüche völlig auszuschließen. Unzulässig ist es auch, den Vertragspartner auf Ansprüche gegen Dritte (z.B. Vorlieferanten) zu verweisen. Praktisch am wichtigsten ist Nr. 8 b bb. Hier wird zwar die Beschränkung der Gewährleistungsansprüche auf eine Nacherfüllung, d. h. auf ein sogenanntes Nachbesserungs- oder Ersatzlieferungsrecht zugelassen. Dem Vertragspartner muss aber ausdrücklich das Recht belassen werden,

---

[244] OLG Frankfurt/M., NJW 1982, 2564

[245] BGH NJW 1986, 376 ff.

[246] BGHZ 96, 18, 25; 86, 284, 297; anders OLG München, NJW 1981, 1963

bei Fehlschlag der Nachbesserung oder Ersatzlieferung die Herabsetzung der Vergütung (Minderung) oder die Rückgängigmachung des Vertrages (Rücktritt) zu verlangen. Bei einer Bauleistung kann nur Minderung verlangt werden. Da Nr. 8 b bb nur für Gewährleistung bei neu hergestellten Sachen gilt, erscheint es vertretbar, dem Vertragspartner lediglich ein Nachbesserungs- bzw. Ersatzlieferungsrecht zu belassen. Es genügt, wenn das Recht auf Rücktritt oder Minderung wieder auflebt, falls die Nachbesserung oder Ersatzlieferung scheitert. Festzuhalten bleibt, dass die Gewährleistungsansprüche bei gebrauchten Sachen ausgeschlossen werden können, wenn der Mangel nicht arglistig verschwiegen oder eine Garantie übernommen wurde (§ 444).

Nr. 8 b cc sichert den Schutz des Vertragspartners dadurch ab, dass ihm auch nicht die Aufwendungen für die Nacherfüllung auferlegt werden dürfen. Andernfalls hätte er wirtschaftlich den Nachteil der mangelhaften Lieferung bzw. Leistung doch zu tragen. Denselben Schutz sieht übrigens § 439 Abs. 2 vor. Er schützt den Vertragspartner, in diesem Fall den Käufer, jedoch nicht ausreichend, da er abbedungen werden kann.

Schließlich sieht Nr. 8 b dd noch vor, dass der Ratenkäufer in seinen Gewährleistungsansprüchen nicht dadurch beschränkt werden kann, dass er erst den vollen Kaufpreis bezahlen muss, bevor die gelieferte Sache repariert oder ersetzt wird.

Nr. 8 b ee (Ausschlussfristen für Mängelanzeigen) und ff (Erleichterung der Verjährung) verbieten es, in AGB die Fristen für die Geltendmachung der Gewährleistungsansprüche bei Bauleistungen zu Lasten des Vertragspartners zu verkürzen oder in den sonstigen Fällen eine Frist von unter einem Jahr festzusetzen. Dies gilt nicht für Verträge, in die Teil B der Verdingungsordnung für Bauleistungen insgesamt einbezogen ist.

Nach § 309 Nr. 9 sind AGB-Klauseln mit **überlangen Laufzeiten** bei bestimmten Dauerschuldverhältnissen unwirksam. Erfasst sind Verträge, die den Verwender zu einer Sachleistung und den Vertragspartner zur Leistung des Entgelts verpflichten. Es geht um die Verpflichtung zu einer dauernden oder periodischen Leistung in Dienst-, Werk- oder Geschäftsbesorgungsverträgen. Die zulässige Laufzeit des Vertrages beträgt höchstens zwei Jahre (Nr. 9 a), eine stillschweigende Verlängerung des Vertrags um jeweils mehr als ein Jahr ist unzulässig (Nr. 9 b), und schließlich sind für Kündigungen des Vertragspartners Höchstfristen von drei Monaten vorgeschrieben, damit ihm die Möglichkeit verbleibt, sich von der Dauerverpflichtung innerhalb einer angemessenen Frist vor Ablauf des Vertrages lösen zu können. Die Vorschrift umfasst z.B. Lieferverträge, Wartungsverträge, Reinigungs- und Beratungsverträge. Sie gilt nicht für Gebrauchsüberlassungsverträge wie Miete, Pacht oder Leasing.

Nach § 309 Nr. 10 ist es unzulässig, wenn der Verwender in seinen AGB vorsieht, dass er sich aus den Rechten und Pflichten lösen kann oder einen Dritten an seine Stelle setzen kann (**Wechsel des Vertragspartners**). Anders ist es nur, wenn er den Dritten namentlich und mit Anschrift bezeichnet oder dem Vertragspartner ein Rücktritts- oder Kündigungsrecht gewährt.

Wer als **Abschlussvertreter** eine Erklärung für einen Anderen abgibt, haftet nicht, wenn er sich im Rahmen seiner Vollmacht hält. Eine solche Haftung wäre unbillig. Hierauf gerichtete AGB sind unwirksam (§ 309 Nr. 11). Anders ist zu entscheiden, wenn der Vertreter zusätzlich im eigenen Namen als weitere Vertragspartei abschließt.[247]

[247] BGH NJW 1988, 1908

Wer ein Recht hat, dessen Voraussetzungen aber im Prozess nicht beweisen kann, geht im Ergebnis leer aus. Deshalb sind prozessuale Vorschriften über die Verteilung der **Beweislast** wichtig. In AGB wurde die Beweislast vielfach zu Lasten des Vertragspartners umverteilt. Hiergegen wendet sich das Klauselverbot des § 309 Nr. 12. Die hier unter 12 a und b aufgeführten Fälle sind nur Beispiele. Ändert der Verwender der AGB die Beweislast zum Nachteil des Vertragspartners, so soll dies generell unwirksam sein. Die Vorschrift gilt nicht für Empfangsbekenntnisse, die gesondert unterschrieben oder elektronisch signiert sind.

Unzulässig ist auch eine Benachteiligung des Vertragspartners dadurch, dass die Abgabe seiner Willenserklärung an besondere **Form- oder Zugangserfordernisse** gebunden wird. Man stelle sich nur als abschreckendes Beispiel vor, dass die Rüge von Sachmängeln in notariell beurkundeter Form erfolgen müsste. Nach § 309 Nr. 13 darf der Verwender der AGB für diese Willenserklärungen Schriftform verlangen, mehr jedoch nicht. Er darf auch keine besonderen Zugangserfordernisse verlangen.

c) Klauselverbote mit Wertungsmöglichkeit

Die Klauselverbote des § 308 enthalten Begriffe, die ausfüllungs- und auslegungsbedürftig sind. Sie können erst durch Bewertung festgestellt werden. Daher sind diese Klauselverbote schwerer als die des § 309 zu interpretieren.

§ 308 Nr. 1 verbietet unangemessen lange Annahme- und Leistungsfristen. Im Einzelfall muss der Richter feststellen, was hier unangemessen ist. Dasselbe gilt, wenn sich der Verwender abweichend von Rechtsvorschriften eine unangemessen lange oder nicht hinreichend bestimmte Nachfrist für die von ihm zu bewirkende Leistung vorbehält (Nr. 2). Hinzu kommt ein Rücktrittsvorbehalt: Der Verwender darf sich nicht ohne sachlich gerechtfertigten und im Vertrag angegebenen Grund von seiner Leistungspflicht lösen können, es sei denn, es handelt sich um Dauerschuldverhältnisse (Nr. 3). Auch darf er sich ein Recht zur Veränderung des Vertragsinhalts nur insoweit vorbehalten, als die Änderung für den Vertragspartner zumutbar ist (Nr. 4). Nr. 5 betrifft Klauseln, die für den Vertragspartner besonders gefährlich werden können, weil er ihre Tragweite nicht übersieht. Werden an bestimmte Handlungen (z.B. Entgegennahme der Ware) bestimmte Rechtsfolgen geknüpft, so kann dies für ihn im Ergebnis sehr nachteilig werden. Von daher muss ihm in den AGB eine angemessene Frist zur Abgabe einer ausdrücklichen Erklärung eingeräumt werden (Nr. 5 a) und der Verwender sich darüber hinaus verpflichten, den Vertragspartner bei Beginn der Frist auf die vorgesehene Bedeutung seines Verhaltens besonders hinzuweisen (Nr. 5 b). Dies gilt nicht für Verträge, in die Teil B der Verdingungsordnung für Bauleistungen insgesamt einbezogen ist. Nach Nr. 6 sind Klauseln unzulässig, wenn eine Erklärung des AGB-Verwenders von besonderer Bedeutung dem anderen Vertragsteil als zugegangen gilt. Nach Nr. 7 a ist, wenn eine Seite vom Vertrag zurücktritt oder ihn kündigt, eine unangemessen hohe Vergütung für die Nutzung oder für erbrachte Leistungen unzulässig. Dieser Fall ist speziell im Verbraucherschutzrecht für Ratenkredite (vgl. oben) geregelt. Hinzu kommt ein unangemessen hoher Aufwendungsersatz, wie er früher in Maklerverträgen formularmäßig vereinbart war (Nr. 7 b). Schließlich muss der Verwender, wenn er sich nach Nr. 3 in zulässiger Weise den Rücktritt bzw. die Kündigung vorbehält, unverzüglich den Vertragspartner über die Nichtverfügbarkeit der Leistung informieren und dessen Gegenleistungen erstatten.

d) Generalklausel

Die einzelnen Klauselverbote können nicht alle Klauseln erfassen, welche gegen Treu und Glauben verstoßen. Deshalb stellt § 307 als Auffangtatbestand eine Generalklausel auf. Ist keiner der in §§ 308 und 309 AGBG aufgeführten Tatbestände erfüllt, dann muss geprüft werden, ob die Generalklausel des § 307 eingreift. Die Generalklausel gilt auch dann, wenn die AGB gegenüber einer juristischen Person des öffentlichen Rechts, einem öffentlich-rechtlichen Sondervermögen oder einem Unternehmer verwendet werden; in diesen Fällen sind zwar die §§ 305 Abs. 2 und 3, 308 und 309 nicht anwendbar; erhalten bleibt aber die Anwendbarkeit von § 307 (vgl. § 310 Abs. 1).

Nach § 307 Abs. 1 sind Klauseln unwirksam, wenn sie den Vertragspartner des Verwenders entgegen den Geboten von Treu und Glauben unangemessen benachteiligen. Eine unangemessene Benachteiligung ist nach § 307 Abs. 2 im Zweifel anzunehmen, wenn eine Klausel mit wesentlichen Grundgedanken der gesetzlichen Regelung, von der abgewichen wird, nicht zu vereinbaren ist oder wesentliche Rechte oder Pflichten, die sich aus der Natur des Vertrages ergeben, so einschränkt, dass die Erreichung des Vertragszwecks gefährdet ist.

Ein prägnantes Beispiel für eine treuwidrige Klausel ist die in Allgemeinen Bankbedingungen verwendete sogenannte Wertstellungsklausel. Danach wurde früher die Wertstellung von Bareinzahlungen auf Girokonten erst einen Arbeitstag nach der Einzahlung vorgenommen. Der BGH bejaht einen Verstoß gegen den damaligen § 9 AGBG (jetzt § 307 BGB), da durch derartige Klauseln die Kunden wie Kreditnehmer behandelt werden und im Ergebnis ihr eigenes Kapital verzinsen müssen.[248] Treuwidrig ist auch eine Klausel, die gegen das Transparenzgebot des § 307 Abs. 1 S. 2 verstößt (vgl. oben).

Die Rechtsprechung zu § 307 wird immer umfangreicher. Es geht um die Verlängerung der Verjährungsfrist bei Einkaufsbedingungen[249], um Haftungshöchstbeträge,[250] um Haftungsbegrenzungen bei Kfz-Reparaturbedingungen[251], Modalitäten der Krankenhausbehandlung[252], Reiseverträge[253], Zinsberechnungsklauseln[254] und die Abwälzung von Schönheits- oder Kleinreparaturen in Mietverträgen über Wohnräume.[255] Unverkennbar ist eine Tendenz der höchstrichterlichen Rechtsprechung, aus den Klauselverboten der §§ 308 und 309 eine Art zivilrechtliche Wertordnung für Formularverträge zu entwickeln, die abgeschwächt auch im Verkehr zwischen Unternehmern gelten soll.

e) Das Unterlassungsklagengesetz (UKlaG)

Da der Gesetzgeber die prozessualen Vorschriften des AGB-Gesetzes nicht in das BGB aufnehmen konnte und wollte, entschloss er sich dazu, sie in einem eigenen Gesetz zusammenzufassen, dem Gesetz über Unterlassungsklagen bei Verbraucherrechts- und anderen Verstößen (Unterlassungsklagengesetz, UKlaG). Es legt in § 1 einen Unterlassungsanspruch gegen den fest, der in seinen AGB Bestimmungen verwendet oder für den rechtsgeschäftlichen Verkehr empfiehlt, die

---

[248] Vgl. BGHZ 106, 259, diskutiert in WR I, S. 113/114
[249] BGHZ 110, 88
[250] BGH NJW 1984, 1250
[251] BGH NJW 1987, 2818
[252] BGH NJW 1990, 761
[253] BGH NJW 1987, 1931; 1990, 370; 1992, 3158
[254] BGHZ 106, 42
[255] BGH JZ 1988, 96; BGHZ 108, 1; BGH NJW 1992, 1759

nach §§ 307-309 unwirksam sind. Das Empfehlungsverbot richtet sich insbesondere gegen Verbände. Auch in anderen Fällen, in denen Verbraucherschutzgesetze verletzt wurden, z. B. bei Verbrauchsgüterkäufen, Haustürgeschäften und Reiseverträgen, sind Unterlassungsklagen möglich (§ 2 UKlaG). Nach § 3 Abs. 1 Nr. 1 UKlaG haben u. a. Verbraucherverbände das Recht, bei Verstößen gegen die §§ 307-309 ein gerichtliches Verfahren einzuleiten. Der Verwender von AGB kann hier dazu verurteilt werden, in Zukunft bestimmte Klauseln nicht mehr zu verwenden. Die Verbraucherverbände müssen im Bereich der Verbraucherberatung und -aufklärung tätig sein oder mindestens 75 natürliche Personen als Mitglieder haben.

Handelt jemand, der zur Unterlassung verurteilt wurde, diesem Gebot zuwider, dann kann sich jeder seiner Vertragspartner auf die Unwirksamkeit der (weiter) verwendeten AGB berufen (§ 11 UKlaG). Die AGB sind aber nicht per se unwirksam (!). Es bleibt den Verbraucherschutzverbänden unbenommen, auch nach § 13 Abs. 2 Nr. 3 des Gesetzes gegen den unlauteren Wettbewerb (UWG) auf Unterlassung zu klagen, wenn gegen die Vorschriften dieses Gesetzes verstoßen wurde.

f) Perspektiven

Die §§ 308 und 309 müssen derzeit noch gegen die Praxis der Allgemeinen Geschäftsbedingungen durchgesetzt werden, die sich in Jahrzehnten entwickelt hat. Da ihr Anwendungsbereich jedoch den Verwendern neuer Allgemeiner Geschäftsbedingungen bekannt ist, wird die Bedeutung dieser konkretisierten Klauselverbote in Zukunft geringer werden. Die Bedeutung der Generalklausel in § 307 dürfte hingegen weiter wachsen, da diese auf jeden neuen Sachverhalt anzuwenden ist, auch wenn er von den konkretisierten Klauselverboten bisher nicht erfasst ist. § 307 gilt auch für Unternehmer. Damit nimmt die Bedeutung des AGB-Rechts auch für den kaufmännischen Geschäftsverkehr zu. Gerade die Ungleichgewichte in Vertragsbeziehungen zwischen Kaufleuten nehmen angesichts der wachsenden Konzentration und Vermachtung der Wirtschaft zu. Große industrielle Hersteller beziehen zunehmend die Lieferanten in ihre Rationalisierungsstrategien ein. Diese bleiben zwar rechtlich selbständige Kaufleute, geraten aber, je nachdem, welche Marktposition sie innehaben, in eine immer stärkere Abhängigkeit von den mächtigen Herstellern. Ähnliches gilt für die Nachfragemacht des Einzelhandels, die zu einer wirtschaftlichen Abhängigkeit der Warenhersteller führen kann. Auch für diese abhängigen Unternehmer gilt das Recht der Allgemeinen Geschäftsbedingungen, wobei jedoch die Besonderheiten des Handelsverkehrs dazu führen, dass die Wertungen der §§ 308 und 309 nicht pauschal übertragen werden können. Im Unterlassungsklagengesetz wird sichergestellt, dass der Rechtsschutz auch kollektiv wahrgenommen werden kann.

Das AGB-Recht gilt nicht für Verträge auf dem Gebiet des Erb-, Familien- und Gesellschaftsrechts sowie für Tarifverträge, Betriebs- und Dienstvereinbarungen. Diese Ausnahmen sind im Einzelnen durchaus diskussions- oder kritikwürdig. Sie errichten dennoch eine Schranke auch für die Anwendung der Generalklausel in § 307 Abs. 1, welche die Gerichte erst nach einer Gesetzesnovelle überspringen können.[256] Seit der Novelle von 2001 gilt das Recht der Allgemeinen Geschäftsbedingungen für Arbeitsverträge. Allerdings sind die Besonderheiten des Arbeitsrechts nach § 310 Abs. 4 angemessen zu berücksichtigen. § 305 Abs. 2 und 3 ist nicht anzuwenden. Tarifverträge, Betriebs- und Dienstvereinbarungen stehen den Rechtsvorschriften im Sinne von

---

[256] Vgl. im einzelnen WR I, IV 2d

§ 307 Abs. 3 gleich, d. h. die Inhaltskontrolle des § 307 und die Klauselverbote der §§ 308 und 309 gelten nur für AGB, die von diesen Normen abweichen oder sie ergänzen.

8. Wiederholung

a) Der fünfzehnjährige A ist als blinder Passagier von Frankfurt nach Madrid geflogen. Er wird von Lufthansa-Angehörigen in Madrid in die nächste Maschine gesetzt, die nach Frankfurt zurückfliegt. Die Lufthansa verlangt von A und von seinen Eltern die Bezahlung des Rückfluges. Zu Recht?

Vertragliche Ansprüche der Lufthansa gegen A oder seine Eltern scheiden aus. In Frage kommt jedoch Aufwendungsersatz für Geschäftsführung ohne Auftrag nach §§ 677, 683, 670 BGB. Der wirkliche Wille der Eltern des minderjährigen A war für die Lufthansa nicht erkennbar. Der mutmaßliche Wille der Eltern war auf die Rückkehr des A gerichtet. Ob diese Rückkehr allerdings mit dem Flugzeug oder preiswerter mit der Bahn erfolgen sollte, ist damit noch unklar. Zu bedenken ist, dass bei der Rückreise per Bahn möglicherweise eine Begleitperson hätte mitgeschickt werden müssen. Es war damit zu rechnen, dass A nicht unbedingt daran interessiert war, nach Frankfurt zurückzukehren. Deshalb erscheint es vertretbar, A auf dem schnellsten und in Bezug auf die Überwachung der Rückkehr einfachsten Weg nach Frankfurt zurückzubefördern. Die Lufthansa kann Aufwendungsersatz von den Eltern des A verlangen.

b) A trägt an seinem Arbeitsplatz in den Räumen der X-AG eine Plakette mit weißer Friedenstaube auf blauem Grund. Der Personalchef der X-AG fragt, ob dies zulässig sei oder gegen das Gebot der politischen Neutralität im Betrieb verstoße.

Nach § 611 BGB ist der Arbeitnehmer zur Leistung der versprochenen Dienste verpflichtet. Meinungsäußerungen dürfen daher die Arbeitsabläufe nicht fühlbar beeinträchtigen. Zwar folgt aus der Meinungsfreiheit nach Art. 5 Abs. 1 GG, dass auch im Arbeitsverhältnis die Freiheit der politischen Meinungsäußerung nicht ausgesperrt werden soll. Dennoch hat das Bundesarbeitsgericht in einer viel kritisierten Entscheidung den Grundsatz aufgestellt, das Recht der freien Meinungsäußerung finde seine Schranke in den Grundregeln über das Arbeitsverhältnis.[257] Die konkrete Reichweite der Meinungsfreiheit im Betrieb wird vom BAG je nach der Lage des Einzelfalls festgelegt. So wurde es für rechtswidrig erachtet, dass ein Lehrer während des Unterrichts eine Anti-Atom-Plakette trage.[258] Hierbei wurde aber auf die besondere Situation in der Schule abgestellt. Das bloße Tragen einer Friedenstaube dürfte heute auch im Rahmen der BAG-Rechtsprechung für zulässig erachtet werden. Meines Erachtens rechtfertigt es sich schon aus der unmittelbaren Geltung der Meinungsfreiheit, die nach Art. 5 Abs. 1 GG auch im Arbeitsverhältnis geschützt ist, wenn damit keine fühlbare Beeinträchtigung der Arbeitsabläufe verbunden ist. Insofern ergeben sich Rücksichtspflichten des Arbeitgebers und des Arbeitnehmers.[259] Anders entschied das Bundesverwaltungsgericht[260] einen Fall, in dem die Plakette „Atomkraft nein danke" im öffentlichen Dienst getragen wurde.

---

[257] BAG AP Nr. 2 zu § 134 BGB = DB 1972, 2356
[258] BAG DB 1982, 2143
[259] Erfurter Kommentar-Dieterich Art. 5 GG Rz. 34
[260] DVBl. 1990, 645

c) K kauft vom KfZ-Händler V einen neuen Geländewagen mit Anhängerkupplung. In den AGB des V steht: Hinsichtlich der Anhängerkupplung ist meine Haftung ausgeschlossen, da diese von der X-AG geliefert und an den Geländewagen montiert wurde. Da die X-AG die Kupplung fehlerhaft montiert hat, löst sich während einer Fahrt der Anhänger vom Geländewagen. Es entsteht ein Sachschaden an dem Anhänger und an einem geparkten, dem K gehörenden Fahrzeug in Höhe von 20 000 Euro. V erklärt sich lediglich bereit, für eine korrekte Montage der Anhängerkupplung Sorge zu tragen. K fragt an, ob er von V Ersatz des Schadens verlangen kann.

K könnte seinen Ersatzanspruch auf §§ 437, 440, 280, 281 und 283 BGB stützen. Voraussetzung dafür, dass der bei K in Höhe von 20 000 Euro entstandene Sachschaden von V ersetzt werden muss, ist, dass der in den AGB des V enthaltene Haftungsausschluss dem K nicht entgegengehalten werden kann. Da der Verkäufer V als KfZ-Händler nach § 14 Unternehmer und K nach § 13 Verbraucher ist, handelt es sich hier um einen Verbrauchsgüterkauf (§ 474 Abs. 1 S. 1). Nach § 475 Abs. 1 sind hier alle zum Nachteil des Käufers getroffenen Vereinbarungen über einen Ausschluss oder eine Einschränkung der Sachmängelhaftung unwirksam (§ 475 Abs. 1, 437). Eine Einschränkung ist auch darin zu erblicken, dass V für die Anhängerkupplung nicht haften will. Nach § 434 ist der von V verkaufte Geländewagen nicht frei von Sachmängeln, da die Anhängerkupplung nicht funktioniert. K kann nach §§ 437 Nr. 3, 280, 281 Schadensersatz statt der Leistung und Ersatz des Begleitschadens an dem geparkten Fahrzeug verlangen.

d) Verkäufer V weist in seiner Fernsehwerbung darauf hin, dass der von ihm verkaufte Staubsauger garantiert drei Jahre funktioniere. V verkauft einen Staubsauger an K. Nach zwei Jahren gibt der Staubsauger seinen Geist auf. In den Kaufvertrag ist keine Garantie der Haltbarkeit aufgenommen worden. Kann K aus der „Garantie" in der Fernsehwerbung Gewährleistungsansprüche gegen V geltend machen?

Vor der Novelle von 2001 scheiterten derartige Ansprüche, weil die Garantie nicht Vertragsinhalt geworden war. Jetzt bestimmt § 443 (Beschaffenheits- und Haltbarkeitsgarantie) in Abs. 1, dass für die Rechte des Käufers im Garantiefall sowohl die Garantieerklärung als auch die einschlägige Werbung maßgeblich ist. Die Vorschrift ist so zu interpretieren, dass es genügt, wenn die Garantieerklärung in der Werbung abgegeben wurde. Demnach können aus einer Aufforderung zur Offerte vertragliche Schadensersatzansprüche abgeleitet werden!

9. Systematische Übersicht

Im Vertragsrecht ist das Recht der Leistungsstörungen überwiegend im allgemeinen Schuldrecht (2. Buch des BGB) geregelt; dies gilt für die Unmöglichkeit, den Verzug, die Pflichtverletzungen nach § 280 ff. die Culpa in Contrahendo nach § 311 Abs. 2 und die Störung der Geschäftsgrundlage nach § 313. Die Sachmängelhaftung ist im besonderen Schuldrecht untergebracht. Die Regelungen für den Kauf-, Werk- und Mietvertrag sind unterschiedlich.

Der Exkurs zur Produzentenhaftung führt in das Deliktsrecht (Besonderer Teil des 2. Buchs) zurück. Der Exkurs wird in das Vertragsrecht eingeschoben, weil vertragliche und deliktische Ansprüche miteinander konkurrieren.

Die Vertragstypen sind im besonderen Teil des Schuldrechts (2. Buch des BGB) ausgeführt. Die Inhaltskontrolle von vorformulierten Vertragsklauseln folgt aus den Vorschriften zum Recht der

Allgemeinen Geschäftsbedingungen, die 2001 in das BGB eingefügt wurden, nachdem sie zuvor seit 1976 im AGB-Gesetz geregelt worden waren.

Für eine Reihe von Vertragstypen und vertragsrechtlichen Vorschriften gibt es Spezialregelungen im Handelsgesetzbuch. So sind zur Sachmängelhaftung im Kaufvertrag die besonderen Vorschriften über die Untersuchungs- und Rügeobliegenheit ausgeführt. Besondere handelsrechtliche Vertragstypen sind wenigstens im Überblick dargestellt. Diese Vertragstypen sind dadurch gekennzeichnet, dass sie im Verkehr zwischen Kaufleuten gelten.

Die Vorschriften zum Arbeitsvertrag sind zwar im besonderen Schuldrecht des BGB enthalten, sie sind aber nicht Teil des Zivilrechts, sondern haben sich als besonderes Privatrecht - mit einer eigenen Gerichtsbarkeit - verselbständigt. Hinzu kommt im Arbeitsschutzrecht eine Reihe von öffentlich-rechtlichen Normen des Arbeitsrechts, auf die hier nicht eingegangen wird.

Bei den jeweiligen Vertragstypen sind zum Teil Probleme des allgemeinen Schuldrechts mit abgehandelt, so beim Kaufvertrag Probleme der Erfüllung von Forderungen, beim Darlehen Probleme der Schuldabänderung und der Novation.

Hinzuweisen ist nochmals auf die Technik des „Vor-die-Klammer Ziehens“, durch die im BGB allgemeine Probleme „nach vorne" verlagert werden.

10. Ökonomische Analyse unterschiedlicher Vertragstypen

(T. Eger)

Sieht man einmal vom Gesellschaftsvertrag ab, so lassen sich aus ökonomischer Sicht insbesondere drei Gruppen von Vertragsbeziehungen unterscheiden, die in entwickelten Marktwirtschaften auftreten.

Zum einen gibt es den *typischen (kurzfristigen) Kaufvertrag*, der in der Regel zwischen einem privaten Konsumenten und einem Händler abgeschlossen wird. Gegenstand derartiger Verträge ist in der Regel der Kauf eines in großer Stückzahl industriell gefertigten Produktes, dessen relevante Eigenschaften von den Konsumenten schwer zu durchschauen sind. Eine wichtige Informationsquelle für den Konsumenten stellt die Werbung des Herstellers dar, der in der Regel nicht unmittelbarer Vertragspartner ist. Die Kaufverträge werden nur selten einzeln ausgehandelt, es werden den Konsumenten vielmehr in der Regel Standardverträge angeboten. Schließlich zahlen die Konsumenten den Kaufpreis bei höherwertigen Konsumgütern häufig nicht vollständig zum Zeitpunkt des Kaufs, sondern verbinden den Kauf mit einer Kreditaufnahme. Kommt es bei derartigen Verträgen zu Konflikten, so spielen Gerichtsprozesse eine relativ große Rolle. Die Rechtsprechung ist durch zahlreiche Grundsatzurteile ziemlich gut kalkulierbar geworden. Unter diesen Bedingungen ist zu erwarten, dass die bestehenden vertragsrechtlichen Normen einen verhältnismäßig starken unmittelbaren Einfluss auf die Vertragshandlungen haben werden.[261]

Ein zweiter wesentlicher Vertragstyp ist der *Arbeitsvertrag* zwischen rechtlich selbständigen Arbeitgebern und unselbständigen Arbeitnehmern. Die meisten Konsumenten beziehen ihr Einkommen unmittelbar oder mittelbar (als Familienangehörige) überwiegend aus einem abhängigen

[261] Siehe zu derartigen Fragen oben, Kapitel IV.6: Ökonomische Analyse vertraglicher Leistungsstörungen.

Beschäftigungsverhältnis, dessen Ausgestaltung auch zu einem erheblichen Teil ihr Ansehen und ihr Prestige in der Gesellschaft bestimmt. Bei arbeitsvertraglichen Konflikten dominieren Methoden der außergerichtlichen Konfliktbewältigung; Gerichtsprozesse werden insbesondere angestrengt, wenn mindestens eine Partei erwartet, dass eine Fortsetzung des Beschäftigungsverhältnisses nicht mehr möglich ist.

Schließlich gibt es eine Vielzahl von Verträgen, die die *langfristigen Geschäftsbeziehungen zwischen gewerblichen Vertragsparteien* regeln. Bei diesem Vertragstyp werden Konflikte vergleichsweise selten vor Gericht ausgetragen. Die Parteien greifen in starkem Maße auf außergerichtliche, vertraglich vereinbarte Mechanismen zurück.

Im Folgenden sollen zunächst einige typische Merkmale derartiger Langzeitverträge herausgearbeitet werden. Dabei ist zu beachten, dass langfristige Geschäftsbeziehungen zwischen rechtlich selbständigen Unternehmen einerseits eine Alternative zum Abschluss kurzfristiger Kaufverträge und andererseits eine Alternative zur vertikalen Integration darstellen. Von vertikaler Integration spricht man, wenn die Aktivitäten von Käufer und Verkäufer in einer Unternehmung zusammengefasst und einer einheitlichen Kontrolle unterstellt werden. An die Stelle von Kauf- bzw. langfristigen Liefer- und Abnahmeverträgen treten in diesem Fall Arbeitsverträge. Daran anschließend werden einige gängige Vertragstypen aus ökonomischer Sicht etwas eingehender analysiert.

a) Grundprobleme der Ausgestaltung langfristiger Vertragsbeziehungen[262]

1. Zum Zeitpunkt der Aushandlung eines Langzeitvertrages sind die Parteien mit zwei Arten von Unsicherheit konfrontiert. Zum einen besteht Unsicherheit darüber, welche Zustände der Welt (d. h. Preise der relevanten Güter und Produktionsfaktoren, Stand der Wissenschaft und Technik, Präferenzen, individuelle Produktionsbedingungen, staatliche Regulierung etc.) während der Laufzeit des Vertrages realisiert sein werden. Im gedanklichen Extremfall handelt es sich hierbei um rein exogene Einflüsse, die durch Handlungen der Vertragsparteien nicht beeinflusst werden können. Zum anderen besteht Unsicherheit darüber, ob sich der jeweilige Vertragspartner bei der Vertragserfüllung kooperativ oder opportunistisch verhalten wird. Ein kooperativer Vertragspartner wird die ex ante vereinbarte Risikoverteilung auch ex post akzeptieren, und er wird sich während der Laufzeit des Vertrages ständig um eine wechselseitig vorteilhafte Ausfüllung von Vertragslücken, d. h. um einen möglichst hohen Kooperationsgewinn, bemühen. Ein opportunistischer Vertragspartner wird versuchen, Abwanderungskosten und Informationsdefizite des anderen Vertragspartners zum eigenen Vorteil auszunutzen und sich durch „Holdup" und „Moral Hazard" einen möglichst großen Teil des Kooperationsgewinns anzueignen.

Von *Holdup* spricht man, wenn eine Vertragspartei hohe Abwanderungskosten des Vertragspartners dahingehend ausnutzt, dass sie nicht spezifizierte bzw. nicht ohne weiteres durchsetzbare Vertragsbestandteile zu ihren Gunsten interpretiert bzw. verändert und mit Beendigung der Vertragsbeziehung droht, falls der Vertragspartner dies nicht akzeptiert. Man kann sich das Problem des Holdup an einem extremen Beispiel verdeutlichen.[263] Der Eigentümer einer Pfirsich-Plantage hat zur Erntezeit Arbeitskräfte eingestellt, mit denen ein Arbeitslohn von insgesamt 45.000 € vertraglich vereinbart wurde. Der Marktwert der reifen Pfirsiche beträgt 400.000 €. Um die Pfir-

[262] Vgl. zu derartigen Fragen ausführlich Eger, Eine ökonomische Analyse von Langzeitverträgen, Marburg 1995.

[263] Vgl. Klein/Crawford/Alchian, Vertical Integration, Appropriable Rents, and the Competitive Contracting Process, in: Journal of Law and Economics, 21 (1978), S. 313 f.

siche gedeihen zu lassen, waren in der Vergangenheit Investitionsausgaben in Höhe von 300.000 € erforderlich. Darüber hinaus entstehen Kosten des Versands in Höhe von 5.000 €. Schließen sich nun die Arbeitskräfte zusammen und weigern sich, für weniger als 390.000 € zu arbeiten, erhält der Eigentümer nach Abzug der Transportkosten nur noch 5.000 €, anstatt der ursprünglich geplanten 350.000 €, die erforderlich sind, die Investitionsauslagen und die damit verbundenen Zinskosten zu decken. Geht der Eigentümer der Plantage nicht auf die Forderungen der Arbeiter ein, bleibt er auf seiner leicht verderblichen Ware sitzen und verdient überhaupt nichts.[264]

Dieses Beispiel ist insofern extrem, als unterstellt wird, dass Leistung und Gegenleistung der Vertragsparteien klar spezifiziert sind und dass eine Vertragspartei (die Arbeiter) die hohen Abwanderungskosten der anderen Partei und deren Unfähigkeit, den Vertrag auch durchzusetzen, schamlos und in erpresserischer Weise zum eigenen Vorteil ausnutzt.[265] Holdup-Probleme treten aber auch zwischen redlichen Vertragsparteien auf - und zwar immer dann, wenn der Vertrag nicht vollständig spezifiziert ist und wenn die Vertragslücken von den Parteien unterschiedlich interpretiert werden. Sind die Vertragsparteien unterschiedlicher Auffassung darüber, welche Quantität und Qualität bei welchen Zuständen der Welt vereinbart wurde, welche Quantität und Qualität tatsächlich geleistet wurde und welcher Zustand der Welt tatsächlich eingetreten ist, so muss eine Partei mit einem hohen konkreten Vertragsinteresse immer damit rechnen, dass ein (redlicher) Vertragspartner seine andere Auffassung über den Inhalt des Vertrages durchsetzen kann und sich einen Teil der entsprechenden Quasirente aneignen kann. Diesen Fall kann man sich durch eine kleine Modifikation des obigen Beispiels verdeutlichen. Nehmen wir an, die klimatischen Bedingungen sind während der Erntezeit außergewöhnlich ungünstig, oder die Arbeitsgeräte, die der Plantageneigner zur Verfügung stellt, sind in einem außergewöhnlich schlechten Zustand. Die Arbeiter fordern deshalb einen Lohn von insgesamt 50.000 €, anstelle des ursprünglich vereinbarten Lohnes von 45.000 €. Aufgrund der hohen Abwanderungskosten des Plantageneigners haben die Arbeiter gute Chancen, sich mit ihrer Interpretation des Vertrages durchzusetzen, obwohl ihr Vertragspartner der Auffassung sein mag, dass die klimatischen Bedingungen oder der Zustand des Arbeitsgeräts keine Sonderzahlungen an die Arbeiter rechtfertigen. Grundsätzlich können aus derartigen Neuverhandlungen zwei Arten von Ineffizienzen resultieren. Zum einen werden *ex post* knappe Ressourcen zu reinen Umverteilungszwecken eingesetzt, und es besteht die Gefahr, dass strategisches Verhalten der Vertragsparteien zu einem ex post ineffizienten Verhandlungsergebnis führt. Zum anderen resultieren *ex ante* ineffiziente Anreize zu transaktionsspezifischen Investitionen, wenn der Investor erwartet, dass sich die andere Partei durch opportunistisches Rückverhandeln einen Teil der Quasirente auf diese Investitionen aneignen kann.[266]

---

264 Dabei wird unterstellt, dass es zur Erntezeit kurzfristig nicht möglich ist, auf andere Arbeitskräfte auszuweichen.

265 Aufgrund der Verderblichkeit der Ware könnte der Eigentümer der Plantage vor Gericht nur einen Schadensersatzanspruch durchsetzen. Muss der Kläger damit rechnen, dass das Gericht nicht den gesamten Schaden anerkennt (z. B. Reputationsverlust bei seinen Abnehmern) oder dass die (vermögenslosen) Arbeiter nicht in der Lage sind, den Schaden zu ersetzen, dann ist die Drohung mit einem Gerichtsprozess gegenüber den Arbeitern wenig glaubhaft.

266 Unter transaktionsspezifischen Investitionen versteht man Investitionen in spezifische Standorte, in spezifische Maschinen, Formen, Werkzeuge und Materialien oder in betriebsspezifische Qualifikationen von Arbeitskräften, die auf die Bedürfnisse eines bestimmten Abnehmers oder Lieferanten der entsprechenden Leistungen abgestimmt sind und deren Wert sich beim Übergang zur nächstbesten Alternative verringert. Vgl. etwa Williamson, The Economic Institutions of Capitalism, New York/London 1985, S. 95. Den Teil der Kapitalkosten, dem kein Wert in der nächstbesten Verwendung gegenübersteht, bezeichnet man auch als „versunkene Kosten". Der Überschuß der Rendite auf das Kapitalgut über die Mindestrendite, die erforderlich ist, um das existierende Kapitalgut zu nutzen und nicht zu verschrotten, wird auch als Quasirente bezeichnet. Vgl. Klein/Crawford/Alchian, Vertical Integration, a.a.O.

Von *Moral Hazard* spricht man, wenn eine Vertragspartei Informationsasymmetrien zum eigenen Vorteil ausnutzt. Ist beispielsweise ein Bauherr nicht in der Lage, Verzögerungen des Bauvorhabens, die auf das Verhalten des Bauunternehmers zurückzuführen sind, von Verzögerungen zu unterscheiden, die nicht durch das Bauunternehmen kontrolliert werden können, dann hat dieses auch keinen Anreiz, alle ökonomisch gerechtfertigten Maßnahmen zur Beschleunigung des Bauvorhabens zu unternehmen. Ist ein Franchisegeber nicht in der Lage, das Verhalten des Franchisenehmers vollständig zu kontrollieren, so hat dieser keinen Anreiz, alle ökonomisch gerechtfertigten Qualitätsverbesserungen durchzuführen, wenn er die Kosten allein zu tragen hat, während die Erträge auch den anderen Franchisenehmern (und langfristig auch dem Franchisegeber) zugute kommen. Sind die Aktionäre nur unvollkommen über das Verhalten der Manager informiert, so haben diese keinen Anreiz, alle Maßnahmen, die der Erhöhung des langfristigen Unternehmenswertes dienen, auch durchzuführen. Erwarten die Vertragsparteien, dass ex post ineffiziente Verhaltensweisen gewählt werden, so können daraus ex ante ineffiziente Anreize zu transaktionsspezifischen Investitionen resultieren.

2. Es ist theoretisch vorstellbar, dass die aus den oben beschriebenen Typen der Unsicherheit resultierenden Anreizprobleme dadurch verhindert werden, dass vollständig spezifizierte Kontingenzverträge abgeschlossen werden. Hierbei handelt es sich um Verträge, die für jeden Zustand der Welt, der eintreten kann, eindeutig festlegen, welcher Vertragspartner welche Leistungen zu erbringen hat und welche Preise für die entsprechenden Leistungen und welche Entschädigungen für nicht erbrachte Leistungen zu zahlen sind. Da das Aushandeln, Aufsetzen und Durchsetzen eines derartigen Kontingenzvertrages mit prohibitiven Kosten verbunden ist,[267] müssen sich die Parteien zum einen darauf einigen, wie flexibel sie ihre vertraglichen Versprechen gestalten wollen. Zum anderen ist bei Vertragsabschluss zu klären, ob sich die Parteien durch zusätzliche private Vorkehrungen gegen Nichterfüllung oder Schlechterfüllung vertraglicher Versprechen schützen wollen.

Wenden wir uns zunächst dem ersten Problem zu. Grundsätzlich ist es vorstellbar, dass zum Zeitpunkt des Vertragsabschlusses alle relevanten Vertragsbestandteile für die Dauer der Laufzeit des Vertrages festgelegt werden: Man vereinbart bestimmte Qualitäten und Quantitäten, man legt einen Preis fest, und man einigt sich auf einen genauen Zeitplan der Leistungserbringung. In der Realität einigen sich die Vertragsparteien aber gewöhnlich auf eine gewisse *Flexibilität* der Preise, Mengen, Qualitäten und Erfüllungszeitpunkte, um eine Verteilung der vertraglichen Risiken gemäß den relativen Risikopräferenzen der Vertragspartner zu erreichen und um wechselseitige Anreize zu schaffen, sich mit den Vertragshandlungen effizient an eine sich verändernde Umgebung anzupassen. Dabei lassen sich zwei grundlegende Methoden der Vertragsanpassung unterscheiden. Zum einen kann *ex ante* eine Formel festgelegt werden, um Preise oder Mengen an die Entwicklung bestimmter ökonomisch relevanter Variablen zu koppeln (z. B. Indexbindung des Vertragspreises, Bindung der Beschaffungsmenge an den Absatz des Endprodukts). Zum anderen kann man abwarten, bis sich ein bestimmter Zustand der Welt realisiert hat, um *ex post* über die Form der Anpassung zu entscheiden. Im Unterschied zu einer Sequenz von Spotmarkttransaktionen ohne jegliche vertragliche Bindungen werden sich die Vertragsparteien in diesem Fall ex ante auf gewisse Regeln verpflichten, indem sie entweder einer Partei (einem Vertragspartner oder einem unabhängigen Dritten) die *Autorität* verleihen, über die Anpassung zu entscheiden, oder indem sie Spielregeln für *Neuverhandlungen* festlegen. Beide Formen der Anpassung haben spezifische Stärken und Schwächen. Bei einer ex ante vereinbarten Anpassung besteht das Prob-

[267] Vgl. auch Al-Najjar, Incomplete Contracts and the Governance of Complex Contractual Relationships, in: American Economic Review, P&P, 85 (1995), S. 432-436.

lem darin, dass die entsprechende Formel die relevanten Veränderungen des Zustandes der Welt nur mehr oder weniger unvollkommen nachzeichnet und dass die Vertragsparteien somit auf Grundlage obsoleter Informationen handeln. Dafür entstehen ex post keine Kosten der Neubestimmung des Vertragsinhalts. Demgegenüber vermeidet eine Ex-post-Anpassung zwar die Effizienzverluste, die aus verzerrten Informationen über den jeweiligen Zustand der Welt resultieren, erkauft aber diesen Vorteil durch die vergleichsweise hohen Kosten der Neubestimmung des Vertragsinhalts.

3. Wenn Verträge im Konfliktfall überhaupt nicht oder zumindest nicht vollständig durch staatliche Gerichte durchgesetzt werden können, dann müssen sich die Vertragsparteien ex ante überlegen, ob das Eigeninteresse des jeweiligen Vertragspartners ihn hinreichend an der Erfüllung der abgegebenen Versprechen interessiert sein lässt oder ob sie sich durch zusätzliche private Vorkehrungen gegen Nichterfüllung oder Schlechterfüllung vertraglicher Versprechen schützen sollten. Selbst bei einer völligen Abwesenheit staatlicher (oder supranationaler) Durchsetzungsinstanzen haben die Vertragsparteien unter bestimmten Bedingungen einen Anreiz, sich an ihre vertraglichen Versprechen zu halten, sofern sie hinreichend stark an zukünftigen Transaktionen mit dem entsprechenden Vertragspartner bzw. mit anderen potentiellen Vertragspartnern interessiert sind. Ein gewisses Substitut für staatliche Gerichte und Vollzugsorgane stellen auch Pfänder und sonstige Sicherheiten dar, durch die es den Parteien möglich wird, eine Transaktion, bei der Leistung und Gegenleistung zeitlich auseinanderfallen, in zwei simultane Transaktionen zu zerlegen. Darüber hinaus enthalten viele Langzeitverträge eine Reihe von Klauseln, die der Tatsache Rechnung tragen, dass die intendierten Vertragshandlungen nur unvollkommen beobachtet und gegenüber den Gerichten verifiziert werden können. In diesen Fällen soll die Durchsetzbarkeit der vertraglichen Versprechen entweder durch Vertragsstrafen bzw. ähnliche Ex-post-Sanktionen oder durch vertikale Bindungen, d. h. durch Klauseln, die den Vertragspartner in seinem Verhalten gegenüber Dritten beschränken, erleichtert werden.

b) Analyse ausgewählter Vertragstypen

aa) Arbeitsvertrag

1. Beim Arbeitsvertrag handelt es sich um einen spezifischen Langzeitvertrag, der aus ökonomischer Sicht durch zwei Besonderheiten gekennzeichnet ist.[268] Zum einen wird nur die Leistung einer Vertragsseite, nämlich das vereinbarte Lohn- oder Gehaltentgelt, ex ante festgelegt. Demgegenüber ist für die Arbeitsleistung des Beschäftigten lediglich ein Rahmen festgelegt; quantitativ etwa durch die Angabe der Arbeitszeit, qualitativ z. B. durch Berufsbezeichnungen oder Arbeitsplatzbeschreibungen. Der konkrete Arbeitsinhalt ebenso wie die Arbeitsintensität bleiben in der Regel vertraglich *unbestimmt*. Die Anpassung an eine veränderliche Umgebung erfolgt somit ex post durch die Autorität einer Vertragspartei, nämlich des Arbeitgebers. Zum anderen bleibt der Verkäufer (Arbeitnehmer), obwohl er dem Käufer (= Arbeitgeber) Nutzungsrechte an seiner Arbeitskraft überträgt, dennoch als Person mit ihr verbunden, d. h. er verfügt letzten Endes weiterhin über das Verkaufte. Der Arbeitsvertrag führt *nicht zu einer eindeutigen Übertragung*

[268] Vgl. auch Weise/Brandes/Eger/Kraft, Neue Mikroökonomie, 4. Auflage, Heidelberg 2002, S. 284 ff. sowie Brandes/Buttler/Dorndorf, Arbeitsmarkttheorie und Arbeitsrechtswissenschaft: Analyse, Probleme und Diskussionsschwerpunkte im Hinblick auf die Funktionsfähigkeit der Arbeitsmärkte, in: Währungsreform und soziale Marktwirtschaft. Erfahrungen und Perspektiven nach 40 Jahren (Schriften des Vereins für Socialpolitik, Gesellschaft für Wirtschafts- und Sozialwissenschaften, Neue Folge Band 190), Berlin 1989, S. 48 -505.

von Eigentumsrechten. Es entsteht vielmehr eine „Überlappung" der Dispositionssphären von Käufer und Verkäufer, die Anlass für immer neue Konflikte ist.

2. In der Realität wird das Recht der Arbeitsmarktparteien, individuelle Arbeitsverträge frei auszuhandeln, in dreifacher Hinsicht eingeschränkt. Zum einen werden die Löhne bzw. Gehälter und die grundlegenden Arbeitsbedingungen in der Regel nicht zwischen dem einzelnen Beschäftigten und dem einzelnen Arbeitgeber frei vereinbart, sondern sie werden zwischen den zuständigen Tarifparteien, d. h. Gewerkschaften und Arbeitgeberverbänden, ausgehandelt. Weiterhin werden durch Gesetzgebung und Rechtsprechung gewisse Mindeststandards zum Schutze der Arbeitnehmer definiert, die sich insbesondere auf die Arbeitszeit, die Kündigung des Arbeitsverhältnisses und die Sicherheit am Arbeitsplatz beziehen. Schließlich werden durch das Mitbestimmungs- und das Betriebsverfassungsrecht Elemente einer kollektiven demokratischen Willensbildung zur Ausfüllung unspezifizierter Teile der Arbeitsverträge auf Unternehmens- und Betriebsebene eingeführt.

Bis heute sind sich die Ökonomen nicht einig darüber, in welchem Maße diese arbeitsrechtlichen Regelungen dazu dienen, in einer komplexen Welt effiziente Handlungsanreize zu schaffen, und in welchem Maße sie Ergebnis der Bemühungen organisierter Interessengruppen sind, das Sozialprodukt zum eigenen Vorteil unter Inkaufnahme gesamtwirtschaftlicher Effizienzverluste umzuverteilen. Im Folgenden soll ein analytischer Rahmen vorgestellt werden, der es erleichtert, die Effizienz- und Verteilungswirkungen der verschiedenen arbeitsrechtlichen Normen zu beurteilen.

Beginnen wir mit dem ersten Punkt, der tarifvertraglichen Aushandlung von Löhnen. Eine gängige ökonomische Auffassung sieht die Hauptwirkung einer kollektiven Aushandlung von Tariflöhnen darin, dass die Löhne höher sind als sie es bei einer freien Konkurrenz der Arbeitsuchenden um die Arbeitsplätze sowie der Arbeitgeber um die Arbeitskräfte wären. Der Grund hierfür wird darin gesehen, dass die Interessen der Arbeitslosen bei den Kollektivverhandlungen nicht hinreichend stark gewichtet werden. Es findet somit eine Ausbeutung der Arbeitslosen durch die Beschäftigten und - aufgrund der gestiegenen Produktionskosten und der dadurch induzierten Preissteigerungen - eine Ausbeutung der Konsumenten durch die Produzenten statt.

Die Betonung des Verteilungsaspektes vernachlässigt allerdings die Tatsache, dass sich Kollektivverhandlungen auch unter Effizienzgesichtspunkten rechtfertigen lassen. So hat Stützel darauf hingewiesen, dass Arbeiterfamilien, die am Rande des Existenzminimums leben, die nicht in der Lage sind, sich ihren Lebensunterhalt als Selbständige zu sichern, und die im Falle von Arbeitslosigkeit keine Arbeitslosenunterstützung beanspruchen können, auf sinkende Lohnsätze „anomal", d. h. mit einer Erhöhung ihres Arbeitsangebots, reagieren werden. Um das Familieneinkommen zu halten, werden die Arbeiter bereit sein, mehr Stunden pro Jahr zu arbeiten. Darüber hinaus werden bisher nicht erwerbstätige Familienangehörige zusätzliche Arbeitsstunden anbieten, um die Armutsgrenze nicht zu unterschreiten. Verhalten sich aber alle Arbeiterfamilien in dieser Weise, so führt die Erhöhung des Arbeitsangebots zu einem weiteren Druck auf die Löhne usw. usf. Das individuell rationale Anpassungsverhalten der einzelnen Familien führt zu dem kollektiv irrationalen Ergebnis, dass ein gegebenes Familieneinkommen mit immer mehr Familienarbeitsstunden erwirtschaftet werden muss.[269] Kollektive Lohnverhandlungen (in Verbindung mit Arbeitszeitbeschränkungen und Verbot der Kinderarbeit) haben unter diesen Bedingungen die Funktion, den Arbeitnehmern im wohlverstandenen eigenen Interesse die Waffe der Unter-

[269] Vgl. hierzu Stützel, Marktpreis und Menschenwürde. Thesen zur Wirtschafts- und Bildungspolitik, Stuttgart 1981, S. 75 ff. sowie ausführlich Stützel, Paradoxa der Geld- und Konkurrenzwirtschaft (unveränderter Neudruck der Habilitationsschrift von 1953), Aalen 1979, S. 375 ff.

bietungskonkurrenz aus der Hand zu nehmen und die Unternehmen von dem Zwang zu befreien, ihr eigenes Überleben am Markt durch Konkurrenz zu Lasten der Arbeitnehmer sichern zu müssen.

Zwar entsprechen die Bedingungen, unter denen die negativen Konsequenzen individuellen Konkurrenzverhaltens hergeleitet wurden, eher der Situation während der Frühindustrialisierung als den heutigen Bedingungen auf dem Arbeitsmarkt. Doch auch heute könnten ähnliche Effekte einer unbeschränkten individuellen Konkurrenz um Löhne und Arbeitsbedingungen resultieren, wenn es eine hinreichend große Anzahl von Haushalten gibt, die einen hinreichend großen Teil ihres Einkommens durch langfristige Verpflichtungen (insbesondere Kreditrückzahlungen) gebunden haben, oder wenn das Netz der sozialen Sicherung brüchig wird.

Es lassen sich aber auch noch zwei weitere, allgemeinere Effizienzargumente für die relative Vorteilhaftigkeit kollektiver gegenüber individuellen Lohnverhandlungen anführen.[270] Zum einen werden bei kollektiven Lohnverhandlungen in beträchtlichem Maße gesamtwirtschaftliche Suchkosten eingespart, da es für die Arbeitnehmer mit relativ geringen Kosten verbunden ist, zu vergleichen, wo man wie viel verdienen kann. Zum anderen ist es nur durch kollektive Verhandlungen möglich, Lohnstrukturen zu schaffen, die von den Arbeitnehmern als leistungsgerecht angesehen werden. Relativ feste, sich nur langsam verändernde Lohnstrukturen in Verbindung mit innerbetrieblichen Aufstiegschancen erzeugen eine höhere Arbeitszufriedenheit und eine stärkere Arbeitsmotivation als ein System individuell ausgehandelter Löhne, die sich an den aktuellen Knappheitsrelationen zum Zeitpunkt der Einstellung des entsprechenden Arbeitnehmers orientieren.

Zwar sind diese positiven Effizienzwirkungen nicht kostenlos zu haben, da die Anpassungsfähigkeit der Unternehmen an veränderte Marktbedingungen durch die Festlegung tariflicher Mindestlöhne eingeschränkt wird. Doch in der Praxis lassen Tarifverträge eine beträchtlich größere Flexibilität der Löhne zu, als es zunächst den Anschein hat. Zum einen können sich die Änderungsraten der Effektivlöhne, d. h. der von den einzelnen Unternehmen tatsächlich gezahlten Löhne, von den Änderungsraten der Tariflöhne unterscheiden. Man spricht dann von einer „Lohndrift". Weiterhin können einzelne Unternehmen Firmentarifverträge abschließen und auf diese Weise stärkere Abweichungen ihrer Ertragslage vom Branchendurchschnitt berücksichtigen. Darüber hinaus bedienen sich die Tarifvertragspartner häufig auch sogenannter Öffnungsklauseln, die durch entsprechende Betriebsvereinbarungen konkretisiert werden können. Schließlich sind auch Härteklauseln wie in der ostdeutschen Metallindustrie möglich, die befristete Abschläge von den Tariflöhnen für Grenzbetriebe zulassen.

3. Auch für den rechtlichen Arbeitnehmerschutz sowie für die verschiedenen gesetzlichen Mitbestimmungsregelungen auf betrieblicher und Unternehmensebene lassen sich Effizienzargumente anführen. Wie bereits an anderer Stelle erwähnt wurde, erfolgt die Anpassung der Arbeitsinhalte an eine veränderliche Umgebung durch Weisungen des Arbeitgebers bzw. des Managements. Eine solche Anpassungsregelung ist im Vergleich zu alternativen Anpassungsmechanismen sehr kostengünstig. Würden die Arbeitsverträge die Arbeitsleistung genau spezifizieren, so wären bei jeder kleinsten Veränderung des Arbeitsprozesses durch technische oder arbeitsorganisatorische Neuerungen und bei jeder Veränderung der Marktlage Neuverhandlungen um neue Arbeitsverträge mit veränderten Arbeitsinhalten erforderlich. Die Transaktionskosten wären außerordent-

[270] Vgl. etwa Streissler/Streissler, Der gesamtwirtschaftlich optimale Lohnvertrag, in: Engels (Hg.), Neue Wege in der Arbeitswelt. Horst Knapp zum 60. Geburtstag, Frankfurt/New York 1978, S. 156 ff. sowie Brandes/Weise, Arbeitsmarkt und Arbeitslosigkeit, Würzburg/Wien 1980, insbesondere S. 87 ff.

lich hoch. Ein vollständig spezifizierter Kontingenzvertrag, der die Arbeitsleistung an jeweils spezifische Umgebungsbedingungen koppelt, scheitert an den prohibitiven Kosten, einen derartigen Vertrag auszuhandeln, zu formulieren und durchzusetzen. Auch der Arbeitnehmer hat somit ex ante ein Interesse an einem unspezifizierten Arbeitsvertrag, der durch Weisungen seiner Vorgesetzten ausgefüllt wird, sofern er erwartet, dass diese Weisungsbefugnis nicht zu seinen Lasten missbraucht wird.

Eine Möglichkeit des Arbeitnehmers, sich gegen einen Missbrauch der Weisungsbefugnis des Arbeitgebers zu wehren, ist die Kündigung des Arbeitsverhältnisses. In der Regel wird aber die Kündigung, d. h. die Abwanderung zur nächstbesten Alternative, mit beträchtlichen Kosten verbunden sein, wie beispielsweise durch den Verlust an Aufstiegsmöglichkeiten in der Unternehmung, durch den Verlust betriebsspezifischer Qualifikationen, durch den Verlust an informellen Beziehungen mit befreundeten Arbeitskollegen, durch Suche nach einem neuen Arbeitsplatz, durch Umzug etc. Dieses positive konkrete Vertragsinteresse kann durch die Manager und die Kapitaleigner ceteris paribus umso stärker zum eigenen Vorteil ausgebeutet werden, je leichter der Arbeitnehmer zu ersetzen ist und je geringer die Abwanderungskosten der Kapitaleigner sind.

Arbeitnehmerschutz- und -mitbestimmungsrechte können unter diesen Bedingungen die Möglichkeiten der Manager und Kapitaleigner, die hohen Abwanderungskosten von Arbeitnehmern auszubeuten, einschränken. Aus ökonomischer Sicht ist in diesem Zusammenhang von besonderem Interesse, dass durch derartige Regelungen nicht nur die Verteilung der in den Unternehmen erwirtschafteten Überschüsse, sondern auch deren Höhe, d. h. die Effizienz der Handlungsanreize, beeinflusst wird - und zwar aus folgenden Gründen. Zum einen wird die Bedeutung offener Arbeitskonflikte, individualisierter „Protestaktionen" (Absentismus, Fluktuation, Leistungszurückhaltung, Sabotage) und ähnlicher kostspieliger Formen der Konfliktaustragung verringert. Weiterhin wird ein effizienter Trade-off zwischen den durch das Management festgesetzten Arbeitsbedingungen einerseits und der letztlich durch den einzelnen Beschäftigten bestimmten, durch das Management nur unvollständig kontrollierbaren, tatsächlichen Arbeitsqualität andererseits erleichtert. Schließlich wird die Bereitschaft der Arbeitnehmer, effiziente Investitionen in unternehmensspezifisches Humankapital auch durchzuführen (z. B. durch Lohnverzicht während der Ausbildungszeit), erhöht.[271]

Arbeitnehmerschutz- und -mitbestimmungsrechte verändern zunächst einmal die Ausgangsausstattung der Individuen mit Ressourcen. Die Weisungsrechte der Arbeitgeber werden zugunsten einer stärkeren Autonomie der Beschäftigten eingeschränkt. Dies bedeutet allerdings auch, dass den Nicht-Beschäftigten bestimmte Austauschmöglichkeiten - nämlich die Besetzung von Arbeitsplätzen mit stärkeren Weisungsrechten der Arbeitgeber und schwächeren Arbeitnehmerschutzrechten - auch dann verwehrt werden, wenn sich beide Parteien dadurch verbessern könnten. Es fragt sich somit, ob derartige Rechte nicht die Anpassungsfähigkeit der Unternehmen an veränderte Bedingungen verschlechtern und die Arbeitslosigkeit erhöhen.

---

[271] Vgl. zu derartigen Fragestellungen auch Eger/Nutzinger/Weise, Eine ökonomische Analyse der mitbestimmten Unternehmung, in: Ott/Schäfer (Hg.), Ökonomische Analyse des Unternehmensrechts, Heidelberg 1993, S. 78 - 116, und die dort angegebene Literatur, sowie den Kommentar von Dorndorf, ebenda, S. 117-125. Zu verschiedenen Formen der Flexibilität auf dem Arbeitsmarkt und zu einigen typischen Unterschieden zwischen Arbeitsmärkten in Deutschland und in den USA vgl. Sengenberger, Mangelnde Flexibilität auf dem Arbeitsmarkt als Ursache der Arbeitslosigkeit?, in: Krupp/Rohwer/Rothschild (Hg.), Wege zur Vollbeschäftigung. Konzepte einer aktiven Bekämpfung der Arbeitslosigkeit, Freiburg 1987, S. 91-106. Vgl. auch Nagel, Wie effizient sind Tarifvertrag und Mitbestimmung? Kosten und Nutzen von zwei Grundpfeilern der Arbeitsverfassung, in: Gewerkschaftliche Monatshefte 2/1996, S. 97-111.

Diese Frage ist leicht gestellt, aber schwierig zu beantworten. Die Wirkung dieser Rechte hängt letztlich davon ab, welches von zwei alternativen gesellschaftlichen Organisationsprinzipien sich in dem durch Arbeitnehmerschutz- und -mitbestimmungsrechte regulierten Bereich langfristig als überlegen erweist. Das eine Organisationsprinzip ist durch eine große *Mobilität* der Arbeitskräfte gekennzeichnet. Arbeitskräfte können schnell entlassen werden, sie werden aber auch relativ schnell wieder eingestellt, so dass Mobilität als Anpassungsmechanismus auch von den Arbeitnehmern akzeptiert wird. Betriebsspezifische Qualifikationen haben eine relativ geringe Bedeutung, und jeder neu Eingestellte erreicht nach einer kurzen Einarbeitungszeit die gleiche Produktivität wie langjährige Beschäftigte. Ist diese Organisationsform des Arbeitsmarktes mit den dazu passenden Technologien langfristig effizient, so werden Kündigungsschutz- und Mitbestimmungsrechte die Anpassungsfähigkeit der Unternehmen verschlechtern und die Arbeitslosigkeit erhöhen.

Das andere Organisationsprinzip ist durch eine geringe Mobilität und durch eine *langfristige Kooperation* der Arbeitskräfte gekennzeichnet. Betriebsspezifische Qualifikationen spielen eine große Rolle, und die Produktivität der Organisation hängt sehr stark von der Bereitschaft der Beschäftigten ab, spezifische Investitionen in ihr Humankapital zu realisieren, die am Arbeitsplatz gemachten Erfahrungen an jüngere Kollegen weiterzugeben und auf opportunistisches Verhalten zu Lasten der Produktivität des Arbeitsteams zu verzichten. Die Anpassung an eine veränderliche Umgebung erfolgt zu einem beträchtlichen Teil durch Kurzarbeit bzw. Überstunden sowie durch innerbetriebliche Weiterbildung und innerbetriebliche Reallokation der Arbeitskräfte. Ist diese Organisationsform des Arbeitsmarktes mit den dazu passenden Technologien langfristig effizient, so werden Kündigungsschutz und Mitbestimmungsrechte die Anpassungsfähigkeit der Unternehmen verbessern.[272]

bb) Franchisevertrag

1. Das moderne Franchising entstand Ende des 19. Jahrhunderts in den USA und hat nach dem 2. Weltkrieg auch in Europa stark an Bedeutung gewonnen. Die erste Generation amerikanischer Franchisesysteme war dadurch gekennzeichnet, dass ausgewählte Händler, die innerhalb eines bestimmten Gebietes im eigenen Namen und auf eigene Rechnung tätig waren und die in der Beschaffung an die Produkte eines Herstellers gebunden waren, bestimmte Markenprodukte vertrieben (Vertrieb von Singer-Nähmaschinen, Abfüllstationen von Coca-Cola, Automobilvertragshändler, Tankstellen). Diese Vertriebsformen ordnet man aber heute in der Bundesrepublik normalerweise nicht dem Franchising zu, sondern kennzeichnet sie als Vertragshandel oder Alleinvertrieb.

[272] Eine ausführliche Analyse der Segmentierung der bundesdeutschen Arbeitsmärkte in ein betriebliches, ein externes und ein berufsfachliches Segment findet sich bei Biehler/Brandes/Buttler/Gerlach/Liepmann, Arbeitsmarktstrukturen und -prozesse. Zur Funktionsweise ausgewählter Arbeitsmärkte, Tübingen 1981. Eine allgemeinere Betrachtung der zwei diskutierten Organisationsprinzipien im Rahmen eines Vergleiches des - auf Mobilität beruhenden - „neo-amerikanischen" Modells des Kapitalismus mit dem - auf Immobilität und langfristiger Kooperation beruhenden - „rheinischen Modell" liefert Albert, Kapitalismus contra Kapitalismus, Frankfurt 1992. Vgl. zu derartigen Fragen auch Eger/Nutzinger, Arbeitsmarkt zwischen Abwanderung und Widerspruch. Institutionelle Arbeitsmarktvarianten und Arbeitslosigkeit, in: Jahrbuch „Ökonomie und Gesellschaft", Band 15: Unternehmungsverhalten und Arbeitslosigkeit, Frankfurt/Main 1999, S. 135–179, sowie Eger/Weise, Ökonomische Analyse des Arbeitsvertragsrechts. Ein Vergleich zwischen Deutschland und den USA, in: Ott/Schäfer (Hg.): Ökonomische Analyse des Arbeitsrechts, Tübingen 2001, S. 48–83.

Das bei uns vorherrschende typische Franchisesystem findet sich heute unter anderem bei Schnellrestaurants (McDonald's, Burger King), Hotelketten (Holiday Inn, Novotel, Hilton, Sheraton) und Modegeschäften (Benetton, Aigner, Marc O'Polo, Marc Picard, Rodier), oder auch bei Eisdielen, Autowaschanlagen, Friseursalons, Heimwerkermärkten, Drogerien, diversen Fachgeschäften u.a.m. Diese „zweite Generation" von Franchisesystemen, die im angelsächsischen Sprachraum auch als „business format franchising" bezeichnet wird, lässt sich etwa folgendermaßen charakterisieren. Der Franchisegeber stellt dem Franchisenehmer längerfristig ein umfangreiches Leistungspaket zur Verfügung. Er gestattet dem Franchisenehmer vor allem die Nutzung des Firmennamens, des Firmenzeichens, von Warenzeichen u. ä. und macht die Namen und Zeichen durch überregionale Werbung bekannt. In der Regel liefert der Franchisegeber darüber hinaus ein Beschaffungs-, Absatz- und Organisationskonzept, unterstützt den Franchisenehmer bei der Betriebsgründung, schult dessen Personal und bietet laufende Beratung an. Für diese Leistungen zahlt der Franchisenehmer in der Regel eine einmalige Abschlussgebühr („franchise fee") sowie eine laufende Franchisegebühr („royalty"), deren Höhe an die Entwicklung des Umsatzes gebunden ist (i.d.R. zwischen 3 % und 6 %). Einige Franchisegeber verlangen neben der laufenden Franchisegebühr noch eine gesonderte umsatzabhängige Werbeabgabe. Darüber hinaus benötigen die Franchisenehmer häufig ein gewisses Startkapital, um in die Ladeneinrichtung und in die Grundausstattung mit Waren zu investieren, und verpflichten sich, einen bestimmten Prozentsatz des Umsatzes für die regionale Werbung einzusetzen. Häufig wird der Franchisenehmer verpflichtet, einen Teil der Waren vom Franchisegeber oder von autorisierten Lieferanten zu beziehen und ein Kernsortiment spezifischer Waren anzubieten. Das vom Franchisegeber erstellte Betriebshandbuch dient dem Franchisenehmer als Leitlinie der Betriebsführung. Aufgrund des Verbots der vertikalen Preisbindung versucht der Franchisegeber in den meisten Fällen, durch unverbindliche Preisempfehlungen die Preispolitik des Franchisenehmers zu kontrollieren. Insbesondere bei kleineren Standorten und kürzeren Laufzeiten enthalten Franchiseverträge häufig auch Gebietsschutzregelungen.[273]

Obwohl die Unterschiede zwischen den bestehenden Franchisesystemen zum Teil erheblich sind und obwohl der Übergang zwischen Franchising und benachbarten Vertriebsformen (z. B. Vertragshandel) fließend ist, lässt sich aus ökonomischer Sicht ein kleinster gemeinsamer Nenner definieren, der für praktisch alle heute bestehenden Franchiseverträge gültig ist: Der Franchisegeber gewährt dem Franchisenehmer das Recht, einen Markennamen und ein damit verbundenes Know-how zu nutzen, und erhält dafür eine Vergütung, die in der Regel teilweise erfolgsabhängig ist und somit eine Beteiligung am Profit des Franchisenehmers einschließt. Umfangreiche Verhaltensvorschriften sollen den Franchisenehmer dazu veranlassen, im Interesse des Franchisesystems zu handeln.

2. Um vertragliche Konflikte zwischen Franchisegeber und Franchisenehmer unter ökonomischen Gesichtspunkten analysieren zu können, ist es erforderlich, sich die grundlegenden Anreizprobleme, die mit einem Franchisevertrag verbunden sind, zu verdeutlichen.[274] Der Erfolg eines Franchisesystems beruht letztlich darauf, dass Franchisegeber und Franchisenehmer arbeitsteilig je spezifische Bündel an Leistungen bereitstellen, durch deren Zusammenwirken der Wert der den Konsumenten angebotenen Güter und Dienstleistungen erhöht wird. Die ökonomi-

---

[273] Zu den grundlegenden Motiven für den Abschluss von Franchiseverträgen vgl. Eger, Eine ökonomische Analyse von Langzeitverträgen, a.a.O., S. 211 ff.

[274] Vgl. hierzu Eger, Eine ökonomische Analyse von Langzeitverträgen, a.a.O., S. 215 ff. sowie Mathewson/ Winter, The Economics of Franchise Contracts, in: Journal of Law and Economics, 28 (1985), S. 503 - 526, und die für Ökonomen und Juristen gleichermaßen interessante Arbeit von Hadfield, Problematic Relations: Franchising and the Law of Incomplete Contracts, in: Stanford Law Review, 42 (1990), S. 927 - 992.

sche Funktion des Frachisevertrages besteht somit darin, die Vertragsparteien dazu zu veranlassen, ihre Handlungen effizient zu koordinieren, d. h. einen maximalen Kooperationsgewinn zu erzielen.

Aus der *Sicht des Franchisegebers* besteht das grundlegende Problem, die Franchisenehmer dazu zu veranlassen, die Qualität der Endprodukte und damit den Wert des Markennamens zu erhalten. Der Franchisegeber fragt deshalb vertragliche Vorkehrungen nach, die den Anreiz des Franchisenehmers, sich bezüglich der Qualität der angebotenen Produkte und der Intensität der lokalen Werbemaßnahmen als Trittbrettfahrer zu verhalten, reduzieren. Dieser Anreiz zum Trittbrettfahrerverhalten lässt sich folgendermaßen begründen. Reduziert ein Franchisenehmer die Qualität seiner Produkte oder die Höhe seiner lokalen Werbeausgaben, so kommt die dadurch verursachte Kosteneinsparung ihm allein zugute. Je höher der Anteil der Laufkundschaft (d. h. der Nicht-Wiederholungskäufer) ist, desto geringer ist die Umsatzeinbuße, die er als Folge der Qualitätsverschlechterung oder des verminderten Werbeaufwandes selbst zu tragen hat. Ein Teil der Kosten kann somit auf andere Franchisenehmer und auch auf den Franchisegeber überwälzt werden, die als Folge des Ansehensverlustes der Marke bei potentieller Laufkundschaft einen Umsatzrückgang hinnehmen müssen. Aus der *Sicht des Franchisenehmers* besteht das grundlegende Problem, den Franchisegeber zu veranlassen, seine zentralen Leistungen aufrecht zu erhalten und dadurch hohe lokale Umsätze zu realisieren. Darüber hinaus ist sicherzustellen, dass der Franchisegeber seine zentralen Kontrollrechte nicht dazu missbraucht, sich Quasirenten auf die spezifischen Aktiva der Franchisenehmer anzueignen und somit deren starke Abhängigkeit auszunutzen. Dieser letzte Aspekt wirft die Frage auf, ob arbeitsrechtliche Vorschriften analog auf den Franchisevertrag angewendet werden können.

Franchising kann ein effizientes Mittel sein, den Wettbewerb zwischen den Herstellern von Gütern und Dienstleistungen zugunsten der Konsumenten zu verschärfen, indem es kleinen, kapitalschwachen Anbietern ermöglicht wird, mit neuen Produkten und Ideen schnell den Eintritt in eine Vielzahl regionaler Märkte zu realisieren. Dabei stehen die Parteien vor dem Problem, den ökonomischen Grundkonflikt, der jeder Franchisebeziehung immanent ist, in den Griff zu bekommen. Der Franchisegeber hat ein Interesse daran, möglichst hohe Umsätze aus dem Verkauf seines Markenprodukts zu realisieren, ohne Rücksicht auf die Kosten, die bei den einzelnen Franchisenehmern anfallen. Jeder Franchisenehmer hat demgegenüber ein Interesse daran, einen möglichst hohen Profit aus seiner Geschäftstätigkeit zu ziehen, ohne Rücksicht auf die Kosten, die dadurch anderen Franchisenehmern und dem Franchisegeber entstehen.[275]

3. Wären alle relevanten vertraglichen Handlungen ex ante vollständig spezifiziert und ex post kostenlos durchsetzbar, so gäbe es keine grundsätzlichen Effizienzprobleme - wenn man mögliche negative Wirkungen des Vertrags auf Dritte einmal ausschließt. Reale Franchiseverträge sind demgegenüber aufgrund der Komplexität der Leistungen und aufgrund der Unsicherheit der Umgebung nicht vollständig spezifiziert und stattdessen durch eine spezifische Mischung aus zentralen Kontrollrechten des Franchisegebers und Residualeinkommensrechten der Franchisenehmer gekennzeichnet. Die Effizienz der Verträge hängt unter diesen Bedingungen davon ab, in-

[275] „Franchisees, seeking to exploit their trademark license, want to limit the number of franchises granted; franchisors, having sold the first round of franchises, may want to saturate the market with franchises. Franchisees want to locate outlets in profitable areas; franchisors, seeking to advertise the trademark and create the image of being on every street corner, may want to license additional franchises in areas that will contribute to this reputation, even if a particular outlet may not be profitable. Franchisors may wish to have stores operate twenty-four hours per day in order to develop the trademark's reputation for consumer convenience; franchisees, making few sales at night, may wish to save operation costs and close for a number of hours." Hadfield, Problematic Relations..., a.a.O., S. 950 f.

wieweit es gelingt, die Anreize der Franchisenehmer zu Moral Hazard zu reduzieren, ohne dadurch die Anreize des Franchisegebers zu Moral Hazard (Einschränkung der zentralen Leistungen) oder Holdup (opportunistische Kündigung bzw. Kündigungsdrohung) zu erhöhen. Eine Rechtsprechung und Gesetzgebung, die diese ökonomische Struktur des Franchisevertrages nicht berücksichtigt, wird falsche ökonomische Anreize setzen und ineffiziente Verträge fördern bzw. das Zustandekommen effizienter Verträge verhindern.

Ein wesentlicher Vorzug einer durch einen Franchisenehmer geführten Verkaufsstelle gegenüber einer durch einen angestellten Arbeitnehmer geleiteten Filiale besteht darin, dass der Franchisenehmer ein unmittelbares Interesse am Erfolg der Verkaufsstelle hat, da er sich einen Teil des erwirtschafteten Überschusses aneignen kann. Offensichtlich wirkt sich dieser Vorzug um so stärker aus, je größer der Anteil des Überschusses ist, den der Franchisenehmer behalten darf, und je geringer somit die umsatzabhängige Gebühr ist, die an den Franchisegeber abgeführt werden muss. Andererseits erhöht ein hoher Anteil des Franchisenehmers am Überschuss seinen Anreiz, sich als Trittbrettfahrer bezüglich der Qualität der Produkte und bezüglich der Intensität der lokalen Werbemaßnahmen zu verhalten. Ökonomische Anreize allein reichen somit nicht aus, den Franchisenehmer zu einem effizienten Verhalten zu veranlassen. Aus diesem Grunde werden in jedem Franchisesystem die ökonomischen Anreize durch direkte Kontrollen seitens des Franchisegebers in Verbindung mit empfindlichen Strafen für Fehlverhalten - wie insbesondere Vertragsstrafen und Kündigung des Vertrags - ergänzt.

Grundsätzlich liegen derartige Kontrollen[276] nicht nur im Interesse des Franchisegebers, sondern auch im gemeinsamen Interesse aller Franchisenehmer, da jeder einzelne individuelle Vorteile aus der Leistungsfähigkeit des Franchisesystems ziehen kann. Das setzt allerdings voraus, dass ein Missbrauch der zentralen Kontrollrechte seitens des Franchisegebers verhindert werden kann. Da sich der Franchisenehmer durch umfangreiche spezifische Investitionen an den Franchisegeber gebunden hat, besteht für letzteren ein beträchtlicher Spielraum zur Aneignung von Quasirenten auf diese spezifischen Aktiva - beispielsweise durch Vergabe neuer Lizenzen bzw. Eröffnung weiterer Filialen, durch Erhöhung der Bezugspreise und der umsatzabhängigen Franchisegebühren oder durch Kündigung und Rückkauf der Aktiva zu einem Preis, der geringer ist als der Restwert der Aktiva bei Verbleib im System.[277] Man könnte die Auffassung vertreten, dass die Gefahr eines Reputationsverlustes gegenüber bestehenden sowie gegenüber potentiellen neuen Franchisenehmern den Franchisegeber von opportunistischem Verhalten abhalten wird.[278] Das setzt aber zum einen voraus, dass der Franchisegeber erwartet, auch in Zukunft hinreichend hohe Profite aus dem System ziehen zu können. Zum anderen ist es für Außenstehende häufig schwer

---

[276] Im Vergleich zu einem Filialsystem mit angestelltem Geschäftsführer ist die Kontrollintensität in einem Franchisesystem deutlich geringer. Da die Kontrollkosten mit zunehmender Entfernung der Verkaufsstelle zur Zentrale steigen, erhöht sich mit der Entfernung auch die Überlegenheit des Franchising gegenüber der vertikalen Integration (Filialsystem). Die abschreckende Wirkung der Kontrollen resultiert unter diesen Bedingungen aus der vergleichsweise hohen Wahrscheinlichkeit, gekündigt zu werden, wenn man erwischt wird, und dem vergleichsweise hohen Verlust bei einer Kündigung - nämlich dem Verlust zukünftig erwarteter Erträge auf die spezifischen Investitionen in den Franchisebetrieb - bzw. der hohen Vertragsstrafe.

[277] Da die beweglichen und unbeweglichen Einrichtungsgegenstände zu einem Teil mit dem Markenzeichen des Franchisegebers versehen sind, stellen die Investitionen zu einem beträchtlichen Teil versunkene Kosten dar, d. h. ein großer Teil der Aktiva hat außerhalb des Franchisesytems keinen Wert. Wird nach einer Kündigung über den Rückkaufwert der Aktiva frei verhandelt, so hat der Franchisenehmer eine schwache Verhandlungsposition und wird weniger erhalten, als wenn er die Geschäftsbeziehung fortgesetzt hätte.

[278] So etwa Klein, Transaction Cost Determinants of 'Unfair' Contractual Arrangements, in: American Economic Review, 70 (1980).

zu unterscheiden, ob bestimmte Handlungen des Franchisegebers eine effiziente Anpassung an veränderte Umstände oder eine opportunistische Aneignung von Quasirenten darstellen.[279]

Insbesondere bei gerichtlichen Auseinandersetzungen um Kündigungen sind diese Zusammenhänge zu berücksichtigen. Sind Kündigungsmöglicheiten des Franchisegebers zu stark eingeschränkt, so steigen kurzfristig die Kosten der Qualitätskontrolle sowie die Anreize der Franchisenehmer zu Trittbrettfahrerverhalten, langfristig werden aus gesamtwirtschaftlicher Sicht zu wenig Franchiseverträge abgeschlossen und zu viele Filialen gegründet. Sind demgegenüber die Kündigungsmöglichkeiten des Franchisegebers zu wenig eingeschränkt, so werden kurzfristig Franchisenehmer durch Holdup und ungerechtfertigte Kündigungen des Franchisegebers ausgebeutet. Langfristig sinkt der Anreiz potentieller Franchisenehmer, Kapital in Franchisebeziehungen einzubringen. Auch in diesem Fall werden langfristig aus gesamtwirtschaftlicher Sicht zu wenig Franchiseverträge abgeschlossen.

4. Nicht jeder Vertrag, der für Franchisegeber und Franchisenehmer wechselseitig vorteilhaft ist, führt allerdings notwendig dazu, dass sich auch die Versorgung der Gesellschaft mit Gütern und Dienstleistungen verbessert. Insbesondere können vertikale Bindungen wie Gebietsschutz, Bezugsbindungen und Preisempfehlungen nicht nur dazu dienen, ein hohes Leistungsniveau der Vertragsparteien zu geringen Transaktionskosten durchzusetzen, sondern sie können auch von marktmächtigen Franchisegebern dazu benutzt werden, zu Lasten der Konsumenten den Markt unter sich aufzuteilen und horizontale Preisabsprachen zu treffen.[280] Solange allerdings keine zusätzlichen Indizien den Verdacht nahe legen, dass derartige vertikale Bindungen der Beschränkung des Wettbewerbs zwischen verschiedenen Franchisesystemen dienen, dürften die wettbewerbspolitischen Vorteile die wettbewerbspolitischen Nachteile überwiegen.

cc) Leasingvertrag

1. Beim Leasingvertrag handelt es sich nach überwiegender Ansicht um eine spezifische Form des Mietvertrags, die in den letzten 20 Jahren stark an Bedeutung zugenommen hat. Gegenstand des Leasings sind neben Immobilien Kapitalgüter wie Flugzeuge, Lkws, Büromaschinen, Nachrichtenanlagen, Medizintechnik, Webstühle u.a.m. Wenn im Folgenden von *Leasing* die Rede ist, so ist damit das (langfristige) Finanzierungsleasing gemeint.[281] Diese Form des Leasings, die inzwischen in den meisten europäischen Staaten mit mehr als 10 %, in den USA sogar mit ca. 20 %, an der Finanzierung der Bruttoanlageinvestitionen beteiligt ist,[282] ist dadurch gekennzeichnet, dass eine Leasinggesellschaft auf Veranlassung eines Interessenten ein Investitionsgut kauft und es diesem gegen Zahlung von Leasingraten für eine bestimmte Zeit überlässt.[283] Der Leasingvertrag ist während einer Grundmietzeit unkündbar, und es ist für das Ende der Vertragslaufzeit typischerweise eine Eigentumsübertragung des Leasinggutes auf den Leasingnehmer optional

[279] Vgl. hierzu auch Hadfield, Problematic Relations, a.a.O., S. 978.

[280] Vgl. hierzu auch die allgemeinen Ausführungen bei Eger, Langzeitverträge, a.a.O., S. 193 ff.

[281] Das (kurzfristige) Operating-Leasing, das in vielerlei Hinsicht dem BGB-Mietvertrag entspricht, wird in der folgenden Analyse ausgeklammert.

[282] Vgl. hierzu etwa Krahnen/Meran, Why Leasing? An Introduction to Comparative Contractual Analysis, in: Bamberg/Spremann (eds.), Agency, Information, and Incentives, Berlin/Heidelberg 1987, S. 257. Aktuelle Informationen zur Bedeutung des Leasings in Deutschland finden sich in: IFO-Schnelldienst, 1 - 2/1995, S. 8 ff.

[283] Zu Besonderheiten des Hersteller-Leasings vgl. Krahnen, Sunk Costs und Unternehmensfinanzierung, Wiesbaden 1991, S. 197 f.

vorgesehen.[284] Hierbei handelt es sich entweder um eine *Kaufoption*, d. h. der Leasingnehmer hat zum Ende der Vertragslaufzeit das Recht, das Gut zu einem vorher festgelegten „Ausübungspreis" zu kaufen. Es kann sich aber auch um eine *Verkaufsoption* bzw. ein sogenanntes Andienungsrecht handeln, wobei der Leasinggeber das Recht hat, das Gut zum Ende der Vertragslaufzeit zu einem vorher festgelegten Ausübungspreis an den Leasingnehmer zu verkaufen. Der Leasingvertrag kann entweder als *Vollamortisationsvertrag* ausgestaltet sein. In diesem Fall sind die Leasingraten so hoch, dass während der Grundmietzeit der Kaufpreis des Leasinggutes sowie die Finanzierungs- und sonstigen Nebenkosten des Leasinggebers vollständig abgedeckt sind. Bei einem *Teilamortisationsvertrag* reichen die Leasingraten demgegenüber nicht zur Deckung der Kosten des Leasinggebers aus. Dieser wird sich auf einen derartigen Vertrag somit nur dann einlassen, wenn nach Abschluss der Grundmietzeit hinreichende Verwertungsmöglichkeiten bestehen.

Im Unterschied zu einem gewöhnlichen Mietvertrag trägt beim Leasingvertrag der Leasingnehmer in vollem Umfang die Sach- und Preisgefahr sowie die Instandhaltungskosten für das Leasinggut. Das heißt insbesondere, dass der Leasingnehmer auch bei Zerstörung, Verlust, vorzeitigem Verschleiß oder Beschädigung des Leasinggegenstandes weiterhin seine Leasingraten zu zahlen hat. Die Gewährleistungsansprüche gegenüber dem Lieferanten des Gutes werden in der Regel an den Leasingnehmer abgetreten.

Bei einer Insolvenz des Leasingnehmers wird der Leasinggeber wie ein Vermieter behandelt, d. h. er hat ein *Aussonderungsrecht* und kann bei Veräußerung des Leasingobjektes auch die über die Restschuld aus dem Leasingvertrag hinausgehenden Liquidationserlöse einbehalten. Kreditgeber haben demgegenüber lediglich ein *Absonderungsrecht* bezüglich der vereinbarten Sicherheiten und dürfen bei Veräußerung der Sicherheit keinen höheren Beitrag als die Restschuld aus dem Kreditvertrag einbehalten.[285]

2. Der Leasingvertrag ist somit ein „Zwitter" aus einem Mietvertrag und einem kreditfinanzierten Kauf. Auf den ersten Blick scheinen sich für den Leasingnehmer die Nachteile beider alternativer Vertragstypen zu vereinigen: Einerseits trägt er die typischen Eigentümerrisiken, wie die Preis- und die Sachgefahr, obwohl die endgültige Eigentumsübertragung lediglich optional ist; andererseits hat der Leasinggeber bestimmte typische Eigentümerrechte wie insbesondere das Absonderungsrecht im Insolvenzfall. Warum könnten sich rationale, wohlinformierte Geschäftsleute auf einen derartigen Vertrag einlassen?

Um einige mögliche komparative Vorteile des Leasingvertrags herauszuarbeiten, soll er im folgenden mit zwei naheliegenden Alternativen verglichen werden: dem kreditfinanzierten Kauf und dem gewöhnlichen Mietvertrag. Da es sich beim Leasingvertrag um eine spezifische Variante des gewöhnlichen BGB-Mietvertrags handelt, soll in einem ersten Schritt überprüft werden, unter welchen Bedingungen die Miete von Kapitalgütern dem Kauf vorgezogen wird. Daran anschließend wird untersucht, aus welchen Gründen in bestimmten Fällen der Leasingvertrag dem gewöhnlichen Mietvertrag vorgezogen wird.

[284] Zu den wesentlichen Merkmalen des Finanzierungsleasings vgl. etwa kurz Gzuk, Finanzierungsleasing als alternative Investitionsform, in: Archiv für civilistische Praxis, 190/1990, S. 209 f.; Neus, Finanzierungsleasing aus vertragstheoretischer Sicht, in: Zeitschrift für Betriebswirtschaft 61/1991, S. 1433 ff. Eine ausführliche Betrachtung aus juristischer Sicht liefert v. Westphalen, Der Leasingvertrag, 5. Auflage, Köln 1998, passim.

[285] Vgl. Krahnen, Sunk Costs und Unternehmensfinanzierung, a.a.O., S. 179 ff.

Bei unvollkommenen Märkten kann es für ein Unternehmen vorteilhaft sein, Kapitalgüter nicht zu kaufen, sondern zu mieten, wenn wenigstens eine der folgenden Bedingungen erfüllt ist:[286]

- Der Vermieter kann das Kapitalgut aufgrund größerer Marktmacht oder besserer Marktübersicht zu günstigeren Konditionen beschaffen als der Nutzer;

- der Vermieter kann sich aufgrund größerer Marktmacht, besserer Marktübersicht oder besserer Möglichkeiten der Risikostreuung zu günstigeren Konditionen die erforderlichen Kredite beschaffen;

- der Vermieter kann aufgrund größerer Marktmacht oder besserer Marktübersicht das gebrauchte Kapitalgut zu günstigeren Konditionen auf dem Sekundärmarkt verkaufen als der Nutzer.

Unter diesen Bedingungen ist es - unabhängig von möglichen Steuervorteilen - wechselseitig vorteilhaft und auch gesamtwirtschaftlich effizient, wenn sich spezialisierte Vermieter von Kapitalgütern als Intermediäre zwischen den Herstellern von Kapitalgütern und deren Nutzern etablieren, sofern die zusätzlichen Kosten, die die Intermediäre verursachen, nicht größer sind als die entsprechenden Kosteneinsparungen. Dabei sind als Kosten nicht nur die „Produktionskosten" des Vermieters zu berücksichtigen, sondern auch eventuell auftretende Effizienzverluste aus ineffizienten Handlungsanreizen bei der Nutzung der Kapitalgüter.

Aus einem *gewöhnlichen Mietvertrag*, der dadurch gekennzeichnet ist, dass der Mieter das Kapitalgut gegen Zahlung einer festen Miete nutzt und dass das Kapitalgut nach Ablauf der Mietperiode im Eigentum des Vermieters verbleibt, werden ineffiziente Handlungsanreize resultieren, wenn der Wert des gebrauchten Kapitalgutes in hinreichend starkem Maße von der Sorgfalt während des Gebrauchs und von den Wartungsaktivitäten des Nutzers bestimmt wird. Da das effiziente Nutzungs- und Wartungsverhalten nur zu prohibitiven Kosten ex ante vertraglich zu spezifizieren und ex post zu beobachten und durchzusetzen ist, hat der Mieter keinen hinreichend starken Anreiz, den Wert des Kapitalgutes durch sorgfältigen Gebrauch und regelmäßige Wartung zu erhalten, da er die Kosten selbst zu tragen hat, während sich die Erträge zu einem großen Teil der Vermieter als Eigentümer des Kapitalgutes aneignen kann. Mit anderen Worten: Der Mieter hat einen Anreiz zu Moral Hazard. Erwartet der Vermieter ein derartiges Verhalten, so wird er entsprechend hohe Mietzahlungen verlangen, um den starken Wertverlust des Kapitalgutes auszugleichen. Ex ante haben somit beide Parteien ein gemeinsames Interesse daran, dem Mieter einen Anreiz zu sorgfältigem Gebrauch und effizienter Wartung zu geben.

Der *Leasingvertrag* vermindert den Anreiz des Nutzers zu Moral Hazard, da diesem (dem Leasingnehmer) einerseits bestimmte typische Eigentümerrisiken (Preis- und Sachgefahr) übertragen werden und da andererseits aufgrund der typischerweise im Leasingvertrag enthaltenen Kauf- bzw. Verkaufsoptionen eine positive Wahrscheinlichkeit besteht, dass das Kapitalgut letztendlich in das Eigentum des Leasingnehmers übergeht. Im Folgenden sollen einige wesentliche Merkmale effizienter Leasingverträge vorgestellt werden, die im großen und ganzen auch mit den

[286] Vgl. zu ähnlichen Argumenten beispielsweise auch Dietz, Die betriebswirtschaftlichen Grundlagen des Leasing, in: Archiv für die civilistische Praxis, 1990, S. 235-257, und Neus, Finanzierungsleasing aus vertragstheoretischer Sicht, a.a.O., S. 1431-1449.

Merkmalen typischer Leasingverträge übereinstimmen, die sich in der Wirtschaftspraxis durchgesetzt haben.[287]

3. Das *Wartungsrisiko*, d. h. das Risiko der Wertminderung des Kapitalgutes durch Moral Hazard seitens des Nutzers, kann dadurch minimiert werden, dass ex ante für den Leasingnehmer eine möglichst hohe Wahrscheinlichkeit besteht, dass das Gut nach Ablauf der Grundmietzeit in sein Eigentum übergeht. Dadurch ist der Leasingnehmer an einem hohen Liquidations- bzw. Fortführungserlös des Kapitalgutes nach Ablauf der Grundmietzeit interessiert. Leasingverträge, die diese Bedingung erfüllen, werden auch als *anreizkompatibel* bezeichnet. Die Anreizkompatibilität lässt sich auf zweierlei Art erreichen:

1) Bei einer *Kaufoption* muss der Ausübungspreis hinreichend niedrig sein, damit der Leasingnehmer mit einer möglichst hohen Wahrscheinlichkeit erwartet, die Option wahrzunehmen. Dabei geht der Leasingnehmer davon aus, dass er ex post die Kaufoption immer dann wahrnehmen wird, wenn der Ausübungspreis der Option nicht höher ist als der Barwert der besseren Verwertungsalternative, d. h. des Liquidationserlöses (= Preis auf dem Sekundärmarkt für gebrauchte Kapitalgüter) oder des Fortführungserlöses (= Gegenwartswert der erwarteten Nettoerlöse bei weiterer Nutzung des Kapitalgutes). Bei Konkurrenz zwischen den Leasinggebern werden diese gerade die Marktrendite auf ihr eingesetztes Kapital verdienen. Ist der Ausübungspreis der Option relativ niedrig, so muss daher die laufende Leasingrate hinreichend hoch sein. Dies ist nur bei einem *Vollamortisationsvertrag* der Fall. Tatsächlich beobachtet man auch in der Wirtschaftspraxis typischerweise die Kombination aus Kaufoption und Vollamortisationsvertrag.

2) Bei einer *Verkaufsoption* muss der Ausübungspreis hinreichend hoch sein, damit der Leasingnehmer mit einer möglichst hohen Wahrscheinlichkeit erwartet, dass der Leasinggeber diese Option auch wahrnimmt. Das wird ex post immer dann der Fall sein, wenn der Ausübungspreis der Option nicht niedriger ist als der Liquidationserlös, den der Leasinggeber auf dem Sekundärmarkt erzielen kann. Da der Ausübungspreis der Option also relativ hoch ist, müssen die laufenden Leasingraten hinreichend niedrig sein, damit der Leasinggeber gerade die Marktrendite auf sein eingesetztes Kapital erzielt. Dies ist nur bei einem *Teilamortisationsvertrag* der Fall. Tatsächlich beobachtet man in der Wirtschaftspraxis typischerweise die Kombination aus Verkaufsoption und Teilamortisationsvertrag.

Um zu erklären, unter welchen Bedingungen welcher der beiden Vertragstypen von den Parteien vorgezogen wird, ist zu prüfen, unter welchen Bedingungen die vertraglich festgelegten Ausübungspreise der Kauf- bzw. Verkaufsoption *nachverhandlungssicher* sind. Wenn nämlich bereits bei Vertragsabschluss davon ausgegangen werden kann, dass mindestens eine Partei nach Ablauf der Grundmietzeit eine Änderung des Ausübungspreises zu ihren Gunsten verlangen und durchsetzen kann, ist der Vertrag nicht zeitkonsistent. Es existiert ein Nachverhandlungsrisiko.

Um derartige Nachverhandlungsrisiken zu minimieren, macht man die Wahl des Vertragstyps von der erwarteten Wertbeständigkeit des geleasten Kapitalgutes abhängig. Betrachten wir zunächst ein Kapitalgut von hoher Wertbeständigkeit, das nach Ablauf der Grundmietzeit bei einem Verkauf auf dem Sekundärmarkt einen hohen Liquidationserlös erzielt. Damit ex post keine vermeidbaren Konflikte und Enttäuschungen zwischen den Vertragsparteien auftreten, empfiehlt

---

[287] Die Argumentation stützt sich weitgehend auf Krahnen, Sunk Costs und Unternehmensfinanzierung, a.a.O., S. 164 ff. Die Modellüberlegungen beziehen sich ausschließlich auf mobile Kapitalgüter, d. h. das Immobilienleasing wird ausgeklammert.

es sich, den Optionspreis nicht zu stark vom erwarteten Liquidationserlös abweichen zu lassen.[288] Bei Wettbewerb zwischen den Leasinggebern ist ein hoher Optionspreis nur mit einem Teilamortisationsvertrag vereinbar. Um das Wartungsrisiko zu minimieren, ist bei dieser Konstellation eine Verkaufsoption zu wählen. Es besteht somit folgender Zusammenhang:

hohe Wertbeständigkeit

↓

hoher Optionspreis

↓

Teilamortisation

↓

Verkaufsoption (Andienungsrecht)

Eine Nachverhandlungsforderung durch den Optionsinhaber (d. h. den Leasinggeber) ist dann auszuschließen, wenn der Optionspreis mindestens dem Fortführungswert, d. h. dem Wert des Objekts für den Stillhalter (= Leasingnehmer), entspricht. Das lässt sich wie folgt begründen: Unter der Annahme, dass der erwartete Fortführungserlös mindestens dem erwarteten Liquidationserlös entspricht, lassen sich drei denkbare Konstellationen unterscheiden:

(1) Optionspreis < Liquidationserlös < Fortführungserlös

In diesem Fall wird der Leasinggeber bei Aufrechterhaltung des niedrigen Optionspreises auf die Ausübung seiner Option verzichten. Beide Parteien können gewinnen, wenn sie sich durch Nachverhandlungen auf einen höheren Optionspreis einigen.

(2) Liquidationserlös < Optionspreis < Fortführungserlös

Zwar kann der Leasinggeber in diesem Fall nicht mehr glaubhaft drohen, auf die Ausübung seiner Option zu verzichten. Dennoch besteht ein gewisser Nachverhandlungsspielraum: Der Leasinggeber kann sich das Ausüben der Verkaufsoption vom Leasingnehmer abkaufen lassen.

(3) Liquidationserlös < Fortführungserlös < Optionspreis

Da der Leasinggeber als Inhaber der Option auch der einzige Nutznießer ist, besteht in diesem Fall kein Nachverhandlungsrisiko.

Handelt es sich demgegenüber um ein Kapitalgut von geringer Wertbeständigkeit, für das sich auf dem Sekundärmarkt nur ein geringer Liquidationserlös erzielen lässt, so sollte auch ein niedriger Optionspreis vereinbart werden. Ein niedriger Optionspreis ist bei Wettbewerb zwischen den Leasinggebern nur mit einem Vollamortisationsvertrag vereinbar. Um das Wartungsrisiko zu minimieren, ist bei einem niedrigen Optionspreis eine Kaufoption zu wählen. Es besteht somit folgender Zusammenhang:

[288] Krahnen führt darüber hinaus auch steuerrechtliche Gründe dafür an, dass der Optionspreis nicht zu stark vom Liquidationserlös abweichen darf. Vgl. Krahnen, Sunk Costs und Unternehmensfinanzierung, a.a.O., S. 174 f.

geringe Wertbeständigkeit

↓

geringer Optionspreis

↓

Vollamortisation

↓

Kaufoption

Eine Nachverhandlungsforderung durch den Optionsinhaber (den Leasingnehmer) ist dann auszuschließen, wenn der Optionspreis den Liquidationserlös, d. h. den Wert des Objekts für den Stillhalter (= Leasinggeber), nicht übersteigt. Um dies zu begründen, lassen sich wiederum drei Konstellationen unterscheiden:

(1) Optionspreis < Liquidationserlös < Fortführungserlös

In diesem Fall besteht kein Nachverhandlungsrisiko, da der Leasingnehmer nicht glaubhaft drohen kann, die Option verfallen zu lassen, um den Optionspreis zu drücken.

(2) Liquidationserlös < Optionspreis < Fortführungserlös

Obwohl beide Parteien ein Interesse an der Ausübung der Option haben, besteht ein gewisser Nachverhandlungsspielraum. Der Leasingnehmer kann sich das Ausüben seiner Kaufoption durch eine Reduzierung des Ausübungspreises vom Leasinggeber abkaufen lassen.

(3) Liquidationserlös < Fortführungserlös < Optionspreis

Der Leasingnehmer kann glaubhaft drohen, auf die Ausübung der Option zu verzichten, was zur Folge hat, dass der Leasinggeber den niedrigen Liquidationserlös erhält. Beide Parteien haben somit ein Interesse daran, durch Nachverhandlung den Optionspreis zu reduzieren.

Halten wir fest:

Ein anreizkompatibler, nachverhandlungssicherer Leasingvertrag ist dadurch gekennzeichnet, dass für Kapitalgüter hoher Wertbeständigkeit ein Teilamortisationsvertrag mit einem Andienungsrecht gewählt wird, während für Güter geringer Wertbeständigkeit ein Vollamortisationsvertrag mit einer Kaufoption gewählt wird. Diese Zuordnung von Vertragstypen zu unterschiedlichen Eigenschaften des Leasingobjektes entspricht auch dem Verhalten der Vertragsparteien in der Wirtschaftspraxis.

VI. Kreditsicherung

1. Grundlagen des Personal- und Realkredits

Kreditgeber pflegen sich von jeher Sicherheiten dafür geben zu lassen, dass der Kreditnehmer wie vereinbart die Zinsen bezahlt und den Kredit tilgt. Die Sicherheit kann in einem Grundstück bestehen, das mit einer Grundschuld oder Hypothek belastet wird. Man spricht dann von einem Boden- oder Immobiliarkredit. Zur Sicherung können auch bewegliche Sachen übereignet oder verpfändet werden, man spricht dann von einem Mobiliarkredit. Beide fasst man unter dem Oberbegriff „Realkredit" zusammen. Demgegenüber beruht die Sicherheit beim Personalkredit ausschließlich auf der persönlichen Bonität des Schuldners oder eines Dritten, der sich für seine Schuld verbürgt. Bei privaten Kreditnehmern stehen der Eigentumsvorbehalt an gekauften beweglichen Sachen und die Hypothek bzw. Grundschuld als Sicherung des Verkäufers beim Kauf von Hausgrundstücken im Vordergrund. Bei gewerblichen Kreditnehmern sind daneben zwei neue Sicherungsmittel bedeutsam geworden, die Sicherungsübereignung und die Forderungsabtretung. Bei der Sicherungsübereignung wird z.B. ein Warenlager zwar an den Kreditgeber übereignet. Dieser verzichtet in der Sicherungsabrede aber darauf, das Sicherungsgut zu verwerten. Vielmehr soll der Sicherungsgeber und Kreditnehmer die Waren weiter veräußern dürfen. Er tritt jedoch schon im Voraus die Forderungen ab, die sich aus dem Warenverkauf ergeben werden. Dieses Sicherungsmittel erinnert an den bereits erwähnten verlängerten Eigentumsvorbehalt, bei dem sich der Verkäufer ebenfalls das Eigentum an der gelieferten Ware vorbehält, dem Käufer jedoch Weiterveräußerungen gegen Vorausabtretung der zu erwartenden Kaufpreisforderung gestattet. Man kann auch durch Globalzession sämtliche Forderungen zur Sicherung abtreten. Durch die Möglichkeit einer Sicherungsübereignung erweitern sich die Chancen eines Kreditnehmers, einen Bankkredit zu bekommen. Deshalb ist die Sicherungsübereignung aus dem heutigen Geschäftsleben nicht mehr wegzudenken.

Schon 1978 stellten Gessner/Rhode/Strate/Ziegert[289] fest, dass die Bedeutung der Sicherungsübereignung, des Eigentumsvorbehalts und der Forderungsabtretung gegenüber dem Bodenkredit zugenommen hatte. Beide Arten der Kreditsicherung sind heute dominant. Die Bedeutung des Personalkredits ist demgegenüber sehr gering, jedenfalls auf dem organisierten gewerblichen Markt. Keine Angaben gibt es über den nicht organisierten Markt, d.h. über Darlehen von Privatpersonen oder Unternehmen außerhalb des Kreditsektors.

Nur kurz dargestellt werden im Folgenden die Grundpfandrechte, d.h. die Grundschuld und die Hypothek. Ausführlicher ist auf Eigentumsvorbehalt, Sicherungsübereignung und Forderungsabtretung einzugehen. Zwischen diesen ergeben sich auch Konflikte, etwa wenn die Globalzession von Forderungen an eine Bank mit dem verlängerten Eigentumsvorbehalt eines Warenverkäufers kollidiert.

[289] Die Praxis der Konkursabwicklung, S. 17

2. Grundpfandrechte (Bodenkredit)

Gemeinsames Merkmal aller Grundpfandrechte ist, dass der Gläubiger die Zahlung einer bestimmten Geldsumme aus dem Grundstück verlangen kann (§§ 1113, 1191, 1199). Die Hypothek wird immer zur Sicherung einer Geldforderung bestellt. Das rechtliche Schicksal von Hypothek und Forderung ist miteinander verknüpft. Man sagt: Die Hypothek ist akzessorisch. Die Grundschuld ist nicht akzessorisch, d.h. das Grundpfandrecht hängt nicht von der Existenz einer gesicherten Forderung ab, auch wenn die Grundschuld faktisch ebenfalls meist zur Sicherung einer Geldforderung bestellt wird. Die Rentenschuld als Spezialfall der Grundschuld sichert nicht einen festen Betrag, sondern eine laufende Geldzahlung.

a) Hypothek

Nach § 1113 wird bei der Bestellung einer Hypothek ein Grundstück in der Weise belastet, dass an denjenigen, zu dessen Gunsten die Belastung erfolgt, eine bestimmte Geldsumme zur Befriedigung wegen einer ihm zustehenden Forderung aus dem Grundstück zu zahlen ist. Das Grundstück und die in § 1120 genannten Gegenstände haften nach § 1147 insoweit, als die Befriedigung des Gläubigers im Wege der Zwangsvollstreckung erfolgt. Die Hypothek wird als ein dingliches (absolutes) Recht an einem Grundstück nach § 873 bestellt: Die Parteien einigen sich, und die Rechtsänderung wird in das Grundbuch eingetragen. Voraussetzung für die Eintragung ist, dass eine zu sichernde Forderung besteht (Akzessorietät). Regelmäßig wird die Hypothek nach § 1116 als Brief erteilt (Briefhypothek). Hierdurch wird die Übertragung der Hypothek erleichtert. Erforderlich ist die schriftliche Abtretungserklärung und Übergabe des Briefes (§ 1154). Wird die Erteilung des Hypothekenbriefs ausgeschlossen (§ 1116 Abs. 2 Satz 1), so kann die Hypothek (Buchhypothek) nur durch Einigung und Eintragung im Grundbuch (§ 873) übertragen werden. Diese Form der Hypothekenbestellung ist also weniger verkehrsfreundlich. Andererseits kann man durch Blick in das Grundbuch die Person des Hypothekars (Hypothekengläubigers) feststellen.

Die Hypothek kann auch dem Eigentümer selbst zustehen, sie verwandelt sich dann nach § 1177 in eine sogenannte Eigentümergrundschuld. Damit kann der Rang der dinglichen Sicherung gewahrt und die Möglichkeit gesichert werden, für den in der Hypothek angegebenen Betrag später erneut einen Kredit aufzunehmen. Da die Banken, wenn sie nachrangige Hypothekengläubiger waren, sich die Löschung der Hypothek nach Rückzahlung des Darlehens (und damit ihr Vorrücken im Rang) immer durch eine sogenannte Löschungsvormerkung sichern ließen, musste der Gesetzgeber zur Entlastung der Grundbuchämter einschreiten. Er fügte § 1179 a in das BGB ein. Danach kann der Hypothekengläubiger vom Schuldner die Löschung verlangen; der Löschungsvormerkung bedarf es nach § 1179 a Abs. 1 nicht mehr. Dieses Recht kann nach § 1179 a Abs. 5 vertraglich ausgeschlossen werden.

Bereits bei der Bestellung der Hypothek kann vereinbart werden, dass sich der Eigentümer freiwillig der sofortigen Zwangsvollstreckung unterwirft (§ 794 Abs. 1 Nr. 5 ZPO). Dies ist allgemein üblich. Die Zwangsvollstreckung erfolgt dann, ohne dass sich der Gläubiger noch eigens einen Vollstreckungstitel beschaffen muss, durch Zwangsversteigerung oder Zwangsverwaltung nach dem Zwangsversteigerungsgesetz.

Die Hypothek wird dadurch übertragen, dass der Hypothekar die gesicherte Forderung abtritt. Mit der Forderungsabtretung geht die Hypothek auf den neuen Gläubiger über (§ 1153 Abs. 1). Die Forderung kann nicht ohne die Hypothek, die Hypothek kann nicht ohne die Forderung übertragen werden.

Der Eigentümer des belasteten Grundstücks kann dem Hypothekar sämtliche Einwendungen gegen die Hypothek entgegenhalten, ebenso sämtliche Einwendungen, die gegenüber der Forderung bestehen (§ 1137). Um nicht mit derartigen Einwendungen konfrontiert zu werden, ziehen es viele Kreditgeber vor, eine Grundschuld zu bestellen (vgl. unten).

Mit der Befriedigung des Hypothekars erlischt die Forderung und die Hypothek. Erlischt die Forderung (z.B. durch Erfüllung), so erwirbt der Eigentümer die Hypothek (§ 1163 Abs. 1), die sich in eine Eigentümerschuld verwandelt (§ 1177 Abs. 1).

b) Grundschuld

Bei der Bestellung einer Grundschuld wird ein Grundstück in der Weise belastet, dass an denjenigen, zu dessen Gunsten die Belastung erfolgt, eine bestimmte Geldsumme zu zahlen ist (§ 1191 Abs. 1). Die Grundschuld setzt keine Schuld voraus, die an eine persönliche Forderung gebunden ist, sie ist also nicht akzessorisch. Die Grundschuld erlischt deshalb nicht bereits mit der Zahlung auf die ihr wirtschaftlich zugrundeliegende Forderung. Auf die Grundschuld finden nach § 1192 Abs. 1 die Vorschriften des Hypothekenrechts entsprechende Anwendung. Normen, welche die Akzessorietät der Hypothek betreffen, können aber nicht entsprechend auf die Grundschuld angewendet werden. Im Übrigen kann die Grundschuld ebenfalls als Brief- oder Buchgrundschuld bestellt werden. Sichert sie eine bestimmte Geldforderung, spricht man von einer Sicherungsgrundschuld. Dies führt aber nicht dazu, dass die Grundschuld akzessorisch ist. Lediglich im Innenverhältnis wird durch die Sicherungsabrede die Rechtsstellung des Gläubigers schuldrechtlich beeinträchtigt. Erlischt z.B. die gesicherte Forderung, so kann der Grundstückseigentümer (Darlehensnehmer) die Rückübertragung der Grundschuld vom Darlehensgeber und Grundschuldgläubiger aus ungerechtfertigter Bereicherung (§§ 812 ff.) verlangen.

Die Grundschuld ist wirtschaftlich wesentlich bedeutsamer als die Hypothek. Im täglichen Sprachgebrauch werden beide Grundpfandrechte selten auseinandergehalten.

c) Rentenschuld

Bei der Bestellung einer Rentenschuld wird ein Grundstück in der Weise belastet, dass in regelmäßig wiederkehrenden Terminen eine bestimmte Geldsumme aus dem Grundstück zu zahlen ist (§ 1199 Abs. 1). Mit dieser Sonderform der Grundschuld wollte der Gesetzgeber den besonderen Bedürfnissen der Landwirtschaft genügen. Der Altbauer konnte aufs Altenteil gehen und seine Rente durch ein Grundpfandrecht sichern lassen. Heute hat die Rentenschuld so gut wie keine praktische Bedeutung mehr.

3. Sonstige Formen des Realkredits

a) Eigentumsvorbehalt (Wiederholung)

Behält sich der Verkäufer nach § 449 Abs. 1das Eigentum bis zur Zahlung des Kaufpreises vor, so übereignet er die Sache im Zweifel aufschiebend bedingt. Er sichert den Kredit, den er dem Käufer in Bezug auf den Kaufpreis gewährt, durch einen Eigentumsvorbehalt ab. Mit dem Eintritt der Bedingung, d.h. der vollständigen Bezahlung des Kaufpreises, geht das Eigentum automatisch auf den Käufer über. Zwischenzeitliche Verfügungen des Verkäufers über die Kaufsache werden nach § 161 Abs. 1 unwirksam. Schon vor der Eigentumsübertragung hat der Käufer ein Anwartschaftsrecht, das ihm ein Recht zum Besitz nach § 986 gibt. Es ist gegenüber dem Eigentum kein aliud, sondern ein Minus; es kann durch Einigung und Übergabe nach § 929 auf Dritte übertragen werden, ohne dass der Verkäufer zustimmen muss.

Geht das Eigentum an der Kaufsache erst dann auf den Käufer über, wenn er alle Forderungen des Verkäufers aus der laufenden Geschäftsverbindung beglichen hat, so spricht man von erweitertem Eigentumsvorbehalt oder Kontokorrentvorbehalt. Gestattet der Verkäufer dem Käufer, die Kaufsache weiterzuveräußern, so spricht man von verlängertem Eigentumsvorbehalt. Der Verkäufer behält sich das Eigentum bis zur vollständigen Bezahlung des Kaufpreises vor, ermächtigt aber den Käufer gleichzeitig, nach § 185 Abs. 1als an sich Nichtberechtigter über die Kaufsache im Rahmen seines ordnungsgemäßen Geschäftsbetriebs zu verfügen. Der Verkäufer lässt sich im Voraus die Forderungen abtreten, die der Käufer aus dem Weiterverkauf der Ware an Dritte erwerben wird. Die Forderungsabtretung löst dann den Eigentumsvorbehalt als Sicherungsmittel ab (vgl. unten).

Eigentumsvorbehalt kann immer nur an bestimmten Sachen vereinbart werden, nicht an Sachgesamtheiten. Ein Eigentumsvorbehalt an einem Warenlager kann nur wirksam vereinbart werden, wenn die Waren abgegrenzt und damit bestimmt werden können.

Der finanzierte Abzahlungskauf ist dadurch gekennzeichnet, dass der Käufer zwei Verträge abschließt, mit dem Verkäufer den Kaufvertrag, mit der Bank den Darlehensvertrag. Die Bank finanziert den Kauf dadurch, dass sie den Darlehensbetrag direkt an den Verkäufer auszahlt. Dessen Kaufpreisforderung ist damit erfüllt. Die Bank lässt sich aber die Kaufsache vom Käufer zur Sicherung übereignen. Betrachtet man Kauf- und Darlehensvertrag zusammen, so ist der Käufer ebenso schutzwürdig wie beim einfachen Abzahlungskauf. Dieser Schutzbedürftigkeit trägt der Gesetzgeber dadurch Rechnung, dass er Kauf- und Darlehensvertrag unter bestimmten Voraussetzungen als wirtschaftliche Einheit („verbundenes Geschäft“) ansieht. Da der Käufer wirtschaftlich nicht anders steht, als wenn er die Kaufpreisraten an den Verkäufer zahlen müsste, ist er gegenüber der Bank genauso schutzwürdig wie beim Abzahlungskauf. Durch das Schuldrechtsmodernisierungsgesetz von 2001 wurden die früher im Abzahlungsgesetz und im Verbraucherkreditgesetz geregelten Schutzvorschriften leicht verändert und in §§ 355, 358 BGB verankert. Kauf und Darlehen werden als verbundenes Geschäft einheitlich behandelt. Hat ein Verbraucher seine auf Abschluss eines Verbraucherdarlehensvertrages (vgl. oben) gerichtete Willenserklärung nach § 495 wirksam widerrufen, so ist er nach § 358 Abs. 2 S. 1 auch an seine auf den Schluss eines damit verbundenen Vertrages über die Lieferung einer Ware oder die Erbringung einer anderen Leistung gerichtete Willenserklärung nicht mehr gebunden. Nach § 358 Abs. 1 und 3 gibt es den Einwendungsdurchgriff (vgl. oben). Wenn der Verbraucher vom Kaufvertrag z. B. wegen eines Sachmangels zurücktreten kann, so kann er auch die Zahlung der Darlehensraten gegenüber der Bank verweigern. Zu erinnern ist auch an das Widerrufsrecht des

Teilzahlungskäufers nach §§ 355, 495 Abs. 1. Das Schuldrechtsmodernisierungsgesetz von 2001 hat den Schutz, der bisher im Verbraucherkreditgesetz verankert war, gleichwertig im neuen BGB übernommen.

b) Pfandrecht

Nach § 1204 Abs. 1 kann eine bewegliche Sache in der Weise als Kreditsicherung mit einem beschränkt dinglichen Recht belastet werden, dass der Gläubiger berechtigt ist, Befriedigung aus der Sache zu suchen. Man spricht dann von der Bestellung eines **rechtsgeschäftlichen Pfandrechts**. Nach § 1205 Abs. 1 muss der Eigentümer die Sache dem Gläubiger übergeben und beide müssen darüber einig sein, dass dem Gläubiger das Pfandrecht zustehen soll. Ist der Eigentümer nur im mittelbaren Besitz der Sache, so kann er diesen mittelbaren Besitz auf den Pfandgläubiger übertragen. Zur Wirksamkeit der Pfandrechtsbestellung ist aber erforderlich, dass er die Verpfändung dem unmittelbaren Besitzer anzeigt (§ 1205 Abs. 2). In beiden Fällen entstehen für den Eigentümer wirtschaftliche Nachteile. Überträgt er den unmittelbaren Besitz auf den Pfandgläubiger (Faustpfand), so kann er nicht mehr unmittelbar über die Sache verfügen, sie auch nicht mit Zustimmung des Pfandgläubigers weiterveräußern. Hat er sie jedoch bereits an einen Dritten übergeben, so muss er diesem die Verpfändung anzeigen. Der Dritte erfährt also, dass er gezwungen ist, Kredit aufzunehmen. Auch dies ist dem Eigentümer unangenehm. Wenn der Schuldner nicht zahlt, kann sich der Pfandgläubiger nach § 1228 durch Pfandverkauf befriedigen. Die Durchführung ist in §§ 1234-1240 geregelt. Eine vor Pfandreife vereinbarte, sogenannte Verfallsklausel, wonach der Pfandgläubiger Eigentümer wird, weil der Schuldner nicht rechtzeitig zahlt, ist nach § 1229 unwirksam.

Da das BGB kein besitzloses Pfandrecht kennt, sondern in den §§ 1204 und 1205 entweder Verschaffung des unmittelbaren Besitzes oder zumindest Verschaffung des mittelbaren Besitzes plus Anzeige an den unmittelbaren Besitzer verlangt, hat die wirtschaftliche Praxis ein Äquivalent für das besitzlose Pfandrecht am BGB vorbei entwickelt. Die Praxis hat sich hier für die Sicherungsübereignung (vgl. unten) entschieden.

Auch **Forderungen** können verpfändet werden. Dies muss dem Drittschuldner jedoch angezeigt werden (§ 1280). Dies mindert aber möglicherweise die Bonität des Schuldners. Deshalb ist die Praxis zur Sicherungsabtretung übergegangen (vgl. unten), die dem Drittschuldner nicht angezeigt werden muss.

In bestimmten Fällen sichert der Gesetzgeber eine Vertragspartei durch die Einräumung eines **gesetzlichen Pfandrechts**. Nach dem BGB gibt es die Pfandrechte der Vermieter, Pächter, Werkunternehmer und Gastwirte (§§ 562, 583, 647, 704) und nach dem HGB die Pfandrechte der Kommissionäre, Spediteure, Lagerhalter und Frachtführer (§§ 397, 464, 475 b und 441 HGB). Diese Personengruppen haben gemeinsam, dass sie vertraglich vorleisten müssen und eine Sicherheit dafür brauchen, dass sie danach auch ihr Entgelt erhalten. Nach der Rechtsprechung ist ein gutgläubiger Erwerb von gesetzlichen Pfandrechten nicht möglich.[290] Anders ist es, wenn die Pfandrechte vertraglich vereinbart werden, etwa durch Verwendung von Allgemeinen Geschäftsbedingungen.

---

[290] BGHZ 34, 125; 34, 153; 87, 274

Nicht zu verwechseln sind die gesetzlichen und rechtsgeschäftlichen Pfandrechte mit den sogenannten **Pfändungspfandrechten**. Diese entstehen, wenn die Vollstreckungsorgane, wie z.B. der Gerichtsvollzieher, Entscheidungen und Titel vollstrecken. Die Einzelheiten sind in der Zivilprozessordnung geregelt.

c) Sicherungsübereignung

Die **Sicherungsübereignung** dient wirtschaftlich dazu, ein **besitzloses Pfandrecht** zu begründen. Man bewerkstelligt dies, indem man das Vollrecht, also das Eigentum, überträgt, gleichzeitig aber eine Sicherungsabrede trifft, wonach der Sicherungsnehmer auf das ihm übereignete Gut nicht einwirkt. Ihm wird die Sache nach § 930 durch Besitzkonstitut übereignet. Er wird nur mittelbarer Besitzer, während der Veräußerer unmittelbarer Fremdbesitzer bleibt. Das vereinbarte Besitzmittlungsverhältnis ist die Sicherungsabrede, d.h. der Sicherungsnehmer darf seine Rechtsstellung als formaler Eigentümer nicht ausschöpfen, solange der Sicherungsgeber seine Zahlungsverpflichtung erfüllt. Er ist nur Treuhänder. Andererseits muss der Sicherungsnehmer auf das Sicherungsgut achten und Schaden abwenden. Ist die letzte Rate des Kredits zurückgezahlt, zu dessen Sicherung das Gut übereignet wurde, so wird der Sicherungsgeber wieder Eigentümer. Der Sicherungsgeber hat von Anfang an ein Anwartschaftsrecht auf Rückübereignung, sobald er seine Verpflichtungen aus der Sicherungsabrede erfüllt hat. Tritt diese auflösende Bedingung ein, so wird sein ursprüngliches Eigentum wieder voll wirksam. Zuwiderlaufenden Verfügungen des Sicherungsnehmers in der Zwischenzeit sind nach § 158 Abs. 2, § 161 Abs. 2 unwirksam, wenn nicht gutgläubiger Erwerb eintritt (§ 161 Abs. 3). Die Parteien können auch vereinbaren, dass der Sicherungsgeber einen nur schuldrechtlichen Anspruch auf Rückübereignung erwirbt. Der Sicherungsnehmer ist dann aufgrund der Sicherungsabrede zur Rückübereignung an ihn verpflichtet.

Auch für die Sicherungsübereignung gilt der Bestimmtheitsgrundsatz des Sachenrechts. Sind die zu übereignenden Sachen noch nicht im Besitz des Eigentümers und Sicherungsgebers, so kann er sie dem Sicherungsnehmer im Voraus übereignen (antizipiertes Besitzkonstitut). Die Sachen müssen aber bereits bestimmt oder zumindest bestimmbar sein (z.B. 100 von 200 Lederkoffern eines Warenlagers, das erst noch beschafft werden soll).

Versucht ein Gläubiger, auf das beim Sicherungsgeber befindliche Sicherungsgut zuzugreifen, so wird nicht auf das formelle Eigentum abgestellt, sondern auf die wirtschaftliche Bedeutung der Sicherungsübereignung. Danach handelt es sich um die Verschaffung eines besitzlosen Pfandrechts. Dementsprechend kann der Sicherungsnehmer keine Drittwiderspruchsklage gegen die Einzelzwangsvollstreckung (§ 771 ZPO) erheben. Er kann in der Insolvenz des Sicherungsgebers lediglich wie ein Pfandgläubiger ein Recht auf abgesonderte Befriedigung nach § 50 der Insolvenzordnung (InsO) geltend machen. Umgekehrt hat der Sicherungsgeber gegenüber den Gläubigern des Sicherungsnehmers die Drittwiderspruchsklage nach § 771 ZPO und das Aussonderungsrecht nach § 47 InsO, das an sich dem Eigentümer zustehen würde, allerdings nur unter der Voraussetzung, dass der Sicherungsfall nicht eintritt. Geht es um die Verwertung des Sicherungsgutes, so steht der Sicherungsnehmer ebenfalls nicht besser als ein Pfandgläubiger. Er ist, solange sein Schuldner die Kreditraten zahlt, nicht berechtigt, die Herausgabe der Sache nach § 985 zu verlangen. Zahlt sein Schuldner nicht, kann er die Sache nach den Vorschriften über die Pfandverwertung (§ 1233 ff.) verkaufen.

d) Übertragung von Anwartschaftsrechten

A nimmt bei der B-Bank einen Kredit auf. Diese verlangt von ihm Sicherheiten. Er verweist auf sein Warenlager. Die Waren gehören zwar noch seinem Lieferanten, der sie unter Eigentumsvorbehalt veräußert hat. A hat jedoch schon einen großen Teil der Kaufpreisraten bezahlt und fragt, ob er nicht das erworbene Anwartschaftsrecht zur Sicherung auf die B-Bank übertragen könne.

Das Anwartschaftsrecht ist eine Vorstufe auf das Vollrecht des Eigentums und wie dieses als absolutes Recht geschützt. Es wird nach den §§ 929 ff. ebenso wie das Eigentum übertragen. A kann das Anwartschaftsrecht an den bei ihm lagernden Waren nach § 930 durch Besitzkonstitut auf die B-Bank übertragen. Wichtig ist nur, dass er- ebenso wie bei der Übertragung des Eigentums- den Spezialitätsgrundsatz des Sachenrechts beachtet: Die übereigneten Sachen bzw. die übertragenen Anwartschaftsrechte müssen bestimmt sein, es muss sich also um ein konkret abgrenzbares und zahlenmäßig bestimmtes Warenlager handeln. Ein unbeteiligter Dritter muss der Einigung der Beteiligten entnehmen können, an welchen Waren die Anwartschaft zur Sicherung übertragen werden soll. Es reicht, wenn alle in einem bestimmten Lagerraum befindlichen Waren von der Übertragung der Anwartschaft erfasst sind. Schwierig wird es, wenn ein Teil der Waren bereits in das Eigentum des A übergegangen ist, während er an einem anderen Teil lediglich das Anwartschaftsrecht hat, da er die letzten Kaufpreisraten noch nicht bezahlt hat. Hier kann zwar nicht klargestellt werden, an welchen Sachen das Eigentum und an welchen nur das Anwartschaftsrecht übertragen werden soll. Die Sachen, an denen das Vollrecht (Eigentum) bzw. das beschränkte Recht (Anwartschaftsrecht) übertragen werden soll, sind aber genau bestimmt. Damit ist dem Schutz des Rechtsverkehrs genügt. Es schadet nicht, dass an einem Teil der Waren nicht das Volleigentum, sondern nur ein Minus, das Anwartschaftsrecht, übertragen wird.[291] Das für die Eigentumsübertragung nach § 930 erforderliche Besitzmittlungsverhältnis ist wie im ersten Fall in der Sicherungsabrede zwischen A und der B-Bank enthalten.

e) Sicherungsabtretung

Ein Kreditgeber kann statt der Sachen auch Forderungen und sonstige Rechte als Sicherheit nehmen. So könnte der Kreditnehmer dem Kreditgeber zur Sicherheit Forderungen verpfänden, die ihm gegen Dritte zustehen. Dies wäre für ihn aber wirtschaftlich genauso ungünstig, wie wenn er Waren verpfänden würde. Die Verpfändung der Forderung muss nämlich nach § 1280 dem Drittschuldner angezeigt werden, damit dieser geschützt ist. Damit erfährt der Drittschuldner, dass der Pfandschuldner gezwungen ist, Kredit aufzunehmen, dies mindert dessen Bonität.

In der Praxis wird die Verpfändung von Forderungen daher durch die Sicherungsabtretung ersetzt. Maßgeblich ist dieselbe Grundüberlegung wie bei der Sicherungsübereignung: Die Forderung wird voll abgetreten, gleichzeitig wird in einer Sicherungsabrede jedoch festgehalten, dass der Sicherungsnehmer (Kreditgeber) nicht auf die Forderung zugreift, sondern der Sicherungsgeber (Kreditnehmer) sie weiterhin gegenüber dem Drittschuldner gelten machen soll. Die Innehabung der Forderung ist treuhänderisch gebunden. Der Sicherungsnehmer soll die Forderung nur dann einziehen dürfen, wenn der Sicherungsgeber die Kreditraten nicht ordnungsgemäß bezahlt. Der Vorteil der Sicherungszession (Sicherungsabtretung) gegenüber der Forderungsverpfändung ist, dass die Zession (Abtretung) dem Drittschuldner nicht angezeigt werden muss, sondern als

[291] BGHZ 28, 16

sogenannte stille Zession zulässig ist (vgl. die Formulierung in § 409). Der bisherige Forderungsinhaber (Zedent) kann ermächtigt werden, die Forderung weiter vom Drittschuldner einzuziehen (§ 185). Er muss dann den nach Abzug seines Gewinns verbleibenden Rest an den Sicherungsinhaber (Sicherungszessionar) der Forderung bezahlen, wenn dies in der Sicherungsabrede so vereinbart ist. Hat der Zedent unabhängig von der Sicherungsabrede seine Kreditraten an den Sicherungszessionar und Kreditgeber zu bezahlen, so ist dieser verpflichtet, die als Sicherheit abgetretene Forderung nach Bezahlung der letzten Kreditrate an den Zedenten zurück zu übertragen. Im Zweifel ist die Sicherungsübertragung so zu interpretieren, dass die abgetretene Forderung automatisch an den Zedenten zurückfallen soll, wenn der Sicherungszweck endet, also der Kredit getilgt ist. In diesem Fall ist die Forderungsübertragung durch den Wegfall des Sicherungszwecks auflösend bedingt. Hat der Zessionar die Forderung inzwischen an Andere abgetreten, so ist die Zwischenverfügung bei Eintritt der Bedingung unwirksam (§ 161 Abs. 2). Ein gutgläubiger Erwerb der Forderung ist nicht möglich (§ 161 Abs. 3).

Verpflichtet sich der Sicherungsgeber, dem Sicherungsnehmer jeweils Listen von Forderungen gegen Dritte mindestens in Höhe des zu sichernden Kredits zuzuschicken, so werden die in den Listen enthaltenen Forderungen erst mit ihrer Übersendung an den Sicherungsnehmer abgetreten. Man spricht hier von **Mantelzession**.

Noch weiter reicht die **Globalzession**: Hier werden alle im Geschäftsbetrieb des Schuldners begründeten gegenwärtigen und zukünftigen Forderungen an den Gläubiger abgetreten. Es handelt sich hier um eine Summe von Einzelabtretungen (§ 398). Wenn die Summe der abgetretenen Forderungen viel höher als der zu sichernde Kredit ist, kann die Globalzession sittenwidrig und nach § 138 nichtig sein. Ist sie erheblich höher, verstößt die Globalzession gegen § 307 Abs. 1 (Treu und Glauben). Die Globalzession kann außerdem unwirksam sein, wenn die Abtretung der zukünftigen Forderungen nicht in Höhe und Umfang bestimmbar ist. Im Hintergrund steht das Problem der Übersicherung der Bank. Der BGH will verhindern, dass andere Gläubiger dadurch benachteiligt werden, dass eine Bank sich durch Globalzession alle Forderungen des Schuldners abtreten lässt, obwohl deren Summe den Darlehensbetrag übersteigt. Im Ergebnis stellt er den Schutz des Schuldners auf dreierlei Weise sicher: Erstens hat er aus § 242 BGB (Treu und Glauben) einen Freigabeanspruch des Schuldners entwickelt, der eingreift, wenn – etwa durch Darlehensrückzahlungen – eine erhebliche Übersicherung der Bank eintritt.[292] Zweitens muss in AGB eine automatische Freigabe vorgesehen sein.[293] Sie greift in der Regel ein, wenn die Sicherung mehr als 120 % der Bankforderung beträgt. Drittens muss im Sicherungsvertrag eine einfache, praktisch leicht handhabbare Methode der Wertermittlung enthalten sein.[294] Das schwierigste Problem, der Konflikt zwischen dem verlängerten Eigentumsvorbehalt des Warenkreditgebers und der Globalzession der Bank, soll im folgenden Abschnitt behandelt werden. Zahlt der Sicherungsgeber den Kredit zurück, so ist er hierzu nur Zug um Zug gegen die Rückübereignung des Sicherungsguts[295] verpflichtet, wenn die Sicherungsübereignung nicht ohnehin auflösend bedingt erfolgt war. Kann der Sicherungsgeber den Kredit nicht wie vereinbart zurückzahlen, kann die Bank das Sicherungsgut verwerten, im Zweifel nach den Vorschriften über die Pfandverwertung (vgl. oben). Das Verbot einer Verfallklausel nach § 1229 muss auch für die Sicherungsübereignung gelten, da der Sicherungsgeber hier ebenso schutzbedürftig wie bei der Pfandverwertung ist.

[292] Vgl. BGH NJW 1994, 864 f.
[293] Vgl. BGH NJW 1995, 2221 ff.
[294] Vgl. BGH NJW 1995, 2348 f.
[295] Vgl. BGHZ 58, 327 ff.

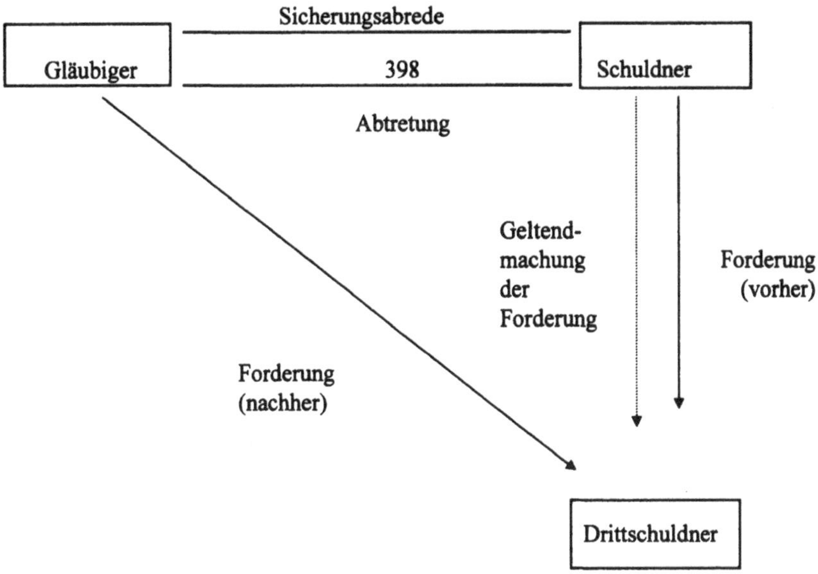

f) Konflikte zwischen Globalzession und verlängertem Eigentumsvorbehalt

Wenn der Käufer einer Ware, bei der sich der Verkäufer das Eigentum bis zur vollständigen Bezahlung des Kaufpreises vorbehalten hat, ermächtigt wird, die Waren im Rahmen seines Geschäftsbetriebes an Dritte weiterzuveräußern (verlängerter Eigentumsvorbehalt), kann die Kaufpreisforderung gegen den Dritten im Wege der stillen Zession im Voraus abgetreten werden: Der Käufer ist berechtigt, die Forderung einzuziehen; er muss sie nach Abzug seiner Gewinnspanne an den Verkäufer weiterleiten. Nun kann der Käufer gleichzeitig bei einer Bank Kredit aufnehmen und ihr alle künftigen Forderungen gegen Dritte im Wege der Globalzession abtreten. Es kommt dann zum Konflikt zwischen Warenkreditgeber und Geldkreditgeber. Wenn die Globalzession an die Bank nicht ohnehin wegen Übersicherung sittenwidrig und nach § 138 nichtig oder wegen mangelnder Bestimmbarkeit unwirksam ist, muss die Rechtsprechung sich mit einem Kunstgriff behelfen. An sich gilt für die Übertragung von Forderungen das Prioritätsprinzip: Da ein gutgläubiger Erwerb von Forderungen nicht möglich ist, erwirbt die Forderung immer der, an den sie zuerst abgetreten wurde.

Tritt der Käufer eine Forderung zur Sicherheit an die Bank ab, die er bereits zuvor im Wege des verlängerten Eigentumsvorbehalts an seinen Verkäufer abgetreten hat, so gilt das Prioritätsprinzip: Die Abtretung an den Verkäufer und damit der verlängerte Eigentumsvorbehalt bleibt wirksam. Sehr häufig ist es aber umgekehrt, der Käufer tritt Forderungen im Wege der Globalzession an die Bank ab und vereinbart danach mit seinem Verkäufer einen verlängerten Eigentumsvorbehalt. In dieser Situation erklärt die Rechtsprechung die vorausgehende Globalzession für sittenwidrig und nach § 138 nichtig, da sie den Käufer zum Vertragsbruch gegenüber dem Verkäufer verleite, der regelmäßig nur unter Eigentumsvorbehalt liefert.[296] Mit dieser sogenannten Vertragsbruchtheorie wird das Prioritätsprinzip im Ergebnis durchbrochen. Die kreditgebenden Banken modifizieren daher ihre Kreditkonditionen (AGB) heute in der Weise, dass sie zwar eine Globalzession mit dem Kreditnehmer vereinbaren, aber den Vorrang eines später zustande kommenden verlängerten Eigentumsvorbehalts des Warenkreditgläubigers ausdrücklich beachten (Freigabeklausel). Allerdings schränken sie diesen auf Fälle des branchenüblichen Vorbehalts ein, d.h. geschützt wird nur der Verkäufer, in dessen Branche der Verkauf von Waren unter verlängertem Eigentumsvorbehalt üblich ist. Im Ergebnis gibt die Rechtsprechung bei diesem Konflikt dem Warenkreditgeber den Vorrang gegenüber dem Geldkreditgeber. Dies zeigt sich auch darin, dass sie auch eine Globalzession mit Freigabeklausel für unzulässig erklärt, wenn und soweit dies zu einer Übersicherung der Bank führt.[297] Umstritten ist, was an die Stelle der unzulässigen Freigabeklausel treten soll. Nach § 306 Abs. 2 müsste an sich das dispositive Gesetzesrecht gelten. Die Globalzession wäre unwirksam. In Sonderfällen (vgl. unten - Bürgschaft) geht der BGH heute aber zu einer ergänzenden Vertragsauslegung über.

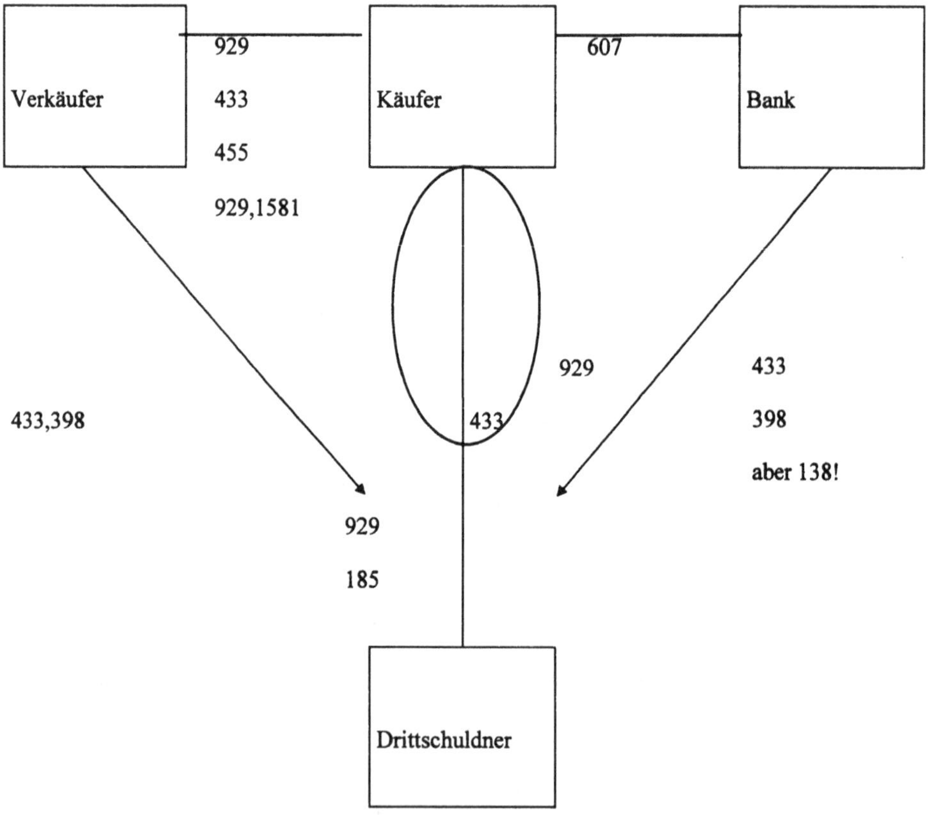

[296] BGHZ 30, 149
[297] BGH NJW 1990, 716: Übersicherung der Bank durch Globalzession mit Freigabeklausel

g) Konflikte zwischen Factoring und verlängertem Eigentumsvorbehalt

Wenn der Käufer einer Ware bei deren Weiterveräußerung die Kaufpreisforderung, die ihm gegenüber dem Dritten zusteht, im Wege des Factoring, d.h. des Verkaufs der Forderung (vgl. oben), an eine Bank abtritt, so kann es ebenfalls zu einem Konflikt mit dem verlängerten Eigentumsvorbehalt des ursprünglichen Verkäufers kommen. Erfolgt das Factoring zeitlich nach der Vereinbarung des verlängerten Eigentumsvorbehalts mit dem Verkäufer, so ist nach dem Prioritätsgrundsatz der Vorbehaltsverkäufer Gläubiger der Forderung des Vorbehaltskäufers gegen den Dritten. Im Wege der Auslegung ist allerdings in den meisten Fällen zu ermitteln, dass die Forderung auch an die Bank abgetreten werden kann. Die Sicherungsinteressen des Vorbehaltsverkäufers sind nicht beeinträchtigt.

Liegt das Factoring des Käufers zeitlich vor der Vereinbarung des verlängerten Eigentumsvorbehalts mit dem Verkäufer, so kommt es zu einem Konflikt zwischen einem Sicherungsgeschäft (Vorbehaltsverkäufer - Vorbehaltskäufer) und einem Kaufvertrag (Vorbehaltskäufer - Bank). Verkauft der Käufer die Kaufpreisforderung an die Bank, so wird ihm der entsprechende Betrag gutgeschrieben. Er steht im Ergebnis (abzüglich des Entgelts der Bank) ebenso, wie wenn er den Kaufpreis vom Dritten erhalten hätte. Deshalb ist die Vertragsbruchtheorie hier nicht anwendbar, die Factoring-Zession ist nicht sittenwidrig und nicht nach § 138 Abs. 1 nichtig.[298] Sicherungsinteressen des Vorbehaltsverkäufers sind nicht verletzt. Er kann sich aus dem Erlös des Verkaufs der Forderung befriedigen, der meist bei etwa 90 % des Forderungsbetrages liegt.

Anders ist es beim unechten Factoring (vgl. oben), bei dem die Forderungsabtretung nur der Sicherung eines Kredits dient, den die Bank dem Zedenten (gleich Vorbehaltskäufer) gibt. Hier kollidieren zwei Sicherungsgeschäfte wie bei der Globalzession. Es muss daher ebenfalls die Vertragsbruchtheorie angewandt werden.[299] Die unechte Factoring-Zession vor der Vereinbarung des verlängerten Eigentumsvorbehalts verstößt gegen § 138 Abs. 1 und ist daher nichtig.[300]

4. Personalkredit

Die Sicherung eines Kreditgebers kann auch darin bestehen, dass eine zusätzliche oder neue Person die Kreditschuld übernimmt oder für sie haftet. In der Praxis wenig bedeutsam ist der Vertrag zugunsten Dritter (§ 328), wonach der Kreditgeber unmittelbar das Recht erwirbt, eine (zusätzliche) Leistung zu fordern. Ebenso selten kommt der Fall vor, dass jemand die Schuld des Kreditnehmers befreiend übernimmt. Eine derartig befreiende Schuldübernahme müsste entweder mit dem Kreditgeber vereinbart sein (§ 414) oder von diesem genehmigt werden (§ 415). Jemand kann sich ferner verpflichten, der Schuld des Kreditnehmers beizutreten, man spricht hier von **kumulativer Schuldübernahme (Schuldbeitritt)**. Eine derartige Vereinbarung ist nach dem Grundsatz der Vertragsfreiheit (vgl. §§ 305, 311 Abs. 1) möglich. Die neue Verpflichtung tritt neben die alte des Kreditnehmers, beide haften dem Kreditgeber als **Gesamtschuldner** (§§ 421 ff.). Soweit einer von ihnen den Kreditgeber befriedigt und von dem Anderen Ausgleichung verlangen kann, geht die Forderung des Kreditgebers auf ihn über (§ 426 Abs. 2 Satz 1). Der Kreditgeber kann sich an beide halten, die Leistung jedoch insgesamt nur einmal verlangen.

---

[298] BGHZ 69, 254 ff.

[299] BGHZ 82, 50 ff.

[300] Wie hier auch Däubler, BGB kompakt, 2002, S. 837

Ein Kredit kann auch dadurch gesichert werden, dass sich jemand für die Schuld des Kreditnehmers verbürgt. Er verpflichtet sich durch den **Bürgschaftsvertrag** mit dem Gläubiger (§§ 765-778), für die bereits bestehende Schuld des Kreditnehmers (Hauptschuld) einzustehen. Im gesetzlichen Regelfall muss sich der Kreditgeber zuerst an den Hauptschuldner, den Kreditnehmer, halten. Der Bürge hat dann die sogenannte Einrede der Vorausklage (§ 771). Es kann aber auch vereinbart werden, dass der Kreditgeber bei Fälligkeit der Hauptschuld sofort an den Bürgen herantreten kann. Man spricht dann von **selbstschuldnerischer Bürgschaft**. Der Bürge hat auf die Einrede der Vorausklage verzichtet und haftet unmittelbar neben dem Hauptschuldner. Der Bürge kann nach § 768 Abs. 1 Satz 1 die dem Hauptschuldner zustehenden Einreden geltend machen. Soweit er den Gläubiger befriedigt, geht dessen Forderung gegen den Hauptschuldner kraft Gesetzes nach § 774 Abs. 1 Satz 1 auf ihn über. Bei einer **Bürgschaft zur Zahlung auf erstes Anfordern** muss der Bürge sofort zahlen, ohne Einwendungen des Schuldners gegen den Gläubiger vorbringen zu dürfen. Er kann das zuviel Gezahlte aber aus ungerechtfertigter Bereicherung zurückfordern. Bei einer **Ausfallbürgschaft** haftet der Bürge nur für den Betrag, der nach Ausschöpfung aller Haftungsmöglichkeiten im Wege der Zwangsvollstreckung noch offen ist.

In letzter Zeit sind Banken vermehrt dazu übergegangen, Kredite durch Bürgschaftserklärungen geschäftlich unerfahrener und teilweise vermögensloser Verwandter abzusichern. In einer Aufsehen erregenden Entscheidung[301] hat das Bundesverfassungsgericht klargestellt, dass im Zivilrecht nicht nur das „Recht des Stärkeren“ gilt, sondern insbesondere bei der Konkretisierung und Anwendung von Generalklauseln wie §§ 138 und 242 BGB die Grundrechte und verfassungsrechtlichen Grundprinzipien (vgl. insbesondere Art. 2 Abs. 1, 20 und 28 GG) zu beachten sind. Zwar dürften Verträge „schon aus Gründen der Rechtssicherheit nicht bei jeder Störung des Verhandlungsgleichgewichts nachträglich in Frage gestellt oder korrigiert werden. Handelt es sich jedoch um eine typisierbare Fallgestaltung, die eine strukturelle Unterlegenheit des einen Vertragsteils erkennen lässt, und sind die Folgen des Vertrages für den unterlegenen Vertragsteil ungewöhnlich belastend, so muss die Zivilrechtsordnung darauf reagieren und Korrekturen ermöglichen“[302].

Aufgrund dieser Entscheidung des Bundesverfassungsgerichts entschied der Bundesgerichtshof 1994, dass Bürgschaftserklärungen, die geschäftlich unerfahrene Kinder aus familiärer Hilfsbereitschaft zugunsten ihrer Eltern gegenüber einer Bank abgeben und die ihre finanzielle Leistungsfähigkeit auf Dauer weit übersteigen, sittenwidrig und damit nichtig sind, besonders wenn Druck zur Unterschrift ausgeübt wurde. Darüber hinaus begrenzte der BGH 1995 nach §§ 3, 9 AGBG die Höhe einer Bürgschaft, die nach einer AGB-Klausel alle bestehenden und künftigen Forderungen erfassen soll, auf das Kreditlimit zur Zeit der Übernahme der Bürgschaft.[303] Heute knüpft der BGH[304] an die Tatsache, dass der Hauptschuldner dem Bürgen durch Ehe, Verwandtschaft, Lebenspartnerschaft oder Freundschaft emotional verbunden ist, die widerlegbare Vermutung, dass die Bank diese emotionale Verbundenheit in sittlich anstößiger Weise ausgenutzt hat, wenn die Leistungsfähigkeit des Bürgen in einem krassen Missverhältnis zum Umfang der Bürgschaftsverpflichtung steht. Handelt es sich für ihn wegen der krassen Überforderung um ein wirtschaftlich unvernünftiges Geschäft, nimmt der BGH Sittenwidrigkeit und Nichtigkeit nach § 138 an. Lässt sich der Vertrag aber in einen nichtigen und einen wirksamen Teil aufspalten, nimmt der BGH nur Teilnichtigkeit nach § 139 an. Für nicht überfordert hält er ferner einen Bür-

301 BVerfGE 82, 214 = NJW 1994, 36

302 BVerfG NJW 1994, 38 f. = BB 1994, 21 = VuR 1994, 4 f.

303 Vgl. BGH NJW 1995, 2553 ff.; J. Hager weist darauf hin, dass der BGH hier das Verbot der geltungserhaltenden Reduktion aufgebe; JZ 1996, 175-179

304 Vgl. BGH NJW 2001, 815 ff.

gen, wenn er durch die Verwertung des von ihm bewohnten Eigenheims die Bürgschaftsforderung tilgen kann.[305] Die Sichtweisen des Bundesverfassungsgerichts und des Bundesgerichtshofs sind nach wie vor nicht identisch, der BGH vermeidet aber in der juristischen Konstruktion einen Verstoß gegen Art. 2 Abs. 1, 20 und 28 GG.

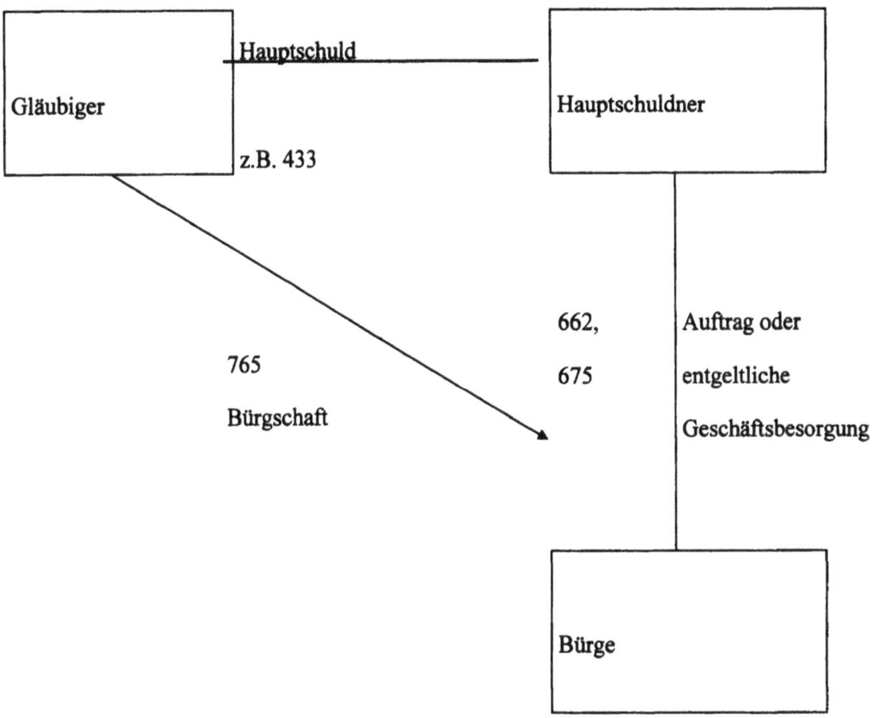

5. Wiederholung

a) A liefert dem Baustoffhändler B Röhren unter Eigentumsvorbehalt. B übereignet sein gesamtes Warenlager an seinen Gläubiger G zur Sicherung eines Darlehens, das er von G erhalten hat. Nachdem B mit der Bezahlung der Kaufpreisraten für die Röhren in Verzug geraten ist, tritt A vom Kaufvertrag zurück und lässt die Röhren vom Betriebsgelände des B abtransportieren.

G verlangt von A die Herausgabe der Röhren von B. Zu Recht?

G kann von A nach §§ 985 und 986 die Herausgabe der Röhren an B verlangen, wenn er Eigentümer der Röhren geworden ist. A hat sein Eigentum an den Röhren nicht durch die Lieferung an B verloren, da er unter Eigentumsvorbehalt lieferte. Die Röhren sollten unter der aufschiebenden Bedingung der vollständigen Kaufpreiszahlung an B übereignet werden (§ 449 Abs. 1). Die aufschiebende Bedingung ist nicht eingetreten. Da A wirksam vom Kaufvertrag zurückgetreten ist,

[305] Vgl. BGH NJW 2001, 2466 ff.

kann die Bedingung auch in Zukunft nicht mehr eintreten. Damit scheidet ein Eigentumserwerb des B aus, der die Röhren in seinem Warenlager an G übereignen wollte.

G könnte von B gutgläubig Eigentum erworben haben. Nach §§ 930 und 933 haben sich B und G über den Eigentumsübergang geeinigt. Zwischen beiden ist auch ein wirksames Besitzmittlungsverhältnis vereinbart worden. Nach der Sicherungsabrede sollte B im unmittelbaren Besitz der Röhren bleiben. Ein gutgläubiger Eigentumserwerb des G ist nur möglich, wenn er von B den unmittelbaren Besitz erlangt (§ 933). Dies wäre erst bei Eintritt des Sicherungsfalls möglich, d.h. wenn G die Röhren an sich nimmt, weil B seine Darlehensraten nicht bezahlt. Da dies nicht der Fall war, ist G nicht gutgläubig Eigentümer geworden. Er kann nicht von A verlangen, dass er die Röhren an B herausgibt.

Im Übrigen müsste G auch gutgläubig gewesen sein. Bei Waren, die üblicherweise unter Eigentumsvorbehalt geliefert werden, stellt die Rechtsprechung strenge Anforderungen an die Gutgläubigkeit eines Geldkreditgebers. Er muss sich erkundigen und die Eigentumsverhältnisse an dem zur Sicherung übereigneten Warenlager nachprüfen.

b) A übereignet dem B sein gesamtes Warenlager als Sicherheit für Forderungen, die dieser gegen ihn hat. Es wird vereinbart, dass A die Waren im Rahmen seines gewöhnlichen Geschäftsbetriebs weiterveräußern kann. Die Nachlieferungen in das Warenlager sollen jedoch automatisch in das Sicherungseigentum des B übergehen. Kann B, wenn A das Darlehen bei Fälligkeit nicht zurückzahlen kann, von ihm die Herausgabe des Warenlagers verlangen?

B kann sein Herausgabeverlangen auf § 985 stützen, wenn er wirksam Eigentümer geworden ist. Nach dem Bestimmtheitsgrundsatz des Sachenrechts müssen die übereigneten Sachen bestimmt oder zumindest bestimmbar sein. Wird ein ganzes Warenlager übereignet, so ist dem Bestimmtheitsgrundsatz Genüge getan, da die Abgrenzung eindeutig ist. Die Übereignung durch Besitzkonstitut nach §§ 929 und 930 ist wirksam.

Soweit im Voraus Waren übereignet werden, die erst später nachgeliefert werden sollen, ist eine solche Übereignung durch antizipiertes Besitzkonstitut nach §§ 929 und 930 ebenfalls wirksam, wenn dem Bestimmtheitsgrundsatz genügt ist (BGHZ 21, 56). Soweit alle Nachlieferungen in das Warenlager im Voraus zur Sicherung übereignet werden, ist dem Bestimmtheitsgrundsatz genügt. Sollen nur einige Nachlieferungen von der Sicherungsübereignung erfasst werden, so ist eine räumliche Trennung notwendig und schon im Voraus festzulegen, wie viele Waren der Sicherung insgesamt dienen sollen.

c) Die B-Bank AG hat der A-AG eine Kreditlinie mit einem Limit von 500.000 Euro eingeräumt. Als die A-AG in finanzielle Schwierigkeiten gerät, erhöht die B-Bank das Kreditlimit auf 1 Mio. Euro. Ein wichtiger Grund hierfür ist, dass C sich selbstschuldnerisch für die Forderungen der B-Bank gegen die A-AG verbürgt. Dem Bürgschaftsvertrag liegen die AGB der Bank zugrunde. Darin steht, dass die Bürgschaft zur Sicherung aller bestehenden und künftigen, auch bedingten oder befristeten Forderungen der B-Bank gegen die A-AG dienen solle.

Die A-AG wird insolvent. Die B-Bank, welche die Kreditlinie mit der A-AG inzwischen auf 10 Mio. Euro ausgeweitet hat, verlangt von C Zahlung des bei Insolvenzeröffnung bestehenden negativen Saldos in Höhe von 9,8 Mio. Euro. C will am liebsten nichts, höchstens aber 1 Mio. Euro zahlen, da er mit der Ausweitung der Kreditlinie nicht gerechnet habe. Wie ist zu entscheiden?

Die B-Bank könnte ihren Zahlungsanspruch auf § 765 BGB stützen. Voraussetzung ist, dass ein wirksamer Bürgschaftsvertrag zustandegekommen ist. Bedenken gegen die Wirksamkeit ergeben sich aus § 305 c Abs. 1 (überraschende Klausel) und § 307 Abs. 1 und 2 (Verstoß gegen Treu und Glauben). Sittenwidrig und nichtig nach § 138 BGB ist der Vertrag nicht, da er sinnvoll ist; lediglich die Klausel über die unbegrenzte Höhe der Verbindlichkeiten erscheint problematisch. Wer sich für eine Hauptforderung innerhalb eines bestimmten Limits verbürgt, will sich in der Regel nicht blindlings für Verbindlichkeiten eines Hauptschuldners in beliebiger Höhe gegenüber einer Bank verbürgen. Insofern ist die verwendete Klausel nach § 305 c Abs. 1 überraschend und unwirksam.

Auch wenn man dies ablehnt, etwa weil die Klausel groß und deutlich in dem Vertrag stand, kommt man zur Unwirksamkeit der Klausel, weil § 307 Abs. 2 verletzt ist. Nach § 767 Abs. 1 S. 3 BGB darf der Bürge in der Regel darauf vertrauen, nicht für andere und höhere (gegenwärtige und zukünftige) Verbindlichkeiten des Hauptschuldners als die einstehen zu müssen, welche ihn zur Übernahme der Bürgschaft veranlasst haben. Diese Obergrenze der Verbindlichkeiten ist hier mit 1 Mio. Euro anzusetzen; der Bürge musste mit Krediten in Höhe dieses Limits rechnen. Die fehlende Limitierung der „Globalbürgschaft" verstößt nach § 307 Abs. 2 gegen den Gerechtigkeitsgehalt von § 767 Abs. 1 S. 3 BGB.

Im Wege der ergänzenden Vertragsauslegung (§ 157 BGB) ist die Forderung der B-Bank AG gegen C aus dem Bürgschaftsvertrag mit 1 Mio. Euro anzusetzen. Das in § 306 Abs. 2 verankerte Verbot der geltungserhaltenden Reduktion von unwirksamen Vertragsklauseln ist hier nach dem Sinn und Zweck des AGB-Rechts nachrangig. Es geht darum, den Vertrag mit dem Inhalt aufrecht zu erhalten, den sich der Bürge bei Vertragsschluss vorgestellt hatte.[306]

6. Systematische Übersicht

Der Abschnitt zur Kreditsicherung ist nach ökonomischen Überlegungen zusammengestellt. Der Realkredit ist im Sachenrecht geregelt, da bewegliche und unbewegliche Sachen Gegenstand der Sicherung sind. Der Personalkredit ist im Schuldrecht geregelt. Im Falle des verlängerten Eigentumsvorbehalts hängen sachenrechtliche und schuldrechtliche Probleme miteinander zusammen. Die Übereignung ist Teil des Sachenrechts, die Forderungsabtretung Teil des Schuldrechts.

7. Ökonomische Analyse des Kreditvertrags

(T. Eger)

Ein *Kreditgeschäft* ist dadurch gekennzeichnet, dass eine Leistung heute gegen eine oder mehrere Leistungen in der Zukunft getauscht wird. Bei einem *Geldkredit* stellt der Kreditgeber heute einen Geldbetrag zur Verfügung, der zu vertraglich vereinbarten zukünftigen Zeitpunkten zu tilgen und zu verzinsen ist; bei einem *Warenkredit* liefert der Kreditgeber heute Güter oder Dienstleistungen, deren Preis zu einem zukünftigen Zeitpunkt oder zu zukünftigen Zeitpunkten zu zahlen ist.

[306] Vgl. BGH NJW 1995, 2553 mit abweichender Begründung; wie hier Reich/Schmitz, NJW 1995, 2533 und J. Hager, JZ 1996, 175

Kreditgeschäfte unterscheiden sich zum einen von *Kassageschäften*, die dadurch gekennzeichnet sind, dass Leistungen heute gegen Leistungen heute getauscht werden (z. B. Barkauf). Zum anderen unterscheiden sich Kreditgeschäfte auch von *Termingeschäften*, bei denen sowohl die Leistung als auch die Gegenleistung zu einem zukünftigen Zeitpunkt erfolgen. Durch die Kreditaufnahme wird es dem Kreditnehmer möglich, Zahlungen auf einen zukünftigen Zeitpunkt zu verschieben. Für diese Leistung verlangt der Kreditgeber einen *Zins*.

a) Kreditverträge bei vollständig informierten Vertragsparteien

Ist ein Kreditgeber über die exogenen Risiken, denen ein von ihm zu finanzierendes Investitionsvorhaben ausgesetzt ist, vollständig informiert und sind alle relevanten Handlungen des Kreditnehmers, die den Erwartungswert der Erlöse aus dem Investitionsvorhaben beeinflussen, vollständig vertraglich spezifiziert und kostenlos durchsetzbar, so wird er für die Kreditvergabe einen Zinssatz verlangen, der das spezifische Risiko des Investitionsvorhabens reflektiert: Je höher das Risiko, desto höher der Zinssatz.

Anhand eines einfachen Beispiels lässt sich zeigen, wie ein vollständig informierter, risikoneutraler Kreditgeber seine Mindestzinsforderung für Projekte mit unterschiedlichen Risiken berechnet. Angenommen, drei Typen von Investoren bewerben sich um einen Kredit in Höhe von 10.000 DM und versprechen, diesen Betrag sowie die Zinsen nach einem Jahr zurückzuzahlen. Bei Investoren vom Typ A (= „gute Risiken") verläuft das Projekt in 999 von 1.000 Fällen erfolgreich; in einem von 1.000 Fällen scheitert das Projekt. Bei Investoren vom Typ B (= „mittlere Risiken") beträgt die Misserfolgswahrscheinlichkeit entsprechend 1/100, bei Investoren vom Typ C (= „schlechte Risiken") beträgt sie 1/10. In allen drei Fällen erhält der Kreditgeber am Ende des Jahres bei einem Scheitern des Projekts weder den Kreditbetrag zurückerstattet noch die vereinbarten Zinsen ausgezahlt, da die Projekte im Falle eines Misserfolgs überhaupt keine Erträge abwerfen und da die Kreditnehmer auch über kein Vermögen verfügen, auf das der Kreditgeber zurückgreifen könnte.

Wenn wir einmal unterstellen, dass die höchstmögliche Verzinsung für risikolose Anlagen 10 % beträgt, so bedeutet für den Kreditgeber die Finanzierung jedes dieser Projekte den Verzicht darauf, am Ende des Jahres mit Sicherheit über 11.000 € (10.000 € Kreditrückzahlung plus 1.000 € Zinsen) verfügen zu können. Ein risikoneutraler Kreditgeber wird sich auf die Finanzierung eines risikobehafteten Projekts somit nur dann einlassen, wenn er am Ende des Jahres über einen Erwartungswert von mindestens 11.000 € verfügt. Die Mindestzinsforderungen für die einzelnen Risikogruppen berechnen sich somit wie folgt:

Typ A:
$$\begin{aligned} 10.000\,(1 + i_A)\,999/1.000 &= 11.000 \\ 1 + i_A &= 1{,}1011011011 \\ i_A &= 10{,}11\,\% \end{aligned}$$

Typ B:
$$\begin{aligned} 10.000\,(1 + i_B)\,99/100 &= 11.000 \\ i_B &= 11{,}11\,\% \end{aligned}$$

Typ C:
$$\begin{aligned} 10.000\,(1 + i_C)\,9/10 &= 11.000 \\ i_C &= 22{,}22\,\% \end{aligned}$$

Der Risikozuschlag auf den Zinssatz für risikolose Anlagen beträgt somit bei Typ A 0,11 %, bei Typ B 1,11 % und bei Typ C 12,22 %. Bei vollständiger Konkurrenz zwischen den Kreditgebern wird sich die jeweilige - nach Risikogruppen gestaffelte - Mindestzinsforderung als Marktzinssatz etablieren.

Die risikoneutralen Kreditnehmer werden den Kredit zu dem jeweiligen Zinssatz aufnehmen, sofern der Erwartungswert der Gewinne aus dem Projekt mindestens so hoch ist wie der Erwartungswert der Gewinne aus der nächstbesten Alternative. Durch die korrekt kalkulierten individuellen Risikozuschläge wird der Kreditnehmer gezwungen, alle erwarteten Kosten seines Projektes zu internalisieren; der Kreditgeber gibt die Kosten, die ihm dadurch entstehen, dass der Kredit mit einer gewissen Wahrscheinlichkeit nicht vereinbarungsgemäß zurückgezahlt wird, über den Zinssatz vollständig an den Kreditnehmer zurück. Der Zinsmechanismus sorgt somit für eine effiziente Allokation des Kapitals.

b) Schlecht informierte Kreditgeber, gut informierte Kreditnehmer: der typische Investitionskredit

Der typische Investitionskredit ist in der Regel durch eine Informationsasymmetrie zu Lasten des Kreditgebers gekennzeichnet: Der Kreditnehmer kann die *spezifischen Risiken*, die mit seinem Investitionsvorhaben verbunden sind, am besten einschätzen. Alle weiteren für den Kreditnehmer relevanten Informationen wie Laufzeit, Zinssatz, Tilgungsmodalitäten und Kündigungsmöglichkeiten sind aus dem Kreditvertrag zu ersehen. Der Kreditgeber kennt aus eigener Erfahrung demgegenüber lediglich das *durchschnittliche Risiko*, dem Investitionsvorhaben in bestimmten Bereichen ausgesetzt sind. Er ist deshalb auch nicht in der Lage, nach individuellen Risiken gestaffelte Risikozuschläge zu verlangen, sondern er ist gezwungen, für unterschiedliche Projekte mit unterschiedlichen Risiken einen einheitlichen Risikozuschlag festzulegen, der das durchschnittliche Risiko dieser Projekte reflektiert.

Unter diesen Bedingungen wird die Funktionsfähigkeit des Zinsmechanismus beeinträchtigt. Kreditnehmer mit risikoreicheren Investitionsvorhaben werden unter sonst gleichen Umständen höhere Zinssätze zu zahlen bereit sein als Kreditnehmer mit weniger risikoreichen Investitionsvorhaben, weil sie von einer geringeren Wahrscheinlichkeit der Rückzahlung des Kredits ausgehen. Bei steigenden Zinssätzen werden daher zuerst die besten Risiken aus dem Kreditpool des Kreditgebers ausscheiden. Der Anteil der schlechten Risiken steigt, es entsteht ein Prozess der *adversen Selektion*, d. h. die schlechten Risiken verdrängen die guten Risiken.

Man kann sich diesen Zusammenhang durch eine Modifizierung des in Abschnitt a) diskutierten Zahlenbeispiels verdeutlichen: Der maximale Zinssatz, den ein risikoneutraler Kreditnehmer zu zahlen bereit ist, ist erreicht, wenn der Erwartungswert des Gewinns aus dem Projekt gerade dem Erwartungswert aus der nächstbesten Alternative entspricht. Wenn wir der Einfachheit halber und ohne Verlust an Allgemeingültigkeit annehmen, dass der Wert der nächstbesten Alternative null ist und wenn wir einmal unterstellen, dass sich die drei Typen von Projekten lediglich - wie schon beschrieben - in ihrem Misserfolgsrisiko unterscheiden und dass bei allen Projekten der Erwartungswert der Bruttoerlöse identisch ist und 11.100 € beträgt, dann berechnet sich die maximale Zahlungsbereitschaft der verschiedenen Typen von Kreditnehmern wie folgt:[307]

[307] Der Bruttoerlös bei Erfolg des Projektes beträgt bei Typ A 11.111, bei Typ B 11.212 und bei Typ C 12.333. Bei Erfolgswahrscheinlichkeiten von 999/1.000 bzw. 99/100 bzw. 9/10 beträgt der Erwartungswert in allen Fällen 11.100.

Typ A: $E(\pi_A) = 999/1.000\,[11.111 - 10.000\,(1 + i_A)] = 0$

$i_A = 0{,}11 = 11\,\%$

Typ B: $E(\pi_B) = 99/100\,[11.212 - 10.000\,(1 + i_B)] = 0$

$i_B = 0{,}12 = 12\,\%$

Typ C: $E(\pi_C) = 9/10\,[12.333 - 10.000\,(1 + i_C)] = 0$

$i_C = 0{,}23 = 23\,\%$

Der Zinssatz, den ein risikoneutraler, vermögensloser Kreditnehmer zu zahlen bereit ist, ist also um so höher, je risikoreicher das Investitionsvorhaben ist.

Unter diesen Bedingungen resultiert ein Prozess der adversen Selektion, der etwa folgendermaßen verlaufen könnte. In einem Ausgangszeitpunkt t_0 sind alle Risikogruppen mit Anteilen von jeweils 1/3 am gesamten Kreditvolumen des Kreditgebers beteiligt. Der unvollständig informierte Kreditgeber wird dann einen einheitlichen Zinssatz fordern, der sich wie folgt berechnet:

$$i_0 = 0{,}1011 \cdot 1/3 + 0{,}1111 \cdot 1/3 + 0{,}2222 \cdot 1/3 = 0{,}1448$$

Bei einem Zinssatz von 14,48 % werden die Risiken von Typ A und Typ B vom Markt verdrängt. Zum Zeitpunkt t_1 macht der Kreditgeber die Erfahrung, dass nur noch die Risikogruppe C am Markt vertreten ist, und wird somit den Zinssatz auf i_1 = 22,22 % festlegen. Zu diesem Zinssatz sind die Investoren vom Typ C auch bereit, den Kredit aufzunehmen und die Investition durchzuführen.

Die Höhe des Zinssatzes hat aber nicht nur einen Einfluss auf die Zusammensetzung der Gruppe der Kreditnehmer (adverse Selektion), sondern auch auf das Verhalten der Kreditnehmer, nachdem sie den Kredit erhalten haben. Können nämlich die Kreditnehmer zwischen mehr oder weniger risikoreichen Varianten ihres Investitionsvorhabens wählen, so steigt die relative Attraktivität der risikoreicheren Variante und damit der Anreiz eines risikoneutralen Kreditnehmers zu *Moral Hazard*, d. h. zur Ausnutzung der unvollständigen Informationen des Kreditgebers zum eigenen Vorteil, mit der Höhe des Zinssatzes. Das ist darauf zurückzuführen, dass eine Erhöhung des Zinssatzes den Erwartungswert der Gewinne aus dem Projekt mit dem geringeren Risiko stärker reduziert als den Erwartungswert der Gewinne aus einem vergleichbaren Projekt mit höherem Risiko.

Das folgende Zahlenbeispiel soll diese Anreizwirkung des Zinssatzes verdeutlichen: Angenommen, ein risikoneutraler Kreditnehmer, der einen Kredit in Höhe von 10.000 € mit einer Laufzeit von einem Jahr aufgenommen hat, kann zwischen zwei Varianten seines Investitionsvorhabens wählen: Bei der risikoreicheren Variante A beträgt die Erfolgswahrscheinlichkeit 0,6; im Erfolgsfall erhält der Kreditnehmer Bruttoerlöse in Höhe von 12.000. Bei der weniger risikoreichen Variante B erhält der Kreditnehmer im Erfolgsfall Bruttoerlöse in Höhe von 11.500; die Erfolgswahrscheinlichkeit beträgt 0,9. Im Misserfolgsfall beträgt die Auszahlung bei beiden Varianten null. Für die Erwartungswerte der Gewinne der beiden Varianten gilt somit:

$$E(\pi_A) = [12.000 - (1 + i)\,10.000] \cdot 0{,}6$$

$$E(\pi_B) = [11.500 - (1 + i)\,10.000] \cdot 0{,}9.$$

Es lässt sich nun derjenige Zinssatz $\hat{\imath}$ berechnen, bei dem der Kreditnehmer indifferent zwischen beiden Varianten ist:

$$[12.000 - (1 + \hat{\imath})\ 10.000] \cdot 0{,}6 = [11.500 - (1 + \hat{\imath})\ 10.000] \cdot 0{,}9,$$

woraus folgt: $\hat{\imath} = 0{,}05$.

Bei einem Zinssatz von 5 % beträgt der Erwartungswert des Gewinns bei beiden Varianten 900. Steigt nun der Zinssatz auf 6 %, so reduzieren sich die Erwartungswerte der Gewinne bei beiden Varianten wie folgt:

$$E(\pi_A) = (12.000 - 1{,}06 \cdot 10.000) \cdot 0{,}6 = 840$$

$$E(\pi_B) = (11.500 - 1{,}06 \cdot 10.000) \cdot 0{,}9 = 810.$$

Der Erwartungswert des Gewinns aus dem weniger risikoreichen Projekt reduziert sich stärker als bei dem Projekt mit dem höheren Risiko. Der steigende Zinssatz erhöht für den Kreditnehmer den Anreiz, in die risikoreichere Variante zu investieren.

Wir können also feststellen:

Bei unvollkommen informierten Kreditgebern führen adverse Selektion und Moral Hazard dazu, dass steigende Zinsen auch das Risiko erhöhen, dass Kredite nicht zurückgezahlt werden.

Unter diesen Bedingungen haben die Kreditgeber keinen Anreiz, den Zinssatz anzuheben, bis die Nachfrage nach Krediten dem Angebot entspricht. Es existiert vielmehr ein optimaler Zinssatz für die Kreditgeber, bei dessen Überschreiten die erwarteten Gewinne aufgrund der gestiegenen Risiken zurückgehen.[308] Die Kreditgeber werden aus diesem Grunde die *Kredite mengenmäßig rationieren*, was zur Folge hat, dass einige Kreditnachfrager, die bereit wären, einen höheren als den Marktzinssatz zu zahlen, nicht zum Zuge kommen.

Eine weitere Möglichkeit, den Prozess der adversen Selektion einzudämmen und die Anreize zu Moral Hazard zu reduzieren, besteht darin, vom Kreditnehmer *Sicherheiten* zu verlangen. Aus der Sicht des Kreditgebers führt eine Sicherheit zu einer höheren Auszahlung bei Misserfolg des Projektes. Er wird somit ceteris paribus geringere Risikozuschläge fordern. Aus der Sicht des Kreditnehmers führt eine Sicherheit zu einer geringeren Auszahlung bei Misserfolg des Projektes (Verlust der Sicherheit statt Auszahlung von Null); damit sinkt auch die relative Attraktivität von risikoreichen im Vergleich zu risikoärmeren Projekten. Daraus folgt allerdings nicht, dass der Kreditgeber bei einem Nachfrageüberhang nach Krediten generell einen Anreiz hat, die Kredite durch verschärfte Anforderungen an die Sicherheiten zu rationieren. Sind beispielsweise wohlhabendere Kreditnehmer weniger stark risikoavers als ärmere Kreditnehmer, so wird sich bei erhöhten Anforderungen an Kreditsicherheiten der Anteil risikoreicherer Projekte erhöhen. Eine Verschärfung der Sicherheitsanforderungen über einen bestimmten Punkt hinaus kann somit - ähnlich wie eine Zinserhöhung - die Erlöse der Kreditgeber verringern.[309]

c) Kreditsicherheit und Insolvenzrecht

Unternehmen sehen sich in der Regel den Zahlungsforderungen einer Vielzahl von Gläubigern ausgesetzt. Dabei kann es sich beispielsweise um Zins- und Tilgungsforderungen von Banken,

[308] Vgl. zu einer allgemeinen Herleitung dieser und der folgenden Zusammenhänge Stiglitz/Weiss, Credit Rationing in Markets with Imperfect Information, in: American Economic Review, 71 (1981), 3, S. 393-410.

[309] Vgl. Stiglitz/Weiss, a.a.O., S. 402 ff.

um Zahlungsforderungen von Lieferanten, um Lohn- und Gehaltsforderungen der Beschäftigten und um Steuerforderungen des Staates handeln. Wird eine Unternehmung *zahlungsunfähig*, d. h. ist sie dauerhaft nicht in der Lage, ihren Zahlungsverpflichtungen nachzukommen, so muss sie Insolvenz anmelden.[310] Zahlungsunfähigkeit ist der allgemeine Insolvenzgrund. Bei Kapitalgesellschaften kommt als besonderer Insolvenzgrund die Überschuldung hinzu.[311] Reicht das pfändbare Vermögen des Schuldners nicht aus, alle Ansprüche der Gläubiger zu befriedigen, so entsteht das Problem, nach welcher Regel das Vermögen auf die Gläubiger aufgeteilt wird.

Eine gesetzliche Insolvenzregelung erfüllt hierbei insbesondere zwei ökonomische Funktionen. Zum einen ersetzt das Insolvenzrecht die individuelle Rechtsverfolgung seitens der Gläubiger durch ein Verfahren der kollektiven Rechtsverfolgung und vermeidet dadurch einen unproduktiven Verteilungskampf um das haftende Schuldnervermögen. Zum anderen werden durch das Insolvenzrecht Verfügungsrechte vom Schuldner auf diejenigen Akteure übertragen, die auch die Konsequenzen der Entscheidungen zu tragen haben – nämlich an die Gruppe der Gläubiger.

Von besonderem ökonomischen Interesse ist nun die Tatsache, dass das Insolvenzrecht nicht nur Wirkungen auf die Handlungen der beteiligten Akteure hat, nachdem die Zahlungsunfähigkeit bzw. Überschuldung eingetreten ist (Ex-post-Wirkungen). Sofern diese Wirkungen bereits vorher antizipiert werden, wird auch das Verhalten vor Eintreten des Schadensfalles durch den Inhalt des Insolvenzrechts beeinflusst werden (Ex-ante-Wirkungen). Die folgende Abbildung verdeutlicht noch einmal die wesentlichen ökonomischen Anreizwirkungen des Insolvenzrechts:

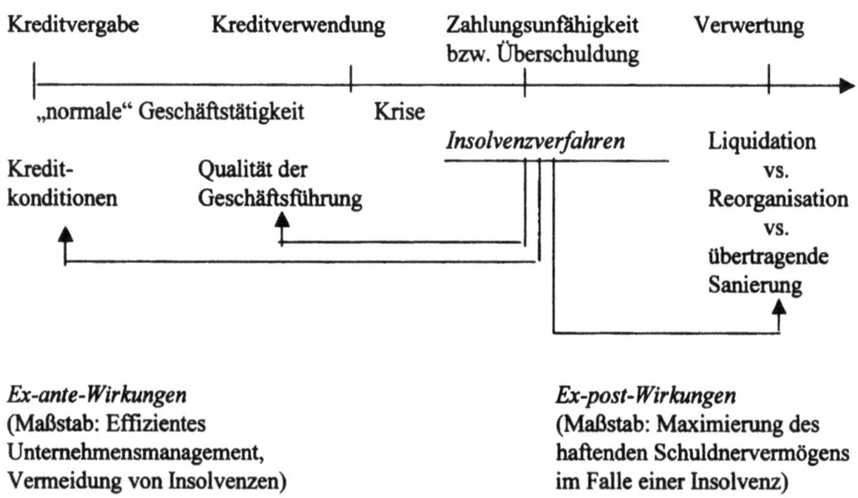

Abbildung 1: Ökonomische Wirkungen des Insolvenzrechts

[310] Das bis Ende 1998 geltende Konkursrecht bot zwei alternative Verfahren an. Während das Konkursverfahren auf die Auflösung der Unternehmung zielte, bestand das Ziel des Vergleichsverfahrens darin, die Unternehmung zu erhalten. Gelang der Vergleich nicht, kam es zum sogenannten Anschlusskonkurs.

[311] Eine *Überschuldung* liegt vor, wenn die Summe der Schulden höher ist als der Wert der Aktiva.

Dabei ist zu beachten, dass in der Praxis ein komplizierter Trade-off zwischen den beschriebenen Ex-ante- und Ex-post-Wirkungen besteht. Ist das Insolvenzrecht *zu weich*, d. h. ist die Wahrscheinlichkeit, dass das Management bzw. die Eigentümer im Insolvenzfall schnell durch Entzug ihrer Verfügungsrechte bestraft werden, gering, so erhöht sich ex ante zum einen der Anreiz für das Management, sich während der Phase normaler Geschäftstätigkeit zu leichtsinnig zu verhalten und damit die Insolvenzwahrscheinlichkeit zu erhöhen, zum anderen steigt aber auch ex ante der Anreiz für das Management, während der Phase der Unternehmenskrise rechtzeitig ein Insolvenzverfahren zu beantragen, und es sinkt somit der Anreiz, die Gläubiger durch ein Verschleppen des Insolvenzverfahrens und durch Vermögensumverteilungen zugunsten der Eigentümer zu schädigen. Ex post verringert sich die Wahrscheinlichkeit, dass die Unternehmung zerschlagen wird, obwohl der Liquidationswert geringer als der Fortführungswert ist, es erhöht sich aber auch die Wahrscheinlichkeit, dass die Unternehmung fortgeführt wird, obwohl der Liquidationswert höher als der Fortführungswert ist. Ist demgegenüber das Insolvenzrecht *zu hart*, d. h. ist die Wahrscheinlichkeit hoch, dass das Management bzw. die Eigentümer im Insolvenzfall auch dann schnell ihre Verfügungsrechte verlieren, wenn die Insolvenz nicht auf die mangelnde Disziplin der Geschäftsführung sondern in stärkerem Maße auf exogene Risiken zurückzuführen ist, so sinkt ex ante der Anreiz für das Management, während einer Unternehmenskrise rechtzeitig ein Insolvenzverfahren zu beantragen, und es erhöht sich der Anreiz, die Gläubiger durch ein Verschleppen des Insolvenzverfahrens und durch Vermögensverschiebungen zugunsten der Eigentümer zu schädigen. Ex post erhöht sich die Wahrscheinlichkeit, dass die Unternehmung zerschlagen wird, obwohl der Fortführungswert größer als der Liquidationswert ist, es verringert sich aber auch die Wahrscheinlichkeit, dass die Unternehmung fortgeführt wird, obwohl der Fortführungswert kleiner als der Liquidationswert ist.

Im Folgenden sollen einige Wirkungen des Insolvenzrechts untersucht werden, die sich aus einer Gleichbehandlung aller Gläubiger bzw. einer Vorrangstellung bestimmter Gläubigergruppen ergeben können.

aa) Anrizwirkungen einer Gleichbehandlung aller Gläubiger („par condicio creditorum")

Von einer Gleichbehandlung aller Gläubiger spricht man, wenn im Insolvenzfall alle Gläubiger den gleichen prozentualen Ausfall ihrer Forderungen hinnehmen müssen; d. h. jeder Gläubiger erhält die gleiche Insolvenzquote

$$q_0 = \frac{V^L}{F},$$

wobei V^L den Liquidationswert der Unternehmung bezeichnet (abzüglich aller Verfahrens- und Verwertungskosten) und F die Summe aller Forderungen der Gläubiger gegenüber der Unternehmung darstellt.

Der Grundsatz der Gleichbehandlung aller Gläubiger hat zunächst einmal den großen Vorteil, dass ex post, nachdem die Zahlungsunfähigkeit eingetreten ist, alle Gläubiger das *gemeinsame Interesse* haben, einen möglichst hohen Wert für das Schuldnervermögen zu erzielen und damit einen möglichst geringen Forderungsausfall zu haben. Kein Gläubiger hat die Möglichkeit, ex post die eigenen Einnahmen zu Lasten anderer Gläubiger zu erhöhen, und somit besteht auch kein Anreiz, knappe Ressourcen in reine Umverteilungsaktivitäten zu lenken. Will ein Gläubiger eine möglichst hohe Auszahlung in der Insolvenz erzielen, so muss er dafür sorgen, dass das Schuldnervermögen bestmöglich verwertet wird und dass somit alle Gläubiger eine hohe Auszahlung erhalten. Zwar folgt aus dem gemeinsamen Interesse an hohen Verwertungserlösen nicht zwingend, dass sich alle Gläubiger in jedem Fall einstimmig für eine bestimmte Verwertungsstrategie entscheiden werden. Bei unterschiedlicher Risikoaversion der Gläubiger und unterschiedlichen subjektiven Erwartungen über die relative Vorteilhaftigkeit der Verwertungsalternativen wird unter Umständen kein Konsens über die Verwertung des Schuldnervermögens zustande kommen. Aber im Vergleich zu einer bevorzugten Behandlung bestimmter Gläubigergruppen ist beim Gleichbehandlungsgrundsatz der Anreiz am stärksten, die relevanten Informationen der gut informierten Gläubiger zu sammeln, bei der Verwertungsentscheidung zu berücksichtigen und somit die subjektiven Erwartungen der Gläubiger anzupassen.

Als weiterer möglicher Vorteil der Gleichbehandlungs-Regel wird gelegentlich die Interessenangleichung der Gläubiger bezüglich des optimalen Auslösezeitpunktes für das Insolvenzverfahren angeführt. Die schlecht informierten Gläubiger könnten sich darauf verlassen, dass die gut informierten Gläubiger stellvertretend die richtige Entscheidung treffen. Informationskosten würden dadurch reduziert.[312] Dieses Argument ist allerdings nur gültig, wenn wirkungsvoll verhindert werden kann, dass die gut informierten Gläubiger ihre Position außerhalb eines Insolvenzverfahrens durch Kündigung oder Einzelvollstreckung glattstellen, d. h. wenn eine wirksame Anfechtung möglich ist. Anderenfalls würden Anreize zur Beschaffung von Informationsvorsprüngen bestehen, die mit hohen (unproduktiven) Informationskosten verbunden wären.[313]

Anreizprobleme des Gleichbehandlungsgrundsatzes ergeben sich allerdings, wenn die Kreditgeber keinen Einfluss darauf haben, wie viele Kredite zu welchen Konditionen von dem Schuldner zu späteren Zeitpunkten aufgenommen werden. In diesem Fall ist eine effiziente Kreditvergabe nicht mehr gewährleistet, da die Risiken der Altgläubiger durch die Aufnahme neuer Kredite nachträglich erhöht werden können.

Stellen wir uns in einem ersten gedanklichen Schritt vor, dass sich eine Unternehmung zu einem bestimmten Zeitpunkt bei mehreren Kreditgebern verschuldet und dass jeder Kreditgeber über die jeweils anderen geplanten Kreditverhältnisse informiert ist. Der Abschluss der Kreditverträge erfolge simultan. Ist ein beliebiger Kreditgeber über die Wahrscheinlichkeit einer Insolvenz und den Wert des Unternehmensvermögens im Falle einer Insolvenz informiert, so kann er unter diesen Bedingungen auch sein individuelles Verlustrisiko korrekt einschätzen und bei der Höhe des Zinssatzes sowie bei den sonstigen Kreditkonditionen berücksichtigen.[314]

Ein einfaches Zahlenbeispiel kann diesen Sachverhalt verdeutlichen.[315] Angenommen, die Unternehmung verschuldet sich zum Zeitpunkt t_0 bei mehreren Kreditgebern und verspricht, den Kredit zum Zeitpunkt t_1 inklusive Verzinsung zurückzuzahlen. Die Insolvenzwahrscheinlichkeit betrage 10 %, der Forderungsausfall bei Insolvenz sei 20 %; beide Werte seien dem Kreditgeber und der Unternehmung bekannt. In diesem Fall wird jeder Kreditgeber ein Delcredere-Risiko von $0{,}1 \cdot 0{,}2 = 0{,}02 = 2\ \%$ kalkulieren und eine entsprechende Risikoprämie fordern. Der Schuldner ist somit gezwungen, die Risiken, die er durch seine Kreditaufnahme anderen aufbürdet, vollständig zu internalisieren, indem er alle Kreditgeber vollständig für deren Risikoübernahme entschädigt.

Besteht demgegenüber für den Schuldner die Möglichkeit, sich ohne Zustimmung der „Alt-Gläubiger“ neu zu verschulden, so entsteht bei Geltung des Gleichbehandlungsgrundsatzes ein

312 Vgl. z. B. Schmidt, Ökonomische Analyse des Insolvenzrechts, Wiesbaden 1980, S. 49 f.

313 Vgl. z. B. Drukarczyk, Unternehmen und Insolvenz, Wiesbaden 1987, S. 140.

314 Bei unvollkommen informierten Kreditgebern führen adverse Selektion und Moral Hazard dazu, dass mit steigenden Zinssätzen auch das Risiko steigt, dass Kredite nicht zurückgezahlt werden. Unter diesen Bedingungen würden die Kreditgeber ihre Kredite mengenmäßig rationieren, vgl. Stiglitz/Weiss, 1981, a. a. O., S. 393 ff.

315 Vgl. das Beispiel aus Schäfer/Ott, Lehrbuch, a. a. O., S. 555.

Anreiz, neue Kredite für vergleichsweise risikoreiche Projekte aufzunehmen und einen Teil dieser Risiken auf die Alt-Gläubiger zu überwälzen. Das wird dadurch möglich, dass der neue Kreditgeber seine Risikoprämie nach dem durchschnittlichen, über alle Kredite gemittelten, Risiko berechnet und nicht nach dem marginalen Risiko, das der zusätzliche Kredit bzw. das zusätzliche Projekt verursacht.

Ein weiteres Zahlenbeispiel soll diesen Zusammenhang verdeutlichen. Angenommen, der Schuldner kann das Risiko für die Alt-Gläubiger nachträglich erhöhen, indem er unmittelbar nach dem Abschluss der im ersten Zahlenbeispiel diskutierten Kreditverträge einen weiteren Kredit aufnimmt, der mit 10 % am gesamten Kreditvolumen des Schuldners beteiligt ist. Mit diesem Kredit soll ein Investitionsprojekt finanziert werden, das die Insolvenzwahrscheinlichkeit des Schuldners von 10 % nicht verändert, das aber im Insolvenzfall mit einem Forderungsausfall von 50 % verbunden ist. Um den Schuldner zu veranlassen, das marginale Risiko, das durch seine zusätzliche Investition der Gesellschaft aufgebürdet wird, vollständig zu internalisieren, müsste der Kreditgeber ein Delcredere-Risiko in Höhe von 0,1 · 0,5 = 0,05 = 5 % kalkulieren. Bei Gleichbehandlung aller Gläubiger im Insolvenzfall wird der neue Kreditgeber jedoch sein Delcredere-Risiko wie folgt berechnen:

0,1 ·	(0,9 · 0,2 +	0,1 · 0,5) = 0,023 = 2,3 %
Insolvenzwahr-scheinlichkeit	Forderungsausfall der Alt-Gläubiger	Forderungsausfall der Neu-Gläubiger

Bei neu hinzukommenden Gläubigern sind deren Kredite für überdurchschnittlich risikoreiche Investitionsvorhaben somit zu billig (2,3 % < 5 %) und werden in einem zu großen Umfang nachgefragt, d. h. bestimmte Projekte, die bei korrekt kalkulierter Risikoprämie nicht durchgeführt worden wären, werden aufgrund der Möglichkeit der Externalisierung von Risiken auf die Alt-Gläubiger dennoch realisiert. Antizipieren die früheren Kreditgeber diese Möglichkeit, so werden sie als Ausgleich für dieses zusätzliche Risiko höhere Risikoprämien verlangen, als dem individuellen Risiko des finanzierten Investitionsvorhabens angemessen wäre (2,3 % > 2 %). Bei den Alt-Gläubigern sind Kredite für vergleichsweise risikoarme Investitionsvorhaben somit zu teuer und werden in einem zu geringen Umfang nachgefragt, d. h. bestimmte Projekte, die bei korrekt kalkulierter Risikoprämie durchgeführt worden wären, scheitern an den hohen Zinsforderungen der Kreditgeber.

bb) Ex-ante-Anreizwirkungen der Vorrangstellung bestimmter Gläubigergruppen

1. Die im letzten Kapitel beschriebenen Anreizprobleme können durch Kreditsicherheiten und die Vorrangstellung gesicherter Gläubiger im Insolvenzfall gemildert bzw. unter bestimmten Bedingungen vollständig beseitigt werden. Nehmen wir zunächst an, dass keine Kosten entstehen, die Sicherheiten eindeutig zuzuordnen, deren Wert der zu erhalten und im Insolvenzfall die Verwertung der Sicherheiten und die Aneignung der Verwertungserlöse durchzusetzen.

Im theoretischen Idealfall hat jeder Kreditgeber seine Forderungen durch perfekte Sicherheiten abgesichert, deren Wert zu jedem Zeitpunkt mindestens dem Wert der ausstehenden Tilgungs- und Zinsforderungen entspricht. Für keinen Kreditgeber besteht unter diesen Bedingungen ein Ausfallrisiko. Jeder Kreditgeber erhält mit Sicherheit die vereinbarten Tilgungs- und Zinszahlungen - entweder aus den laufenden Einnahmen des (solventen) Schuldners oder aus den Verwertungserlösen der Kreditsicherheiten bei Insolvenz des Schuldners. Das gesamte Risiko trägt der Schuldner, der auch das alleinige Verfügungsrecht bezüglich der Nutzung der Unternehmensaktiva hat. Risikoprämien werden von den Kreditgebern somit nicht gefordert, und eine Überwachung der Geschäftstätigkeit des Schuldners durch die Kreditgeber gibt keinen Sinn.

Eine derartige vollständige Absicherung aller Kreditgeber setzt voraus, dass jeder Schuldner eine ausreichende Menge wertbeständiger und den einzelnen Gläubigern eindeutig zugeordneter Aktiva als Sicherheiten zur Verfügung stellt. Rational handelnde Kreditgeber werden aber auch bereit sein, unvollständig gesicherte Kredite zu vergeben, wenn sie für das „Restrisiko" durch eine entsprechende Risikoprämie angemessen entschädigt werden; und rational handelnde Schuldner werden bereit sein, diese Risikoprämie zu zahlen, wenn der Erwartungswert der Rendite hinreichend hoch ist. Sind alle Kredite mehr oder weniger unvollständig gesichert, so ist das Risiko der Alt-Gläubiger grundsätzlich unabhängig vom Umfang der später abgeschlossenen Kreditverträge - es sei denn, die Insolvenzwahrscheinlichkeit erhöht sich als Folge der neuen Kreditaufnahme. Ganz allgemein steigt mit der erwarteten Differenz zwischen dem Wert der Forderungen und dem Wert der Sicherheiten im Insolvenzfall auch der Anreiz jedes Kreditgebers, Kosten der Überwachung der Geschäftstätigkeit des Schuldners auf sich zu nehmen, um zu verhindern, dass sich sein Risiko nachträglich durch Übergang des Schuldners zu einer risikoreichen Geschäftspolitik erhöht.

2. Gibt man die bisher getroffene Annahme auf, dass es kostenlos möglich ist, alle Sicherheiten eindeutig zu identifizieren, konkreten Kreditgebern zuzuordnen und in ihrem Wert zu erhalten, so lassen sich die folgenden Kosten der Kreditsicherung unterscheiden:[316]

Zum einen muss sich jeder Kreditgeber zunächst vergewissern, dass die von ihm geforderten Sicherheiten nicht mit anderen Ansprüchen belegt sind; darüber hinaus muss er die eigenen Ansprüche - z. B. durch Registrierung - gegenüber später entstehenden konkurrierenden Ansprüchen absichern („Transactional Costs"). Insbesondere bei den durch die Wirtschaftspraxis entwickelten und durch die Rechtsprechung anerkannten Mobiliarsicherheiten, wie Eigentumsvorbehalt, Sicherungsübereignung, Globalzession u.a.m., die dadurch gekennzeichnet sind, dass der Sicherungsgegenstand im Besitz des Schuldners verbleibt, sind diese Kosten und damit die Gefahr einer Kollision verschiedener Sicherungsansprüche hoch.[317]

Zum anderen muss jeder Kreditgeber sicherstellen, dass der Sicherungsgegenstand einen möglichst hohen Wert behält und nicht an eine andere Partei verkauft bzw. beschädigt oder zerstört wird („Enforcement Costs").

Schließlich können Kosten der Kreditsicherung dadurch entstehen, dass das Interesse des Kreditgebers an der Erhaltung einer wertvollen Kreditsicherheit mit dem Interesse des Schuldners an einer flexiblen Disposition über seine Aktiva kollidiert. In dem Maße, in dem der Kreditgeber die Verfügung des Schuldners über die als Sicherheit dienenden Aktiva wirksam beschränkt, kann die Werterhaltung des Sicherungsgegenstandes zu Lasten der Effizienz der Unternehmung gehen („Flexibility Costs").

Aufgrund dieser Kreditsicherungskosten werden in der Realität neben gesicherten auch ungesicherte Kredite vergeben. Für viele Kreditgeber lohnt es sich nicht, eine Kreditsicherung zu vereinbaren, da die Erhöhung des Erwartungswerts der Gläubigerposition durch die Kosten der Kreditsicherung überkompensiert wird. Es stellt sich somit die Frage, ob sich an der Beurteilung der Vorrangstellung von Kreditsicherheiten etwas ändert, wenn man die Koexistenz von gesicherten und ungesicherten Gläubigern berücksichtigt.

---

[316] Vgl. Bebchuk/Fried, The Uneasy Case for the Priority of Secured Claims in Bankruptcy, Harvard Law School. Discussion Paper No. 166, 1995, S. 25 ff.

[317] Vgl. zu den verschiedenen Kollisionsrisiken etwa Drukarczyk, 1987, a. a. O., S. 216 ff.

3. Zunächst einmal widerspricht die Tatsache, dass im Insolvenzfall die gesicherten Gläubiger relativ viel und die ungesicherten Gläubiger relativ wenig oder gar nichts erhalten, weder den Bedingungen für eine effiziente Kreditvergabe noch irgendwelchen Gerechtigkeitspostulaten, sofern die ungesicherten Gläubiger dies *korrekt antizipieren.* Schätzen nämlich die ungesicherten Gläubiger zum Zeitpunkt der Kreditvergabe die Insolvenzwahrscheinlichkeit und die Höhe der Auszahlung im Insolvenzfall korrekt ein, so werden sie für ihr vergleichsweise hohes Risiko eine vergleichsweise hohe Risikoprämie festlegen. Der Schuldner ist daher gezwungen, das vergleichsweise hohe Risiko, das er den ungesicherten Gläubigern dadurch aufbürdet, dass er anderen Kreditgebern Sicherheiten gewährt, vollständig zu internalisieren. Die Gläubiger werden für die von ihnen übernommenen Risiken vollständig entschädigt. Eine Externalisierung von Risiken findet nicht statt.

Das Bild verändert sich, wenn man unterstellt, dass ein Teil der ungesicherten Gläubiger das individuelle Ausfallsrisiko nicht korrekt antizipiert und somit nicht durch angemessene Risikoprämien berücksichtigt. In diesem Fall werden Risiken externalisiert, und es kommt zu einer ineffizienten Kreditvergabe. Bei folgenden Gruppen von Gläubigern kann angenommen werden, dass sie sich mit ihren Kreditkonditionen nicht korrekt an das tatsächlich bestehende Risiko anpassen:[318]

Zum einen werden alle *privaten unfreiwilligen Gläubiger*, die deliktische Schadensersatzansprüche gegenüber der Unternehmung erworben haben, für erhöhte Ausfallsrisiken ex definitione nicht entschädigt. Zwar ist ein großer Teil dieser Ansprüche in der Regel durch Versicherungen abgedeckt. Der aufgrund von Selbstbeteiligungen, Höchstgrenzen u. Ä. nicht versicherte Teil der deliktischen Schadensersatzansprüche kann aber durch Handlungen des Schuldners mit erhöhten Ausfallrisiken belegt werden, ohne dass die unfreiwilligen Gläubiger dafür angemessen entschädigt würden.

Zweitens enthalten die *Steuerforderungen des Staates* sowie die Forderungen bestimmter Berufsgruppen, die gesetzlich zur Leistung verpflichtet sind bzw. für die festgelegte Gebührenordnungen existieren, grundsätzlich keine Risikozuschläge.

Drittens lohnt es sich für *freiwillige Kreditgeber mit relativ geringen Forderungen* - wie Kunden, kleinere Lieferanten und Beschäftigte - nicht, die Kosten auf sich zu nehmen, Informationen über das korrekte Risiko zu erwerben („rationales Unwissen") oder Kreditsicherheiten zu vereinbaren.

Schließlich können *frühere freiwillige Kreditgeber* eine Erhöhung ihres Risikos durch nachträglich aufgenommene gesicherte Kredite seitens des Schuldners nicht korrekt antizipieren.

Die Existenz derartiger Gläubigergruppen ermöglicht es dem Schuldner, Risiken zu externalisieren, und schafft insofern Anreize zu ineffizienter Kreditvergabe.

Eine Möglichkeit, dieses Anreizproblem zu mildern, besteht darin, den nicht-antizipierenden ungesicherten Gläubigern gesetzliche Priorität vor den antizipierenden ungesicherten Gläubigern einzuräumen. Das Problem der Externalisierung von Risiken kann auf diese Weise allerdings nur unter zwei Voraussetzungen gelöst werden. Zum einen muss im Insolvenzfall ein hinreichender Wert an haftendem Schuldnervermögen vorhanden sein, um sowohl die gesicherten als auch die nicht-antizipierenden ungesicherten Gläubiger vollständig zu befriedigen. Zum anderen muss es möglich sein, eine klare Trennungslinie zwischen antizipierenden und nicht-antizipierenden ungesicherten Gläubigern zu ziehen. Eine weitere Möglichkeit, das Externalisierungsproblem zu lösen, besteht darin, die gesicherten Gläubiger an der Befriedigung der Ansprüche der ungesi-

[318] Vgl. Bebchuk/Fried, a. a. O., S. 36 ff.

cherten Gläubiger zu beteiligen. Hierbei taucht allerdings das folgende Problem auf: Werden alle ungesicherten Gläubiger beteiligt, so muss der Beitrag der gesicherten Gläubiger hinreichend groß sein, um die Ansprüche sämtlicher ungesicherter Gläubiger im Insolvenzfall vollständig zu befriedigen – wenn man eine Externalisierung von Risiken vermeiden will. Dies ist allein deshalb sehr unwahrscheinlich, weil in diesem Fall ex ante bei den gesicherten Gläubigern ein Anreiz zur Übersicherung besteht. Werden nur die nicht-antizipierenden ungesicherten Gläubiger an den Verwertungserlösen der Sicherheiten beteiligt, tritt wiederum das Problem der Abgrenzung zwischen antizipierenden und nicht-antizipierenden Gläubigern auf.

Wir sehen also: Obwohl es sehr schwierig ist, eine Externalisierung von Risiken bei Existenz nicht-antizipierender ungesicherter Gläubiger völlig zu vermeiden, gibt es Mittel und Wege, das Ausmaß dieser Externalisierung zu beschränken.

cc) Ex-post-Anreizwirkungen von Kreditsicherheiten

Der große Nachteil der Bevorzugung bestimmter Gläubiger durch Kreditsicherheiten besteht darin, dass im Falle der Zahlungsunfähigkeit des Schuldners eine effiziente Entscheidung zwischen Liquidation oder Fortführung der Unternehmung nicht gewährleistet ist. Die Tatsache, dass eine Unternehmung zahlungsunfähig ist, d. h. dass die laufenden Einnahmen (E) dauerhaft nicht ausreichen, die laufenden Zahlungsverpflichtungen (Z) zu erfüllen, ist weder ein notwendiger noch ein hinreichender ökonomischer Grund, die Unternehmung zu zerschlagen. Ob eine Unternehmung liquidiert oder fortgeführt werden sollte, hängt ausschließlich davon ab, ob - unter Berücksichtigung aller Transaktionskosten - der Liquidationserlös (L) größer oder kleiner ist als der Gegenwartswert der erwarteten Fortführungserlöse (F). Grundsätzlich sind 4 ökonomisch effiziente Konstellationen vorstellbar:

Wert der Aktiva / Zahlungsfähigkeit	$F \geq L$	$F < L$
$E \geq Z$	(1) Die Unternehmung ist zahlungsfähig und wird fortgeführt.	(2) Die Unternehmung ist zahlungsfähig und wird liquidiert.
$E < Z$	(3) Die Unternehmung ist zahlungsunfähig und wird fortgeführt.	(4) Die Unternehmung ist zahlungsunfähig und wird liquidiert.

Ist die Unternehmung zahlungsfähig und ist der Fortführungserlös größer als der Liquidationserlös, so sollte sie auch fortgeführt werden (1). Ist sie zahlungsfähig und ist der Fortführungserlös kleiner als der Liquidationserlös, so sollte die Unternehmung liquidiert werden, um die Aktiva in eine höher bewertete Verwendung umzulenken (2). Ist die Unternehmung zahlungsunfähig, so sollte sie dennoch fortgeführt werden, wenn der Fortführungserlös größer ist als der Liquidationserlös (3). Das kann beispielsweise der Fall sein, wenn sich eine Unternehmung verschuldet hat, um hochspezifische Maschinen anzuschaffen, deren Nettoerlöse zwar nicht ausreichen, den Kapitaldienst zu decken, aber immer noch höher sind als die Nettoerlöse in der nächstbesten Verwendung. Bei Zahlungsunfähigkeit sollte die Unternehmung demnach nur dann liquidiert werden, wenn der Fortführungserlös geringer ist als der Liquidationserlös (4).

Im Insolvenzverfahren sind somit zwei Arten von Fehlern möglich: Die Unternehmung wird saniert, obwohl der Fortführungserlös kleiner als der Liquidationserlös ist, oder die Unternehmung wird zerschlagen, obwohl der Liquidationserlös kleiner als der Fortführungserlös ist.[319]

Wie wirkt sich nun eine Abweichung vom Gleichbehandlungsgrundsatz auf die Entscheidung zwischen Liquidation und Fortführung aus? Während bei Gültigkeit des Gleichbehandlungsgrundsatzes alle Gläubiger an einem Strang ziehen und einen starken Anreiz haben, die (effiziente) Alternative mit dem höchsten erwarteten Gesamterlös zu wählen, wird ein (risikoneutraler) gesicherter Gläubiger eine Weiterführung der Unternehmung immer ablehnen, sofern er nicht dadurch mindestens den gleichen erwarteten Erlös erhält wie bei einer individuellen Veräußerung seiner Kreditsicherheiten - auch wenn der erwartete Gesamterlös bei Liquidation deutlich niedriger ist als der erwartete Gesamterlös bei Weiterführung. Diese systematische Begünstigung der Zerschlagung von zahlungsunfähigen Unternehmen und die Behinderung ihrer Sanierung und Weiterführung bei einem großen Anteil gesicherter Gläubiger war ein Grund für die Konkursrechtsreform die in Form der neuen Insolvenzordnung zum 01. 01. 1999 in Kraft getreten ist. Kernstück der Reform ist der Insolvenzplan, der an die Stelle des Vergleichs und Zwangsvergleichs im bisher bestehenden Konkursrecht getreten ist, der den Gläubigern und den Schuldnern die Option einräumt, durch Verhandlungen und privatautonome Austauschprozesse zu einer einvernehmlichen Bewältigung der Insolvenz zu kommen, und der stärkere Anreize zu einer Sanierung und Weiterführung der Unternehmung schafft, sofern dies die effiziente Alternative ist.[320]

d) Einige Besonderheiten des Verbraucherkredits

Mit der industriellen Massenproduktion hochwertiger Konsumgüter gewannen der Kauf auf Kredit und damit auch zahlreiche Probleme, die aus derartigen Kreditbeziehungen resultieren können, an Bedeutung. Seit dieser Zeit wird auch die Frage diskutiert, ob der rechtliche Schutz der Kreditnehmer gegen solche Risiken ausreichend ist. Aus ökonomischer Sicht erscheint diese Frage auf den ersten Blick unverständlich: Wie die Diskussion der Investitionskredite in den letzten Abschnitten gezeigt hat, liegt es im wohlverstandenen Interesse der Kreditnehmer, dass die *Gläubiger* hinreichend gegen Risiken aus Kreditbeziehungen geschützt werden. Im folgenden soll hergeleitet werden, dass sich bei Verbraucherkrediten unter bestimmten Bedingungen ein gewisser Schutz der Kreditnehmer ökonomisch rechtfertigen lässt, da sich Verbraucherkredite in mehrfacher Hinsicht von Investitionskrediten unterscheiden.

Im Unterschied zu Investitionskrediten besteht das grundlegende Risiko bei Verbraucherkrediten darin, dass der Kredit wegen Arbeitslosigkeit, Berufsunfähigkeit, Scheidung, unerwarteter Aus-

---

[319] Vgl. hierzu auch das spieltheoretische Modell bei White, Corporate Bankruptcy as a Filtering Device: Chapter 11 Reorganizations and Out-of-Court Debt Restructurings, in: Journal of Law, Economics, and Organization, 10 (1994), 2, S. 268 ff. Vgl. zu derartigen Fragen auch Hax, Economic Aspects of Bankruptcy Law, in: Journal of Institutional and Theoretical Economics, 141 (1985), 1, S. 80 ff.

[320] Zu einer Diskussion der ökonomischen Wirkungen des Rechtsinstituts des Insolvenzplans vgl. Eidenmüller, Der Insolvenzplan als Vertrag, in: Jahrbuch für Neue Politische Ökonomie, Bd. 15 (1996), S. 164-192.

gabensteigerungen u.a.m. nicht oder nicht rechtzeitig zurückgezahlt werden kann. Darüber hinaus besteht das Risiko, dass das mit dem Kreditvertrag verbundene Grundgeschäft (z. B. der Kaufvertrag beim finanzierten Abzahlungskauf) nicht ordnungsgemäß erfüllt ist. Auf den ersten Blick ist auch in diesem Fall der Kreditnehmer über die relevanten Risiken besser informiert als der Kreditgeber. Aber aus folgenden Gründen scheint bei typischen Verbraucherkrediten eher eine Informationsasymmetrie zu Lasten des Kreditnehmers als zu Lasten des Kreditgebers zu bestehen: Zum einen sind die Kreditgeber in der Lage, zu geringen Kosten detaillierte Informationen über die Einkommens- und Vermögensverhältnisse des Kreditnehmers zu beschaffen. Darüber hinaus ist es sehr fraglich, ob der typische Konsument zum Zeitpunkt der Kreditaufnahme das Risiko von Scheidung und Arbeitslosigkeit tatsächlich besser kalkulieren kann als der typische Kreditgeber. Weiterhin hat der typische Konsument Schwierigkeiten, die effektive Zinsbelastung alternativer Kreditangebote mit unterschiedlichen Auszahlungsmodalitäten und Tilgungsprofilen miteinander zu vergleichen und die Dynamik der Zins- und Zinseszinsentwicklung bei Tilgungsverzug und die damit verbundenen Risiken korrekt einzuschätzen. Kreditgeber, die viel häufiger Kredite vergeben, als Konsumenten Kredite in Anspruch nehmen, können derartige Kosten und Risiken viel besser einschätzen. Schließlich ist der finanzierte Abzahlungskauf häufig dadurch gekennzeichnet, dass Kreditgeber und Lieferant eng miteinander verbunden sind, so dass der Kreditgeber häufig auch besser über mögliche Mängel des Grundgeschäfts informiert ist.

Bestehen derartige Informationsasymmetrien zu Lasten des Kreditnehmers, so können die folgenden Probleme auftreten. Zunächst einmal besteht für den Kreditgeber ein Anreiz, (ineffiziente) Kredite abzuschließen, die bei einer korrekten Einschätzung der tatsächlichen Kosten und Risiken durch den Kreditnehmer nicht zustandegekommen wären. Das Problem wird noch verstärkt, wenn die Kredite durch Bürgschaften seitens Verwandter abgesichert werden, welche die damit verbundenen Risiken in der Regel ebenfalls nur sehr unvollkommen einschätzen können und welche sich bei der Gewährung der Bürgschaft häufig einem starken sozialen Druck seitens der kreditsuchenden Angehörigen ausgesetzt sehen. Als Folge dieses Problems ist es darüber hinaus möglich, dass ein Kreditnehmer, der einmal im Leben eine Fehlentscheidung getroffen und einen Kredit aufgenommen hat, den er sich eigentlich nicht hätte leisten können, bis an sein Lebensende nicht mehr aus dem „modernen Schuldturm" herauskommt und damit den Sozialsystemen zur Last fällt.

Unter diesen Bedingungen ist ein gewisser rechtlicher Schutz der Konsumenten gegen gewisse Risiken aus Verbraucherkrediten auch unter Effizienzgesichtspunkten gerechtfertigt. Einerseits sollte es den Kreditnehmern durch entsprechende Formvorschriften für Kreditverträge ermöglicht werden, die Konditionen alternativer Kreditanbieter zu geringen Kosten zu vergleichen. Dadurch wird die Markttransparenz erhöht und die Wahrscheinlichkeit von Fehlentscheidungen bei der Kreditaufnahme sowie die Möglichkeit einer Subventionierung der schlechten durch die guten Risiken vermindert. Andererseits sollte es in den Fällen, in denen ein Kreditverhältnis mit hohen Risiken verbunden ist, die im Falle ihres Eintretens bei Erfüllung des Kreditvertrages zum Ruin des Kreditnehmers führen und die dem Kreditgeber bei Vertragsabschluss bekannt waren oder hätten bekannt sein müssen, dem Kreditnehmer leicht gemacht werden, aus dem Vertrag herauszukommen. In allgemeinerer Sicht sollte diejenige Vertragspartei für ein Risiko haften, die dieses Risiko zu den geringeren Kosten vermeiden, versichern oder tragen kann.

Durch das Verbraucherkreditgesetz von 1991, welches im Rahmen der Schuldrechtsreform mit Wirkung vom 01.01.2002 in das BGB integriert wurde, durch die neue Insolvenzordnung und durch einige BGH-Urteile wurde der Schutz der Kreditnehmer in dieser Hinsicht verbessert. Die Vorschriften bzgl. des Verbraucherdarlehens der §§ 491 ff. BGB enthalten Regelungen für alle Formen von Verbraucherkreditverträgen. Neben dem Erfordernis der Schriftform, der Verpflichtung des Kreditgebers zur Angabe bestimmter Informationen, die für den Kreditnehmer von Bedeutung sind (wie Nominalzins, anfänglicher effektiver Jahreszins und deren Änderungsvoraussetzungen, sonstige Kostenbestandteile, Versicherungen und andere Sicherheiten), und dem Widerrufsrecht des Kreditnehmers innerhalb einer Frist von zwei Wochen werden durch diese Vorschriften die Zuordnung bestimmter Risiken aus Verbraucherkreditverträgen normiert. Hierbei handelt es sich einerseits um das Risiko, dass das mit dem Kreditvertrag verbundene Grundgeschäft (z. B. der Kaufvertrag) nicht ordnungsgemäß erfüllt ist. Das Gesetz sieht in diesem Fall unter bestimmten Bedingungen einen „Einwendungsdurchgriff vor (§ 359 BGB), d. h. der Käufer kann durch Hinweis auf Einwendungen, die er aus dem Kaufvertrag dem Verkäufer gegenüber geltend macht, dem Kreditgeber die Rückzahlung des Darlehens verweigern. Durch diese Regelung reagierte der Gesetzgeber auf die besonderen Probleme, die sich bei der häufig praktizierten Form des finanzierten Abzahlungskaufs ergeben. Hierbei bezahlt ein Kreditgeber dem Verkäufer den Kaufpreis, und der Käufer zahlt dem Kreditgeber das Darlehen in Raten zurück. Andererseits enthalten diese Vorschriften detaillierte Regelungen, die die Möglichkeiten des Gläubigers, gegenüber säumigen Schuldnern einen Verzugsschaden geltend zu machen, zugunsten des Schuldners begrenzen (§ 497 BGB).

Aus ökonomischer Sicht haben diese Rechtsnormen einige positive Anreizwirkungen. Die *Formvorschriften* erhöhen die Transparenz und verringern damit die Wahrscheinlichkeit einer ineffizienten Kreditvergabe. Die Möglichkeit eines *Einwendungsdurchgriffs* führt zu effizienten Anreizen, sofern Kreditgeber und Lieferant des kreditfinanzierten Gutes in einer engen Beziehung stehen. Bei dieser Konstellation wird der Konsument bei Mängeln im Zusammenhang mit dem Kaufvertrag Druck auf den Kreditgeber und der Kreditgeber Druck auf den Lieferanten ausüben. Der Lieferant hat somit einen Anreiz zu schneller Mängelbeseitigung und zu effizienter Vorsorge gegen das Auftreten von Mängeln. Steht allerdings der Kreditnehmer dem Lieferanten näher als der Kreditgeber, so besteht die Gefahr, dass die Anreize des Lieferanten zu effizienter Vorsorge und schneller Mängelbeseitigung nachlassen, da der Kreditnehmer bei der Möglichkeit eines Einwendungsdurchgriffs keinen starken Anreiz mehr hat, Druck auf den Lieferanten auszuüben, und da es für den Kreditgeber mit höheren Kosten verbunden ist, für eine schnelle Mängelbeseitigung zu sorgen. Die durch die Vorschriften zum Verbraucherdarlehen normierte Regelung des *Verzugsschadens* hat in denjenigen Fällen, in denen der Kreditgeber in der Lage ist, zwischen guten und schlechten Risiken zu unterscheiden, den folgenden positiven allokativen Effekt: Vertragstreue Schuldner werden für den Kreditgeber deutlich attraktiver als säumige Schuldner; es steigt der Anreiz des Kreditgebers, zwischen guten und schlechten Risiken zu diskriminieren, und es werden mehr Kredite an gute Risiken und weniger Kredite an schlechte Risiken vergeben als bei einer Regelung, die den Kreditnehmer stärker belastet.

Obwohl durch die Regelungen zum Verbraucherdarlehen der Schutz der Kreditnehmer in einigen Punkten verstärkt worden ist, ist weiterhin nicht ausgeschlossen, dass Kredite aufgenommen werden, die von Anfang an mit einem hohen Risiko des Scheiterns versehen sind, das dem Kreditgeber zum Zeitpunkt des Vertragsabschlusses bekannt war.[321] Durch zwei Entwicklungen in Rechtsprechung und Gesetzgebung wird dieser Mangel aber zumindest teilweise kompensiert.

Die eine Entwicklung betrifft die Rechtsprechung zur Sittenwidrigkeit von *Bürgschaftsverträgen*. Lange Zeit wurde es dem Kreditgeber leicht gemacht, sein Kreditrisiko durch Bürgschaften zu reduzieren, die von Familienangehörigen des Kreditnehmers übernommen wurden. Dadurch

[321] Dass es sich hierbei um ein reales Problem handelt, zeigen etwa die drastischen Beispiele bei Ott, Vorvertragliche Aufklärungspflichten im Recht des Güter- und Leistungsaustausches, in: Ott/Schäfer (Hg.): Ökonomische Probleme des Zivilrechts. Beiträge zur ökonomischen Analyse des Rechts, Berlin/Heidelberg/New York 1995, S. 157.

sank der Anreiz des Kreditgebers, bei der Auswahl der Kreditnehmer die gebotene Sorgfalt zu ergreifen, und es stieg der soziale Druck auf abhängige Familienangehörige, Bürgschaften zu übernehmen.[322] Die Rechtsprechung der zwei zuständigen Senate des BGH war uneinheitlich. Erst Ende 1993 verpflichtete das Bundesverfassungsgericht durch eine Entscheidung zu Bürgschaftsverträgen die Zivilgerichte, die Umstände des Einzelfalls zu prüfen: Kommt es in Bürgschaftsverträgen zu einer ungewöhnlich starken Belastung eines Vertragsteils und nutzen die Kreditinstitute das „strukturelle Ungleichgewicht" der Ehefrauen und Kinder aus, dann liegt eine Grundrechtsverletzung vor.[323] Bis heute weigert sich allerdings der BGH, einen von einem Ehegatten abgeschlossenen Bürgschaftsvertrag allein deshalb nichtig werden zu lassen, weil zwischen dem Umfang der Verpflichtung und der Leistungsfähigkeit des Ehegatten ein auffälliges Missverhältnis besteht. Für diese Rechtsprechung gibt es durchaus einen nachvollziehbaren ökonomischen Grund: Der Kreditgeber will vermeiden, dass sein Risiko durch nachträgliche Vermögensverschiebungen zwischen den Ehegatten erhöht wird. Es fragt sich allerdings, ob man dieses Risiko nicht durch gezieltere Maßnahmen vermeiden kann.[324]

Die zweite Entwicklung betrifft die Möglichkeit der *Restschuldbefreiung* im Rahmen der neuen Insolvenzordnung.[325] Nach diesem Gesetz, das am 01. 01. 1999 in Kraft getreten ist, ist eine Restschuldbefreiung für redliche Schuldner möglich, sofern sie ein Insolvenzverfahren durchlaufen haben und sofern sie während einer sechsjährigen „Wohlverhaltensperiode" ihr pfändbares Einkommen (bzw. einen festgelegten Teil desselben) den Gläubigern zur Verfügung stellen. Aus ökonomischer Sicht ist eine solche Regelung danach zu beurteilen, wie sie zwei Typen von Anreizproblemen löst - Ex-ante-Anreize zu effizienten Kreditabschlüssen und effizienter Nutzung der Kredite und Ex-post-Anreize zu effizienten produktiven Leistungen nach einem finanziellen Fehlschlag. Eine zu großzügige Handhabung der Restschuldbefreiung könnte selbst in den Fällen, in denen der Kreditgeber zum Zeitpunkt des Vertragsabschlusses über die relevanten Risiken besser informiert ist als der Kreditnehmer, Moral Hazard seitens des Kreditnehmers fördern, weil dieser zwar die gesamten Kosten einer Schadensvermeidung zu tragen hat, ein Teil der Erlöse (nämlich der geringere Erwartungswert des Schadens) aber dem Kreditgeber zufließt. Dieser Ex-ante-Anreiz zu Moral Hazard wird einerseits durch die sechsjährige „Wohlverhaltensperiode" reduziert, andererseits durch die Bestimmung, dass eine Restschuldbefreiung zu versagen ist, wenn es Anhaltspunkte dafür gibt, dass es sich nicht um einen redlichen Schuldner handelt (Versagungsgründe nach § 290 InsO). Um den Schuldner ex post auch während der Wohlverhaltensperiode zu produktiven Leistungen zu motivieren, sieht die Insolvenzordnung einen steigenden „Selbstbehalt" des Schuldners vor, der nach vier Jahren von 10 % der pfändbaren Bezüge bis auf 15 % nach 5 Jahren steigt.

---

[322] Vgl. hierzu die Beispiele zur Mithaftung von Familienangehörigen bei Bender, Zur Situation der Hausfrau beim Ratenkredit, in: Derselbe (Hg.): Rechtstatsachen zum Verbraucherschutz, Konstanz 1988, S. 12 f.

[323] Vgl. BVerfGE 89, 214 = NJW 1994, 36. Vgl. hierzu neuerdings Nobbe/Kirchhof, Bürgschaften und Mithaftungsübernahmen finanziell überforderter Personen, Bank- und Kapitalmarktrecht 1/2001, S. 5 – 15.

[324] Man könnte z. B. größere nachträgliche Vermögensverschiebungen eines Kreditnehmers an die Zustimmung des Kreditgebers binden.

[325] Vgl. hierzu etwa Pick, Die (neue) Insolvenzordnung - ein Überblick, NJW 1995, S. 996.

VII. Ausblick: Von der Privatautonomie zur Wirtschafts- und Sozialautonomie

Die Darstellung des Schuld- und Sachenrechts endet hier. Wichtige Rechtsbereiche wie insbesondere das Unternehmens- und Konzernrecht werden in einer gesonderten Darstellung abgehandelt.[326] Es sollte aber bereits hier deutlich geworden sein, dass die alte Vorstellung des Gesetzgebers von 1900, wonach das abstrakte Recht positivistisch vom Richter wie von einem „Subsumtionsautomaten" ausgelegt werden könne, nicht richtig ist. Als zutreffender erweist sich eine andere Vorstellung: Der Richter passt die Interpretation des geltenden Rechts behutsam an die veränderten wirtschaftlichen Bedürfnisse und Gebräuche an. Geradezu typisch für diese Strategie der Rechtsfortbildung ist die Entwicklung des Sicherungseigentums als besitzloses Pfandrecht. Ursprünglich hatte das BGB ein derartiges dingliches Sicherungsrecht gerade verhindern wollen. Jetzt wird das Sicherungseigentum, nicht zuletzt mit dem Argument, es nütze dem Kreditnehmer durch die Erweiterung der Kreditmöglichkeiten, gerechtfertigt. Betrachtet man daneben, wie sich das Anwartschaftsrecht des Vorbehaltskäufers als „kleines" Eigentum entwickelt hat, so drängt sich eine weitere Feststellung auf: Das Anwartschaftsrecht wird nicht nur als dingliches Recht wie das Eigentum gegenüber Beeinträchtigungen Dritter geschützt. Es wird gleichzeitig wie das Eigentum behandelt, wenn der Vorbehaltskäufer die Ware zur Sicherung an eine Bank oder einen sonstigen Kreditgeber übereignet. Damit wird im Ergebnis der Spezialitätsgrundsatz des Sachenrechts durchbrochen, wonach der Eigentümer die Sachen, die er einem Anderen zur Sicherung übereignet, wenigstens genau bezeichnen muss. Damit dient das Institut des Anwartschaftsrechts im Ergebnis zusätzlich dazu, die Sicherungsübereignung zu erleichtern. Beides wird sofort verständlich, wenn man die wirtschaftlichen Interessen an einer unkomplizierten Abwicklung des Sicherungsgeschäfts und an einer möglichst umfassenden Verfügbarkeit der unter Eigentumsvorbehalt verkauften Waren betrachtet.

Wenn selbst im Sachenrecht mit seinem Spezialitätsgrundsatz und dem Numerus clausus der dinglichen Rechte eine derartige weit reichende Rechtsfortbildung möglich ist, verwundert es niemanden, dass die Typendehnung und Typenmischung der schuldrechtlichen Verträge nach dem Grundsatz der Vertragsfreiheit unbeschränkt möglich ist, soweit nicht gegen gesetzliche Verbote, die guten Sitten oder den Grundsatz von Treu und Glauben verstoßen wird. Hinzu kommt die Begründung neuer vertraglicher Pflichten durch die Rechtsprechung. Bemerkenswert ist hier nicht nur die Begründung neuer Sorgfalts-, Rücksichts- und Schutzpflichten bei der Vertragsabwicklung aus dem Rechtsinstitut der positiven Forderungsverletzung und eine entsprechende Konstruktion vorvertraglicher Pflichten aus dem Grundsatz der Culpa in Contrahendo, sondern vor allem auch die Einführung einer Haftung für das Verschulden Dritter, die der Gesetzgeber im Deliktsrecht gerade vermeiden wollte. Statt der Möglichkeit des Entlastungsbeweises in § 831 trifft den Geschäftsherrn die volle Haftung für das Verschulden seines Erfüllungsgehilfen nach § 278. Als Brücke dient die Konstruktion von Verträgen mit Schutzwirkung für Dritte und die schon erwähnte positive Forderungsverletzung. Im Ergebnis entstehen hier neue Verkehrspflichten, auf die sich der Geschäftsherr von Anfang an einzurichten hat. Es nützt ihm nichts, sich auf das „geschriebene" Recht zu berufen; die Rechtsanwendung oder besser gesagt: Rechtsschöpfung durch die Gerichte hat sich über diese Ausgangsschranke inzwischen hinweggesetzt. Der Gesetzgeber hat diese Rechtsfortbildung dadurch „genehmigt", dass er im Schuld-

[326] Vgl. Nagel, Deutsches und europäisches Gesellschaftsrecht, München 2000

rechtsmodernisierungsgesetz von 2001 die von der Rechtsprechung geschaffenen Konstruktionen in das BGB übernahm (vgl. §§ 280 Abs. 1, 281 und 311 Abs. 2, 3).

Dass die Rechtsprechung auch den umgekehrten Weg von der begrenzten Haftung im Vertragsrecht zur erweiterten Haftung im Deliktsrecht zu gehen bereit ist, zeigt die Entwicklung der sogenannten Produkt- oder Produzentenhaftung in § 823 Abs. 1. Die Ausweitung der vertraglichen Pflichten von Herstellern industrieller Produkte und damit ihre Haftung für das Verschulden der Erfüllungsgehilfen nach § 278 würde den betroffenen Verbrauchern nichts nützen, da sie keinen Vertrag mit den Herstellern abgeschlossen haben. Also wird ihrem Schutzbedürfnis durch die Entwicklung neuer deliktischer Verkehrspflichten Rechnung getragen, es entwickelt sich die deliktische Haftung der Hersteller für Konstruktions-, Fabrikations- und Instruktionsfehler. Ja, die Rechtsprechung geht sogar soweit, dass sie dem geschädigten Verbraucher bei weiterfressenden Mängeln nicht nur den Ersatz des sogenannten Integritätsinteresses, sondern darüber hinaus den des sogenannten Äquivalenzinteresses an der unbrauchbar gewordenen Kaufsache gestattet, soweit der Schaden nicht stoffgleich mit dem in die Kaufsache eingebauten Einzelteil ist.

Diese Bemühungen der Rechtsprechung richten sich nicht zufällig in erster Linie gegen Produzenten und Verteiler, denen die Masse der Verbraucher mit einer zwar von der liberalen Ökonomie postulierten, aber in der Praxis kaum erkennbaren Verbrauchersouveränität gegenübersteht. Eike Schmidt[327] weist mit Recht darauf hin, dass es sich hier nicht um ein Sonderrecht des Verbraucherschutzes, sondern um die Wahrnehmung von Belangen der Allgemeinheit handelt, und die besteht in unserer Gesellschaft nun einmal überwiegend aus Arbeitnehmern und Verbrauchern. Wer demgegenüber den Begriff des Allgemeinen im klassischen Sinn verwendet, streitet nicht mehr für ein allgemeines, sondern für ein abstraktes Privatrecht und erhält zumindest im Bereich des Warenaustausches zwischen Unternehmern und Endverbrauchern die normative Konstruktion gleichgewichtiger Autonomie der Vertragsparteien aufrecht, die der Vertragswirklichkeit widerspricht.[328]

Die Kontrolle der Allgemeinen Geschäftsbedingungen wurde ebenso wie die Produzentenhaftung zuerst von den Gerichten entwickelt und später erst vom Gesetzgeber aufgegriffen. Gesetzgeber und Rechtsprechung gehen soweit, die Inhalte dieser vorformulierten Vertragsbestimmungen zu kontrollieren und damit das liberale Modell des Vertrages vollständig zu verlassen. Dies geht über die Schaffung neuer Verkehrspflichten, seien sie vertraglicher oder deliktischer Natur, hinaus. Diese verstehen sich nur als Ergänzung der ansonsten intakt gelassenen Privatautonomie. Bei dem Phänomen der massenhaft verwendeten Allgemeinen Geschäftsbedingungen ist dies aber nicht mehr möglich. Hier schaffen Gesetz und Rechtsprechung verbindliche Vertragsordnungen, die nicht der Parteidisposition unterliegen.[329] Der Machtüberhang oder Informationsvorsprung des Verwenders Allgemeiner Geschäftsbedingungen wird nicht hingenommen, statt dessen wird eine „gute Vertragsordnung“ festgelegt. Es werden inhaltliche Festlegungen getroffen, die „politisch“ zu verwalten und an die Entwicklung anzupassen sind. Überspitzt gesagt, wird Vertragsrecht Teil einer politisch administrierten „Bedürfnisverwaltung“.[330] Gerade bei der Anwendung des AGB-Rechts wird sich diese Entwicklung noch verstärken. Je mehr sich die Rechtsprechung zu den konkretisierten Klauselverboten der §§ 308 und 309 festigt, desto mehr werden die wirklich brisanten Gerichtsentscheidungen mit Hilfe der Generalklausel des § 307 zu fällen

---

[327] Von der Privat- zur Sozialautonomie, JZ 1980, 153-161
[328] Vgl. Eike Schmidt, a.a.O., S. 156
[329] Vgl. Hart, Zur konzeptionellen Entwicklung des Vertragsrechts, Die AG 1984, S. 66-80, 74
[330] Vgl. Hart, a.a.O., S. 75

sein. Die politische Verwaltung der „guten Vertragsordnung" wird bei der Auslegung dieser Generalklausel also weitgehend dem Richter überlassen.

Man kann die Ausdifferenzierung von Verkehrspflichten und die Einführung einer Inhaltskontrolle über Verträge zusammengefasst als Materialisierung des Delikts- und Vertragsrechts bezeichnen. Die neuen Pflichten sind auch soziale Pflichten, die inhaltlich kontrollierte Vertragsordnung soll soziale Schutzzwecke erfüllen. Das Recht wird für Zwecke des politischen Systems instrumentalisiert und sozialstaatlich reguliert.

Eine ganz andere Art von Recht entwickelt sich im Arbeitsrecht. Hier schaffen die Tarifparteien durch Vertrag Normen, die für die tarifgebundenen Arbeitgeber und Arbeitnehmer mit Gesetzeskraft gelten. Recht wird hier autonom durch soziale Institutionen geschaffen, ja, das Recht zu dieser Art von Rechtserzeugung ist sogar im Grundgesetz garantiert (Art. 9 Abs. 3 GG). Da die Durchsetzung von Lohnforderungen wegen ihrer strukturellen Unterlegenheit für die meisten Arbeitnehmer nicht individuell möglich ist, hat sich die solidarische Interessendurchsetzung historisch entwickelt. In weiser Zurückhaltung hat der Staat seit 1949 nicht nur darauf verzichtet, die Löhne zu regulieren, sondern beachtet auch die Autonomie der Tarifparteien bei der Ausgestaltung vieler sonstiger Arbeitsbedingungen. Dies kann sogar soweit gehen, dass zwingendes Recht abbedungen werden kann. Wenn der Gesetzgeber dies zulässt, können arbeitsrechtliche Schutzgesetze durch die Tarifparteien auch verschlechtert werden. Mit der Privatautonomie des Individuums, von der das BGB ausgeht, hat dies nichts zu tun. Es handelt sich vielmehr um ein markantes Beispiel der Sozialautonomie vor staatlicher Fremdbestimmung.[331] Auch im Recht der Allgemeinen Geschäftsbedingungen entwickeln sich Elemente der Sozialautonomie. Es gibt die Möglichkeit der Verbandsklage[332], d.h. Verbraucherverbände und andere Verbände können auf Unterlassung der Verwendung von Allgemeinen Geschäftsbedingungen klagen. Dieses kollektive Element bei der Durchsetzung angemessener Allgemeiner Geschäftsbedingungen braucht nicht erst dann zum Tragen zu kommen, wenn die AGB bereits im Geschäftsverkehr verwendet werden. Das Bundeskartellamt hat die Möglichkeit, Allgemeine Geschäftsbedingungen zu überprüfen und hierbei die interessierten und betroffenen Verbände anzuhören. Die Verbandsklage gibt es auch im Recht des unlauteren Wettbewerbs (vgl. § 13 Abs. 2 UWG).

Auch im Handelsverkehr schaffen sich die Parteien zunehmend ihr Recht selber. Die Vertragsfreiheit ist eine Freiheit zur Selbstorganisation, sowohl materiell-rechtlich gesehen bei der Schaffung von Vertragsinhalten, die in die Schaffung neuer Vertragstypen münden können (z.B. Leasing und Franchising), als auch prozessual bei der Abkehr von den relativ schwerfälligen staatlichen Gerichten und der Hinwendung zu Schiedsgerichten, Schiedsgutachtern, autonomen Streitschlichtungsmechanismen (alternative dispute resolution clauses) und kooperativen Verfahren der Streitbeilegung (mini courts). Betrachtet man die Entwicklung der globalen Datennetze in der zivilen Informationsgesellschaft, so zeigt sich, dass der Staat gar nicht fähig ist, die Rechte der Bürger im Internet zu schützen. Er kann ihnen freilich Techniken zum Selbstschutz zur Verfügung stellen und diese durch Systemschutz ergänzen.[333]

Die Frage ist, ob es im Einzelfall gelingt, die sozial autonom handelnden Parteien mit der erforderlichen sozialen Mächtigkeit auszustatten, damit die Vorteile der Aushandlung von Recht durch Verfahren sichtbar werden können. Sie liegen darin, dass die Parteien nicht nur auf einseitig definierte Problemlagen reagieren, sondern schon am Ringen um die Problemdefinition anset-

[331] Eike Schmidt, a.a.O., S. 158
[332] früher nach § 13 Abs. 2 AGBG, jetzt nach § 3 Abs. 1 Nr. 1 UKlaG
[333] Vgl. Roßnagel, ZRP 1997, 26-30

zen. Das ausgehandelte Ergebnis fängt die widerstreitenden Interessen problemnäher, flexibler und genauer ein. Das klassische Beispiel für die Vorteile der Selbstorganisation ist die Entwicklung der Tarifverträge. Es geht um Rechtsschutz durch Organisation und Verfahren. Dieser ist auch möglich, wenn andere Gremien, wie z.B. Mitbestimmungs-, Selbstverwaltungs- und Schlichtungsgremien, tätig werden. Das nach den Vorstellungen des BGB-Gesetzgebers von 1900 auch für den Bereich von Arbeit und Wirtschaft maßgebliche bürgerliche Vermögensrecht (mit seinen handelsrechtlichen Spezialvorschriften) wandelt sich zum Wirtschafts- und Arbeitsrecht, die Privatautonomie wird zur Wirtschafts- und Sozialautonomie. Dass der Gesetzgeber nicht ausschließlich auf die Segnungen der Wirtschafts- und Sozialautonomie vertraut, zeigt sich an der Novellierung des AGB-Rechts. Es gilt jetzt auch für Arbeitsverträge; die Besonderheiten des Arbeitsrechts sind angemessen zu berücksichtigen (§ 310 Abs. 4). In Zeiten der Globalisierung kann eine derartige Ausweitung staatlicher Regulierung und richterlicher Möglichkeit der Streitentscheidung soziale Mindeststandards absichern helfen.

VIII. Rechtsökonomie und Rechtstheorie

Am Schluss des Buches sollen einige Überlegungen zu den Möglichkeiten und Grenzen einer ökonomischen Analyse des Rechts als Entscheidungshilfe und Begründungsmuster für den Gesetzgeber und die Gerichte stehen.

In den letzten Jahren hat die ökonomische Analyse des Rechts (ÖAR) vor allem in den USA, weniger in Europa, eine enorme Bedeutung erlangt. Die Analysen der dortigen Ökonomen, etwa zum effizienten Vertragsbruch, lassen sich allerdings nicht auf die hierzulande geltende kodifizierte Rechtsordnung übertragen. Es fällt überhaupt auf, dass sich die Analysen sehr häufig auf Modelle von Rechtsnormen und nicht auf konkrete Rechtsvorschriften beziehen, die man etwa im BGB nachlesen könnte. Von daher liegt die Vermutung nahe, dass sich ein Teil der Analysen nicht auf real existierende, sondern auf potentiell geltende Rechtsnormen bezieht. Diese werden dann auf ihre Effizienz überprüft. Um die ÖAR für die juristische Entscheidungsfindung zu operationalisieren, muss man einen Weg finden, über den ihre Analysen und Bewertungen in die juristische Begründung einfließen können. Ehe man an diese Aufgabe herangeht, ist aber zu klären, ob sich die jeweilige ökonomische Analyse überhaupt mit konkreten Rechtsvorschriften und nicht nur mit Modellen von Rechtsvorschriften befasst. Der Rechtsökonom braucht zu seiner Analyse einen Rechtsbegriff. Dieser kann positivistisch sein. Man fragt dann, wie das Recht ist. Am präzisesten hat dies Theodor Geiger[334] formuliert: Recht ist ein von der Zentralmacht monopolisierter Ordnungsmechanismus und eine mit staatlicher Sanktionsdrohung durchgesetzte Verhaltensregelmäßigkeit. Der Rechtsbegriff kann auch nicht-positivistisch sein. Man fragt dann, wie das Recht sein soll. Wer ein höherrangiges Naturrecht anerkennt, verwendet einen nicht-positivistischen Rechtsbegriff.

Nach der Rechtsordnung der Bundesrepublik Deutschland werden heute Mauerschützen verurteilt, obwohl ihr Verhalten nach dem zur Tatzeit geltenden Recht der DDR gerechtfertigt war. Der illegale Grenzübertritt war ein Verbrechen. Zur Verfolgung von Verbrechen durften sie von der Schusswaffe Gebrauch machen. Bei einem rein positivistischen Rechtsverständnis dürfte man die Mauerschützen nicht verurteilen. Wie immer man die Tatsache beurteilt, dass die Mauerschützen dennoch verurteilt werden: Als Grundposition ist festzuhalten, dass die Richter von einem schwach nicht-positivistischen Rechtsbegriff ausgehen, wie dies Dorndorf[335] auch richtig feststellt. Im Hintergrund steht die Formel von Gustav Radbruch, die er 1946 mit Blick auf die Untaten des Nationalsozialismus gefunden hat:

„Der Konflikt zwischen der Gerechtigkeit und der Rechtssicherheit dürfte dahin zu lösen sein, dass das positive, durch Satzung und Macht gesicherte Recht auch dann den Vorrang hat, wenn es inhaltlich ungerecht und unzweckmäßig ist, es sei denn, dass der Widerspruch des positiven Gesetzes zur Gerechtigkeit ein so unerträgliches Maß erreicht, dass das Gesetz als „unrichtiges Recht" der Gerechtigkeit zu weichen hat."[336]

[334] Vorstudien zu einer Soziologie des Rechts, Frankfurt/M. 1964, S. 133 und 168

[335] Modelle des Rechtssystems in der ökonomischen Analyse des Rechts, in: Ökonomie und Gesellschaft, Jahrbuch 11, Markt, Norm und Moral, Frankfurt/M. 1995, S. 127-159

[336] Gustav Radbruch, Rechtsphilosophie, 8. Aufl. 1973, S. 345

1932 hatte Gustav Radbruch noch eine positivistische Argumentation verwendet:

„Für den Richter ist es Berufspflicht, den Geltungswillen des Gesetzes zur Geltung zu bringen, das eigene Rechtsgefühl dem autoritativen Rechtsbefehl zu opfern, nur zu fragen, was rechtens ist, und niemals, ob es auch gerecht sei ... Wie ungerecht immer das Recht seinem Inhalt nach sich gestalten möge - es hat sich gezeigt, dass es einen Zweck stets, schon durch sein Dasein, erfüllt, den der Rechtssicherheit ... Wir verachten den Pfarrer, der gegen seine Überzeugung predigt, aber wir verehren den Richter, der sich durch sein widerstrebendes Rechtsgefühl in seiner Gesetzestreue nicht beirren lässt.“[337]

Wer heute danach fragt, was Recht ist, darf sich nicht damit begnügen, das aufgeschriebene Recht aufzusuchen. Er muss auch fragen, ob das Recht sozial wirksam und „richtig“ ist. Er muss sich an den Satz des römischen Juristen Ulpian erinnern: Iustitia est constans et perpetua voluntas ius suum cuique tribuendi (Die Gerechtigkeit ist der feste und beständige Wille, jedem sein Recht zu gewähren.). Die Frage nach der Gewährung des richtigen Rechts ist die Frage nach der Gerechtigkeit. In der juristischen Entscheidungspraxis von heute wird Gerechtigkeit oder „materielle Gerechtigkeit“ als Ausprägung des Rechtsstaatsprinzips aus Art. 20 Abs. 3 GG aufgefasst und in einen Gegensatz zur Rechtssicherheit gerückt, die ebenfalls nach dem Rechtsstaatsprinzip des Art. 20 Abs. 3 GG gewährleistet ist. Etwas verkürzt ausgedrückt, zielt die Rechtssicherheit auf die Bewahrung überkommener Rechtsverhältnisse, die materielle Gerechtigkeit auf die Veränderung als ungerecht empfundener Rechtsverhältnisse. Räumt man in einem Konfliktfall der materiellen Gerechtigkeit den Vorrang vor der Rechtssicherheit ein, wird die Grenze zum Naturrecht fließend. Der nicht-positivistische Rechtsbegriff, der den Vorrang der materiellen Gerechtigkeit ermöglicht, beruft sich in ganz besonderen Fällen auf das „gerechte Recht“ oder Naturrecht, das im Widerspruch zum geschriebenen Recht stehen kann.

Wie begründen die Juristen ihren nicht-positivistischen Rechtsbegriff? Prägnant und aus der Erfahrung des Zweiten Weltkriegs eingängig ist die oben genannte Formel, die Gustav Radbruch 1946 gefunden hat. Das Bundesverfassungsgericht entzieht sich in seiner Entscheidung vom 26. 10. 1996[338] zur Strafbarkeit von sog. Mauerschützen und Verantwortlichen aus dem ehemaligen Nationalen Verteidigungsrat der DDR einer präzisen Stellungnahme zur Geltung dieser Radbruch'schen Formel. Das Gericht erhält - im Ergebnis durchaus nachvollziehbar - die Verurteilung von für die Todesschüsse an der Berliner Mauer Verantwortlichen aufrecht. Es stützt sich hierbei auf die völkerrechtlich in den Menschenrechtspakten geschützten Menschenrechte. Sie bieten, so das Gericht, konkretere Prüfungsmaßstäbe als die wegen ihrer Unbestimmtheit schwer zu handhabenden Kriterien der Radbruch'schen Formel, wenn ein Staat nach der Überzeugung der weltweiten Rechtsgemeinschaft Menschenrechte verletzt. Das Gericht tritt also einen Rekurs auf das Völkerrecht als höherrangiges Recht an, das dem staatlichen Recht im konkreten Fall vorgehen kann. Eine Begründung für die Geltung dieses höherrangigen Rechts liefert das Gericht nicht. Sie ist aus der Verfassung der DDR, auf die sich das Gericht bei seiner Entscheidung berufen muss, auch nicht abzuleiten.

Das Bundesverfassungsgericht hätte, ohne sich einen Verstoß gegen juristische Auslegungsprinzipien vorwerfen lassen zu müssen, auch auf das verfassungs- und strafrechtliche Rückwirkungsverbot des Art. 103 Abs. 2 GG abstellen können: Eine Tat kann nur bestraft werden, wenn die Strafbarkeit gesetzlich bestimmt war, bevor die Tat begangen wurde. Dieses Verbot verankert

---

[337] Gustav Radbruch, Rechtsphilosophie, 3. Aufl. 1932, S. 32

[338] BVerfG - 2 BVR 1851/94; 1853/94; 1875/94; 1852/94 = DVBl 1997, 115

den Grundsatz der Rechtssicherheit verfassungsrechtlich auch zugunsten von den Bundesbürgern, welche Entscheidungsträger in der ehemaligen DDR waren. Konnten sich die Mauerschützen und die Mitglieder des ehemaligen Nationalen Verteidigungsrats der DDR nicht darauf verlassen, dass sie konform mit der durch Befehle abgesicherten Rechtspraxis der damaligen DDR handelten? Das Bundesverfassungsgericht verneint diese Frage. Das Rückwirkungsverbot des Art. 103 Abs. 2 GG sei unwirksam, wenn der Träger einer Staatsmacht - hier der DDR - für den Bereich schwersten kriminellen Unrechts (die Todesschüsse auf unbewaffnete Flüchtlinge an der Berliner Mauer) die Strafbarkeit durch Rechtfertigungsgründe ausschließt, indem er über geschriebene Normen hinaus zu einem solchen Unrecht auffordert, es begünstigt und so die in der Völkerrechtsgemeinschaft allgemein anerkannten Menschenrechte in schwerwiegender Weise missachtet.

Warum sind die in den verschiedenen Pakten verankerten Menschenrechte allgemein höherrangig als das konkrete Rückwirkungsverbot des Art. 103 Abs. 2 GG? Führt das Gericht nicht in Wahrheit eine naturrechtliche Geltung dieser Menschenrechte ein? Auf jeden Fall geht das Gericht von einem nicht-positivistischen Rechtsbegriff aus, wenn man die Entscheidung aus der Sicht von Art. 103 Abs. 2 GG betrachtet. Mit der allgemeinen Berufung auf die Vorrangigkeit der Menschenrechte kann nicht die Durchstoßung des strafrechtlichen Rückwirkungsverbotes gerechtfertigt werden, das seinerseits den Rang eines Grundrechts genießt. Dies folgt daraus, dass auf die Verletzung dieses Verbots eine Verfassungsbeschwerde ebenso gegründet werden kann wie auf die Verletzung eines Grundrechts (vgl. Art. 93 Abs. 1 Nr. 4a GG). Die Begründung für den Vorrang der allgemeinen Menschenrechte gegenüber dem konkreten, in Art. 103 Abs. 2 GG verankerten Menschenrecht des Rückwirkungsverbots ist nicht-positivistisch. Theodor Geiger würde den Vorrang damit begründen, dass der Staat und seine Gerichte den Vorrang mit ihrer Sanktionsgewalt durchgesetzt haben. Damit wäre freilich das Begründungsgebot verletzt.

Wenn man einen schwach nicht-positivistischen Rechtsbegriff akzeptiert, kann man sich der Aufgabe zuwenden, nach dem Weg zu suchen, über den die rechtsökonomischen Argumente in die juristische Entscheidung einfließen können. Auf diesem Weg ist eine rechtstheoretische Unterscheidung hilfreich: Die Rechtstheorie differenziert auch innerhalb des positivistisch erklärbaren Rechtssystems nach Regeln und Prinzipien. Diese Unterscheidung hat Alexy[339] im deutschen Sprachraum entwickelt. Danach sind Prinzipien Gründe für Abwägungen. Sie sind ein ideales Sollen. Die Abwägung führt dann zu einem realen Sollen. Es gibt rechtstheoretisch betrachtet ein Regelmodell und ein Prinzipienmodell des Rechts. Innerhalb des Regelmodells unterscheiden wir zwischen einem geschlossenen und vollständigen und einem geschlossenen, aber unvollständigen Regelmodell. Geschlossen heißt, dass die rechtlichen Entscheidungen nur durch Rechtsnormen bestimmt werden. Nicht vollständig heißt, dass es unvollständige, lückenhafte, fehlerhafte und widersprüchliche Normen gibt. Daher muss der Richter aus der Sicht des Positivisten zur Bewältigung offener Rechtsfragen Recht setzen. Nach dem Prinzipienmodell des Rechts, wie es neben Alexy auch Sieckmann[340] vertritt, ergeben sich die unmittelbaren Entscheidungen häufig nicht aus den Auslegungen klar bestimmter Normen, sondern aus der Abwägung zwischen Prinzipien. Es gibt formelle Rechtsprinzipien, wie z.B. die Bindung des Richters an das Gesetz oder an Präjudizien. Es gibt materielle Prinzipien, wie z.B. den Grundsatz von Treu und Glauben und die Grundsätze innerhalb des Rechtsstaatsprinzips (Rechtssicherheit und materielle Gerechtigkeit). Der Grundsatz der Verhältnismäßigkeit, der innerhalb des Rechtsstaatsprinzips gilt, ist wiederum eine Regel, welche die Beachtung von Prinzipien gebietet.

[339] Theorie der Grundrechte, Frankfurt/M. 1986, insbes. S. 71-158
[340] Regelmodelle und Prinzipienmodelle des Rechtssystems, Baden-Baden 1990

Das Rechtssystem wird noch dadurch kompliziert, dass zwischen den Rechtsnormen eine Rangordnung besteht. Das Grundgesetz ist z.B. höherrangig als ein Bundesgesetz. Im Rahmen des Grundgesetzes sind die Prinzipien gegenüber den Regeln nachrangig. Mit Hilfe der Prinzipien kann man die Offenheitsbereiche ausfüllen, die innerhalb der Regeln und bei der Konkurrenz von Regeln entstehen. Auch bei der Interpretation von Prinzipien gibt es Offenheitsbereiche. Sie sind auf der Ebene der Prinzipien auszufüllen. Als Teil der Verfassung sind die Verfassungsprinzipien gegenüber dem Bundesrecht und den Prinzipien des einfachen Bundesrechts vorrangig. Man kann auch Regeln des Bundesrechts mit Hilfe von Prinzipien des Verfassungsrechts korrigieren. Eine solche Korrektur wird dann mit Hilfe der grundgesetzkonformen Auslegung des Bundesrechts durchgeführt. Im Extremfall kann eine Norm des Bundesrechts sogar für verfassungswidrig erklärt werden, wenn sie gegen ein Prinzip des Verfassungsrechts verstößt.

Das Regelmodell erscheint den meisten Ökonomen einfacher, weil es eine intersubjektive Gültigkeit suggeriert und sie mit der Illusion versorgt, sie könnten die Offenheitsbereiche dieses positivistischen Rechts durch ihre Analysen füllen. Diese Position ist nicht richtig, weil es auch in den Offenheitsbereichen die Bindung des Richters an Prinzipien gibt. Auch die Rangordnungen des Rechtssystems und die Querverbindungen zwischen rechtlichen Begründungen werden von vielen Ökonomen nicht genügend beachtet. Andererseits missverstehen viele Juristen die Aufgaben der Rechtsökonomie [341].

Es ist methodisch falsch und führt zu Missverständnissen, wenn man nach „der“ richtigen ökonomischen Analyse des Rechts fragt. Es gibt hierfür keine richtige ökonomische Theorie; ebenso wenig gibt es eine richtige juristische Theorie des Rechts. Vielmehr müssen sich die Juristen weiter zwischen Positivismus und Naturrecht „durchwursteln“, indem sie einen (schwach) nicht-positivistischen Rechtsbegriff verwenden. Der Blick auf die Ökonomie bietet den Juristen keine fertigen Lösungen. Allerdings gibt ihnen die Ökonomie nützliche Argumente an die Hand, nützlich insbesondere für die Ausfüllung der „Offenheitsbereiche“ des Rechts. Versteht man das Ineinandergreifen von Recht und Ökonomie in dieser Weise nicht hierarchisch, sondern horizontal, so kann man zu einem Rechtsbegriff kommen, der offen für die Einbeziehung von normativen Argumenten ist, was die Einschätzung der ökonomischen Analyse des Rechts und die Verwendung ihrer Ergebnisse angeht.

Salopp kann man formulieren: Der Jurist erfährt vom Ökonomen, was die Gerechtigkeit kostet. Diese Information zwingt ihn nicht unmittelbar zu einer Modifikation dessen, was er für eine gerechte Entscheidung hält. Die Information entwickelt aber eine normative Energie. Wenn der Jurist nämlich feststellt, dass die Norm „zu teuer“ ist, gerät er rechtspolitisch, d.h. vor allem auch gesetzgebungspolitisch, unter Druck. Er muss sich fragen, warum er seine Gesetze nicht ändert. Auch bei der Rechtsanwendung bleibt die ökonomische Analyse nicht ohne Einfluss auf die Inhalte des Rechts. Der Jurist kann seine Prinzipien modifizieren oder seine Verfahren der Güterabwägung ändern und damit den Ergebnissen der ökonomischen Analyse des Rechts Geltung tragen.[342]

Viele neoklassische Ökonomen beschränken sich auf die Analyse der Allokationswirkungen des Rechts. Sie vernachlässigen die Verteilungswirkung. Demgegenüber erkennt der Jurist im Recht vor allem die Funktion, Ordnungssicherheit, d.h. Orientierungs- und Realisierungssicherheit herzustellen. Er konzentriert sich auf die Verteilungswirkungen des Rechts. Er sieht nicht, dass das

[341] Vgl. Dorndorf, a.a.O., S. 149 ff.

[342] Vgl. Nagel, Autonomie, Abhängigkeit und Wettbewerb: Rechtliche und ökonomische Analyse, in: Ökonomie und Gesellschaft, Jahrbuch 11, Markt, Norm und Moral, Frankfurt/M. 1995, S. 89-126

Recht auch Allokationswirkungen hat. Eine richtige ökonomische Analyse des Rechts vermeidet eine Hierarchie von Allokations- und Distributionsargumenten und nimmt eine Güterabwägung vor. Die Ökonomen sagen dazu „trade-off". Dies haben im Anschluss an Cooter auch wir zusammen mit Peter Weise getan, als wir die Bedeutung von Güterabwägungen im Bereich der Menschenwürde aufzuzeigen versuchten.[343]

Akzeptiert man Offenheitsbereiche des Rechts als Einbruchsstellen der ÖAR, so fragt es sich, welches Gewicht die Effizienzargumente der Rechtsökonomen bei der Auslegung einer Norm generell oder im einzelnen Fall haben können. Diese Frage muss juristisch, sie kann nicht ökonomisch beantwortet werden. Die Möglichkeiten und Grenzen eines Transfers von ökonomischen in juristische Argumente ergeben sich nicht aus dem System der juristischen Kunstregeln (grammatikalische Auslegung, historische Auslegung, Auslegung nach dem Sinn und Zweck der Vorschrift, teleologische Auslegung etc.). Die rechtsökonomischen Argumente sollen ja gerade diese Kunstregeln beeinflussen. Der Transfer hat vielmehr in erster Linie über die Prinzipien des Rechts zu erfolgen, insbesondere über das Rechtsstaatsprinzip. So kann z.B. im Bereich des Schadensersatzrechts die Rechtssicherheit erhöht werden, wenn das Learned-Hand-Prinzip in marginalisierter Form (vgl. oben) angewendet wird. Die materielle Gerechtigkeit kann in Fällen durchgesetzt werden, in denen eine bisher angebotene rechtliche Problemlösung zu einer völligen Verfehlung der Allokationseffizienz führt. Was effizient ist, braucht zwar noch nicht gerecht zu sein. Was aber völlig ineffizient ist, ist in der Regel ungerecht. Ist ein rechtlich geregelter gesellschaftlicher Zustand infolge der Regelung so erstarrt, dass die verursachten Kosten nicht mehr auch nur annähernd kompensiert werden können, so ist die Regelung in den meisten Fällen ungerecht. Es wäre besser, die Ressourcen, die für diesen Teilbereich verwendet werden, irgendwo anders mit besseren Erfolgsaussichten einzusetzen. Der Transfer dieses rechtsökonomischen Arguments in die juristische Interpretation einer Norm hat in der Weise zu erfolgen, dass es in das Rechtsstaatsprinzip oder in andere Prinzipien übersetzt wird. Dies bedeutet im Einzelfall, dass die rechtsökonomisch gestützte Interpretation gerechter erscheint als die traditionelle.

Um auf das Beispiel mit den Mauerschützen zurückzukommen: Ebenso, wie mit Hilfe eines schwach nicht-positivistischen Rechtsbegriffs der (naturrechtliche) Vorrang der allgemeinen, in den Menschenrechtspakten niedergelegten Menschenrechte gegenüber dem grundgesetzlich garantierten strafrechtlichen Rückwirkungsverbot begründet werden kann, ist es auch möglich, im Rahmen von Güterabwägungen die Offenheitsbereiche des Rechts so auszufüllen, dass rechtsökonomische Argumente in die juristischen Begründungsmuster und damit in die juristische Entscheidung einfließen können.

[343] Vgl. Eger/Nagel/Weise, Effizienz und Menschenwürde, ein Gegensatz? in: Ott/Schäfer (Hg.): Ökonomische Probleme des Zivilrechts, Berlin und Heidelberg 1991, S. 18-34

Stichwortverzeichnis

www.ingramcontent.com/pod-product-compliance
Lightning Source LLC
LaVergne TN
LVHW060625300926
849162LV00008B/1715